古墳時代研究の現状と課題 上

古墳研究と地域史研究

土生田純之・亀田修一 編

同成社

本書の狙いと構成

　本書出版の構想は、近年の考古学研究をめぐる編者らのある「懸念」に始まる。ある「懸念」とは、直接的にまた間接的にも認められる研究史軽視の傾向である。前者の場合、意識的に先学の業績を無視して各論者の創見にかかるものとするような「論考」はもちろん論外であるが、そうでなくとも研究史に対する配慮不足を感じるものを時にみるように思われる。また後者は、自らの属する研究環境に安住とまでは言わないまでも、それに依拠する傾向が強く、「より広い研究の歴史」と対峙していないように感じざるをえない「論考」も多いように思われる。

　さて、以上のような現状の何が問題なのであろうか。直接的な問題の要点は以下の2点に絞られる。まず1つには倫理上の問題である。「学問の先取権」などという大仰な言葉を大上段に振りかざすまでもなく、今日の研究につながる先学の業績を軽視することは、必ず次代にも受け継がれるに相違ない。こうした傾向を重ねていけば、その結果として考古学という学問の倫理の崩壊が加速し、やがてはこの学問が正常な形で成立しなくなるおそれがあろう。

　いま1つは、研究における問題点の抽出が難しくなる可能性についてである。研究史は今日における研究課題を鮮明にし、各課題についてどこまで解明されたか、また未解決の課題は何か、そして現状における問題点がどのような意識と解明に向けた努力の結果なのかを浮き彫りにしてくれる。そのことが、今後の研究に対する計り知れない恩恵をもたらし、また研究の深化に大きく貢献するのである。

　ところが、先に述べた研究史の軽視ではないかと思われる傾向は、こうした問題点を見えにくくするばかりか論点の展開を妨げ、堂々巡りの議論に堕する結果ともなるに相違ない。事実、かつて取り上げられ真摯な議論が展開されてきた論点が、再び取り上げられているように思われることもある。もちろん、同じ論点を繰り返し論じ、議論を行うことは認識の深化やそれに伴う有力な新見解を導くことにもなり、それ自体はむしろ意義あることと認められる。問題

は、研究史を学ばないために、過去に行った議論とまったく同様の内容、いや時には退化した形での議論が堂々と展開されていることである。詳細についてはあえて触れないが、今日このような事例を指摘することは、比較的容易なことと思われる。

以上のような「懸念」を払拭するためには、そして今後の考古学研究の発展のためには何をなすべきであろうか。そうした思いが本書を企画させたのである。すなわち、研究史を適切に整理する必要性を痛感したのである。

本書は以上のような認識を基として研究史を整理し、今後の研究の新しい一里塚にしようとの強い思いから出発している。幸いに各テーマについて優れた研究者に同意を得、狙いにふさわしい論述を掲載することができたと思っている。各執筆者に満腔の謝意を表する。

次に、執筆に際しては、当該課題に関する既出論文や調査成果を網羅するのではなく、以後の研究に大きな影響を与え水準を引き上げた論文や、同様に展開をもたらす契機ともなった調査成果に絞るよう、各執筆者に依頼した。しかし、当然そのような選択は執筆者の判断にかかるものであり、読者の中には選択結果に違和感をもち、あるいはその基準に不信を抱く人がいるかもしれない。むしろそのことこそが、問題点についての議論を惹起し、今後の研究に対する１つの起点ともなりうるのである。したがって、研究者相互の認識差を議論することにより、今後解決しなければならない課題や進むべき方向が明瞭になるものと考えている。さらに、課題に対する認識も深化するものと期待されるのである。

本書は上下２巻構成となっている。上巻は各地における古墳の変遷や古墳群の構成など古墳自体の研究史を中心として、古墳をめぐる各論を集めた。一方下巻は、「生産と流通」「社会構造」「政治構造」に関する問題を扱っている。

本来、古墳時代を総合的に語るためには、今回のように古墳自体の研究に比重を大きくさくべきではない。生業をはじめ、集落や豪族居館などの生活空間（もちろん、特に後者は政治的空間でもある）、さらには儀礼を始めとする精神的側面など、解明すべき論点は多岐にわたっており、本来こうした側面のすべてに同等の究明努力がなされて当然である。しかし、研究史を振り返れば明ら

かであるが、古墳時代の研究が古墳自体の解明から始まっており、今日においてもなお高い位置を占めているという背景があり、これを無視して現今の古墳時代研究は語れないのである。今後は、一段高いレヴェルでの政治構造や社会構造の解明に向けて、さまざまな分野に多くの努力が向けられることを期待する。ただし、古墳自体の研究についても研究レヴェルの深化によって、かつてのような文化史に止まらず、政治や社会構造の解明にも大きく寄与することが明らかになってきた。そのことは各論者の整理を見れば明瞭である。

　次に本巻の構成について、編者の意図を明らかにしたい。
　古墳研究と地域史研究を中心とした上巻で特に配意したのは、地域の区分けである。たとえば「畿内」ではなく、近畿地方という分類も当然ありうる。そもそも「畿内」は律令時代の地域呼称であり、古墳時代に相応しい呼称か否かがまず問われるべきである、とする見解もおそらくあるだろう。しかし、畿内型石室の分布をはじめ、当該地において緩やかなまとまりがすでに古墳時代には認められる。これに反して現在においても近畿か東海かが常に議論される伊勢の場合、古墳の示す様相は「畿内」よりは明らかに東海的である（たとえば前期におけるＳ字口縁壺の展開、後期初頭の横穴式石室受容段階の様相など）。したがって、できうる限り現状の地域区分よりも古墳時代の実情に即した区分けを模索した。山陰に但馬や両丹地方を含ませたのもこうした観点に基づいたものであり、律令時代の「山陰道」を意識したものではない。もちろん、但馬、両丹地方を合わせて北近畿としてさらに細分する分類案もありえたであろう。その点、高知、徳島、和歌山をまとめて「南海」としている点については、当然異論があると思われる。徳島と和歌山は製塩土器や横穴式石室の様相に類似する部分が認められるものの、高知の古墳については未だ十分に解明されているとは言いがたい状況である。律令時代の分類に従えば四国はすべて南海道であり、瀬戸内海の対岸（北岸地方）は山陽道である。しかし、瀬戸内海はよく知られているように東九州から大阪湾に至る東西の流通路として大きな役割を担ったが、南北両岸地域についてもこの海の道を通った交流がさかんに持たれていた。これに対して高知の場合は古墳自体の数も少なく、今後の研究に俟たれるところ大である。今回は太平洋を意識した「海の道」で仮に１つの地域と

みたてたものである。

　さて、地域区分で最も強く配慮したのは「南九州」、「南島・沖縄」と「北東北・北海道」である。前者のうち南九州は、従来から地下式横穴の展開や解釈をめぐって北部九州や畿内との関係が議論されてきた。また南島や沖縄には古墳自体は存在しないものの、弥生時代から認められる九州島との交易を通して威信財の流入と流通システムの解明に対する寄与が期待できる。後者については、近年青森県の八戸やさらに北上した下北半島において8～10世紀頃の群集墳が発見されている。その結果、いわゆる「北海道式古墳」に、年代的にも連続する可能性が浮上しつつある。いずれにしても、古墳文化の南辺と北辺においてそれがどのように受容され変容したのかというテーマは、古墳文化が内包する普遍性と地域的特殊性を究明する場合、きわめて意義深いことと評価されよう。

　本巻ではこの他に埋葬施設や墳丘の構造解明、そして埴輪と葬送儀礼に関する一項を設けた。埋葬施設については横穴式石室研究の進展が著しいが、近年は木棺や石棺に関する総合的研究も見られるようになってきた。こうした研究視角は、割竹形木棺、長持形石棺等のように個々の棺に対する詳細な研究が当然基礎となるが、全体を見渡した総合的分析の充実が期待される。一方、埴輪研究は近年最も発達した分野の1つといってよいだろう。ただし、詳細な視点にこだわるあまり全体を見渡す研究が少ないことが気がかりではある。細部の観察を基礎としつつ、そこから飛躍して総合的考察を試みる研究者が多数輩出することを期待する。そうした各分野の蓄積があってこそ、初めて葬送儀礼研究も大きく前進するのである。

土生田純之・亀田修一

目　次

本書の狙いと構成　i

各地の古墳

　I　南　九　州 …………………………………… 池畑耕一　　1
　II　北部九州 …………………………………… 下原幸裕　 17
　III　山　　　陰 ………………………………… 岩本　崇・角田徳幸　 37
　IV　瀬　戸　内 ………………………………… 古瀬清秀　 59
　V　南　　　海 ………………………………… 清家　章　 81
　VI　畿　　　内 ………………………………… 坂　　靖　 99
　VII　東　　　海 ………………………………… 岩原　剛　135
　VIII　中部高地 …………………………………… 風間栄一　159
　IX　北　　　陸 ………………………………… 小黒智久　183
　X　関　　　東 ………………………………… 内山敏行　205
　XI　東　　　北 ………………………………… 菊地芳朗　227

古墳文化接触地域の墓制

　I　南島・沖縄 ………………………………… 池田榮史　249
　II　北東北・北海道 …………………………… 藤沢　敦　259

古墳各論

　I　竪穴系埋葬施設（含棺） …………………… 岡林孝作　277
　II　横穴系埋葬施設（含棺） …………………… 小林孝秀　297
　III　墳丘規格・築造法 ………………………… 青木　敬　319
　IV　埴　　　輪 ………………………………… 城倉正祥　343
　V　葬送儀礼 …………………………………… 日高　慎　363

あとがき　389

下巻の目次

生産と流通
- I 農　　業　　　若狭　徹
- II 製　　塩　　　岩本正二
- III 繊維製品　　　沢田むつ代
- IV 土　　器　　　望月精司
- V 製鉄・鍛冶　　野島　永
- VI 武器・武具　　鈴木一有
- VII 馬　　具　　　諫早直人
- VIII 鏡　　　　　辻田淳一郎
- IX 石 製 品　　　徳田誠志
- X 装 身 具　　　高田貫太

社会構造
- I 集　　落　　　高久健二
- II 豪族居館　　　青柳泰介
- III 祭祀遺跡　　　大平　茂
- IV 渡 来 人　　　亀田修一

政治構造
- I 首 長 墳　　　土生田純之
- II 群 集 墳　　　右島和夫
- III 考古学からみた王権論　　菱田哲郎
- IV 古代史からみた王権論　　吉村武彦

古墳時代研究の現状と課題 上
古墳研究と地域史研究

各地の古墳 I
南 九 州

池畑耕一

　高塚古墳の南限地にあたる南九州は、日向神話との関連もあり古くから古墳の研究が進んでいた。特に多くの前方後円墳や円墳の群集している西都原古墳群は、大正元年から京都帝国大学・東京帝国大学・東京帝室博物館などによって調査が行われ、全国に先がけて古墳研究が進められていた。

　いっぽうでは、畿内から遠く離れた地であることから古墳の形態には独自性があるとして、中央の古墳編年とは異なる尺度でみられることも多かった。さらに地下式横穴、地下式板石積石室といった他地域ではみられない形の墓が存在していることに対しても、独特の古墳文化ととらえられてきた。

　近年、宮崎県では西都原・生目・祇園原古墳群などのある宮崎平野を中心として多くの古墳の調査が保存整備を目的として行われ、新たな発見が続いている。また、鹿児島県においても塚崎・神領・岡崎古墳群などのある志布志湾岸だけでなく、西海岸でも奥山・天辰寺前などの古墳で調査が行われ、これまでの考えでは説明できない新しい発見が相次いでいる。これらの調査では副葬品だけでなく、周溝からの土師器・須恵器の出土によって、より具体的に年代がつかめつつある。ここではそれらのなかからいくつかの問題点について紹介していきたい。

1　巨大古墳の出現とそのつながり

　九州における古墳の分布は九州中北部に多く、相対的に南九州では少ない。また、北部九州では鏡など副葬品が豊富だったこともあって、九州における古墳文化は北九州を主として語られることが多い。ところが、古墳、それも前方後円墳の規模だけから当時の権力の大きさを推し量るとしたら、九州の古墳時代は圧倒的に南九州の力が大きい。前方後円墳の大きさだけを比較すると、10

位までのうち7基は南九州に所在する。特に5世紀までの前・中期には卓越している。これまで、その大きさは知られていたが、発掘調査がほとんどされておらず、鹿児島県においては正確な測量調査さえもされていない状況であった。ところが、近年宮崎県では各地で前方後円墳の発掘調査が行われるとともに、長年墳丘形態などに謎のあった男狭穂塚・女狭穂塚古墳の立入り調査が可能となり、その様相もしだいに解明されつつある。また、鹿児島県でも横瀬古墳・唐仁大塚古墳・塚崎古墳群などの前方後円墳が測量されるとともに、その周辺にある前方後円墳・円墳の発掘調査も行われている。

　まず、九州で第1・第2位の規模をもつ宮崎県西都市男狭穂塚・女狭穂塚古墳から触れていきたい。この両古墳は陵墓参考地として中への立ち入りが禁止されていたため、これまでは大正年間に作成された測量図や、採集されていた埴輪片等から形状・年代などが検討されていた。女狭穂塚古墳（墳長176m）は九州最大、全国では48位の規模をもち、網千善教らによって石津丘古墳（伝履中天皇陵）や仲津山古墳（伝仲津媛陵）との築造企画の同一性が指摘されてきた。この指摘は以後踏襲されてきたが、近年沼澤豊は「前方部幅に2単位の差があって、決して相似墳ではない」と否定している（沼沢 2009）。これと隣接する男狭穂塚古墳（墳長176m）は女狭穂塚古墳によって前方部を破壊された柄鏡形前方後円墳だとか、前方後円墳を造ろうとして途中でやめたものだとかいわれてきたが、2004年から3年間行われた地中レーダーおよび電気探査によって帆立貝式古墳であることがわかってきた（北郷 2007）。帆立貝式古墳としては全国最大となる。この両古墳の年代は各々で採集された埴輪や、陪塚と考えられている西都原169・170・171号墳出土の埴輪から5世紀の第2四半期の早い段階だとされている。

　西都原古墳群は前方後円墳31基を含む330基以上が東西2.6km、南北4.2kmの範囲に分布している。このほかに地下式横穴墓も存在している。前方後円墳は7つの首長墓系譜に分けられ、このうちそれぞれ6基が存在するA・Bグループが他に対して優位な位置にある。これらは複数のグループが墓域を異にしながら前期から中期初頭まで前方後円墳を築造し続けたとされている。

　宮崎平野で最初に巨大古墳が出現するのは大淀川下流に近い宮崎市生目古墳群で、前方後円墳6基、円墳23基からなる。3世紀末〜4世紀初頭のものとさ

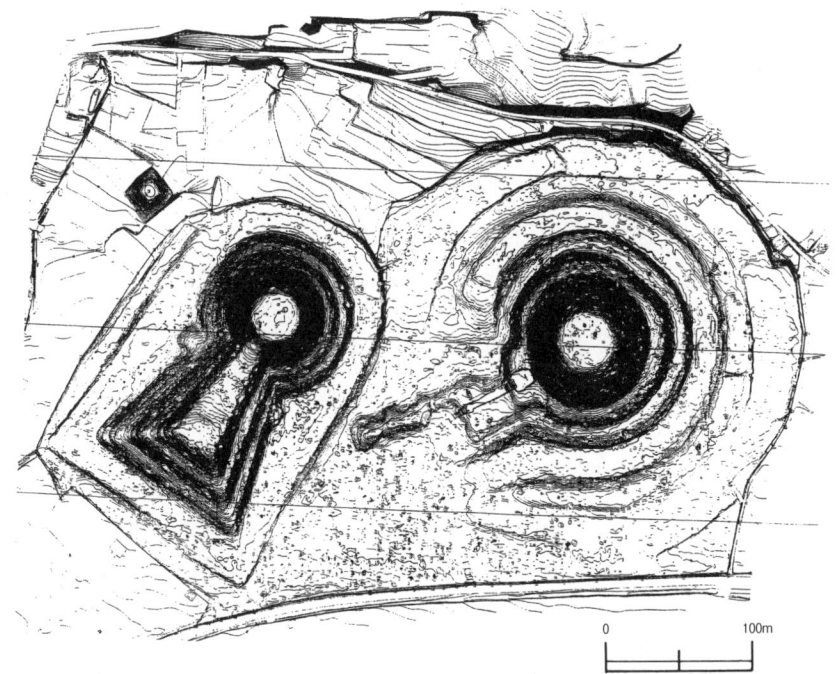

図1　女狭穂塚（左）・男狭穂塚（右）古墳測量図（柳沢 2003より）

れている1号墳は墳長が136mもある巨大古墳で、箸墓類型の墳形をしている。これに続くのは墳長143mの3号墳で、渋谷向山類型の墳形をした、生目古墳群では最大の古墳である。さらに4世紀後葉には柄鏡形をした墳長101mの22号墳が築造される。生目古墳群では5世紀になると規模が縮小し、その主体は大淀川対岸の下北方古墳群へ移る。下北方古墳群では主体部が地下式横穴墓へと移り、さらにその後、5世紀中葉になると大淀川下流域では本庄古墳群へ主体が移っている。

　これと同じ頃、志布志湾岸の南端台地に立地する鹿児島県肝付町塚崎古墳群でも、前期の前方後円墳が築造される。前方後円墳5基、円墳41基からなる。柳沢一男は墳形測量をもとにして、11号墳を纒向型類型に位置づけ、さらに16号墳から10号墳、39号墳を箸墓類型、行燈山類型、五社神類型に位置づけた（柳沢 1999a）。この位置づけに対しては、南九州では柄鏡形前方後円墳が長期

にわたって存在するという墳形の特殊性から古すぎると指摘する意見も少なくなかったが、2004年から行われた周辺の発掘調査によって前期後葉から中期初頭の土師器・壺形埴輪などが出土したことで裏づけられることとなった。また、従来、志布志湾岸では最古の前方後円墳とされていた鹿児島県志布志市飯盛山古墳（墳長80m）は壺形埴輪の形態などから塚崎古墳群に続く、唐仁大塚古墳と前後する中期初頭のものとされている。

志布志湾岸の古墳のほとんどは台地上に築造されているが、その中で巨大な２つの古墳はいずれも砂丘上あるいは低地にあるという異質な立地をしている。

肝属川下流の左岸にある鹿児島県東串良町唐仁古墳群は130基を越すと思われる前方後円墳・円墳からなる。その立地条件からして地下式横穴墓は含まれない。その中で最大規模の１号墳（唐仁大塚古墳）は、墳長が154mあり、現在では後円部のみに濠を巡らしている。前方部が非常に低く、細長い柄鏡形を呈している。後円部に刳抜式舟形石棺を中に収めた竪穴式石槨がある。石槨内の棺外北小口に長方板革綴の可能性のある短甲が副葬されている。中期初頭段階では九州で最大規模の古墳である（橋本 2006）。唐仁古墳群ではこのあと役所塚・薬師堂塚古墳などの前方後円墳が造営される。

田原川左岸にある鹿児島県大崎町横瀬古墳は墳長約140mで、周庭帯が完周し、部分的には二重周溝をもっているのではないかと想定されている(3)（橋本 2008）。出土している須恵器からTK216型式段階とされ、埴輪列が巡り、人物や楯などの形象埴輪も出土している。この時期では九州最大、播磨以西では岡山県作山古墳に次ぐ規模である。

この北東側にある台地上には４基の前方後円墳や円墳・地下式横穴墓群のある神領古墳群があり、近年の調査ではTK216型式の初期須恵器（陶邑・市場南組産）、陶質土器、胡籙などの朝鮮半島系金属製品、貝釧などが出土している（橋本 2010）。10号墳は横瀬古墳と同時期の墳長54mの前方後円墳である。刳抜式舟形石棺を埋葬施設とし、金銅装眉庇付冑を含む２セットの甲冑や金銅装の胡籙などの副葬品をもつ。周溝には35個体に及ぶ初期須恵器、44個体を越える土師器からなる祭祀空間があり、盾持人物埴輪などの形象埴輪を含む多くの埴輪が出土している。

肝属平野では唐仁大塚古墳と横瀬古墳との間に１～２段階大型古墳がみられ

ないが、この時期は男狭穂塚・女狭穂塚古墳の築造時期である。南九州全体を見通すと、唐仁大塚・横瀬両古墳の築造時期には宮崎平野に大型前方後円墳がみられないことをあわせて、広域の中において唐仁大塚古墳→男狭穂塚・女狭穂塚古墳→横瀬古墳といった首長墓系列が考えられなくはない。

2　前方後円墳と地下式横穴墓

　南九州特有の墓とされる地下式横穴墓の一部は豊富な副葬品をもつとともに、前方後円墳や円墳の主体部として存在することは、1942年に調査された国富町六野原古墳群や1972年に調査されたえびの市小木原古墳群、1975年に調査された下北方古墳群、さらには西都原・野尻町大萩古墳群など宮崎県では早くから知られていた。これらは宮崎平野周辺に限定されていたこともあり、一部地域のみの現象かと思われていたが、近年志布志湾岸でも岡崎古墳群や塚崎古墳群・神領古墳群などの調査で発見され、その分布は狭くないことが知られている（東 2005）。
　地下式横穴墓は小丸川南岸の高鍋古墳群を北限とし、宮崎平野から志布志湾沿いへと南下し、志布志湾の南端に注ぐ肝属川流域を南限とする。肝属川流域では上流の鹿屋市西祓川地下式横穴墓群や、この支流である吾平川上流にある鹿屋市中尾遺跡を西限とする。いっぽう、宮崎平野から大淀川をさかのぼり、その上流から東シナ海へ注ぐ川内川の上流へつながって鹿児島県伊佐盆地へ広がり、ここを西限とする。さらには、この伊佐盆地・えびの盆地と土器文化を共有する熊本県人吉盆地にも飛び地的に存在している。
　これらの地域は前方後円墳や円墳の存在する地域と存在しない地域とがあり、存在しない地域では当然のことながら、円墳等と共存せず単独で存在する。川内川上流域や肝属川上流域などの内陸部が、単独で存在する地域である。これらの地域で発見される墓での副葬品は概して質量ともに普通の古墳に比べて劣る傾向がある。
　2005年に35基が調査された祓川地下式横穴墓群は、かつて周辺から短甲や冑が出土していたが、今回は刀が1基、剣が4基、鏃が5基（うち3基は剣・刀も出土）から出土したのみだった。わずか2割の墓しか副葬品は出土していな

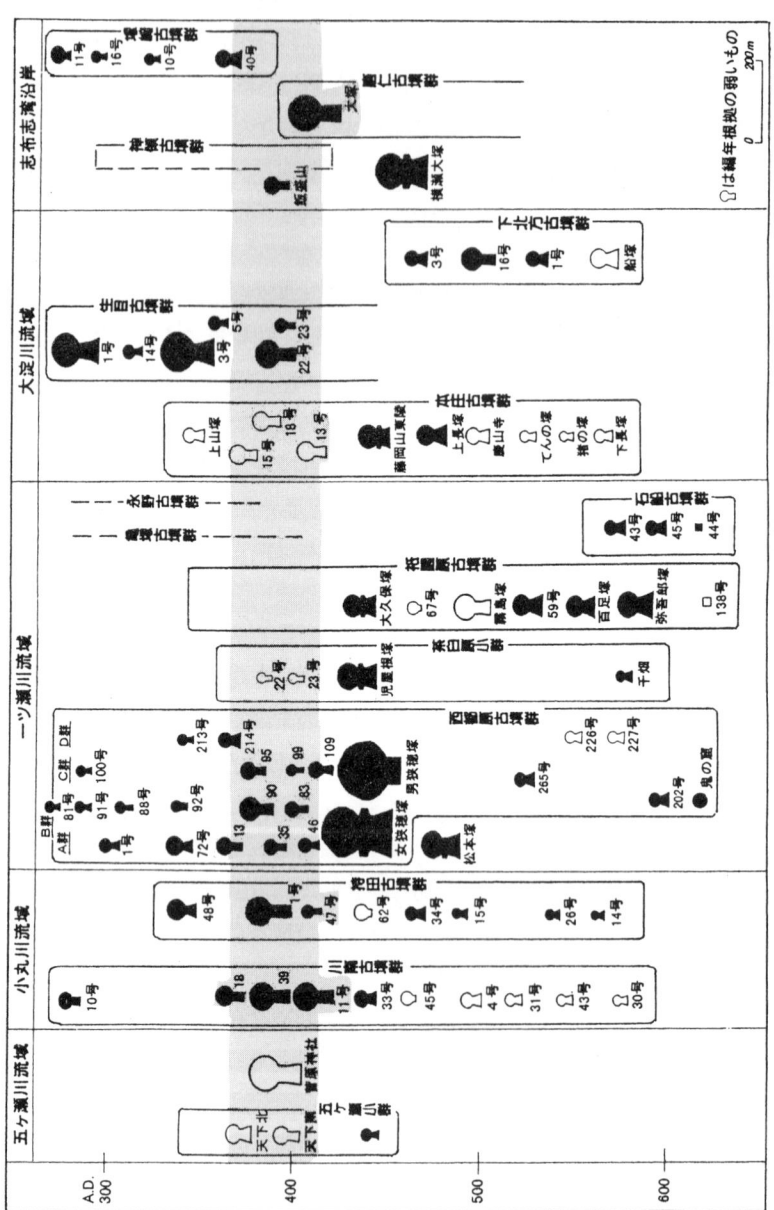

図2 南九州の主要古墳群の変遷過程（柳沢 2003 より）

いことになり、その少なさが指摘できる。

　伊佐盆地で発見された地下式横穴墓群でも鉄鏃のみの場合や、せいぜい刀剣類が加わるのみの場合がほとんどである。ただ、これらの地域でもえびの市島内地下式横穴墓群のように多くの短甲・冑・馬具・貝釧・玉類などを副葬品にもつ墓もある（中野 2001・2009・2010）。島内は1994年前後の異常気象により多くの墓が陥没したことによって、調査された（竪坑は未発掘の場合が多い）数は124基となる。これらの中で、短甲が1・3・21・62・76・81号からあわせて6領、冑が21・76・115号の3鉢、象嵌の太刀が114号から、馬具がA・2・115号から轡、2号から杏葉・雲珠、115号から辻金具が、貝釧が5号など12基から53点、玉はガラス玉が15号から58点、110・118号から各1点、切子玉が114号から2点出土している。これらの他に南九州で特に多く出土する蛇行剣が8基からあわせて10本出土しており、この数は1遺跡での出土数としては国内最大である。島内では多くの人骨が残存状況良好で見つかっている。6〜7体の複数埋葬の場合も多く、今後人類学的な分析資料としても貴重である。

　島内のほかにもえびの市小木原地下式横穴墓群では鏡・馬具・短甲・貝輪が、野尻町大萩地下式横穴墓群では馬具・貝輪・櫛が、鹿屋市中尾地下式横穴墓群では円頭大刀・象嵌大刀・馬具が出土するなど、この墓が単なる集団墓として扱えないことを示している。このことは地上に主体部をもたない人々のなかにも中央との深いつながりをもつ一部の人たちがいたことを示している。

　また、島内地下式横穴墓群のあるえびの盆地では中期前半からの二段逆刺柳葉鏃、中期後半の長頸鏃も多量に出土しており、甲冑・蛇行剣などの出土とともにこの地において、この時期に畿内政権との特殊なつながりがあったことを示しているとも考えられている。

　前方後円墳や円墳に取り付く地下式横穴墓は近年増加しつつあり、生目7号墳などは地下式横穴墓が中心埋葬ではないかとも考えられている。また、これらの中には前方後円墳と互角の豊富な副葬品をもつものもある。こうした墓は全長が5mを越す家形の玄室に単体埋葬され、鏡・甲冑や馬具・装飾品などを副葬品としてもつ首長墓とも考えられる。宮崎市本庄古墳群内の猪ノ塚古墳に伴うとみられる地下式横穴墓は、すでに江戸時代に知られた墓だが、画文帯神獣鏡などの鏡3面や短甲・冑・轡・刀などを副葬品にもつ。下北方7号墳に

伴う5号墓では中型鏡2面・金製垂飾付耳飾り・短甲・冑・頸甲・馬具一式・玉類など多種多量の副葬品が出土している（田中 1977）。また、西都原111号墳に伴う4号墓でも短甲3・垂飾付耳飾り・冠とみられる金銅製板・玉類などが出土している。

志布志湾岸でも岡崎18号墳に伴う1号墓で朝鮮半島系の鉄鋌・鋤先などが出土しており、主体部に従属する有力層の墓と考えられる（橋本 2008）。塚崎古墳群・神領古墳群でも多くの円墳に地下式横穴墓が取り付いている。これまで、古墳と地下式横穴墓とは別の集団と考えられていたが、今後は共存する群と、単独の群とに分けて検討する必要がある。

大崎町飯隈古墳群では小高い独立丘や台地に3基の古墳と多くの地下式横穴墓が検出されているが、古墳が丘の頂部にあり、その裾周りに地下式横穴墓があるという構成が確認されている。この丘周辺にある古墳や地下式横穴墓ともあわせて両者の構成を検討する必要があろう。古墳と地下式横穴墓の関係を検討する好資料である。

3　横穴式石室の少なさと前方後円墳の消滅—後期古墳の衰退

5世紀後半まで九州島のなかでも大きな勢力をもっていた南九州であったが、横瀬古墳のあと、周囲に陪塚をもつ宮崎県西都市松本塚古墳（104m）を最後として6世紀になると急にその力を弱めてくる。特に横穴式石室の分布はそれまで勢力のあった地域においても外の地域として押し出されている。東海岸では宮崎県串間市福島・鬼ヶ城古墳群などが南限で、志布志湾の中・南部にはその存在が知られていない。西海岸でも鹿児島県阿久根市脇本古墳群が南限で、川内平野や吹上浜沿岸・鹿児島湾岸などでは円墳ですら知られていない。内陸部でも横穴式石室はなく、あえて人吉盆地を南九州の領域に含めると錦町亀塚古墳群など盆地の東側に大小の古墳群が存在し、免田町才園2号墳では金メッキを施された舶載鏡や、8セットの馬具などが副葬されている。

横穴墓の分布もほぼこの領域と似ており、東海岸ではいくらか南下して鹿児島県志布志市六月坂横穴墓に7世紀のものがあり、西海岸ではやや北の鹿児島県長島に浜漉横穴墓がある。内陸部では装飾線刻のある人吉市大村横穴墓群が

ある。

　6世紀になると前方後円墳も少なくなるが、その中では2002年に発掘調査が行われた宮崎県新富町百足塚古墳が注目される（柳沢 2003）。百足塚古墳は祇園原古墳群の中にある墳長80mの前方後円墳で、後円部の横から横穴式石室が掘り込まれている。百足塚古墳で特に注目されたのが人物・鳥・家・楯など多種の器財埴輪である。西都原古墳群で出土した子持家形埴輪・舟形埴輪のイメージが強すぎて、南九州には器財埴輪が多い印象をもたれているが、これまで器財埴輪を採集・出土した

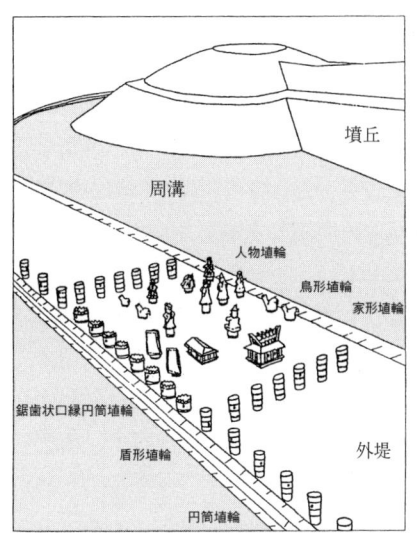

図3　百足塚古墳外堤部埴輪配列復元図
（柳沢 2003より）

のは横瀬古墳・下北方古墳群・新田原古墳群などで、細片が出ているだけで量は少なく、円筒埴輪の出土している古墳も少なかった（北郷 2007）。大崎町神領10号墳（中期古墳）でも眉庇付冑を被った写実的な顔の人物埴輪が出土している。この武人は楯の文様を描く抽象化された円筒の胴部をもっている。横瀬古墳に先行する5世紀前半のものである。

　東海岸の横穴式石室は、新田原古墳群、西都原古墳群（鬼の窟古墳）、日南市狐塚古墳、串間市福島古墳群、同鬼ヶ城古墳群などと続く。串間市銭亀塚では雁木玉、鬼ヶ城1号墳では単竜環頭大刀が出土している。狐塚古墳は砂丘上に築造された古墳である。墳丘はすでに失われていたが、海に向かって開口した横穴式石室からはすでに盗掘を受けていたものの須恵器・馬具類・銅碗・銅鈴・直刀・鉄鏃・耳環・玉類など7世紀前半の豊富な副葬品が出土した。南九州では最後の首長墳と思われる。

　志布志湾岸では横瀬古墳を最後に前方後円墳はなくなり、副葬品等の確認ができないため6世紀以降の円墳の存在もはっきりしない。志布志市小牧古墳群で6世紀後半の須恵器の供献例があるため、北部や一部の地域でわずかに残る

だけとなる。地下式横穴墓も6世紀以降には減少する可能性がある。
　薩摩半島側でも肥後との境界に所在する長島町や阿久根市に存在するのみである（池水1971、大西2008）。長島は中世まで肥後に属する地域で、阿久根市との間にある黒之瀬戸は万葉集で「隼人の瀬戸」と詠われ、南九州との境界地であった。ここには小浜崎古墳群・温之浦古墳群など横穴式石室を主体部とする円墳が多く確認されており、副葬品に金環・銀環や勾玉・管玉などの玉類等をもつ。これらは肥君の前線基地ともいわれている。これらの古墳群は5世紀から6世紀頃のものとされている。長島と海峡を挟んで位置する阿久根市脇本にも6世紀末から7世紀初頭頃の6基からなる横穴式石室や、箱式石棺・地下式板石積石室墓があるが、それより南に古墳は存在しない。
　薩摩半島南部の土坑墓群も、南摺ヶ浜遺跡で5世紀後半の墓前祭祀跡がみられるのを最後として、その後の土器がみられないように、ほとんどは5世紀を最後とし、6世紀にくだるものはみられない。墓の空白地となってしまう。墓の形態が群から個々に変わったのか、集落との位置関係に違いがあるのかは今後に残された課題である。

4　地下式板石積石室墓と土坑墓

　鹿児島では内陸部や鹿児島湾岸などで、円墳のほとんどない地域がある。こうした地域では特有の墓が存在している。
　板石を方形あるいは円形に立てて組み合わせ、その上に板石を積み重ねる地下式板石積石室墓は、熊本県南部（八代海流域）や川内川流域にみられ、川内川上流域では地下式横穴墓とも共存している。また、これに似た墓は天草諸島や対馬・長島などにもみられ、この始源についてはこれら島にみられる弥生時代中期にまでさかのぼるという考え方もある。鹿児島県出水市堂前遺跡でも免田式土器が葺石の上に乗っていたことから、弥生時代後期にその始源を求めている。鹿児島県湧水町永山10号はまわりに直径7mの円形周溝があり、ここに供献された器台・壺などから4世紀初頭には存在しているようである。副葬品が少なく、土器がないことなどから年代を決めるのは困難なことが多いが、5世紀後葉にはほとんどみられない。

地下式板石積石室墓は集団墓を形成しており、少ないものは10基前後しかないが、多いものは鹿児島県伊佐市平田で140基、永山で約100基、伊佐市焼山で90基検出されている。この中には湧水町北方3号墓・鹿児島県さつま町湯田原古墳のように盛土をした墓もあるが、小規模で、副葬品も鉄鏃のみのものがほとんどであり、首長墓といえるほどのものではない。ただ、鹿児島県出水市溝下や鹿児島県薩摩川内市横岡などの遺跡では横矧板鋲留短甲や冑・蛇行剣・金環なども出土しており、首長墓とはいえないまでも、従来いわれてきたような階級差のない平等社会ということはない。かつては同じ地下に主体部のある墓でも板石積石室墓のほうが古く、横穴墓はそのあとに造られるとされたこともあったが、現在ではいくらかの時間差はあるとしても、併行して存在しており、えびの盆地や伊佐盆地では地域差として存在していたであろう。

　なお、墓地と集落との関連はこれまでつかめていなかったが、最近、焼山古墳群の近くにある下鶴遺跡では100軒を越す古墳時代の住居跡群が調査され、その関連が注目される。下鶴遺跡は河川脇の段丘上にあり、弥生時代には銅戈や破鏡を伴う、この地では有力な集落と思われる。焼山古墳群はこの集落と500m離れたやや小高い尾根の先端部に立地している。

　薩摩半島南部から鹿児島湾沿岸には土坑墓が見つかっており、その中では指宿市南摺ヶ浜や同成川、枕崎市松ノ尾などの遺跡で多数の墓がある。これらの遺跡では、この他に円形周溝墓・壺棺・甕棺などもある。これらのほとんどは海岸近くにあり、松ノ尾遺跡のように砂丘上にあるものもある。内陸部にあるものでも、ほとんどは河川の下流、海に面した台地端にあり、鹿児島県南九州市堂園B遺跡のみが、やや内側にある。時期的には弥生時代後期後葉に始まっており、6世紀頃まで続きそうである。副葬品はほとんどないが、多くの土器や鉄製品などを供献する傾向がある。南摺ヶ浜遺跡では初期須恵器の坏蓋1点と特殊形状の土師器器台や甑・高坏・坩を浅い土坑に並べた墓前祭祀の痕跡もみられる。

　薩摩半島南岸の成川・松ノ尾遺跡では巨大な立石を伴っており、かつてはこのあたりの墓を立石土坑墓圏と呼んだ時期もあった（乙益 1970）。また、この立石は松ノ尾遺跡で弥生時代中期の山ノ口式土器の出土している所から出土したこと、山ノ口遺跡の軽石立石祭祀と関連づけられたこと、成川遺跡の第2次

図4　南九州における墓の分布

調査で発見された古墳時代の土坑墓には伴わなかったことなどから弥生時代中期のものとされたこともあった。ところが、近年調査された南摺ヶ浜遺跡では原位置で発見されたことから、やはり弥生時代終末から古墳時代前期のものであることが再確認された。このような立石は南九州でも先の3遺跡以外には、南九州市塘遺跡で出土しているだけである。似たものを探せば、時期的に岡山

市楯築遺跡に類似性を見出せるが、確証はない。ただ、南摺ヶ浜遺跡では吉備タイプの器台基部が1点出土している。特殊な副葬品、供献品をもっている墓はないが、鹿児島県霧島市亀ノ甲遺跡では三累環頭大刀や、六窓・無窓の鍔付大刀が採集されている。6世紀後葉のものであるが、ここはのちに大隅国府の置かれた地であり、関連が注目される。また、南摺ヶ浜・成川・松ノ尾遺跡では蛇行剣や折れ曲げた刀・剣、特殊な形をした鉄鏃なども出土している。

5　古墳時代集落の特性

　南九州ではこれまで墓の特性以外にも、土器や生活様式の特性もいわれてきた。ここでは、それらの様相をみていく。

　土器の特性　古墳時代における布留甕の広がりは南九州まで到達しない。南九州とひとくくりにできない様相はあるが、共通していえるのは弥生土器以来の長胴甕が継続していることである。布留甕の影響が一部では少しずつ浸透しているため地域性はあるものの、器壁は厚く、口縁部はゆるやかに屈折する。底部は時期差もあるが、丸底、平底、脚台付きと地域による特性を示す。特に、のちに薩摩・大隅国となる鹿児島県では8世紀まで脚台付きの甕が残る。壺も長胴傾向が残り、器壁の分厚さは甕と共通する。高坏・坩は特性が薄れているものの、鹿児島県における5・6世紀の高坏・坩は特徴ある形態をし、ベンガラを塗布した丹塗り土器となる。須恵器生産は行われず、大阪府陶邑や愛媛県市場南組窯跡群、あるいは北九州から持ち込まれたものを使用している。須恵器の出土量は少なく、樽形𤭯・坏身・坏蓋など須恵器の器形を模した土師器も少なくない。鹿児島県内では、黒色土器・甑の出土もほとんどない。

　住居形態　南九州でことに多い花弁形間仕切り住居は弥生時代中期から後期に、宮崎平野やえびの盆地・都城盆地・肝属川上流域などに主として存在する。ところが、古墳時代になっても都城盆地や鹿児島湾岸、薩摩半島西岸、川内川中流域などでは残存、あるいは再登場していることが近年の調査でわかってきた。これまで都城市祝吉、鹿屋市領家西、霧島市小田、鹿児島県南さつま市上水流、鹿児島県日置市辻堂原、さつま町向井原、伊佐市下鶴などの遺跡で知られている。しかし、これまで2m×2mほどの小型住居とされていたものも、

花弁形間仕切り住居の中央部分だけの残存である可能性があり、今後再検討すればもう少し増える可能性がある。時期的には4世紀から5世紀頃のものである。古墳時代の住居形態はほとんどが方形であるが、時に大型の円形住居が含まれる集落がある。辻堂原遺跡の方形住居はほとんどが20m^{2}前後であるのに対し、円形住居は30〜40m^{2}となるものがあり、なかには段をもつほど深くなるものがあることから特殊な用途をもつのかもしれない。都城盆地や天草諸島までは竈が入るものの、それ以南では竈がみられない。古墳時代を通じて地床炉であり、竈は奈良時代に初めて一部の掘立柱建物にみられる。

石器の残存と鉄製品の特性　弥生時代早期には南九州各地で擦切有溝石庖丁が出土しているものの、シラス台地に広くおおわれている地形もあって弥生時代を通じて石庖丁の出土はそれほど多くない。ところが、古墳時代になっても石庖丁は残存している。宮崎県新富町銀代ヶ迫、宮崎市熊野原・前原南、都城市祝吉・二本松、伊佐市下鶴遺跡などの住居跡・土器溜まりなどから出土している。54軒の住居跡からなる鹿屋市名主原遺跡は花弁形間仕切り住居が多くみられる弥生時代終末期の集落だが、ここからは多くの頁岩を原材とした砥石・石庖丁が出土している。その中には未製品も含まれており、この時期に砥石や石庖丁が製作されていたことを示している。

指宿市成川、南摺ヶ浜などの土坑墓周辺では大きな磨製石鏃が出土しており、これは供献品の可能性があるものの、日置市辻堂原遺跡などでは住居跡からも出土しており、古墳時代になっても磨製石鏃が製作されていたことを示している。

いっぽう、鉄製品の出土は地下式横穴墓や地下式板石積石室墓で鉄鏃のみが出土している例が多いことから、多いと錯覚されている感があるが、集落からの出土はきわめて少ない。その中で、5世紀になって高坏の脚部を鞴の羽口として利用した鍛冶炉の存在が注目される。指宿市橋牟礼川や尾長谷迫遺跡などでは住居の中から高坏の筒部が高熱を受けて変色しているものが出土している。他に鹿屋市中尾・榎木原・領家西遺跡など主として鹿児島湾岸沿いに出土している。尾長谷迫遺跡の1号住居では中央に炉と思われる浅い穴があり、壺・高坏・鉢・手づくね土器などとともに総数66点、総重量1656gの鉄滓、羽口14点、鉄床石と思われる台石、砥石などが出土している。これらは住居の南半分に集

中していることから、生活の場と作業場を分けていた可能性がある。橋牟礼川遺跡では釣針・鍬先・刀子・鏃・斧などの鉄製品が出土している。これらの遺跡の鞴羽口は、いずれも高坏の脚部を利用したものだが、薩摩川内市成岡遺跡の5世紀後半の14号住居跡では筒状の鞴羽口も出土しており、県内各地で鉄製品の製作あるいは再加工が行われていたようである。全国各地で出土しているものの、南九州で特に多く出土している蛇行剣や二段逆刺柳葉鏃などの製作も、畿内政権から貢献されたとする説もあるが、あるいは地元で製作された可能性もある。

6　最後に

　南九州は他地域に比べて地域性の強いこともあり、土器の細分化が遅れていて、現在でもなお集落・墓などの細分化、変遷の解明が進んでいない。現在、各地で行われている古墳の位置確認、整備に伴う事前調査、あるいはこれまで行われてきた多くの発掘調査によって得られた資料を使っての再分析などによって、今後新しい古墳時代観が見えてくるかもしれない。また、広い範囲にみられる前方後円墳の存在しない周縁地域についても、本当にないのか、なぜないのか等を考えていく必要があろう。地下式横穴墓・地下式板石積石室墓の研究も、これまでの常識では考えられなかった新しい方向へ向かっていきつつある。今後に残された課題は多い。

注
（1）ここでいう南九州とは古代の日向・大隅・薩摩国、現在の宮崎・鹿児島県を指す。
（2）近年、この型式の墓について構造等から板石積石室墓、あるいは板石積石棺墓、九州南部型石室墓などと呼ぶ人もいるが、ここでは従来からの呼び名に従った。
（3）2011年の大崎町教育委員会の調査によって外濠が確認された。

参考文献
池水寛治 1971『長島の古墳』長島町教育委員会
大西智和 2008『西日本の島嶼部に立地する積石塚墳の系譜と関係に関する研究』鹿

児島国際大学国際文化学部
乙益重隆　1970「熊襲・隼人のクニ」『古代の日本３九州』角川書店
田中　茂　1977「封土墳７号と地下式横穴４号、同５号との重なり合いについて」『下北方地下式横穴第５号』宮崎市文化財調査報告書第３集、宮崎市教育委員会
中野和浩　2001『島内地下式横穴墓群』えびの市埋蔵文化財調査報告書第29集、えびの市教育委員会
中野和浩　2010『島内地下式横穴墓群Ⅱ』えびの市埋蔵文化財調査報告書第49集、えびの市教育委員会
中野和浩　2009『島内地下式横穴墓群Ⅲ・岡本遺跡』えびの市埋蔵文化財調査報告書第50集、えびの市教育委員会
沼澤　豊　2009「前方後円墳の築造企画論３、各地最大の前方後円墳（２）」『季刊考古学』第106号、雄山閣
橋本達也　2003「副葬鉄器からみる南九州の古墳時代」『前方後円墳築造周縁域における古墳時代社会の多様性』第６回九州前方後円墳研究会、九州前方後円墳研究会事務局
橋本達也　2006「唐仁大塚古墳考」『鹿児島考古』第40号、鹿児島県考古学会
橋本達也　2007「古墳以外の墓制による古墳時代墓制の研究」『古墳以外の墓制による古墳時代墓制の研究』鹿児島大学総合研究博物館
橋本達也編2008『大隅串良岡崎古墳群の研究』鹿児島大学総合研究博物館研究報告ＮＯ.３、鹿児島大学総合研究博物館
橋本達也　2008「横瀬古墳のすがた―ソイルマーク・クロップマークから」『鹿児島大学総合研究博物館News　Letter』NO.19、鹿児島大学総合研究博物館
橋本達也　2010「九州南部の首長墓系譜と首長墓以外の墓制」『九州における首長墓系譜の再検討』第13回九州前方後円墳研究会．鹿児島大会発表要旨集
東　憲章　2005「前方後円墳と地下式横穴墓」『季刊考古学』90、雄山閣
北郷泰道　1994『熊襲・隼人の原像』吉川弘文館
北郷泰道　2006「再論・南境の民の墓制―地下式横穴墓研究の現在」『宮崎県立西都原考古学博物館研究紀要』第２号、宮崎県立西都原考古学博物館
北郷泰道　2007『古代日向・神話と歴史の間』みやざき文庫50、鉱脈社
柳沢一男　1999a「南九州における古墳の出現」『第11回人類史研究要旨』
柳沢一男　1999b「日向の古墳時代前期首長墓系譜とその変遷」『宮崎県史研究』９、宮崎県史編纂室
柳沢一男　2003「南九州における古墳の出現と展開」『前方後円墳築造周縁域における古墳時代社会の多様性』第６回九州前方後円墳研究会

各地の古墳Ⅱ
北部九州

下原幸裕

　北部九州地域は早くから中国大陸や朝鮮半島との交流が頻繁に行われ、さまざまな文化・文物が豊富にもたらされてきた。古墳時代に至ってもその状況は変わらず、他地域にない特徴的な事象も数々看取される。紙幅に限りはあるが、墓制・生産・生活と祭祀の3つの事象について、時期的変化を含めて概観し、現状と今後の課題について概述する。

　なお、古墳時代の時期区分についてはさまざまな見解が示されているが、本稿では前期・中期・後期・終末期の4区分を採用する。また、北部九州の古墳時代文化をより明確に把握するためには当然周辺地域の状況についても触れねばならず、必要に応じて中部九州や朝鮮半島などの資料についても言及したい。

　遺構の年代決定の判断材料とした出土土器の年代観については、古式土師器については久住猛雄（1999）、重藤輝行（2009・2010）の編年、須恵器については牛頸窯跡群の編年（舟山 2008）を参考とした。

1　墓制からみた北部九州

(1)　古墳文化のはじまり〔前期〕

　古墳時代初頭～前期前半には、福岡県福岡市那珂八幡古墳（84m）・名島1号墳（33m）、春日市須玖御陵古墳（32m）、筑紫野市原口古墳（84m）、大分県安岐町下原古墳（23m？）など畿内で「纒向型前方後円墳」と呼ばれる形態に似た前方部が短小な前方後円墳が築かれる。一方、同時期の福岡県小郡市津古生掛古墳（33m）は前方後円墳との評価もあるが、整美さに欠け前方部相当部分は規模が小さく陸橋状を呈し、周溝墓が周囲を囲むなど、墳丘墓的段階の様相を呈する。

　従来は「畿内型古墳」として定型化した前方後円墳の出現を福岡県苅田町石

塚山古墳 (130m) に求めていたが、上記の諸古墳の多くはこれよりも若干先行する時期に位置づけられる (九州前方後円墳研究会 2006)。ただ、墳形は「弥生墳丘墓→定型化以前の古墳→定型化古墳」という段階的変遷ではなく、ある程度漸進的に各種墓制が推移する状況と理解される (宇野 1989)。とはいえ、段築による整美な外観で、前方部が大きく発達し、竪穴式石室を主体部とする石塚山古墳の出現は前期古墳のなかでの画期としては重要である。

また、類例はそれほど多くないが弥生時代終末期から古墳時代前期前半頃にかけて前方後方墳も築造されている。福岡県那珂川町妙法寺2号墳 (18m)、うきは市竹重1号墳 (22m)、佐賀県吉野ヶ里町吉野ヶ里遺跡 ST2200 (32m)・ST568 (42m)、鳥栖市赤坂古墳 (26m) などが挙げられる。

こうした高塚古墳が築かれていく一方で、より下位に位置づけられる首長層では依然として方形周溝墓が営まれた。筑紫野市阿志岐古墳群、佐賀県基山町中隈山遺跡・御仮殿古墳群などのように丘陵上に群をなす例や、福岡県福岡市藤崎遺跡や博多遺跡群、比恵・那珂遺跡群など低地に群をなす例などあるが、単独で営まれるものは少ない。

以上のように、近年の北部九州では前期初頭から前半にかけての多様な墓制の詳細が明らかになりつつあるが、さらに編年作業を含めた再検討が急がれる現状にある (九州前方後円墳研究会 2006)。

なお、前期墓制の研究においては早くから銅鏡の配布論などが展開され、特に三角縁神獣鏡については小林行雄の同笵鏡論が学界に大きな影響を与えた (辻田 2007)。しかし、奈良県黒塚古墳の調査により分有関係の実態はより複雑になり、近年の同桜井茶臼山古墳の調査もまた新たな展開を生みつつある。たとえば、先に挙げた石塚山古墳の場合、京都府椿井大塚山古墳と2面の分有関係が知られていたが、その後黒塚古墳とは3面の分有関係が確認されるに至り、辻田淳一郎は畿内の求心性は認めながらも特定の古墳被葬者を鏡の配布主体と認め得るか疑問を投げかける (辻田 2007)。

(2) 九州古墳文化の興隆〔中・後期〕

前期末から中期初頭にかけての4世紀末前後になると、福岡県福岡市鋤崎古墳 (前方後円墳：62m) や佐賀県唐津市谷口古墳 (前方後円墳：77m) などで

横穴系埋葬施設が採用される。鋤崎古墳は板石積みの壁面に平天井で、奥壁沿いに箱式石棺、右壁沿いに土師製棺、左壁沿いには木棺というように材質等に差異はあるが、初期の段階ですでに「コの字」型配置による複数埋葬を行う室的空間を形成している。一方、谷口古墳は後円部に東西2基の石室を有し、ともに竪穴式石室の小口部に横口が付くが、内部に長持形石棺を安置するなど、旧来墓制との接触がみられる。

　前者は「横穴式石室」（北部九州型）といえるが、後者は学史的にも「竪穴系横口式石室」と汎称されている（小田富 1980）。こうした玄界灘沿岸の初期横穴系埋葬施設に少し遅れて、肥後では熊本県八代市小鼠蔵1号墳や尾張宮古墳など平面方形の玄室、穹窿状天井、板石積壁体、石障などを特徴とする「肥後型石室」が八代海沿岸で出現し、肥後北部まで拡散する（古城 2009）。こうした北・中部九州の初期横穴式石室は形態が異なるものの、その源流については楽浪地域（永和九年銘塼室墓〔353年〕・南井里119号墳）や漢江流域（可楽洞古墳群、芳荑洞古墳群）などの石室に求めるのが妥当であろう（小田富 1980・2009）。なお、初期横穴式石室の類例はそれほど多くはなく、中期後葉

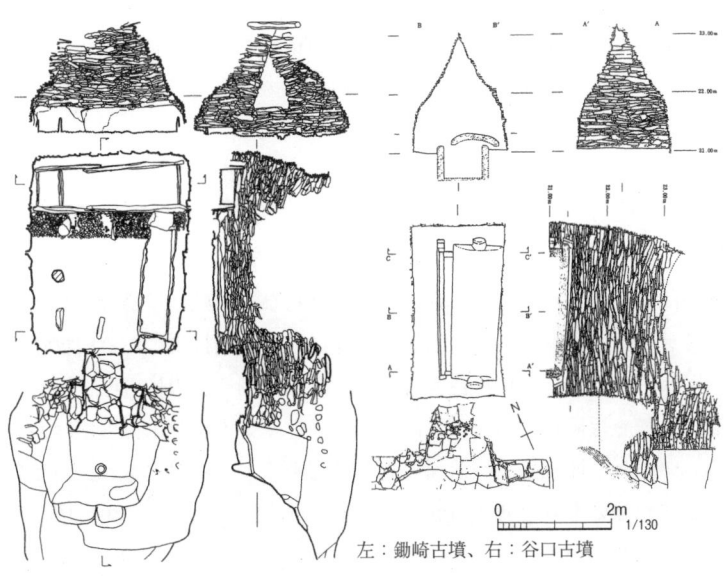

左：鋤崎古墳、右：谷口古墳

図1　初期横穴系埋葬施設

段階になって各地の中小首長層にまで受容され本格的に拡散するようになる（重藤 2007）。

ところで、九州で横穴式石室が定着・拡散する時期には、列島各地に九州系横穴式石室の伝播がみられるようになる（杉井編 2009）。近年では韓国側の発掘調査により栄山江流域や海南半島、慶南海岸、南江下流域などで、楣石や門柱石などの玄門部構造や腰石使用、石屋形の設置といった九州の横穴式石室にみられる諸要素をもつ石室事例が増えつつある。

柳沢一男は九州から関東に至るさまざまな石室と形態的な対比を行い、列島各地から造墓集団が渡ったことを論じた（柳沢 2001・2006）。洪潽植は倭系石室の中に在地墓制から導かれる特徴も少なからず存在し、なおかつ在地の古墳群内に築かれていることから、倭から半島に定住した人々が造墓に関与した段階で出身地の石室要素も加えたものと捉える（洪潽植 2009）。吉井秀夫は構造的特徴から北部九州地域との関係を認めるが、構造が個々の事例により多様であることから、被葬者をすべて「倭人」とすることは困難とみる（吉井 2010）。

なお、半島における類九州型石室の諸例は5世紀末葉から6世紀前葉にかけての約半世紀にほぼ限られるが、これと入れ替わるように北部九州では6世紀前葉に羨道を有する横穴式石室の普及、複室構造の出現、石室内への土器供献の浸透などがみられ、肥後では石屋形（石棚）の成立もみられ、構造的に大きな画期を迎える。

ここで北・中部九州の中・後期古墳文化を彩る特徴的な事象について、いくつか触れておこう。

石製表飾品　筑紫君磐井の墓とされる岩戸山古墳には墳丘上や別区に多数の石製表飾品が立てられており、人物や馬、器物など種類は多様であるがこれを総称して「石人石馬」という。石製表飾品は大分県臼杵市にある臼塚古墳・下山古墳がともに5世紀前半に位置付けられる最古例で、円柱の上に短甲のみを削り出す。続く福岡県広川町石人山古墳、同みやま市石神山古墳では武装人物となる。いずれも埋葬施設の前面に立ちはだかるように樹立され、被葬者を守護する意味が強いものと考えられる。6世紀前半になると岩戸山古墳のように武人・裸体人物のほか、武器（盾・刀）・器財（蓋・翳）・動物（馬・猪・鶏・水鳥）・土器（坩）など多彩になる。岩戸山古墳の墳丘では円筒埴輪とともに

石製品が出土しており、形象埴輪と同様の意味であったことがうかがえる。
　しかし、6世紀中頃からは肥後地域に事例が多くなり、大局的には筑紫君勢力圏から肥君勢力圏へと移るようである。岩戸山古墳に後続する福岡県八女市鶴見山古墳や童男山古墳などでも石製表飾品が出土していることから、この変化の画期は磐井の死の前後に位置づけられ、6世紀後半代の資料数をみる限りでは肥君の勢力拡大と無関係とは言いがたい。
　ただ、単純に分布域が移ったわけではなく、石製表飾の種類も肥後南部の火君の奥津城とされる熊本県竜北町野津古墳群周辺では蓋形などが主流となり、肥後北部の菊池川流域では蓋形のほか人物も目立つなど肥後の北部と中南部とでは様相がやや異なる。
　装飾古墳　さらに北部九州の古墳文化で注目されるものに装飾古墳がある。装飾古墳は全国でおよそ600基が知られ、過去に消滅した事例も含めると熊本県に約180例（全国1位）、福岡県に約80例（同2位）が分布し、両県合わせると全体の半数近くを占める。
　装飾古墳は時期や地域によって多様な様相を示すが、小林行雄は装飾が施される部位や埋葬施設の共通性により、石棺系・石障系・壁画系・横穴系の4つに分類した（小林 1964）。このうち壁画系については、近年奈良県高松塚古墳などの壁画古墳との混同を避けるため「石室系」とする説もあるが（岩瀬 2000）、基本的にはこの4分類が現在も用いられることが多い。以下、時期を追って概観すれば、5世紀前半には石棺の内外面に直弧文・円文などを線刻や浮彫する石棺系が、筑後や肥後を中心に豊後でも出現する。時を同じくして、玄室壁沿いに設けられた石障に線刻・浮彫・彩色を行う石障系が、肥後中部で出現し、靫・盾などの図文もみられるようになる。6世紀前半以降には横穴式石室や横穴墓の壁面に線刻や彩色を行う壁画系・横穴系が現れ、隆盛期を迎える。依然として幾何学的な文様もみられるが、家・舟・武器・人物・動物など描かれる図文も豊かになり、抽象的な図文に加えて具象的な図文が目立つようになる。横穴系の場合には線刻や彩色の他に浮彫による装飾文様もみられる。7世紀になると線刻による装飾が主流を占め、彩色などは少なくなる。
　さて、従来の装飾古墳研究では、①各種図文の意味・系譜、②図文の地域性、③古墳ごとの装飾の意味・系譜、④装飾古墳の分類・編年などが主体的である。

近年では、藏冨士寛が5世紀の石棺系・石障系と6・7世紀の壁画系（石室系）・横穴系の間に大きな画期を設け、前者は石棺・石障製作工人による装飾、後者は石室構築工人による装飾という変化があったとする、施文工人論を展開している（藏冨士 1999）。④の分類・編年については、遺物が出土していない事例において石室の年代観に研究者間の齟齬がみられるが、大要はほぼ一致をみている。①や③などの装飾の意味や系譜については、定見が得られていないのが現状であるが、一部には大陸からの思想が表現されるものも指摘されている（小田富 1998）。なお、最近になって福岡県飯塚市山王山古墳（6世紀後半～末：敲き窪め）やみやこ町砦見大塚古墳（6世紀後半：彩色）が相次いで発見され、②の問題についても新たな検討課題が生じている。

　石棺　最後に、石棺について取り上げる。以下、高木恭二の研究によれば（高木 2003）、讃岐で割竹形石棺が変化して舟形石棺が生み出され、4世紀後半には筑前東部（砂岩）・肥前北部（砂岩）・肥後北部（凝灰岩）・肥後南部（凝灰岩）でその影響下に刳抜式舟形石棺が出現する。遅れて5世紀中頃には宇土半島周辺の肥後中部（凝灰岩）で長持形石棺の影響下に刳抜式舟形石棺が出現する。一方、5世紀前半には豊後東部（凝灰岩）・筑後中南部（凝灰岩）・肥後（凝灰岩）で家形石棺も出現するが大半は組合式箱型の棺身で、棺蓋に舟形石棺の刳抜技術を用いながら、棺身には伝統的な箱式石棺の組合せ技法を用いる。

　ところで、肥後で製作された阿蘇石溶結凝灰岩製の石棺の一部には瀬戸内海沿岸や畿内周辺にまで運ばれる事実が早くから注目され（高木 1983）、現在では25例が知られている（高木 2003）。肥後では菊池川下流域・宇土半島基部・氷川下流域の3カ所に石棺製作地があり、それぞれが各地に石棺を運び出すが、製作地によって運ばれる時期や地域、被葬者の階層などが異なる。

　氷川下流域産は4世紀後半から5世紀末に山城や紀伊など畿内でも周縁地域に持ち込まれ、菊池川下流域産は5世紀前半に讃岐や伊予など瀬戸内海沿岸へ運ばれ、5世紀後半には畿内（河内）にも運ばれる。宇土半島基部産は一部を除き「阿蘇ピンク石」（馬門石）と呼ばれる赤味を帯びた凝灰岩を使用し、5世紀後半から6世紀末にかけて畿内中枢部周辺（大和・河内・摂津）にも運ばれ、王陵を含む有力首長墳に受容された（高木 2003）。すなわち、継体天皇陵

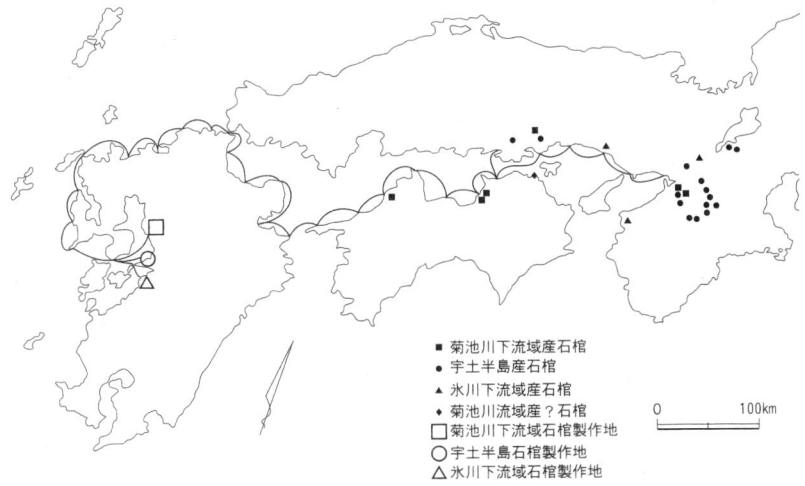

図2　九州外の阿蘇石製石棺の分布（高木 2003より）

として有力視される大阪府高槻市今城塚古墳や、推古天皇と竹田皇子の最初の合葬墓といわれている奈良県橿原市植山古墳などの場合には、遠く離れた地の石材が「大王の棺」に選ばれたことがうかがえる好例である。

このように肥後産石棺は他地域にはない特殊な様相を示すが、畿内をはじめとする西日本各地に運ばれた理由や、「大王の棺」として採用された理由などについては諸説あり、明快な答えは出されていない現状である。

(3) 古墳文化の終焉〔終末期〕

3世紀後半頃に出現した前方後円墳は6世紀末頃までにほとんどの築造を終える。その頃の畿内では、王陵や有力首長墓を中心に前方後円墳に代わって方墳の採用が広まるが、北部九州においてもそうした変化をみることができる。

しかし、6世紀末から7世紀初頭頃に限ってみると、筑前・福岡市の金武乙石H-1号墳（一辺22m）・H-2号墳（一辺35m）、豊前・みやこ町の甲塚方墳（46.5×36.4m）、橘塚古墳（39×37m）、豊後・別府市の鷹塚古墳（一辺30m）、肥前・鳥栖市百度塚古墳（一辺20m）などまだ方墳の例は少ない。また、7世紀代を通じて連綿と方墳を採用する地域はほとんどなく、多くは円墳を採用し続ける（下原 2006）。そうした中で、対馬では7世紀前半に長崎県対

馬市サイノヤマ古墳、中頃から後半に矢立山古墳群というように連綿と方墳が築造される。これらの古墳では、段築方墳・無袖式石室・釘付式木棺採用・銅鋺副葬など、総合的にみて畿内との関連性が強いことが指摘でき、国家形成期における国境意識の高揚により中央との結び付きが他地域に比べて強くなったことが推測される。

　一方、中小首長墳や群集墳においても方墳の採用が認められるが、有力首長墳のように整美な段築や外護列石はほとんど見られず、墳形もいびつな台形や隅丸方形を呈する場合が目立つ。こうした類の方墳は、あくまで方墳を志向した墳形と捉えられ、終末期方墳が有する形態的意味を理解したものとはいい難く、また有力首長墳のように王権との関わりにおいて築造に至ったともいえないだろう（下原 2009）。

　なお、特に群集墳では7世紀中頃を境に石室規模の縮小化が進み、単葬墓が増えるとともに、改葬墓（成人の伸展葬を否定するような小型石室）が増加する。同様の変化は横穴墓においても確認できる。換言すれば、一個人に対して最低限の埋葬空間とそれを覆う最低限の墳丘のみを営む墓制への移行であり、政治的・社会的表徴としての古墳から単純な埋葬施設としての墓への移行である（下原 2009）。

2　北部九州における手工業生産

(1)　塩生産

　北部九州では、比恵遺跡や板付遺跡で採取された海藻付着生物の遺存体が焼けた状態であったことから、藻塩焼き製塩が弥生時代前期にも存在する可能性が指摘されているが、製塩土器はまだみられず日常土器を転用する。

　玄界灘沿岸や周防灘沿岸では、弥生時代終末から古墳時代初頭頃に備讃瀬戸地域の影響により倒坏形脚台を有する製塩土器が出現する（山崎 1994）。また、別府湾沿岸でも製塩遺跡は発見されていないものの古墳時代初頭から前期前半頃を中心に備讃瀬戸系の製塩土器の出現が認められる。

　中期後葉になると宇土半島から天草諸島を中心に天草式製塩土器を用いた製塩が始まり、6世紀代には活発な生産が行われる（藤本 2004）。天草式製塩土

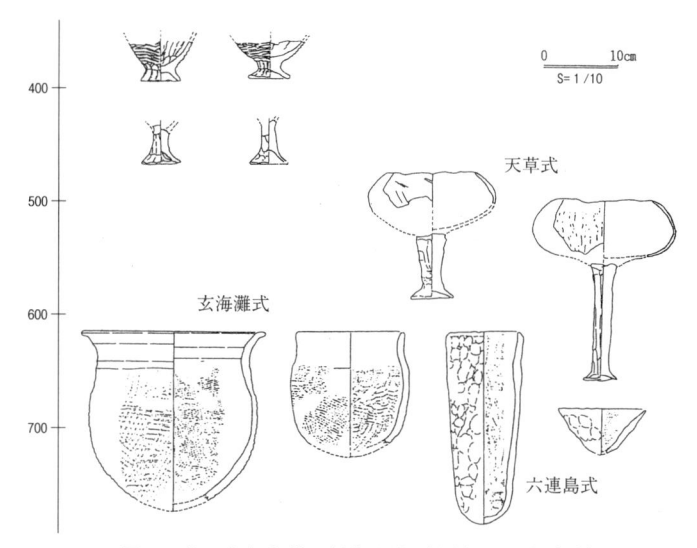

図3　北・中部九州の製塩土器（山崎 1994を改変）

器の系譜については周防灘沿岸の美濃ヶ浜式製塩土器との関連（山口 1993）や玄界灘沿岸との関連（山崎 1994）などが説かれている。現在では海の中道遺跡の長脚式（3式）が中期中葉頃に位置づけられることから、天草式製塩土器の先行型式としての位置づけが有力視されている（藤本 2004、松根 2004）。ただし、海の中道遺跡を含めた玄界灘沿岸での製塩は、中期中葉頃を境にして姿を消し、これと交代するように有明海側で天草式製塩土器が盛行する。

　なお、福岡県北九州市の黒崎貝塚では後期中葉から後葉にかけての時期に椀形丸底製塩土器がまとまって出土し、山口信義は備讃瀬戸との関係を指摘し、飛び地的様相と評価する（山口 1993）。同様の椀形丸底製塩土器は北九州市乙丸宮ノ下遺跡や本城南遺跡など洞海湾とその周辺にまとまり、時期的にも概ね併行する。さらに、大分県大分市の若八幡宮遺跡や毛井遺跡では大阪湾沿岸の丸底Ⅰ式製塩土器との関連を示す資料が出土しており（井口 2010）、後期になると九州でも瀬戸内寄りの北・東九州地域には天草式とは異なる製塩土器の流入が目立っている。

　終末期における製塩土器の様相については不明な点も多い。山崎純男は8世紀以降に顕著となる玄界灘式製塩土器に類した土器が5～6世紀頃まで遡る可

能性を指摘したが（山崎 1994）、その後小田和利の集成によって玄界灘式製塩土器は少なくとも7世紀後半には一定量存在することが明らかとなり、六連島式土器もその頃に出現するようである（小田和 1996）。一方で、林田和人により天草式製塩土器の終焉が7世紀後葉まで下る可能性が指摘されている（林田 2009）。こうした状況から7世紀後半を前後する時期に、九州における製塩の画期があり、古墳時代から古代への社会変動の1つとして評価されるだろう。

(2) 鉄・鉄器生産

列島における鉄生産の開始時期は現在も諸説あるが、発掘された製鉄炉や木炭窯の事例や鉄滓の理化学的分析の結果などから、鉄鉱石や砂鉄などからの鉄生産（製錬）の開始は遡っても古墳時代中期とするのが大方の見解である。

それ以前には朝鮮半島から鉄素材を入手し、鉄器の加工・製作に用いたが、古墳時代初頭前後に鍛冶専用羽口を伴う新たな鍛冶技術が伝わり（村上 2007）、北部九州では博多遺跡群が著名である。博多遺跡群の第59次調査第41号竪穴住居跡からは羽口・椀形滓・鉄滓・鉄鏃・切断鉄片・鍛造鉄片・敲石・磨石、同48号竪穴住居跡からは羽口・椀形滓・石製敲打具・鉄鏃、第65次調査第706号土坑からは羽口・椀形滓・粒状滓・鉄滓・鍛造剥片・石製工具（？）などが出土している。羽口には椀形滓が付着した個体もあり、精錬鍛冶滓を含む鉄滓が多数出土していることからも高温操業を可能とする高水準の鍛冶技術が招来されたと考えられる（村上 2007）。ただし、現在までに確認されている前期の鍛冶関連資料は福岡平野周辺に散在する程度である。

前期頃の鉄素材の1つに、舶載品の板状鉄斧が知られている。北部九州では福岡県福岡市西新町遺跡5次SC02、同宗像市久原瀧ヶ下遺跡3号住居、小郡市花笠2号墳などがよく知られ、先に触れた博多遺跡群第59次調査で出土した板状鉄素材は実際に鍛冶素材として使用された残片とする見解も出されている（武末 2004）。

古墳時代中期になると古墳や集落遺跡などから朝鮮半島より将来された鉄製鍛冶具や鉄鋌が出土するようになる。

鉄製鍛冶具は、5世紀前半では福岡県朝倉市（旧甘木市）池ノ上6号墳から鉄鉗・鉄鎚、5世紀後半では同福岡市クエゾノ5号墳から鉄鉗・鉄鎚のほか鋳

造鉄斧、同那珂川町カクチガ浦3号墳から鉄鉗が出土している。いずれも周辺から初期須恵器や陶質土器が出土する遺構が確認されることから渡来系集団との関連が濃厚で、工人集団を統率する人物の墓と推定される。

なお、鍛冶具は後期以降に出土例が増加するが、筑後北部や肥前東部に集中する傾向があり、いずれの地域も渡来系文物の流入も顕著であることから渡来系集団との関与が指摘されている（小松 2005）。中部九州でも熊本県熊本市（旧城南町）の塚原古墳群中の丸山3号墳から鉄鉗が1点出土し、同古墳群中で陶質土器や馬埋葬遺構など渡来系要素も顕著にみられる。

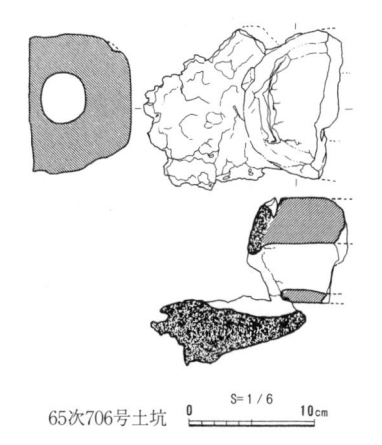

図4　博多遺跡群出土の鍛冶羽口

鉄鋌については、これまで福岡県太宰府市成屋形古墳群1号竪穴式石室墳（5C代・墳形不明）、福津市宮司井出ノ上古墳（5C前、円墳・26m）・福間割畑遺跡1号墳（5C前、円墳・10m）・津丸西ノ後遺跡4区SX7（5C前、祭祀遺構）、宗像市沖ノ島祭祀遺跡（正三位社前遺跡・6号遺跡・16号遺跡・21号遺跡、4C後～5C前、祭祀遺構）、北九州市蒲生寺中古墳（5C前、円墳・20m）大分県臼杵市下山古墳（5C前、前方後円墳・68m）、日田市荻鶴遺跡（5C前、祭祀遺構）など8遺跡71枚以上が出土している。

古墳に副葬される場合は棺外副葬や棺内の頭部側への副葬などが行われ、前方後円墳から小円墳までであり被葬者の階層は一様ではない。古墳以外では国家的な祭祀遺跡として知られる沖ノ島祭祀遺跡で祭祀品としての奉納がみられる。また、集落遺跡出土例である荻鶴遺跡では、祭祀遺構からの出土であるものの、鍛冶炉を有する竪穴住居跡も確認されており、本来は実際に鍛冶に要した鉄素材として理解される。

ところで、5世紀後半の福岡県北九州市潤崎遺跡の祭祀土坑からは多量の製錬滓が出土することから、製鉄の開始時期がこの時期まで遡る可能性が指摘されている。しかし、これまで北部九州で確認された確実な製鉄炉は6世紀中頃

を上限とし、製錬滓の出土も潤崎遺跡を除くと6世紀中頃以降に顕著となることから（大澤 1983）、現時点では本格的な鉄生産の定着時期は後期中葉と推定される（長家 2005）。

近年、糸島半島に所在する福岡市元岡・桑原遺跡群が大々的に調査され、8世紀以降の大規模な製鉄遺跡の存在が明らかとなった。しかし、第7次調査で出土した木簡の「壬申年韓鐵□□」の紀年が持統天皇6年（692）と推定され、6世紀中頃から7世紀にかけて営まれた元岡・桑原古墳群で製錬滓の供献が多数みられるなど、当地区における鉄製錬が古墳時代終末期まで遡る可能性は高い。なお、同古墳群では3基の古墳から陶質土器が出土しており、木簡にみえる「韓鐵」も含めて製鉄技術の受容に渡来系集団の関連を暗示させる。

このように、古墳時代の北部九州では早い段階から外来の新たな技術が渡来系集団とともに次々ともたらされ、後の『延喜式』に「筑紫」が鉄の貢納国として記載される基盤が整えられたのである。

(3) 須恵器の生産

かつては、須恵器生産は畿内もしくは陶邑窯跡群からの一元論が説かれていたが、列島各地の発掘調査でごく初期の段階から地方でも須恵器生産が確認されるに至っている。これまで北部九州では、福岡県みやこ町居屋敷窯跡、同筑前町朝倉窯跡群（小隈窯跡・山隈窯跡・八並窯跡）、筑紫野市隈・西小田窯跡などが5世紀前半代の須恵器窯として確認されており、5世紀後半には福岡市新開窯跡、佐賀県神籠池窯跡などが確認されている。器形などからは伽耶地域との親縁性が顕著に見受けられる。

この時期の須恵器窯は、いずれも平野などを単位として単発的かつ短期的に操業され、製品の流通範囲も所在する平野などを大きく超えることはなく、基本的には地産地消の需給関係と推定される。また、胎土分析の結果では、陶邑窯跡群からの搬入品も一定量を占めていることが判明しており、ほぼすべてを在地の製品で賄うようになるのは6世紀になってからであろう。

さて、5世紀前半にはじまった須恵器生産は、6世紀前半に大きく拡散する。福岡県大野城市から春日市にかけて分布する牛頸窯跡群では6世紀前葉から中葉にかけて操業がはじまり、その後飛躍的に窯の数を増やす。一方で、6世紀

中頃から後半にかけては、筑前・筑後・豊前・肥前・肥後の各地で、郡単位あるいは数郡単位程度に操業がみられ、有力な地方豪族の領域を単位とした操業が展開する。ただ、この時期に開窯した生産地の多くは7世紀前葉頃までに操業を終える事例が多く、筑前ではこれ以降ほとんど牛頸窯跡群での生産に集中し、牛頸窯跡群は九州を代表する一大須恵器生産地にまで成長する。豊前では7世紀中葉から8世紀前葉にかけて極端に衰退し、8世紀中頃以降に再び生産が活発化する。筑後では八女窯跡群が小規模ながら継続的な生産を行っており、さほど盛衰は見受けられない。こうした様相から岡田裕之は7世紀中葉頃に須恵器生産の再編を想定し、在地豪族主導の民営的生産からそうした生産体制を維持しつつも官営的貢納体制に組み込まれた公的生産への転換を論じる（岡田2003）。牛頸窯跡群で和銅年間の調納物としての大甕が数点発見されていることも、須恵器生産が律令的調納の対象として整備されていったことを物語る。なお、岡田は同窯跡群に関しては成立の契機自体が他の窯跡群とは異なり、当初より公的性格を帯びていたとされる。

ちなみに、2008（平成20）年に新たに発見された福岡県糟屋郡篠栗町若杉今里窯跡では、灰原やその周辺から6世紀末から7世紀前葉にかけての須恵器と、7世紀末葉から8世紀初葉の重弧文軒平瓦・平瓦・丸瓦が出土した。注目されるのは、生産された須恵器のうち特に高坏が八女窯跡群の製品に類した形態的特徴を有する点で、時期的には半世紀ほど遡るが磐井の乱後に「糟屋屯倉」を献上した筑紫君宗家との関連性も考えられているが、今後に残された検討課題である。

3　古墳時代の生活と祭祀

(1) 暮らしの変化と祭祀

北部九州では、特に瀬戸内寄りの豊前・豊後や筑前東部地域で弥生時代後期前葉頃から2本主柱の長方形住居に加えて4本主柱の方形住居が出現し、後期後半から末頃には筑前・筑後・肥前・肥後でも方形住居が出現し、古墳時代初頭から前期前半には主体となる（埋蔵文化財研究会 1995）。またベッド状遺構は古墳時代前期前半までは半数程度の住居にみられるが、前期後半になると急

速に姿を消していく。

ところで、竪穴式住居における造り付け竈（以下、竈）の本格的な導入時期は5世紀前半であるが、現在では弥生時代終末から古墳時代初頭にまで遡る事例が存在することは周知のとおりである。福岡県福岡市西新町遺跡では弥生時代終末から古墳時代初頭頃に一部で竈が出現し、古墳時代前期前半から後半にかけて時期ごとの竈普及率は3～4割に達する。武末純一は、出土した半島系土器や半島の竈構造などから全羅道地域や慶尚道地域との交流により導入されたものと推定する（武末 2004）。また、半島系土器の出土は多いが竈付き住居からの出土は少なく在来の人々による竈構築も多い点、壁際に付く竈の影響により中央炉以外に偏在炉が出現する点も指摘する。

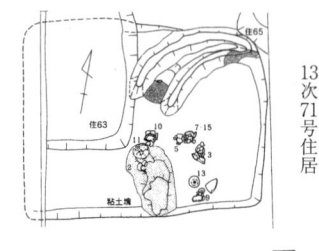

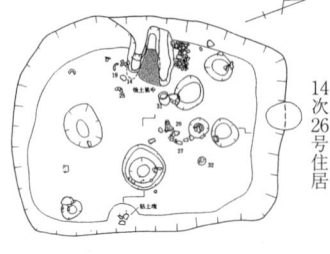

図5　西新町遺跡の竈

5世紀前半になると、竈の分布は筑前・福岡県春日市赤井出遺跡、那珂川町松木遺跡、筑後・うきは市塚堂遺跡、肥前・佐賀県基山町伊勢山遺跡などのように内陸部にまで分布を広げるが、肥後では迎原西遺跡が知られる程度でこの時期の事例はほとんど限られ（楢崎 2005）、豊後では現時点では5世紀中頃から後半が上限のようである（九州前方後円墳研究会 2005）。

さて、竈のなかには煙道が壁沿いに伸びるL字型竈（オンドル状遺構）も類例はさほど多くないが知られ、その初現は先に挙げた西新町遺跡の第12次調査で4世紀前半に遡る。一定の広がりをみせるのは一般的な竈と同様に5世紀前半からで、8世紀に至るまで確認されている。

L字型竈もまた渡来系文化の1つで、6世紀後半の福岡県福岡市梅林遺跡ではオンドル状に煙道がめぐる竈付き住居のほかに、やはり渡来系の住居構造とされる大壁建物の一群があり、軟質土器も出土している。また、御原評衙の可能性も指摘されている福岡県小郡市上岩田遺跡では、7世紀中頃から8世紀前半のL字型竈が10例ほど確認されているが、周辺からは鍛冶関連遺物も出土

し渡来系鍛冶集団の関与も想定されている。

　ちなみに、6世紀前半の福岡県福津市生家釘ヶ裏遺跡では、移動式竈が陶質土器や軟質土器とともに出土したが、北部九州では非常に稀有な事例である。

　ところで、竈の内部や周辺から祭祀遺物が出土する事例が知られ、竈あるいは竈神に対する祭祀という解釈もなされている。たとえば、佐々木隆彦は福岡県那珂川町松木遺跡、うきは市塚堂遺跡などの事例から「カマド神＝家の神」に対する祭祀を積極的に認めるが（佐々木 1988）、寺沢知子は古墳時代における竈神祭祀の存在を否定して住居廃絶に伴う一連の祭祀として理解するなど（寺沢 1992）、竈に関わる祭祀行為に対する評価は一様ではない。

　さて、住居や竈をはじめ集落の各所からは多様な祭祀遺物が出土し、生活の場での多様な祭祀の存在を確認することができる。ここでは祭祀遺物のなかで比較的出土例が多い石製模造品を取り上げる。

　石製模造品は、従来古墳時代中期になってから出現するとされていたが、近年では弥生時代終末期から古墳時代初頭の福岡県福岡市蒲田部木原遺跡3次5号住居や古墳時代前期後半の同有田・小田部遺跡群180次9号住居などの製作遺構が確認されるなど、開始時期は遡りそうである（埋蔵文化財研究会 2005）。これらの製作遺跡では臼玉の製品・未成品のみ確認されているが、福岡県福岡市西新町遺跡の第4次調査16号住居跡や堅粕遺跡第9次調査87号土坑からそれぞれ剣形品1点が出土しており、中期的様相の萌芽はみられる。

　古墳時代中期の製作遺跡としては、5世紀前半〜中頃の福岡県小郡市西島遺跡が著名で、5世紀後半の福岡市三苫遺跡群、志免町松ヶ上遺跡、須恵町牛ヶ熊遺跡、北九州市上徳力遺跡などは6世紀まで生産が継続する。

　このうち西島遺跡の西方に位置する佐賀県基山町伊勢山遺跡では、1区2号住居の埋土中から手捏ねのミニチュア土器や土製丸玉とともに有孔円板9点・臼玉2,000点以上など多量の滑石製品が出土しており、両者の間に需給関係が想定されている。

　肥後では、5世紀後半〜末の熊本県玉名市両迫間日渡遺跡の祭祀遺構Ｓ－14や上小田宮の前遺跡の流路付近から土製品とともに剣形模造品・有孔円板などが出土している。荒木隆宏は、前者で剣形品の未製品、後者で有孔円板の未製品が出土したことから、付近に製作遺跡の存在を推定する（荒木 2010）。

後期には、大分県大分市若宮八幡宮遺跡や同臼杵市清太郎遺跡など豊後でも製作遺跡が認められる。この段階には玉類以外では有孔円板が含まれる程度であるが、これは北部九州全般の傾向であり剣形品や有孔円板は5世紀を中心に製作・使用され、6世紀代には有孔円板が残る程度となる（埋蔵文化財研究会2005）。

(2) 生産とマツリ

鉄鋌の事例で紹介した津丸西ノ後遺跡4区、荻鶴遺跡では、ともに集落に付随する祭祀遺構からの出土例であり、希少性と貴重性を備えた鉄鋌が奉献品としての役割を果たしている。先述のとおり荻鶴遺跡では鍛冶遺構もあるため、鉄器生産に関わる集落内祭祀の可能性も考えられる。また、北部九州でも特に福岡平野一帯は古墳時代後期以降に古墳への鉄滓供献の存在が他地域に比べて多いことが早くから注目されている（大澤 1983）。

ちなみに、製鉄遺跡として取り上げた福岡県福岡市元岡・桑原遺跡群の第15次調査では、谷部の堆積層から解除木簡が出土した。表面には「凡人言事解除法　進奉物者　人方七十七隻　馬方六十隻　須加×」（一行目）、「水船四隻　弓廿張　矢卌隻　五色物十柄　□□多志五十本　赤玉百□　立志玉百□」（二行目）、「□□二柄　酒三□　□米二升　栗木二□　□木八束」（三行目）など、祭祀に要する物品が列挙されている。8世紀後半以降の製鉄関連遺物層より下層にあり、7世紀末から8世紀前半に位置づけられる可能性がある。製鉄関連の祭祀か否か検討を要するが、人形や馬形などは7世紀まで遡る資料も増加してきており、古墳時代終末期が律令的祭祀への転換期として注目される。

また、祭祀遺跡からは製塩土器が出土することも指摘されているが、後述する沖ノ島祭祀遺跡でも半岩陰・半露天祭祀段階の5号祭祀遺跡で須恵器器台とともに玄界灘式製塩土器が出土している。さらに、長崎県壱岐市釜蓋6号墳からも玄界灘式製塩土器が出土し、墳墓祭祀でも塩供献の存在がうかがえる。

(3) 国家祭祀の出現

沖ノ島の祭祀遺跡は考古学・文献史学双方の研究により、国家祭祀としての位置づけが行われている。1954（昭和29）年にはじまる第一次調査から1971

（昭和46）年の第3次調査までに、旧社殿の付近に集中する巨岩を中心に祭祀遺構と遺物が多数発見され、4世紀から9世紀にかけての約500年間に及ぶ祭祀の痕跡が確認された。

　長期に及ぶ沖ノ島での祭祀は、祭祀形態の変化から岩上祭祀（4世紀後半～5世紀中頃）、岩陰祭祀（5世紀後半～7世紀前半）、半岩陰・半露天祭祀（7世紀中頃～8世紀前半）、露天祭祀（8世紀中頃～9世紀前半）の4段階に区分されている。沖ノ島で岩上祭祀が開始する4世紀後半は、畿内政権が百済と国交を結び、高句麗や新羅との軍事的対立に介入しはじめる時期で、そうした国際的緊張を背景とした渡航と戦勝を祈念する国家的祭祀が執行されるようになったと理解されている（小田編 1988）。なお、近年では古墳時代前期初頭や前半に遡る遺物の存在が注目されており、国家祭祀に先行する海人族を統括する在地豪族（宗像氏）による在地型祭祀の段階があったことが指摘されている。

　各段階の祭祀遺物の概要は次のとおりである。

　岩上祭祀段階には、銅鏡・碧玉製腕飾・玉類・滑石製玉類・武器・工具といったように前期古墳の副葬品との共通性がうかがえるが、多量の銅鏡や碧玉製腕飾などは北部九州の古墳でも出土例が非常に限られるため、沖ノ島祭祀へ

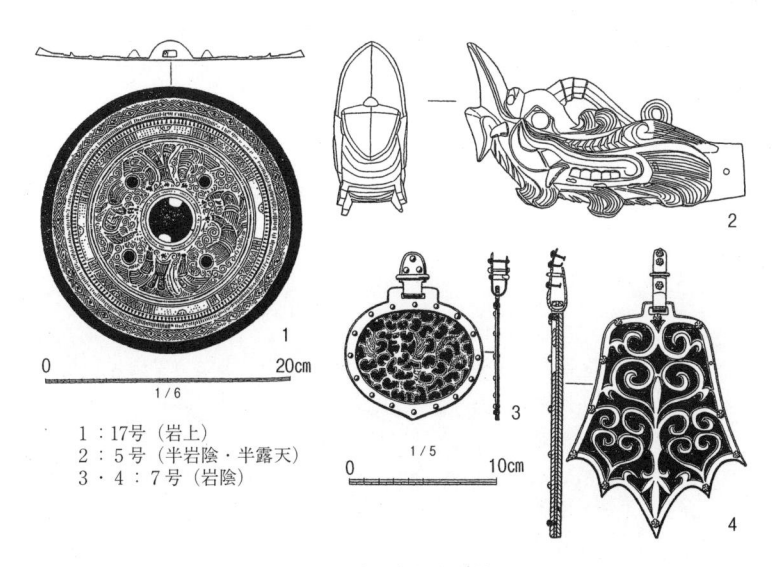

1：17号（岩上）
2：5号（半岩陰・半露天）
3・4：7号（岩陰）

図6　沖ノ島祭祀遺物

の畿内政権の関与を物語る。

　岩陰祭祀段階には、銅鏡・金銅製装身具・武器・工具・金銅製馬具・金属製雛形品・滑石製模造品・玉類・土器がみられ、前代に続き古墳の副葬品との共通性がみられるが、馬具・須恵器・金製指輪・鋳造鉄斧など朝鮮半島系の渡来文物が目立ち、西域のガラス椀などももたらされた。なお、滑石製模造品の多量化や金属製雛形品（刀・斧・鐸・儀鏡）の出現も注目される。

　半岩陰・半露天祭祀段階には、金銅製雛形品・唐三彩長頸壺・武器・工具・玉類・金属製雛形品・滑石製祭具・土器がみられる。特に金属製雛形品（武器・儀鏡・琴・鐸・紡織具・櫛・容器）の増加と多様化が顕著となり、金属製形代（人形）も出現する。

　露天祭祀段階には、八稜鏡・銅鈴・武器・工具・容器（奈良三彩壺・銅鋺・銅皿・須恵器・土師器）・金銅製雛形品（儀鏡・紡織具・鐸）・滑石製祭具・形代（金属製・滑石製の人形・馬形・舟形）・皇朝銭（富寿神宝：818年初鋳）などがみられ、特に須恵器と滑石製形代の出土量は群を抜く。

　以上の祭祀の4段階のうち、7世紀中頃に出現する半岩陰・半露天祭祀以降は前段階までと異なり古墳の副葬遺物との共通性が希薄となり、滑石製形代（人形・馬形・舟形）や金銅製雛形品（紡織具・器）などが目立ち、祭祀遺物の中での土器類（須恵器・土師器）の割合も急増するなど、祭祀変遷のなかでは大きな画期（律令祭祀の萌芽）とされる。もちろん古墳への副葬そのものは7世紀代に土器を中心とする組み合わせに移行するが、模造品や雛形品が祭祀遺物として主体を占める様相は古墳祭祀に用いる葬送祭祀品とは異なり、神マツリのための律令祭祀様式が成立しはじめたことを物語る。

参考文献

荒木隆宏　2010「熊本県内の石製模造品」『熊本古墳研究』第3号、熊本古墳研究会
井口あけみ　2010「古墳時代における大分県内出土の製塩土器」『古文化談叢』第65集（2）、九州古文化研究会
岩瀬　透　2000「古墳への装飾」『残されたキャンバス　装飾古墳と壁画古墳』大阪府立近つ飛鳥博物館
宇野慎敏　1989「北部九州における前期古墳の展開とその背景」『古文化談叢』第20集（下）、九州古文化研究会

大澤正己 1983「古墳出土鉄滓からみ見た古代製鉄」『日本製鉄史論集』たたら研究会
岡田裕之 2003「北部九州における須恵器生産の動向―牛頸窯跡群の検討を中心として―」『古文化談叢』第49集、九州古文化研究会
小田和利 1996「製塩土器からみた律令期集落の様相」『九州歴史資料館研究論集』21
小田富士雄 1980「横穴式石室の導入とその源流」『東アジア世界における日本古代史講座4　朝鮮三国と倭国』学生社
小田富士雄 1998「装飾古墳にみる大陸系画題」『古文化談叢』第40集、九州古文化研究会
小田富士雄 2009「5世紀代北部九州の古墳文化―とくに横穴式石室の導入とその背景―」『古文化談叢』第62集
小田富士雄編 1988『古代を考える　沖ノ島と古代祭祀』吉川弘文館
九州前方後円墳研究会 2005『九州における渡来人の受容と展開』
九州前方後円墳研究会 2006『前期古墳の再検討』
久住猛雄 1999「北部九州における庄内式併行期の土器様相」『庄内式土器研究』ⅩⅨ、庄内式土器研究会
藏冨士寛 1999「装飾古墳考」『先史学・考古学論究』Ⅲ、龍田考古学会
小林行雄 1964『装飾古墳』平凡社
小松　譲 2005「肥前東部地域の渡来人の受容と展開」『九州における渡来人の受容と展開』九州前方後円墳研究会
佐々木隆彦 1988「竈祭祀考」(福岡県教育委員会『九州横断自動車道関係文化財調査報告』14)
重藤輝行 2007「埋葬施設―その変化と階層性・地域性―」『九州島における中期古墳の再検討』九州前方後円墳研究会
重藤輝行 2009「古墳時代中期・後期の筑前・筑後地域の土師器」『地域の考古学　佐田茂先生佐賀大学退任記念論文集』
重藤輝行 2010「北部九州における古墳時代中期の土師器編年」『古文化談叢』第63集、九州古文化研究会
下原幸裕 2006『西日本の終末期古墳』中国書店
下原幸裕 2009「終末期古墳の諸問題」『終末期古墳の再検討』九州前方後円墳研究会
杉井健編 2009『九州系横穴式石室の伝播と拡散』北九州中国書店
高木恭二 1983「石棺輸送論」『九州考古学』第58号、九州考古学会
高木恭二 2003「第三節　特色ある石棺の文化」『新宇土市史』通史編第一巻
武末純一 2004「伽耶と倭の交流―古墳時代前・中期の土器と集落―」『国立歴史民俗博物館研究報告』第110集
辻田淳一郎 2007『鏡と初期ヤマト政権』すいれん舎
寺沢知子 1992「カマドへの祭祀的行為とカマド神の成立」『考古学と生活文化』同志社大学考古学シリーズⅤ

長家　伸 2005「福岡市西部地域の鉄・鉄器生産と渡来系遺物について」『九州における渡来人の受容と展開』九州前方後円墳研究会
楢崎直子 2005「北部九州における初期カマド・L字型カマドの導入と展開」『九州における渡来人の受容と展開』九州前方後円墳研究会
林田和人 2009「天草式製塩土器の終焉」『地域の考古学　佐田茂先生佐賀大学退任記念論文集』
藤本貴仁 2004「天草式製塩土器の再検討」『熊本古墳研究』第2号、熊本古墳研究会
舟山良一 2008「（2）編年案」（大野城市教育委員会『牛頸窯跡群―総括報告書Ⅰ―』大野城市文化財調査報告書第77集）
古城史雄 2009「肥後型横穴式石室の展開」『月刊考古学ジャーナル』No.583
洪　潽植（田中聡一訳）2009「韓半島南部地域の九州系横穴式石室」（杉井健編『九州系横穴式石室の伝播と拡散』北九州中国書店
埋蔵文化財研究会 1995『ムラと地域社会の変貌―弥生から古墳へ―』
埋蔵文化財研究会 2005『古墳時代の滑石製品』
松根恭子 2004「九州の土器製塩研究」『熊本古墳研究』第2号、熊本古墳研究会
村上恭通 2007『古代国家成立過程と鉄器生産』青木書店
柳沢一男 2001「全南地方の栄山江型横穴式石室の系譜と前方後円墳」『朝鮮学報』179
柳沢一男 2006「5～6世紀の韓半島西南部と九州―九州系埋葬施設を中心に―」『伽耶、洛東江から栄山江へ』金海市（原文ハングル）
山口信義 1993「北部九州の丸底製塩土器」『研究紀要』第7号、北九州市教育文化事業団埋蔵文化財調査室
山崎純男 1994「福岡県」『日本土器製塩研究』青木書店
吉井秀夫 2010『古代朝鮮墳墓にみる国家形成』京都大学学術出版会
※紙幅の都合により主要な論考等に限った。諒解いただきたい。

〔補記〕

　脱稿後、福岡市西区元岡G-6号墳（円墳・径18m）から「大歳庚寅正月六日時作刀凡十二果□」銘のある大刀が発見された。干支は西暦570年にあたり、古墳時代後半期の社会を考える上で重要な資料で、今後周辺の調査古墳も含めた総合的な検討に期待される。

各地の古墳Ⅲ

山　陰

岩本　崇・角田徳幸

　山陰は、西日本の日本海側に位置する東西に細長い地域である。海岸線は島根半島と丹後半島以外は比較的単調なように見えるが、沿岸部には砂州と潟湖が点在しており、その周辺には沖積作用により平野が形成される。南側には中国山地が東西に連なっており、これに源を発する大小の河川が深い谷を刻んでいる。こうした地形は、山陰に共通のものであり、沿岸部の潟湖は日本海を行き交う海上交通の拠点として、河川沿いに延びる道は中国山地を越える交通路として、この地域にさまざまな文化を伝える役割を担ってきた。

　律令制下で山陰道とされた地域は、丹波・丹後・但馬・因幡・伯耆・隠岐・出雲・石見、現在の京都府北部・兵庫県北部・鳥取県・島根県に当たり、東西350kmにも及ぶ。これらの地域は、地理的にも、歴史的にも単一の地域として扱うことはできないが、古墳時代社会の中心であった大和と、大陸文化の窓口であった北部九州の間にあって、周辺地域とさまざまな関係をもちながら、それぞれが特色ある古墳文化を形成してきた。

　本稿では、他地域との関係に目を配りながら、山陰各地の古墳文化を概観してみることとしたい（図1）。

1　前　期

(1)　首長墓の動向

　山陰における古墳時代のはじまりと前方後円墳の出現については、ほとんどの地域で時間的な懸隔があり、前方後円墳の登場が明らかに後出する。

　丹波では全長約52mの前方後円形を呈する黒田墳丘墓が庄内式併行期に位置づけられ、本稿で扱う広義の山陰のなかでも異彩を放つ。その後に続くのは、南丹波では全長約64mの中畷古墳、全長約84mの園部垣内古墳が前方後円墳、

西丹波では丸山1号墳が全長約48mの前方後円墳、氷上親王塚古墳が径約42mの円墳、北丹波では広峯15号墳が全長約40mの前方後円墳であり、いずれも前期後半から末にかけての築造である。

　丹後においては、南丹後の白米山古墳が全長約90m、蛭子山1号墳が全長約145m、温江丸山古墳が長径約65mと、作山古墳群を含めて大型の前方後円墳と円墳が前期中葉以降に継続して築造される。北丹後では、カジヤ古墳が長径73mの円墳、網野銚子山古墳が全長198mの前方後円墳で前期後半から末と考える。前期中葉以降、大型前方後円墳が集中する山陰で唯一の地域である。

　但馬については、若水古墳が径約40mの円墳、森尾古墳が長辺約35mの方墳で、ともに前期初頭から前半に位置づけうる。前期中葉には長径36mの円墳の城の山古墳、前期後半には長辺36mの方墳の入佐山3号墳が造られる。円墳とされるが、墳丘の詳細が不明な小見塚古墳は、埋葬施設に山陰の前期古墳では数少ない粘土槨を採用しており、注目できる。

　因幡では、桂見2号墳が長辺28mの方墳で前期初頭、全長63mの前方後円墳である本高14号墳が前期中葉、全長63mの前方後円墳である六部山3号墳が前期末頃に築造される。

　伯耆東部では、全長約60mとされる国分寺古墳が前方後方墳の可能性があり、径約25mの円墳の上神大将塚古墳が続く。現存長約88mの前方後円墳である馬ノ山4号墳は前期末に位置づけうる。西部では、全長25m程度の前方後方墳の普段寺1号墳、20m強の墳丘規模となる普段寺2号墳が前期中葉までの築造と考える。全長45mの浅井11号墳と全長108mの三崎殿山古墳も、詳細な時期は不明ながら、墳丘形態からみて前期の前方後円墳であろう。

　出雲では、大成古墳と造山1号墳がともに長辺約60mの方墳、造山3号墳が一辺約38mの方墳で、前期前半から後半にかけて飯梨川流域の首長墓系譜を形成する。斐伊川流域では、長辺約30mの方墳の神原神社古墳が前期中葉、全長約50mの前方後方墳の松本1号墳は前期後半の築造である。全長50m程度の前方後方墳である松本3号墳は1号墳に先行するとみられる。全長約52mの前方後円墳である大寺1号墳は、前期後半頃の築造と考える。大橋川沿岸の廻田1号墳は全長58mの前方後円墳、宍道湖南岸の上野1号墳は長径約40mの円墳で、いずれも前期末頃であろう。

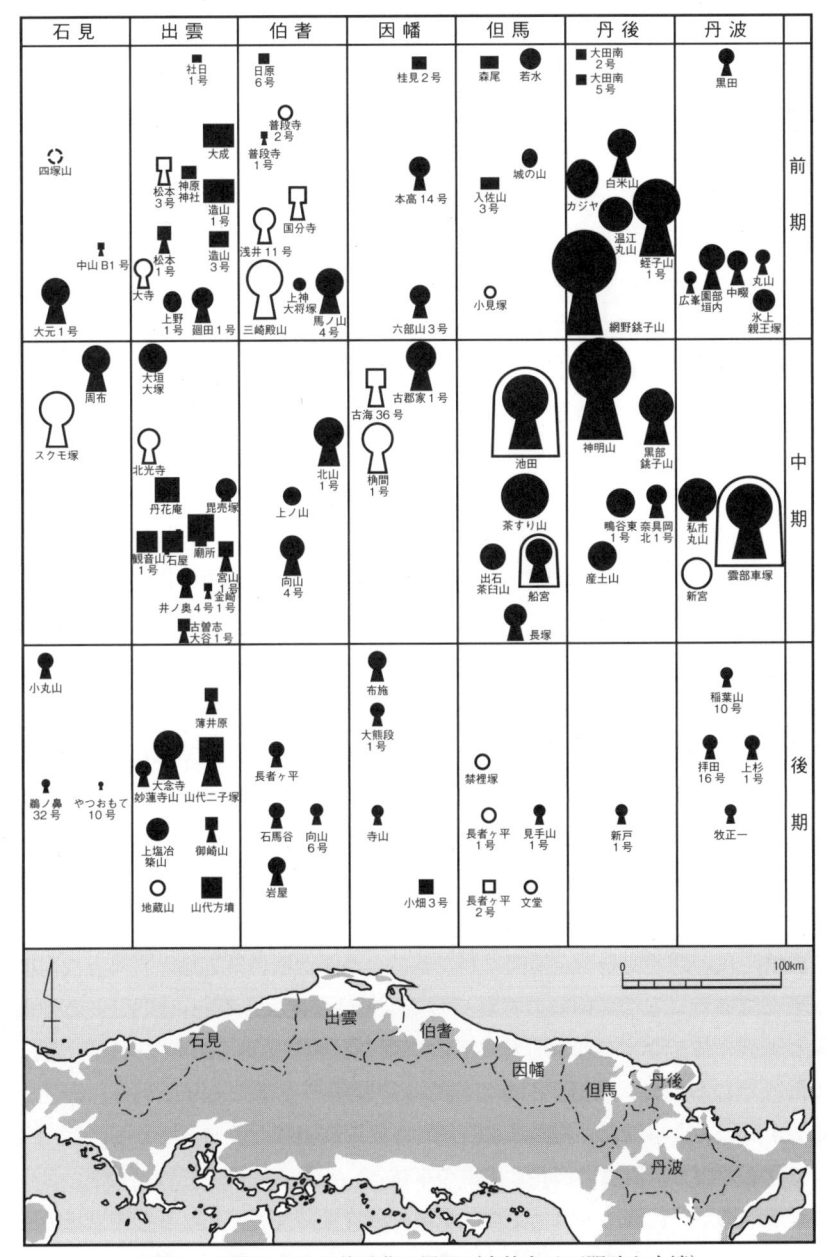

図1 山陰における首長墓の展開（白抜きは不明確な古墳）

石見においては、三角縁神獣鏡を出土した四塚山古墳群が著名だが、詳細不明で、全長約88mの前方後円墳である大元1号墳が前期末頃の築造であろう。
　以上のように、山陰における前方後円墳の出現は前期中葉を上限とし、前期後半から末にかけて広域に展開する。それ以前は方形系統の小規模墳が卓越する傾向にあり、大型古墳はきわめて限定的に存在する。こうした状況については、古くに山本清が出雲の傾向として述べるが（山本 1951・1964a）、その研究としての射程はあくまでも地域的な枠組みにとどまる。また、同じ方形原理の「発生期古墳」について、「畿内的古墳」と「在地的古墳」といった枠組み（前島 1973）やそれに準じたとらえ方（東森 1979）がなされたが、編年的な整理を保留したままの議論であったため、曖昧な概念規定に終始した。こうした状況をふまえて、渡辺貞幸は出雲の首長墓を古墳時代における列島社会のなかで位置づけることを試み（渡辺 1983a）、出雲において首長墓が継続する東部と単発的に存在する西部という東西格差を際立たせる（渡辺 1986a）。また、池淵俊一は、前期後半を画期として、方形原理から円形原理へと墳墓の転換が進行したことを明らかにする（池淵 1998）。さらに、松山智弘は、方墳の出現→竪穴式石槨の導入＋三角縁神獣鏡の副葬→漢鏡7期鏡の副葬→円形原理の墳墓の出現＋仿製鏡の副葬という段階的な推移を導出する（松山 2002）。筆者もこれらの研究に学びながら、おおむね前期を2つの様相としてとらえ、前半段階の弥生時代以来形成してきた地域的特徴の残存と、後半段階の広域的な集団関係形成にともなう共通性の醸成という枠組みを想定している（岩本 2009）。

(2) 古墳出現期における前方後円墳の不在
　古墳時代の開始から一定期間にわたって、わずかな例外を除いて前方後円墳が不在であることが、山陰の特質であることは否定できない（図2）。この現象と表裏一体をなすのが、方形原理の墳墓の卓越である（山本 1951）。実際、山陰各地において、一辺が20mに満たない規模の方墳でありながら、銅鏡を副葬するという事例が、庄内式併行期から長期に継続して確認される。
　こうした前方後円墳の不在と方墳の卓越という現象については、大きく2つの理解がある（池淵 1997）。1つは地域の独自性による結果とみなす立場であり、いま1つが大和政権による地域支配の結果とみなす説明である。

鏡 S=1:5

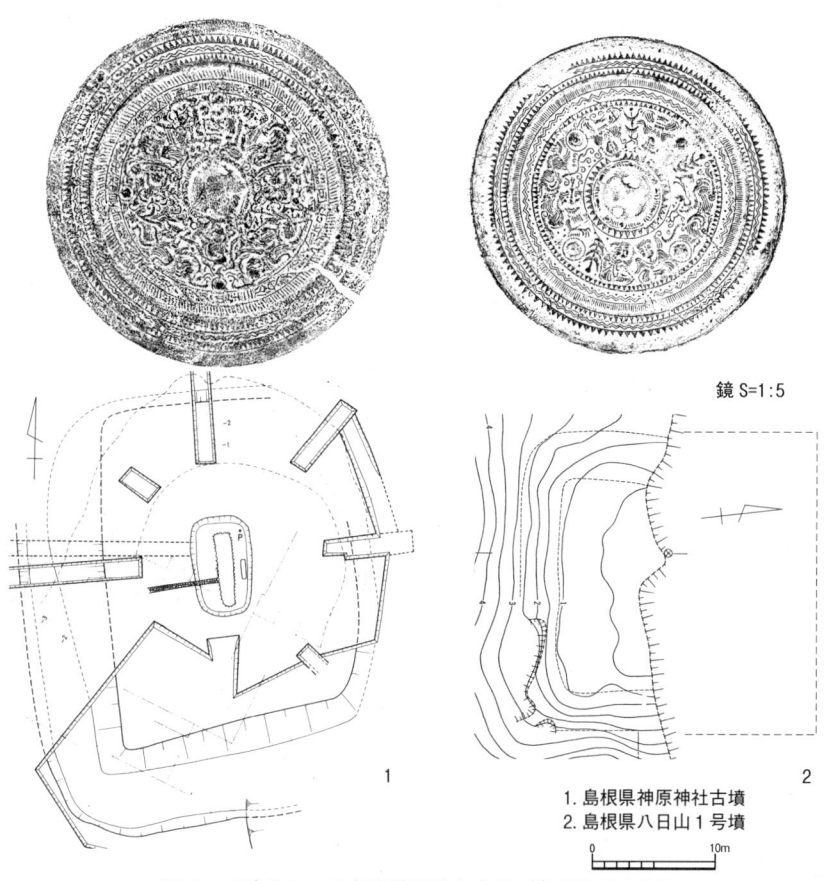

1. 島根県神原神社古墳
2. 島根県八日山1号墳

図2　山陰出土の三角縁神獣鏡と古墳（各報告書より）

　地域の独自性を強調する立場には、「発生期古墳」（前島 1973）とは異なる次元の「在地的」な古墳という理解を含む。たとえば、小規模墳に対して使用する場合や（山本 1964a）、古墳構成要素に畿内との関係を想定できない例に適用する事例（瀬戸谷 1985）がある。なお、藤田憲司は、山陰における近年の古墳出現期にかかわる諸研究の理解を、前方後円墳体制（都出 1991）の枠組みの借用にすぎないと批判する。そして、山陰の方墳にみる諸特徴から、これらの方墳を四隅突出型墳丘墓の延長線上で評価する（藤田 2006）。同様の考えは、方墳に山陰系の土器が顕著であるという山本清の指摘（山本 1989）を

はじめ、他論者の説明にもうかがえる（房宗 1984、広瀬 2000、杉原 2001）。

こうしたスタンスと関わるのが、山陰の古墳出現を畿内以外の地域も含めた関係性のなかで説明しようという視点である（前島 1973）。門脇禎二は、神原神社古墳や松本1号墳が地域で孤立的に存在する点と墳丘形態から、吉備との関係により出現したものとみる（門脇 1976）。また、墳墓で執行された祭祀に関わる土器から、同様の関係性が想定されている（蓮岡・川原 1982）。

一方の大和政権による地域支配の結果として、前方後円墳が不在であるという理解には、定型化前方後円墳の登場を重視する古墳出現論（近藤 1977）の影響が色濃い。渡辺貞幸は、大和政権から配布された鏡の副葬に着目して、それらを出土した方墳を、前方後円墳を頂点とした秩序形成のなかで規制されたものとみる（渡辺 1986a・1987）。松山智弘も、出現期古墳に弥生墳丘墓の特徴の継続性をみとめながらも、古墳への断絶をより強調し、その背景に前方後円墳を頂点とした秩序形成の影響をほのめかす（松山 2000）。

同様に前方後円墳体制論（都出 1991）を前提とした、中小規模墳を位置づける作業はほかにも実践されている。赤澤秀則は前方後円墳体制下の秩序と地域内秩序をという二重の階層性を、中小規模墳からなる古墳群での分析より想定する（赤澤 1999）。池淵俊一も出雲における古墳の階層性を検討し、地域秩序の存在を指摘する（池淵 1998）。これらの成果では、地域秩序の形成にも、大和政権の影響力を重視する。

ただし、池淵自身も別に述べるように、畿内と地域などといった二項対立的な理解は生産的ではなく（池淵 2006）、社会構造を多様な側面から分析・検討することが本質的には必要である。そうした点で、山陰の出現期古墳に弥生的要素が残存する点をみとめながらも、諸点においてより広域性を具備するという指摘（池淵 2006）は重要である。在地の自律性や主体性という評価もそうした指摘と重なる（君嶋 2002、櫃本 2003）。「山陰型特殊器台形埴輪」あるいは「円筒形土器」（東森 1967、宇垣 1984、東森・大谷 1999、藤田 2006）なども、単に山陰だけでなく、広域的な関係性を反映したものととらえる余地があろう。筆者は、そうした山陰の古墳にみる諸要素のあり方から、畿内も含めたより広域との関係性が確実に存在したものと考えている。重要なのは、他地域とのかかわりが長期的に継続する状況がみとめがたいという点であり、点

的・個別的な一回性の関係性が主体であったようだ。それゆえ当地の古墳は、在地的な特徴を一定程度とどめるのであろう（岩本 2010a・b）。

(3) 前方後円墳の出現背景

　山陰における前方後円墳の出現は、ごく少数が遡っても前期中葉を上限とするが、前期末頃から広域的に確認できる（図3）。こうした現象を画期とみなすべきという見方はほぼ共通見解となっているが、そうした理解は1990年代以降の古墳編年の整備が進展するなかで浸透した点を強調しておきたい。

　一方で、前方後円墳が出現に至った背景については、研究者によって相違がある（両丹考古学研究会 1994など）。たとえば、前方後円墳の築造規格を検討した岸本直文は、丹後の大型前方後円墳出現の背景に、畿内の王陵級古墳との直接的な関係性を想定する（岸本 1992・1997）。同様に、円丘原理の墳墓へと広域において推移する現象を重視して、畿内における首長墓系譜の変動（都出 1988）と連動する変化であったという理解もある（松山 2002）。対して、和田晴吾によって命名された「丹後型円筒埴輪」ならびに「因幡型円筒埴輪」（高橋 1996、東方 2006）など地域的特徴をもつ埴輪の存在を重視して、畿内地域

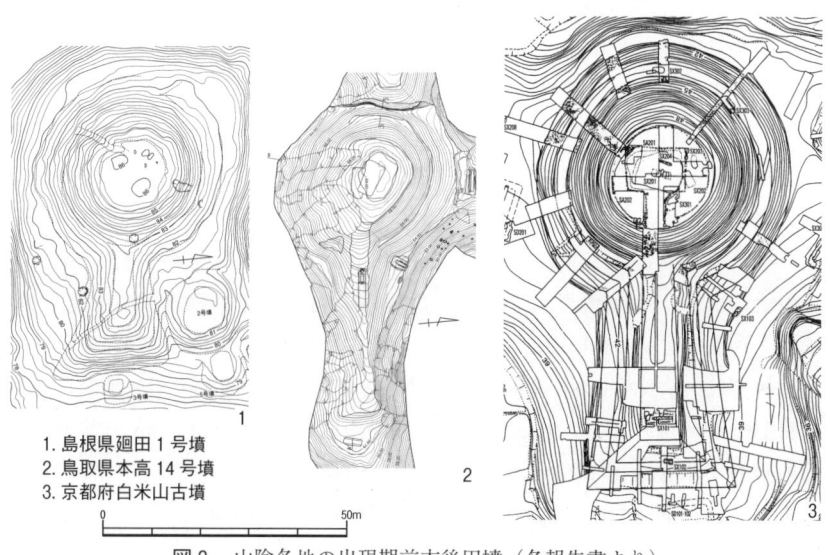

1. 島根県廻田1号墳
2. 鳥取県本高14号墳
3. 京都府白米山古墳

図3　山陰各地の出現期前方後円墳（各報告書より）

を含めた関係性が比較的緩やかなものであったとみる考えもある（佐藤2000）。筆者も大和政権を含めた多様な地域間関係が時間の経過のなかで強化されることによって形成された緩やかな社会関係を基盤に、山陰で前方後円墳が出現するに至ったと考える（岩本2009）。ただし、山陰におけるその契機が、丹後の大型前方後円墳の継続的築造であった可能性は高い。地域的な枠組みの再検討を積み重ねつつ、畿内を含めた広域の動向との比較検討が必要であろう。

2　中　期

(1) 首長墓の動向

　中期首長墓の動向は、山陰各地の個別的な整理の蓄積によっており（櫃本1972、渡辺1986b）、結果としてある程度は明らかとなっている現状にある。

　丹波では全長約140mの前方後円墳である雲部車塚古墳が中期中葉、全長81mの造り出し付円墳である私市丸山古墳が中期中葉の築造である。このほか径約56mの新宮古墳があるが、詳細な時期は不明である。

　丹後においては、全長190m以上の前方後円墳である神明山古墳が中期初頭、全長約105mの前方後円墳の黒部銚子山古墳が中期前半、全長約60mの前方後円墳の奈具岡北1号墳が中期中葉、径約54mの円墳である鳴谷東1号墳は中期中葉、径約55mの円墳の産土山古墳が中期後半に位置づけられる。

　但馬の円山川上流域では、全長141mの前方後円墳である池田古墳が中期前半、長径約90mの円墳の茶すり山古墳が中期中葉、中期後半に全長約91mの前方後円墳である船宮古墳、中期末と考えられる全長約70mの長塚古墳が続く。中・下流域では、直径約49mの出石茶臼山古墳が中期後半の築造である。

　因幡では、全長約90mの前方後円墳の古郡家1号墳が中期初頭の築造だが、桝間1号墳や古海36号墳などそのほかの大型古墳の状況は不明な点が多い。

　伯耆では、全長約110mの前方後円墳である北山1号墳が中期前半から中葉、全長35mの円墳と想定される上ノ山古墳が中期中葉、全長約65mの前方後円墳の向山4号墳が中期後半の築造と考えられる。

　出雲では、東部の全長約42mの帆立貝形前方後円墳である毘売塚古墳が中期中葉、全長56mの前方後方墳の宮山1号墳が中期後半の築造である。中部

では、径約54mの円墳の大垣大塚1号墳が中期初頭の可能性が高く、一辺47mの方墳の丹花庵古墳が中期中葉、一辺約60mとも目される廟所古墳、石屋古墳や観音山1号墳など40m超の大型方墳が中期後半に集中する。全長約32mの金崎1号墳は中期後半の前方後方墳と考えられ、全長46mの前方後方墳の古曽志大谷1号墳は中期末、全長約57mの井ノ奥4号墳は中期後半の前方後円墳であろう。西部では、全長64mの前方後円墳である北光寺古墳が中期中葉頃と考えられるが、総じて首長墓が目立たない。

石見では、100m程度の前方後円墳である可能性が考慮されるスクモ塚古墳、全長約68mの前方後円墳である周布古墳が、いずれも中期前半頃の築造と考えられる。首長墓において前方後円墳が採用される点は注目できる。

山陰各地に分布する大型前方後円墳については、大和政権の支配を基盤とした地域秩序の新たな形成の反映と評価される（田畑1990・1991、谷本1993）。ただし、そうした状況を、広く山陰を射程に入れて把握しようとする試みは少ない。わずかに山陰でも特定地域が主導的に広域の関係性を構築したという見解が提示されているが（奥村1991）、現状の資料で保証できるところは乏しい。

古墳時代中期という時代像がきわめて強烈な中心性をもつ（小野山1970）というイメージからか、大和政権の影響力を大きくみる傾向が全国的にうかがえるが、山陰でも前方後円墳の不在や大型の円方墳が卓越する背景を「規制」と説明することがしばしばある（足立・丹羽野1989、岸本2010）。しかし、中期における地域の自律性は十分にみとめられ（岩本2003）、地域の主体性と大和政権の影響力との均衡を具体的に把握することこそがより重要な課題と考える。特に、小地域ごとに首長墓の動向に差異が際立つ状況は一目瞭然であり、その差がいかなる背景に基づくものかを検討する必要があろう。

山陰の中期古墳に関しては、基礎的なデータが出揃っていない状況であり、検討材料の不足が否めない。過去に出土した資料の再検討や、重要古墳の基礎調査を継続的に行ない、議論の素地を整えることがまずは急務である。

(2) 地域の構造的把握の試み

中期古墳を考える枠組みとして、「地域首長連合」（和田1994a・b）はきわめて重要である。こうした概念につながる検討は、早くに出雲で渡辺貞幸が墳

丘形態の異同から見通しを立てているが（渡辺 1986b)、近年は古墳を構成する諸要素の構造的分析から、地域の実像についての復元が試みられている。
　たとえば、墳丘の細部の分析から地域的な枠組みを復元する方法や（奥村 2001、櫃本 2003)、埋葬施設から地域的な枠組みの析出と地域構造分析を試みる研究がみられる（和田 2000、辻川 1997、岩本 2010c)。武器保有形態から地域構造の形成を説明しようとする研究もある（豊島 1999)。いずれにおいても、山陰各地の地域構造はかなり細かく分節されていると説明される。別の属性の検討による積み重ねが必要であることはもちろんだが、析出した地域構造のあり方を広域でいかに関連づけるかが将来的には重要な課題となるだろう。

(3) 地域と交流
　古墳時代中期に形成された広域的な関係性については、いくらか検討が加えられている。その際に注目されているのが埋葬施設と埴輪であり、双方ともに地域的な観点と広域も含めた異なる位相から分析されている。
　埋葬施設については、棺形式あるいは棺を構成する属性が検討されている。前者は石棺を対象とし（山本 1971、和田 1994a、但馬考古学研究会 1985、大谷・清野 1996、辻川 1997、岸本 2008、大谷 2010)、後者の代表は組合式木棺の棺内礫敷を対象とする（石崎 1997、赤澤 2002、岩本 2003)。
　埴輪については、編年的な作業を通して、畿内との関係性のもとに、中期以降に地域的なまとまりが大まかながら形成され、山陰でも地域的な差異がみとめられるという見通しが立てられている（中島 1990・1991・2008、藤永 1997、椿 2008、加藤 2010)。ただし、埴輪生産について地域的な継続性をみとめうるかは、遺物そのものの系統論を不可欠とする。現状の研究ではそうした視点と方法がいまだ十分ではないようだ。今後、山陰のなかでも、埴輪が集中する地域を対象とした緻密なケーススタディが進められることを大いに期待したい。
　なお、山陰の地理的特質を考慮して、地域間交流を考える際に、列島外の地域との対外交渉という視点は重要である。実際、当地の埋葬施設には、間接的ではあるが、外来的な要素を備えた例を確認しうる（土生田 1981、岩本 2010c)。今後は、対外交渉も含めた視点から、該期の考古資料を総合的に検討する必要があろう。とりわけ、流通論において列島外との直接的な関係を析出

しうるかは、きわめて大きな課題になると考える。

3 後　期

(1) 首長墓の動向

　古墳時代後期には、山陰各地では30～40m級までの前方後円墳や円墳が営まれる地域が大半である。
　丹波は、南丹波の拝田16号墳が全長44mの前方後円墳、北丹波の稲葉山10号墳が全長38mの前方後円墳、上杉1号墳が全長45mの前方後円墳である。丹後は目立った後期古墳が少なく、全長35mの前方後円墳である新戸1号墳が知られる程度である。但馬は、4基の大形横穴式石室をもつ大藪古墳群があるが、墳丘は円墳または方墳であり群中最大の禁裡塚古墳でも径34mの円墳である。前方後円墳では全長35mの見手山1号墳が知られる。因幡は、後期前葉の布施古墳が全長59mの前方後円墳、大熊段1号墳が全長45mの前方後円墳で、中葉の寺山古墳は全長37.5mの前方後円墳である。後葉の大型横穴式石室を内蔵する小畑古墳群では方墳が主体を占めるが、一辺27mの3号墳が最大である。石見は、後期前葉の小丸山古墳が全長49mの前方後円墳であるが、大型古墳は続かない。また、伯耆は、西部の福岡古墳群の石馬谷古墳が全長61.2m、岩屋古墳が全長54m、長者ケ平古墳が全長48mの前方後円墳で大型古墳が集中している点が注目され、東部では全長40mの前方後円墳である向山6号墳が知られる。このように見ると、出雲を除く山陰の諸地域では、西伯耆で50～60m級の古墳がまとまって営まれる以外は、後期中葉以降では40m級までに留まっていることがわかる。いずれの地域でも中期までは100mを超える前方後円墳が営まれていることからすれば、古墳の規模は縮小するといえよう。
　これに対し、出雲では中期までは100mを超える規模の古墳はないが、後期になって初めて全長94mの前方後方墳である山代二子塚古墳、全長91mの前方後円墳の大念寺古墳と、100mに近い前方後方（円）墳が登場する。周溝を含めれば100mを超える地域最大の古墳を、後期中葉に、しかも東西に2基も擁する地域は周辺には見られない。この時期に全長100mを超える規模をもつ

古墳は、大和・河内や、後期になっても大形古墳の築造が続く関東を別にすれば、西日本では肥後の中ノ城古墳102m・大野窟古墳123m、吉備のこうもり塚100mがあるにすぎない。山代二子塚古墳と大念寺古墳は、規模ではこれらに及ばないが、出雲がこの時期に日本列島の中でも有力な地域の1つに成長していたことがうかがわれる。

　6世紀中葉から後葉にかけて、出雲の東西に2大勢力が分立することを指摘したのは渡辺貞幸である。渡辺は出雲東部の山代二子塚古墳の再評価を行う中で、従来5世紀代とか6世紀前半とされていた年代観を修正して、6世紀中葉から後葉であることを明らかにした（渡辺 1983b）。そして、山代二子塚古墳と、後続する山代方墳・永久宅後古墳などを併せて山代・大庭古墳群とし、出雲東部を支配領域とする最高首長の累代墓とする。一方、これらとほぼ同時期の出雲西部の大念寺古墳・上塩冶築山古墳・地蔵山古墳については今市・塩冶古墳群と捉えて出雲西部の最高首長の累代墓とし、6世紀中葉から後半には東西出雲に世襲の最高首長を頂く政治体制が並立したと考える（渡辺 1986b）。

　出雲における政治体制の確立を示す事例としては、東部の前方後方墳と石棺式石室が上げられる。前方後方墳は、古墳時代前期には全国各地で造られたが、中期以降になると激減しており、出雲でも前期の前方後方墳は続かない。ところが、出雲東部では5世紀末頃から再び前方後方墳が盛んに築造されるようになり、時期が判明しているものの8割以上は6世紀代の古墳であることがわかっている。これについて渡辺は、前方後方墳の分布が出雲東部に偏在し最大の古墳が山代二子塚古墳であること、築造時期が出雲東部勢力が伸張した時期と重なっていることから、出雲東部の首長連合がその政治的秩序を表すために採用したのが、この時期の前方後方墳であったとする（渡辺 2005）。

　前方後方墳は岡田山1号墳・御崎山古墳・古天神古墳を最後に姿を消すが、古天神古墳の埋葬施設に採用されたのが石棺式石室である。これは横口式家形石棺を祖形として出雲東部で独自の発展を遂げた横穴式石室で、家形をした天井石と各壁・床石の計6枚の切石で構成される石室形態は、あたかも墳丘内に大形の横口式家形石棺を直葬し、横口部に羨道を取り付けたかのような外観をもっている。石棺式石室については、山本清が早くから着目し、その形態的特色や九州の横口式家形石棺との系譜関係について整理しており（山本 1964b）、

これを基にして山陰に所在する切石造横穴式石室の網羅的研究を行った出雲考古学研究会によって出雲東部で独自に発展した石室であることが明らかにされている（出雲考古学研究会編 1987）。

筆者は、石棺式石室が前方後方墳と同じ範囲に展開しているだけでなく、山代・大庭古墳群を中心とした階層的なあり方を示していることから、出雲東部の首長連合が域内の政治的秩序を示すために前方後方墳に代わって採用したのが石棺式石室墳であると評価した。石棺式石室は、受容期である古天神古墳に続く段階に定型化され、首長連合の埋葬施設として整えられる。これに合わせるように、墳形は方墳となり、葬送儀礼は巨大な家形石棺様の石室外観が見える1次墳丘の段階に、出雲型子持壺を立てて行うという独自の祭祀が普遍化した。出雲東部の首長連合は、6世紀後半に墳丘・石室・葬送儀礼・子持壺の定式化を進め、共通の祭祀を行う地域集団として結束を強めたと考えられる。また、出雲東部では、石棺式石室をはじめ、横口式家形石棺・横穴墓に九州・肥後の影響が強く見られる。その影響は古墳の一要素としてではなく墓制全般にわたり、分布にも広がりがあることから、地域首長が関与するものであったと考えられ、出雲東部と肥後との交渉は、大和政権による地域支配強化に対する地域首長側が連携したことを示すものであるとした（角田 2008）。

一方、渡辺貞幸は、出雲東部の地域首長墓である山代方墳について、墳丘が大形であることに加え、それまでの出雲の方墳にはなかった周溝と土塁を備えた形態をとることから、6世紀末から7世紀前葉にかけて営まれた大和の大形方墳との関係を考え、中央豪族である蘇我氏との結びつきを指摘する（渡辺 1985）。また、大谷晃二は、出雲東部と西部を対立的に捉えて、東部「オウ」の勢力は大陸・朝鮮半島系の大刀を渡来系氏族の蘇我氏から、西部「カムド」の勢力は倭風大刀を物部氏から入手して関係を結んだとする（大谷 1999）。

東西出雲は、切石造りの横穴式石室・家形石棺・横穴墓のそれぞれに地域性があり、独自の政治集団を構成していたと見られるが、これらが多数分布するという点では、周辺地域とは異なる一体性がうかがえる。両者については、拮抗・対峙していたのではなく、出雲全域の大首長たる地位が山代二子塚古墳→大念寺古墳→上塩冶築山古墳→山代方墳と「輪番」的に移動していたという見方もある（松本 1990）。出雲が日本列島の中でも有力な地域の1つに成長した

背景には当然大和政権との関係強化が考えられるが、一方で石棺式石室墳に見られる地域墓制や肥後との地域間交渉は、その関係が一元的な支配関係ではなかったことを示すものであり、今後、総括的な検討が望まれる。

(2) 横穴式石室に見る地域交流

横穴式石室は、1996年の第24回山陰考古学研究集会「山陰の横穴式石室」（山陰考古学研究集会編 1996）、2007年の横穴式石室研究会「近畿の横穴式石室」（横穴式石室研究会編 2007）で網羅的に集成され、山陰の各地域で顕著な地域性が見られることが明らかになっている。その地域性は、九州的な要素が強く見られる伯耆以西と、初期には九州との関連もうかがわれるが畿内的な要素がより濃い因幡以東に大別できる（図4）。

前者は、横穴式石室の受容期には、出雲東部の薄井原古墳のように畿内系石室も導入するが点的な存在にすぎない。この地域では、九州系の横穴式石室が展開することが早くから指摘されており（山本 1964b・小田 1980ほか）、伯耆西部の竪穴系横口式石室、伯耆東部と石見中部の中北部九州系石室・出雲東部の石棺式石室など九州系で系譜が異なる石室が各地域に見られる。受容の時期は、伯耆西部の日野川下流域が5世紀後葉に遡り、6世紀前葉の石見中部、6世紀中葉の出雲・伯耆西部の大山山麓・伯耆東部と差が見られ、山陰と九州の諸集団が個別に交渉した結果、横穴式石室が伝えられたことをよく示している。

筆者は、九州から横穴式石室が伝播した背景について、出雲東部と西部、伯耆西部の事例から3つに分けて提示した。1つは九州からの移住など直接的な関係による伝播で、筑紫宗像の竪穴系横口式石室と同時期にまったく同じ構造をもつ石室がまとまって営まれる伯耆西部の日野川下流域があげられる。2つめは九州と山陰の地域集団の政治的な関係による伝播で、6世紀中葉に100m級の前方後円（方）墳をともに築造し、石棺式石室・家形石棺など墓制全般に影響がうかがえる出雲東部と肥後の関係を取り上げた。3つめは山陰の地域集団間における九州系横穴式石室の要素の二次的伝播で、九州的な要素が横穴式石室や家形石棺一部に留まり、肥後との強い関わりを有していたと見られる出雲東部との関係によって、その要素を受容したと見られる出雲西部をあげた。

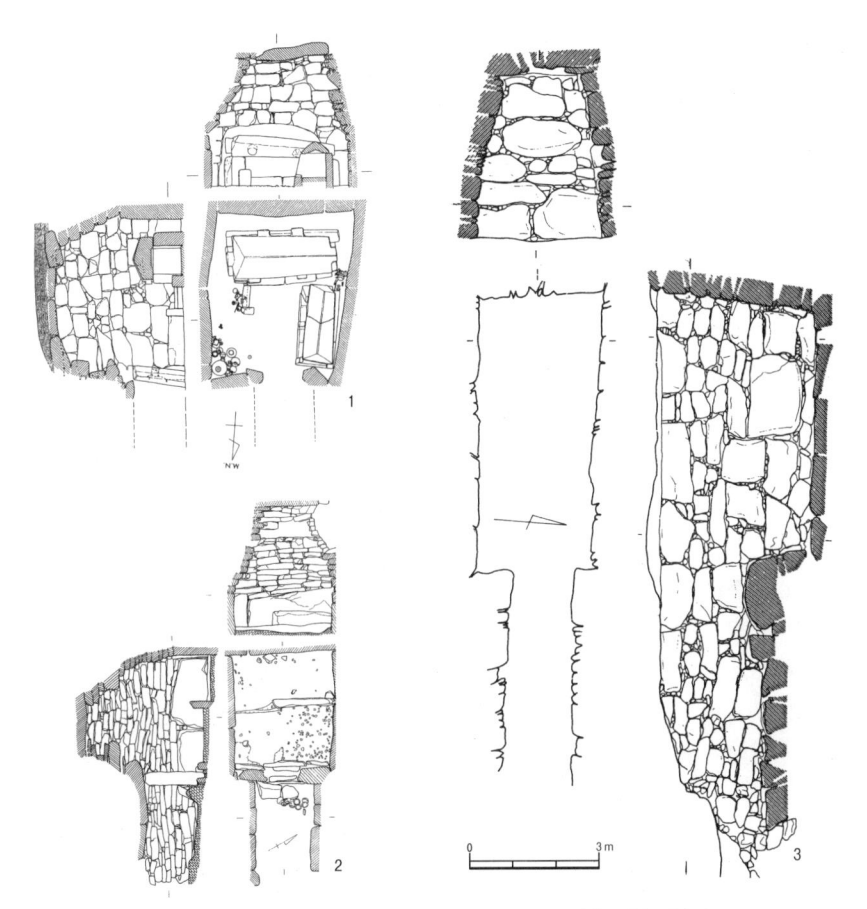

1：島根県御崎山古墳、2：鳥取県大宮古墳、3：兵庫県禁裡塚古墳
図4　山陰各地の横穴式石室（各報告書より）

古墳時代後期には地域が主体となった交渉がそれぞれ続いており、地域間関係が多様な形で存在することを指摘した（角田 2009）。

一方、因幡以東の横穴式石室は、6世紀前葉頃には因幡・丹波で北部九州系石室、但馬・丹後で竪穴系横口式石室など九州系石室が見られるが、横穴式石室が普及する6世紀中葉以降には、畿内系横穴式石室の影響を受ける。因幡東部では玄室中央部が高くなるよう3枚の天井石を架けた中高式天井石室と呼ばれる独自の石室が分布しており、片袖式で穹窿天井をもつ畿内系の石室が在地

化したものと見られる（下高 1989）。但馬は、首長墓である大藪古墳群への横穴式石室の採用を契機に群集墳の埋葬施設も横穴式石室となり、石室の構築技術が首長墳から群集墳へと伝わったとされる。石室形態は畿内型石室と類似した構造をとるが、玄室前壁を兼ねる羨道天井石が1段下がることなど細部において地域性も指摘されている（高松 2007）。丹後は畿内系石室が入るが、平面規格などに違いがあり、畿内から直接伝播したものは少ないとされ、中高式天井石室や石棚を有する石室も含まれる（梅本 2007）。丹波は、郡によって多様な展開を見せた地域で、丹後や但馬との関係も考えられる（富山 2007a・b）。導入期には紀伊の岩橋型石室との類似も指摘される拝田16号墳がある他、畿内型石室の洞中1号墳なども展開する（山崎 1986）。

(3) **家形石棺・横穴墓の展開**

　山陰における家形石棺の研究は、山本清による網羅的な研究が基礎となっている。山本は家形石棺が出雲市・松江市・安来市・鳥取市周辺などの限られた地域に分布していることをまず明らかにした。そして、棺身が刳抜で棺蓋に方形突起をもつ畿内系のものは因幡に多く、出雲では1例であるのに対し、平入り横口式石棺という特色ある形態をもつものは出雲に集中して分布しており、両者が対照的なあり方を示すことを指摘した（山本 1971）。

　一方、和田晴吾は石棺の形態を石工集団の支配と絡め、被葬者の政治的動向を探るという視点から出雲の家形石棺を取り上げた（和田 1983）。和田は、出雲の横口式家形石棺を西部の刳抜式石棺群・組合式石棺群、東部の組合式石棺群、中部の組合式石棺群の四群に大別し、その変遷を示すとともに、西部の刳抜式石棺群が横口式という九州的な葬法を受け継ぎながらも畿内的な要素を留めるのに対し、東部の組合式石棺群はより九州的または出雲的であるとした。

　この2つの論考により山陰地域の家形石棺研究は、その方向づけがなされたと言えるが、1995年には第23回山陰考古学研究集会で「古墳時代後期の棺―家形石棺を中心に―」が取り上げられ、家形石棺が集成されるとともに、石棺研究をめぐる各地の状況がまとめられた。この中で牧本哲雄は、因幡の家形石棺は畿内の影響を強く受けるが、棺蓋の特徴に在地色がうかがえるとしており、大谷晃二は出雲の家形石棺は単一の工人集団が製作したのではなく、各地域の

工人が近隣地域との関わりをもちながら行ったとする（山陰考古学研究集会編 1995）。また、全国的な視点で家形石棺を検討した増田一裕は、山陰の家形石棺は、出雲で成立した出雲系家形石棺と、因幡以東に導入された畿内系家形石棺という地域差が見られることを指摘している（増田 2003・2004）。

　横穴墓は、出雲と周辺地域に多く分布しており、山本清と門脇俊彦によって、その構造や時期についての研究が早くから行われた（山本 1958・1962、門脇 1956・1980）。門脇は出雲を中心とする横穴墓の型式と分布状況を検討し、丸天井系の横穴墓が四注式系に先行すると見られることや、石棺式石室と整正家形平入型式の横穴墓は形態的に酷似し分布が重なること、整正家形妻入型式の横穴墓は出現が遅れることなど、基本的な見通しを示した。こうした見方は、1980年代に墳丘を有し丸天井をもつ導入期の横穴墓が次々と発見されたことや、石棺式石室研究の進展により確認されている（西尾 1995、池上 1998a）。

　一方、1997年には山陰横穴墓研究会により出雲の横穴墓が集成され、その全容が一瞥できるようになった（山陰横穴墓研究会編 1997）。これを受けて、大谷晃二・松山智弘は、出雲の東西における横穴墓の地域差は、その地域の横穴式石室の模倣であると同時に、掘削工程・造墓技術の違いであり、東部では荒掘り段階をドーム型・箱型とするのに対し、西部はアーチ型とする点に違いがあるとする（大谷・松山 1999）。また、池上悟は、横穴墓にどのような形で埋葬が行われるかを検討し、山陰では特定の横穴墓を改葬用として使用する葬法が広く見られることを指摘している（池上 1998b）。

参考文献
赤澤秀則 1999「出雲地方前期古墳の系譜と階層性」『地域に根ざして―田中義昭先生退官記念論集―』田中義昭先生退官記念事業会
赤澤秀則 2002「小結」『奥才古墳群第8支群』鹿島町教育委員会
足立克己・丹羽野裕 1989「古曽志大谷1号墳と周辺の古墳」『古曽志遺跡群発掘調査報告書―朝日ヶ丘団地造成工事に伴う発掘調査―』島根県教育委員会
池上　悟 1998a「山陰地方における横穴墓の受容と展開」『立正考古』第37号、立正大学考古学研究会
池上　悟 1998b「山陰横穴墓の埋葬様式」『多知波奈考古』第4号、橘考古学会
池淵俊一 1997「方墳の世界」『古代出雲文化展』島根県教育委員会

池淵俊一 1998「五反田古墳の位置づけとその評価」『門生黒谷Ⅰ遺跡・門生黒谷Ⅱ遺跡・門生黒谷Ⅲ遺跡』島根県教育委員会
池淵俊一 2006「山陰における前期古墳の様相と課題―出雲を中心に―」『日本考古学協会2006年度愛媛大会研究発表資料集』日本考古学協会2006年度愛媛大会実行委員会
石崎善久 1997「京都府下における礫床をもつ木棺について」『太邇波考古学論集』両丹考古学研究会
出雲考古学研究会編 1987「石棺式石室の研究」『古代の出雲を考える』6、出雲考古学研究会
岩本　崇 2003「棺内礫敷をもつ組合式箱形木棺」『大手前大学史学研究所紀要』第3号、大手前大学史学研究所
岩本　崇 2009「山陰の鏡と古墳―三角縁神獣鏡を中心に―」『山陰の古墳出土鏡』第37回山陰考古学研究集会、山陰考古学研究集会
岩本　崇 2010a「古墳時代前期における地域間関係の展開とその特質」『龍子三ツ塚古墳群の研究』大手前大学史学研究所・龍子三ツ塚古墳調査団
岩本　崇 2010b「三角縁神獣鏡と古墳の出現・展開」『日本考古学協会2010年度兵庫大会研究発表資料集』日本考古学協会2010年度兵庫大会実行委員会
岩本　崇 2010c「棺内礫敷をもつ組合式箱形木棺補論」『史跡 茶すり山古墳』兵庫県教育委員会
宇垣匡雅 1984「特殊器台形埴輪に関する若干の考察」『考古学研究』第31巻第3号、考古学研究会
梅本康広 2007「丹後の横穴式石室」『近畿の横穴式石室』横穴式石室研究会
大谷晃二・清野孝之 1996「安来市毘売塚古墳の再検討」『島根考古学会誌』第13集、島根考古学会
大谷晃二 1999「上塩冶築山古墳をめぐる諸問題」『上塩冶築山古墳の研究』島根県教育委員会
大谷晃二・松山智弘 1999「横穴墓の型式とその評価」『地域に根ざして―田中義昭先生退官記念論集―』田中義昭先生退官記念事業会
大谷晃二 2010「山陰―出雲地方を中心に―」『日本考古学協会2010年度兵庫大会研究発表資料集』日本考古学協会2010年度兵庫大会実行委員会
奥村清一郎 1991「丹後半島の大型前方後円墳」『京都府埋蔵文化財論集』第2集、(財)京都府埋蔵文化財調査研究センター
奥村清一郎 2001「神明山古墳の新研究」『京都府埋蔵文化財論集』第4集、(財)京都府埋蔵文化財調査研究センター
小田富士雄 1980「横穴式石室の導入とその源流」『東アジアにおける日本古代史講座』4、学生社
小野山節 1970「五世紀における古墳の規制」『考古学研究』第16巻第3号、考古学研

究会
角田德幸 2008「出雲の石棺式石室」『古墳時代の実像』吉川弘文館
角田德幸 2009「山陰における九州系横穴式石室の様相」『九州系横穴式石室の伝播と拡散』北九州中国書店
加藤一郎 2010「茶すり山古墳出土円筒埴輪の位置づけとその意義」『史跡 茶すり山古墳』兵庫県教育委員会
門脇禎二 1976『出雲の古代史』NHK ブックス
門脇俊彦 1956「出雲国大井谷横穴群の研究」『私たちの考古学』8号、考古学研究会
門脇俊彦 1980「山陰地方横穴墓研究序説」『古文化談叢』第7集、九州古文化研究会
岸本一宏 2008「池田古墳をめぐる若干の検討」『王権と武器と信仰』同成社
岸本一宏 2010「但馬地域における茶すり山古墳の位置」『史跡 茶すり山古墳』兵庫県教育委員会
岸本直文 1992「前方後円墳築造規格の系列」『考古学研究』第39巻第2号、考古学研究会
岸本直文 1997「三大古墳の古墳築造企画」『日本海三大古墳がなぜ丹後につくられたのか』第3回加悦町文化財シンポジウム、加悦町・加悦町教育委員会
君嶋俊行 2002「因幡・伯耆における前期古墳の様相―葬送儀礼からみた伝統と画期」『山陰の前期古墳』第30回山陰考古学研究集会資料集、山陰考古学研究集会
近藤義郎 1977「前方後円墳の成立」『考古論集』慶祝松崎寿和先生六十三歳論文集、同刊行会
佐藤晃一 2000「埴輪の成立と変遷―丹後型円筒埴輪の分布と背景―」『丹後の弥生王墓と巨大古墳』季刊考古学別冊10、雄山閣
山陰考古学研究集会編 1995『古墳時代後期の棺―家形石棺を中心に―』
山陰考古学研究集会編 1996『山陰の横穴式石室―地域性と編年の再検討―』
山陰横穴墓研究会編 1997『出雲の横穴墓―その型式・変遷・地域性―』
下高瑞哉 1989「鳥取県東部における中高式天井石室に関する一考察」『島根考古学会誌』第6集、島根考古学会
杉原和雄 2001「丹後地域の古墳の出現と展開―青龍三年銘鏡から見た畿内とその周辺―」『北近畿の考古学』両丹考古学会・但馬考古学研究会
瀬戸谷皓 1985「但馬地方の古墳文化」『但馬考古学』第2集、但馬考古学研究会
但馬考古学研究会 1985「但馬の長持形石棺」『古代学研究』第107号、古代学研究会
但馬考古学研究会編 1994『徹底討論 大藪古墳群』養父町教育委員会
高橋克壽 1996『埴輪の世紀』歴史発掘⑨、講談社
高松雅文 2007「但馬の横穴式石室」『近畿の横穴式石室』横穴式石室研究会
谷本 進 1993.「墳形からみた池田古墳と船宮古墳」『但馬考古学』第7集、但馬考古学研究会
田畑 基 1990「円山川上流域における前半期首長墓の変遷過程」『船宮古墳』朝来町

教育委員会
田畑　基 1991「墳形からみた前半期古墳の画期について」『但馬考古学』第6集、但馬考古学研究会
辻川哲朗 1997「棺内礫敷をもつ長持形石棺―丹後・丹波地域を中心にして―」『太邇波考古学論集』両丹考古学研究会
都出比呂志 1988「古墳時代首長系譜の継続と断絶」『待兼山論叢』第22号史学篇、大阪大学文学部
都出比呂志 1991「日本古代の国家形成論序説―前方後円墳体制の提唱―」『日本史研究』第343号、日本史研究会
椿　真治 2008「出雲東部地域における埴輪出土古墳・中期後半を中心として」『古代文化』第59巻第4号、財団法人古代学協会
富山直人 2007a「京都丹波の横穴式石室」『近畿の横穴式石室』横穴式石室研究会
富山直人 2007b「兵庫丹波の横穴式石室」『近畿の横穴式石室』横穴式石室研究会
豊島直博 1999「古墳時代における軍事組織の形成―由良川中流域を例に―」『国家形成期の考古学』大阪大学考古学研究室
中島雄二 1990「但馬における埴輪の再検討」『船宮古墳』朝来町教育委員会
中島雄二 1991「但馬の埴輪について」『但馬考古学』第6集、但馬考古学研究会
中島雄二 2008「但馬・丹後地域における埴輪の諸様相」『古代文化』第59巻第4号、財団法人古代学協会
中原　斉 1994「因幡における前方後円墳の出現と展開」『前方後円墳の出現をめぐって』両丹考古学会
仁木　聡 2010「山陰地方における後期・終末期古墳の領域性」『出雲国の形成と国府成立の研究』島根県古代文化センター
西尾克己 1995「古墳・横穴墓からみた古代社会」『風土記の考古学』同成社
蓮岡法暲・川原和人 1982「島根県における発生期古墳の墳墓祭祀―とくに特殊供献土器をめぐって―」『古文化談叢』第10集、九州古文化研究会
土生田純之 1981「二基の「竪穴式石室」―横穴式石室の伝播に関連して―」『史泉』第55号、関西大学史学会
東方仁史 2006「因幡型円筒埴輪について」『鳥取地域史通信』2006―4月号、鳥取地域史研究会
東森市良 1967「山陰地方発見の壺棺とその特色」『考古学研究』第14巻第2号、考古学研究会
東森市良 1979「出雲における古墳形成期の諸相」『山陰―地域の歴史的性格』雄山閣
東森市良・大谷晃二 1999「山陰の円筒形土器について」『島根考古学会誌』第16集、島根考古学会
櫃本誠一 1972「但馬における古墳文化」『城の山・池田古墳』和田山町教育委員会
櫃本誠一 2003「但馬地域における首長墳の成立と展開」『古代近畿と物流の考古学』

　　　　　学生社
広瀬和雄　2000「丹後の巨大古墳」『丹後の弥生王墓と巨大古墳』季刊考古学別冊10、雄山閣
房宗寿雄　1984「「山陰地域」における古墳形成期の様相」『島根考古学会誌』第1集、島根考古学会
藤田憲司　2006「神原神社古墳と山陰の前方後円墳時代初期墳丘墓」『古式土師器の年代学』（財）大阪府文化財センター
藤永照隆　1997「出雲の円筒埴輪編年と地域性」『島根考古学会誌』第14集、島根考古学会
前島己基　1973「出雲における古墳文化の生成」『季刊文化財』第18号、島根県文化財愛護協会
増田一裕　2003・04「家形石棺の基礎的分析（上・下）」『古代学研究』第162・164号、古代学研究会
松本岩雄　1990「山陰」『古墳時代の研究10　地域の古墳Ⅰ　西日本』雄山閣
松山智弘　2000「社日古墳の位置づけとその評価」『社日古墳』島根県教育委員会
松山智弘　2002「出雲における墳墓の変遷」『神原神社古墳』加茂町教育委員会
山崎信二　1986『横穴式石室構造の地域別比較研究―中・四国編―』
山本　清　1951「出雲国における方形墳と前方後方墳について」『島根大学論集』第1号（人文科学）、島根大学
山本　清　1958「西山陰における横穴について」『島根大学論集（人文科学）』第8号、島根大学
山本　清　1962「横穴の型式と時期について」『島根大学論集（人文科学）』第11号、島根大学
山本　清　1964a「小規模古墳について」『島根大学論集』第13号（人文科学）、島根大学
山本　清　1964b「古墳の地域的特色とその交渉―山陰の石棺式石室を中心として―」『山陰文化研究紀要』第5号、島根大学
山本　清　1971「山陰の石棺について」『山陰古墳文化の研究』山本清先生退官記念論集刊行会
山本　清　1989「山陰の鼓形器台と当代の墓制」『出雲の古代文化』人類史叢書8、六興出版
横穴式石室研究会編　2007『研究集会　近畿の横穴式石室』
両丹考古学研究会編　1994『前方後円墳の出現をめぐって』真陽社
渡辺貞幸　1983a「寺床1号墳の諸問題」『松江考古』第5号、松江考古学談話会
渡辺貞幸　1983b「松江市山代二子塚をめぐる諸問題」『山陰文化研究紀要』第23号、島根大学
渡辺貞幸　1985「松江市山代方墳の諸問題」『山陰地域研究(伝統文化)』第1号、島根

大学山陰地域研究総合センター
渡辺貞幸 1986a「古代出雲の栄光と挫折」『王権の争奪』集英社
渡辺貞幸 1986b「山代・大庭古墳群と五・六世紀の出雲」『山陰考古学の諸問題』山本清先生喜寿記念論集刊行会
渡辺貞幸 1987「古墳時代の出雲」『季刊明日香風』22、(財)古都飛鳥保存財団
渡辺貞幸 2005「地域王権の時代」『島根県の歴史』山川出版社
和田晴吾 1983「出雲の家形石棺」『展望アジアの考古学—樋口隆康先生退官記念論集—』新潮社
和田晴吾 1994a「近畿の刳抜式石棺」『古代文化』第46巻第6号、財団法人古代学協会
和田晴吾 1994b「古墳築造の諸段階と政治的階層構成」『古代王権の交流』第5巻、名著出版
和田晴吾 2000「丹後の石棺」『丹後の弥生王墓と巨大古墳』季刊考古学別冊10、雄山閣

各地の古墳Ⅳ
瀬戸内

古瀬清秀

　瀬戸内地方における古墳時代研究の現状と課題を明らかにするに当たって、ここでは多岐にわたる属性のそれぞれを取り上げて細かく検討することはさけ、前期、中期、後期それぞれの古墳の展開について、焦点を絞った形で問題点を整理してみる。まず前期では、古墳の出現とその後の変容に関して、これまでの研究の成果について紹介し、そこから新たに読み取れることを探ってみたい。中期では瀬戸内各地の大型古墳の築造とその意味について、後期では瀬戸内各地の前方後円墳の終焉から古墳の終末期の展開について、最近の研究動向をふまえて話を展開していこう。

　まず前期については、香川県さぬき市の津田湾古墳群に大きなヒントを得た。この津田湾は香川県の東部に位置し、長さ約3kmにわたって弧状に形成された海浜であるが、ここに香川県では大型といえる前期の前方後円墳5基、円墳3基ほかが築造されている。香川県では前期古墳といえば、積石塚古墳がまず思い浮かぶ。それらを含めて、前期前半に位置づけられる一群はきわめて特徴的な在り方を共有しており、その重要な要素の1つとして、玉城一枝は埋葬施設が共通して東西方位を優先するという事実に気づいた。さらに北條芳隆は、前方部がバチ形を呈することや後円部が平地に向くことなどの諸特徴を指摘し、「讃岐型前方後円墳」という括りで捉えることを提唱した。

　ところが、津田湾古墳群は前期後半を中心とする一群であるが、この原則がまったくといっていいほど守られていない。同じ讃岐にある前期古墳でありながら、「讃岐型前方後円墳」とはまったく異質な存在となっているのである。もはやバチ形でない前方部が平野を向き、埋葬施設の向きが南北優先となる。その変容はまさに劇的といってよい。その背景に中心域としての畿内とその周辺域にある地方という関係式が見え隠れする。ここでは、こうした要素をもつ一群の前方後円墳を「畿内型前方後円墳」と仮称しておこう。

瀬戸内地方では結構広範囲に讃岐型前方後円墳に類した古墳が展開しており、讃岐の劇的な変容と同様なことが生じている可能性が高い。その変容の内容と時期を明らかにすることによって、前期古墳研究の新たな視点が構築できるのではないかと期待するのである。

　つぎに中期については、岡山県では最近、造山古墳や湊茶臼山古墳の調査が相次いでおり、また広島県では三ツ城古墳の調査が行われた。兵庫県では行者塚古墳が調査され、また、四国で見ると、四国最大の古墳、香川県富田茶臼山古墳の調査もなされた。これらの大型古墳の調査はいずれも、地域史あるいはわが国の古墳時代を語る上で、重要な位置づけが与えられている。これらの大型古墳はほぼ時期を同じにして築造され、いずれも3段築成の墳丘を有するなど、斉一性を持つ。そして最近の埴輪研究では、地方の大型古墳に使用される円筒埴輪は地方で製作したものと、明らかに製作技法が畿内的なものの2者で構成される傾向が指摘されている。また、共通して大型古墳の後、その地域での大、中規模古墳の築造が途絶えることも指摘されている。その背景について、最近の研究動向から何を読み取ることができるのだろうか。

　後期に関しては、広島県二子塚古墳の史跡整備へ向けての調査活動が継続中である。ここでは横穴式石室の床面から、TK209型式にほぼ限定される供献須恵器類が確認されている。畿内地域ではこの須恵器型式の段階ではもはや前方後円墳の築造は終わっており、方墳が主流の段階に至っている。ところが、吉備地方ではここで最大の前方後円墳が築造されている。その調査成果をもとに、瀬戸内地方での後期後半の大型古墳の動向を探ってみよう。

1　瀬戸内地方の前期古墳研究の現状と課題

　瀬戸内地方は全国的に見ても前期古墳が数多く分布する地域といえるが、特に出現期とされる前方後円墳はそれぞれの地域単位で特異な地域色を示し、前方後円墳とはいってもきわめて独自な展開を示す。瀬戸内地方ではそれぞれの地域で弥生時代後期の地域性豊かな墳丘墓が存在するので、その流れの中で前方後円墳の出現過程を独自に構築しようとする考え方も多い。

　さて、この地方では前方後円墳出現期に墳丘、埋葬施設などに地域の自己主

張的な特徴が見られる。ところがある時期から畿内と共通した、優等生的な斉一的な前方後円墳となる。これは前方後円墳祭式が共通ルールで成り立つようになることを意味する。

具体例を示せば、徳島県と香川県ではそれぞれ、前期古墳の遺跡整備の展開の中で、地域性を主張する時期ならびにその後の斉一化への検討が進んでいる。前者では萩原弥生時代墳丘墓から『前方後円墳集成』(山川出版社)による4期 (以下、集成〇期と示す) の大代古墳に象徴される畿内型前方後円墳の定着まで、後者では津田湾岸ならびに雨滝山周辺に展開する奥墳丘墓群から集成1、2期の讃岐型前方後円墳、その後の集成4期の岩崎山4号古墳を中心とする畿内型前方後円墳の定着がそれである。

そうしたなか、ほぼ議論も出尽くしているようにもみえるが、瀬戸内地方と畿内の前期前方後円墳では、瀬戸内各地に展開する讃岐型前方後円墳およびその亜形に示される地域的特質と、畿内のそれとの間には、まだ新たな視点を設定することができそうだ。たとえば墳丘と埋葬施設の方向性である。古墳研究においては地方の視座から古墳文化の展開をみることは当然のことであるが、中央からの強い影響力を認知することもまた、必然のことといえる。このことについて、地域ごとの様相をみてみよう。

(1) 讃岐の前期古墳の様相

讃岐の前期古墳で最も著名なのは石清尾山古墳群であろう。高松市市街地の背後に控える標高約200mの山塊の尾根上に11基の前方後円墳等の積石古墳が営まれている。これらに共通するのは埋葬施設の方向で、東西方位が基準となっている。また、墳丘は後円部が平野に面し、前方部が尾根後方に設置される、という共通した在り方を示す。香川県内にはこの他、こうした積石古墳は善通寺市域の一群、その他県内各地に点在する。これらのうち、県内では最も早く出現した古墳とされる鶴尾神社4号古墳は高松平野を南に望む、石清尾山山塊の頂部からやや下った尾根上にあるが、この古墳は墳長47mの積石前方後円墳で、後円部を平野に向け、細長くバチ形に広がる前方部を背後におく。墳丘主軸に斜行してまで、あくまで方位を東西にあわせた竪穴式石槨からは方格規矩四神鏡などが出土しており、供献土器から布留式以前の築造と考えられ

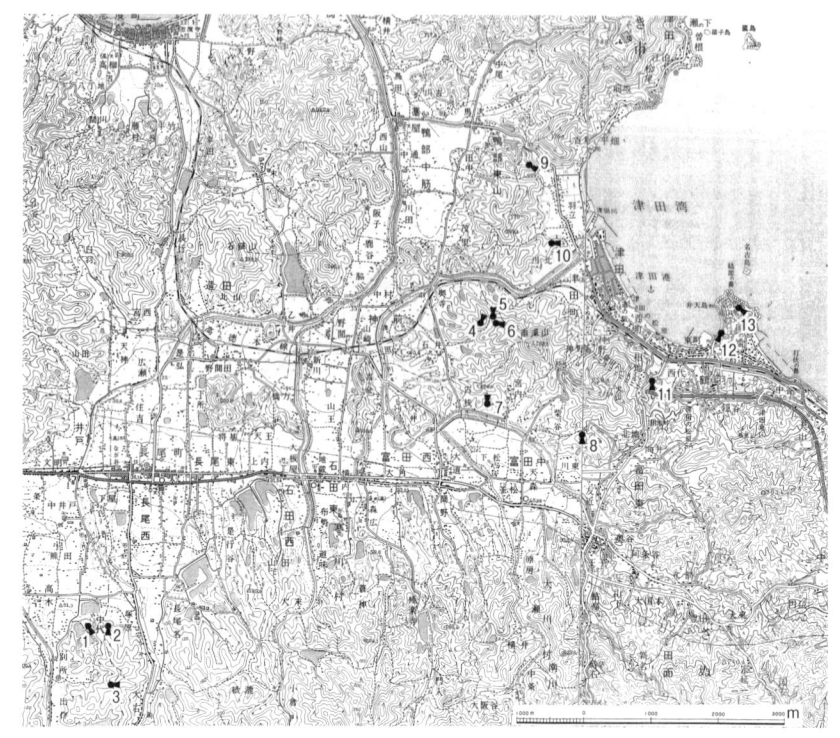

図1 讃岐・津田湾周辺の前期前方後円墳の立地と墳丘の向き（国土地理院5万分の1、志度・三本松）
1. 中代古墳　2. 稲荷山古墳　3. 丸井1号古墳　4. 奥3号古墳　5. 奥13号古墳　6. 奥14号古墳　7. 古枝古墳　8. 川東古墳　9. 羽立峠古墳　10. 岩崎山4号古墳　11. 赤山古墳　12. 鵜の部山古墳　13. けぼ山古墳

ている。典型的な讃岐型前方後円墳である。石清尾山古墳群では石船塚古墳が前期後葉の集成4期に位置づけられ、この古墳以降、ここでは古墳の築造がとだえるが、石清尾山古墳群から約6km東にある墳長75mの高松茶臼山古墳は注目に値する。畿内型ともいうべき初期円筒埴輪、画文帯同向式神獣鏡、古式の碧玉製鍬形石を含む、前期前半でも中葉に近い時期の副葬品組み合わせをもち、集成2期に位置づけられる。この平地に降りた盛土古墳は後円部を平野に向け、バチ形の前方部をもち、さらに主軸に斜交した形で東西に向けた竪穴式石槨を設けることから典型的な讃岐型前方後円墳として捉えられるが、円筒埴

輪や中国銅鏡、碧玉製鍬形石などをもち、石清尾山古墳群とはやや異質で、高松平野では畿内的な様相を強く示し始める最初の大型古墳である。

もっと顕著なのは丸亀平野西部に快天山古墳が出現することだ。この古墳は県内の前期古墳最大の墳長約100mの前方後円墳で、後円部を平野に向ける点で讃岐型の要素をもつが、それまでと大きく異なる点は後円部の3基の割竹形石棺が南北に方位を取ることである。石棺や円筒埴輪、古式の碧玉製石釧などの諸特徴から集成3期に位置づけられるが、讃岐中部では初めての、讃岐型前方後円墳を脱却しつつある大型古墳といえる。

一方、さらに特徴的な様相を示す讃岐東部の在り方を見てみよう。長尾平野と津田湾を分ける雨滝山、火山山塊の西側、南側では奥古墳群、古枝古墳など、集成1～2期の讃岐型前方後円墳が展開し、集成3期になると、津田湾に非讃岐型前方後円墳の一群、津田湾古墳群が出現する。その最初は赤山古墳で、この墳長約50mの前方後円墳は後円部を平野、というより海に向けるが、3基の埋葬施設（現状は2基のみ確認可能）は中央のものが南北を向く。円筒埴輪、葺石をもち、石棺型式、碧玉製石釧などを見ると、これは先述の快天山古墳とまったく同様の様相を示し、集成3期に位置づけられる。これを契機にきわめて畿内的な前方後円墳が継続して築造される。次代の首長墓は墳長約60mの岩崎山4号古墳で、海および平地を意識した方向に柄鏡形の前方部をもち、南北方位の竪穴式石槨に割竹形石棺を納める。集成4期に位置づけられるこの古墳はもはや、讃岐型前方後円墳を完全に脱却している。近在する集成4期後半の首長墓は円墳の龍王山古墳であるが、竪穴式石槨は正確に南北を向く。

讃岐では概ね、集成3期の前方後円墳築造期に大きな変容が見られる。

(2) 阿波の前期古墳の様相

吉野川中～下流域北岸と、眉山から気延山にかけての2地域に前期古墳が展開している。まず前者では弥生時代終末期の首長墓として、萩原1・2号墓が知られている。これらは積石墓で、定形化以前の、前方部状の細長い突出部をもつ。ともにホケノ山古墳例に近似する幅広の長方形石槨をもち、石槨底に棺台となる桟状の丸太材を設置する。1号墓では画文帯同向式神獣鏡、2号墓では内行花文鏡を副葬する。讃岐型前方後円墳の先駆型とも言える、きわめて在

地的な墳墓形態といえるが、最初に築造された丘陵頂部の2号墓では突出部が平野を向く点が異質である。次いで集成1期の西山谷2号古墳が円墳で築造されるが、竪穴式石槨は南北方位を取る点で、注目に値する。集成2～3期の宝幢寺1号古墳、愛宕山古墳は後円部が平野を向くが、集成4期の天河別神社3号古墳、大代古墳はともに前方部を平野に向ける。

一方、後者の気延山東域では墳長30m前後の小型前方後円墳が多く、その中で集成1期の宮谷古墳は墳長40mで、三角縁神獣鏡をもち、前方部を平野に向ける。2段築成で後円部の墳長平坦面が広い特徴は岡山県中山茶臼山古墳に近い。竪穴式石槨は東西方位を取り、墳丘主軸に並行する。その他の古式の古墳は前方部の向きで見ると、在地型が多い。また、吉野川流域には積石古墳としての八人塚古墳と丹田古墳がある。前者は墳長約60mで、前方部は柄鏡形で平野に向ける。集成3～4期とみられ、積石ではあるが多くの点で畿内型である。後者の丹田古墳は斜縁獣帯鏡をもち、典型的な讃岐型前方後円墳の範疇に属するもので、おそらく集成2期前後に位置づけられる。

阿波では複雑な展開を示すが、集成3～4期には安定して畿内型形態となる。

(3) 備中、備前の前期古墳の様相

吉備の中枢域である、備中、備前を中心にした地域での在り方を見る。まず備中では吉備津神社背後の中山丘陵にある一連の古墳が問題となる。ここには矢藤治山古墳、中山茶臼山古墳、尾上車山古墳などがある。丘陵の南面する側の尾根突端に所在する矢藤治山古墳は墳長35.5mと小型であるが、バチ形に開く前方部を南の平野側に向ける。墳形は前方部の長さが後円部径の2分の1となる、いわゆる纒向型前方後円墳の範疇で捉えることができる。また、南北方位を取る、おそらく木蓋式で、幅広の竪穴式石槨からは方格規矩四神鏡、硬玉製異形勾玉などが検出され、さらに墳丘からは宮山型特殊器台が出土している。集成1期前半の築造であろう。山頂に位置する中山茶臼山古墳は墳長120mの陵墓参考地であるが、最近新しい測量図が示された。その外形だけを見ると箸墓に非常に近似するが、墳丘は2段築成で、後円部墳頂には広い平坦面をもつ点で異なる。前方部は南の平野側に向く。特殊器台型埴輪を伴い、集成1期である。尾上車山古墳は墳長134mで、前方部を平野、あるいは海に向

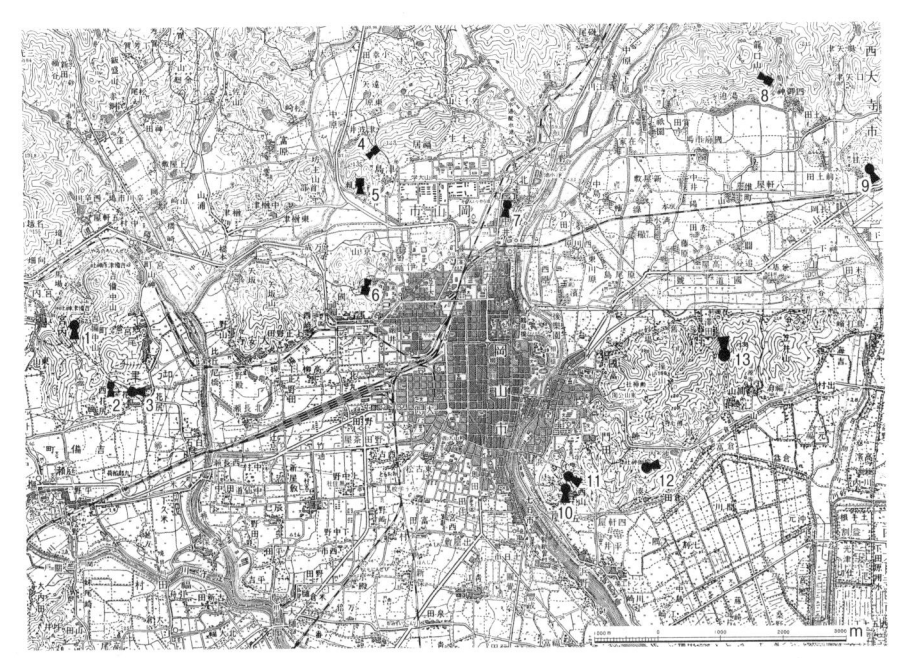

図2 備中・備前の前期前方後円（方）墳の立地と墳丘の向き（国土地理院5万分の1、岡山北部・岡山南部）
1．中山茶臼山古墳　2．矢藤治山古墳　3．車山古墳　4．都月1号古墳　5．七つ坑1号古墳
6．津倉古墳　7．神宮寺山古墳　8．備前車塚古墳　9．宍甘天王山古墳　10．操山109号古墳
11．網浜茶臼山古墳　12．湊茶臼山古墳　13．金蔵山古墳

ける。初期円筒埴輪が確認され、集成2期である。これら3基の古墳は矢藤治山古墳、中山茶臼山古墳、尾上車山古墳という流れが想定でき、そして、これらの古墳で共通するのは前方部の向きである。いずれも平野、ないしは海に向けた形となっている。埋葬施設がわかる矢藤治山古墳では、南北方位の竪穴式石槨をもつことも重要な点だ。西方の総社市域でもこの傾向が指摘でき、宮山型特殊器台の標識遺跡、宮山古墳も同様で、前方部が平野側に構築される。

ところで、宮山型特殊器台については豊岡卓之が興味深い見解を示している。つまり吉備のそれは、大和の中山大塚古墳例を初源とする、畿内からの逆移入品というのである。とすれば、吉備中枢域のこの展開は畿内から地方への最初の強い影響力の行使ということになる。さらに矢藤治山古墳は纒向型前方後円

墳の墳形導入という形でも捉えることが可能となり、宮山型特殊器台は最初期古墳の属性とされうるのである。

さて、こうした在り方は備前西部の岡山平野北域でも確認できる。岡山大学北側の東西に延びる丘陵上には、西端に七つ坑1号古墳がある。特殊器台型埴輪をもち、集成1期の墳長47mの前方後方墳である。前方部を平野に向け、埋葬施設の竪穴式石槨は主軸に直交し、南北方位を取る。近在する前方後方墳の都月坂1号古墳、津倉古墳も平野側に前方部を向ける。この一帯では前方後方墳が最初に出現する古墳形式とみられるが、いずれも墳丘の向きは共通して畿内型の在り方を示す。集成4期になると、この地域最大の神宮山古墳でみられるように典型的な畿内型前方後円墳形態を示す。一方、岡山平野東域では竜ノ口山塊にある備前車塚古墳は堂々とした後方部を平野に向けるものの、近在する前方後円墳で初期円筒埴輪をもつ宍甘天王山古墳では、前方部を平野に向けている。

一方、備前東部の最古式古墳といえば、まず挙げられるのが吉井川西側山塊の西裾に所在する浦間茶臼山古墳である。特殊器台型埴輪をもつ墳長約138mの前方後円墳で、細く絞まったくびれ部から前方部がきれいなバチ形に広がる。墳丘はこの前方部を背後に、後円部を平野側に向け、在地型形態をとる。ところが、吉井川を挟んで数km東側の邑久平野にある、初期円筒埴輪をもつ長尾山古墳は前方部を平野に向けている。さらに墳長90mの花光寺山古墳も前方部を平野に向けるとともに、埋葬施設も主軸に並行して南北方位を取り、組合せ式石棺からは三角縁三神三獣鏡ほかが出土する。いずれも典型的な集成2期といえる。さらに4期の後半になると、岡山平野を代表する大型古墳、金蔵山古墳が操山山塊に築造されるが、前方部を平野に向けている。

吉備の前期古墳は複雑な様相を示しながらも、総社平野東部から岡山平野西部にかけての備中、備前西部ではきわめて特異な在り方を示し、宮山型特殊器台を伴う古墳出現期にすでに畿内型祭式の導入がみられる。一方、備前中、東部では集成2～3期にかけて徐々に畿内型への変容がなされたといえよう。

(4) 伊予の前期古墳の様相

伊予では前期の前方後円墳の分布が東部の今治平野に偏り、西部の松山平野

周辺では明瞭ではない。ただ、伝統的形態を強く示すのが、朝日谷2号古墳である。この古墳は墳長30mの前方後円墳で、後円部を丘陵尾根筋の下位に、前方部を尾根筋上位にもち、前方部の前端が標高的には一番高い数値を示す。讃岐型前方後円墳の特徴を示し、斜縁二神二獣鏡など2面の中国鏡などを副葬し、集成1期の古墳である。この地域では次代の前方後円墳が未確認であり、変容の時期がわからない。一方、今治平野とその周辺域では妙見山古墳と相の谷1号古墳がある。いずれも海を意識した古墳であり、前者は集成1期とされ、後者は集成2期であるが、いずれも平野に後円部を向ける。また、伊予国分寺のある唐古台の丘陵では雉之尾1号古墳、国分古墳などがある。いずれも集成2～3期に位置づけられるが、前者は後方部を平野に向ける伝統的形状で、倭製三角縁神獣鏡をもつ、やや後出する後者は前方部を平野に向ける。

　伊予では少なくとも集成1～2期においては、瀬戸内地域特有の伝統的な在り方を示すが、集成3期以降、畿内的な内容に置き換わるようである。

(5) 播磨の前期古墳の様相

　播磨の前期古墳の集中する揖保川下流域では集成1期から明確に2つの在り方に分けることができる。それは養久山1号古墳のような、後円部を平野に向け、東西方位を指向する埋葬施設をもつ、典型的な讃岐型前方後円墳と、権現山52号古墳に代表される、前方部を平野に向け、南北方位を指向する埋葬施設をもつものである。この地域では弥生時代終末期に讃岐の影響を強く受けた西条52号墳丘墓のように、円丘部を平野に向け、石列で区画する突出部を備え、木蓋式で東西方位の竪穴式石槨をもつ一群が出現する。この影響を強く受けるのが前者の養久山1号古墳である。つまり、在地的な様相を強く示すものである。これに対して、権現山52号古墳は特殊器台形埴輪をもち、複数の三角縁神獣鏡を副葬する、きわめて畿内的な様相を示す古墳である。集成1期に、この2者がほぼ時期を相前後して、対峙する形で存在している。そして、養久山古墳群の北方の高所に位置する墳長約30mの吉島古墳も後円部を平野に向ける。一方、養久山1号古墳および権現山52号古墳に後続する地域首長墓である、集成2期の三ツ塚古墳は、非バチ形の前方部を平野に向ける。播磨の前期前半の古墳は30m級と40～50m級の2者があり、前者は吉島古墳に見られるような

図3 播磨・揖保川下流域における前期前方後円（方）墳の立地と墳丘の向き（国土地理院5万分の1、龍野・姫路）
 1．景雲寺山古墳　2．龍子三ツ塚1号古墳　3．養久山1号古墳　4．養久山18号古墳　5．宝記山12号古墳　6．岩見北山積石塚4号古墳　7．権現山50号古墳　8．権現山51号古墳　9．奥塚古墳　10．檀特山1号古墳　11．丁瓢塚古墳

　伝統的な形態を残す傾向が強く、やや大型の権現山、三ツ塚などが新たな動きを示していることがわかる。これに関して、龍野平野東域の瓢塚古墳の在り方もまた示唆的といえる。この地域において最大にして、最古級の古墳にみられる同様な築造形態は注目に値する。
　播磨では中国製三角縁神獣鏡と特殊器台型埴輪を副葬する集成1期の段階で、

畿内と共通する祭式が導入されて、前方後円墳形態が急速に畿内化する地域といえよう。

(6) 安芸・備後の前期古墳の様相

　安芸では広島湾岸にある集成1期の宇那木山2号古墳は後円部を平野に向け、バチ形前方部が背後となる。主軸に並行する竪穴式石槨をもつ。これに対して、太田川を挟んだ対岸にある、前者にほぼ同形、同大の弘住1号古墳は、ほぼ同時期と考えられるが、前方部を平野に向ける。ただし、この古墳は時期確定要素に欠け、集成2～3期に位置づけることも可能である。これに近在する集成2期の、三角縁神獣鏡、碧玉製車輪石などをもつ中小田1号墳では、丘陵の向きを考えると、前方部を平野に向けている。

　安芸北部、備後北部では集成1～3期の前期古墳は中出勝負峠8号古墳、大迫山1号古墳、辰の口古墳のように、基本的に後円部を平野に向け、埋葬施設を主軸に並行して設置するが、集成3期の備後南部の尾ノ上古墳、集成4期の安芸北部の甲立古墳の段階では典型的な畿内型墳丘構成となる。

　安芸、備後では集成3期前後に畿内型前方後円墳に変容するといってもよかろう。

(7) 周防の前期古墳の様相

　集成1期とされる例は竹島古墳があるが、立地から見ると海を意識した古墳で、海に向けた後円部をもつ。前方部を平野に向ける典型的な前方後円墳は柳井茶臼山古墳である。墳長90mのこの古墳は集成4期に位置づけられる。この後、集成5期の周防最大の墳長120mの白鳥古墳も近在して築造されている。鍬形石、倭製三角縁神獣鏡などを出土し、集成3期に位置づけられる周防西部の長光寺山古墳は後円部を平野に向ける。

　周防では集成4期の柳井茶臼山古墳の出現を大きな契機と考えたい。

(8) 畿内の前期古墳の様相

　畿内で最初の古墳群が形成されたと見られる大和古墳群（萱生古墳群・柳本古墳群・箸中古墳群の総称として用いる）ではある共通の在り方に注目できる。

それは箸墓古墳以降の超大型古墳に共通することであるが、いずれも前方部を平野に向けることを古墳築造の基本においていることである。箸墓古墳の立地は平坦地にあるように見えるが、非常にわずかではあるが、巻向川にそって西に緩傾斜をもって張り出す微高地上に、前方部を平野に向けて築造されている。崇神天皇陵古墳、景行天皇陵古墳も然りである。さらに北に移れば、大型古墳としては最も早い時期の築造とされる中山大塚古墳も平野に向って張り出す小丘陵上に前方部を平地に向けて築造されている。これは前方後円墳にとって正面はあくまでも前方部側であって、奥津城である後円部側を際立たせる効果が期待されたのであろう。松木武彦が主張する天空へのスロープも同義であろう。

　さらにもう1つの在り方に気づく。それは西殿塚古墳を代表とするが、等高線に並行に、つまり南北方向に主軸をもつものがある。他に東殿塚古墳、下池山古墳、桜井茶臼山古墳などがある。これは偶然ではなく、主軸を南北に合せることに強い意志を示すものと理解できる。したがって、竪穴式石槨も主軸に並行して南北方位を取っている。この南北方位は重要な意味を含んでおり、平野に前方部を向けるタイプの黒塚古墳では埋葬施設を墳丘主軸に直交して南北に揃えることに示されている。

　以上を要約すると、畿内の前期古墳は墳丘築造に際し、2つの原則をもつ。それは椿井大塚山古墳が顕著に示している。この古墳は前方部を平野に向け、後円部の竪穴式石槨は墳丘主軸に斜交してまで、南北方位を指向する。このことから、畿内の前期古墳は前方部を平地に向け、埋葬施設は南北を指向するという基本的な築造規範をもつといえる。ここでは、これを畿内型前方後円墳と仮称する。ただし、この規範は大和古墳群では中山大塚古墳以降の前方後円墳に顕著で、それに先行するとみられる纒向石塚古墳、勝山古墳、矢塚古墳など纒向型前方後円墳とされる一群では墳丘の向きは現状では規則性をもたず、南北方位や、墳丘の向きが重要な要素とはなっていない段階といえる。ホケノ山古墳の段階で南北指向がまず顕著となるようだ。

　畿内で最初に埋葬施設の南北指向、前方部を平野に向ける、といった畿内型前方後円墳というべき古墳祭式が完成するのは宮山型特殊器台を有する一群からで、その次の段階で規範形式が完成したようである。

各地の古墳Ⅳ 瀬戸内 71

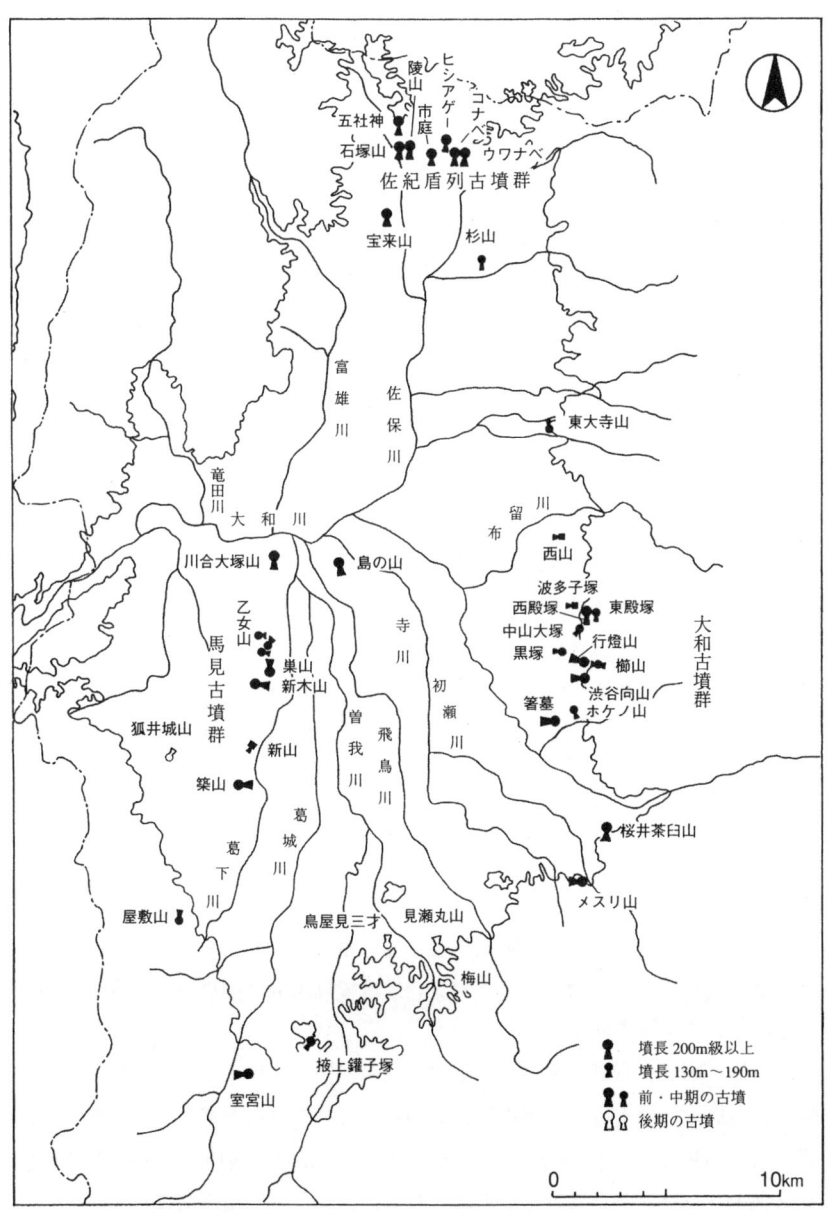

図4 奈良盆地における前方後円墳の立地と墳丘の向き（泉森 2003より）

(9) 瀬戸内地方の前期古墳研究の展望

　讃岐の前期古墳で判明した、劇的な畿内化への変容は讃岐だけのことではなく、瀬戸内沿岸域の前期古墳の展開の中で共通の様相を示しているようである。この視点で見ると、各地域の前方後円墳の前方部の向き、埋葬施設の向きなどの劇的変容の時期が、畿内からの強い影響を受け、急激に畿内化する時期と捉えることができる。したがって、地域におけるこの変容は、他の時期決定要素が欠除する場合には前期古墳の新旧を決定づける大きな要素となろう。

　要約すると、瀬戸内の前期古墳の展開の動向から以下のことが読み取れる。特に顕著な香川県の前期古墳の展開をみると、集成3期以降、讃岐型前方後円墳から畿内型前方後円墳への転換を明瞭に捉えることができる。この背景として想定できることは、この時期が奈良盆地における大和古墳群から佐紀盾列古墳群への大型古墳築造地の転換期に当たることから、畿内での何らかの政治的変動に連動した動きといった見方ができるかもしれない。中国四国前方後円墳研究会の円筒埴輪の検討において、集成3期に一斉に瀬戸内地方への導入があったことが指摘されていることも示唆的である。

　一方、播磨の状況は集成1期の段階で両者が併存している様子がうかがえるが、より大型古墳で畿内型が主流となっていくことは見逃せない。

　また、吉備では備中および備前西部をみると、宮山型特殊器台をもつ宮山古墳あるいは矢藤治山古墳については、前方部を平野に向け、南北指向の埋葬施設をもつ一群が誕生する。この祭式が畿内からの逆移入の結果によって生じた可能性が、豊岡の指摘するところである。

　したがって、瀬戸内地方では集成1期、集成3期といった時期に畿内型を強く示す特徴を備えた前方後円墳が出現している。この背景として、畿内にとって最重要地域は早い段階で、そうでない地域では集成3期以降に畿内化が顕著となっていくようである。

　この他、竪穴式石槨の構造から編年を試みた岡林孝作の考察がある。岡林は竪穴式石槨の初現を中山大塚古墳に求めた。この組列に吉備最古といわれる浦間茶臼山古墳を当てはめると第2段階になる、という指摘は地方研究者にはショッキングなことであった。これに対し、徳島県吉野川流域に展開する弥生時代終末期墓および前期古墳を分析した菅原康夫および栗林誠治は竪穴式石槨

について、阿波地方での自律的な発生と展開を論じている。ただ、ホケノ山古墳と類似する萩原墳丘墓の石槨と西山谷古墳およびそれ以降の古墳石槨の間には今なお少なからざる隔たりを認めざるを得ない。

　瀬戸内地域の前期古墳出土円筒埴輪について、その導入と画期をテーマに先述の研究会が開催された。これまで個別の地域での検討はなされていたものの、地域全体の規模で資料集成がなされ、横並びの検討がなされたことはなかっただけに今後の編年研究に大いに寄与する、時宜を得たものといえよう。

2　瀬戸内地方の中期古墳研究の現状と課題

　岡山県では岡山大学および岡山市教委が造山古墳の周辺調査を実施した。岡山大学の調査はGPSを活用した墳丘のデジタル測量調査と周濠の有無確認であった。12万ヶ所におよぶ測点測量の結果、非常に精密度の高い測量図が完成し、新たな墳丘研究が可能となった。また、周濠の調査では浅いながらも盾形周濠を備えることが確認された。また、岡山市教委の調査では、超大型古墳の属性として重要な要素である陪冢に関して、造山古墳周囲の方形墳の確認調査がなされた。

　この結果、造山古墳の墳丘はこれまでにも指摘されてはいたが、履中天皇陵古墳とほぼ相似形であることが検証された。また、出土埴輪のうち、蓋形埴輪については松木武彦によって、応神天皇陵古墳で出土したものと同一の技術を用いたものが使用されていることが指摘されている。広島県では県内最大の三ツ城古墳の国史跡化に伴う整備のための発掘調査が実施され、墳丘築成の詳細が把握され、埴輪にも畿内産に近い精緻な造りのものと、地方色豊かなものの2者で構成されることがわかった。香川県でも四国最大の富田茶臼山古墳の国史跡化に伴う確認調査で、盾形周濠の外に方形陪冢が少なくとも3基伴うことが確認された。

　こうした地方における大型古墳は『日本書紀』にある吉備の反乱伝承や、大型古墳の築造後に同じ地域で継続する大型古墳の築造がみられなくなることなどから、畿内の強い外圧を受けた結果、地方がそれに反発したり、対抗する形で結束した結果と判断されることがあった。事実、筆者自身もかつてそのよう

な理解であった。しかし、松木武彦はむしろ、先に述べた造山古墳の最近の調査結果から、逆の事象を想定している。松木は古墳時代の始まりに際して、大和の纒向遺跡を都市的遺跡として評価し、あらゆる手工業、経済流通が集中し、ここを中心に富が再配分される政治、経済的な環境を想定した。それが中期になる頃には各地に分権化する形で分散し、各地に大型古墳が築造されることにつながったと評価し、そのため、地方の大型古墳は畿内の強いサポートを受けながら成立したものと理解する。地方における大型古墳築造の背景として、一昔前の規制論では解釈できない展開を想定しなければならない。

埴輪研究に関しては、1985年に発表された川西宏幸の「円筒埴輪総論」はセンセーショナルな内容をもっていただけに、それ以降、畿内の研究者を中心に検証が推し進められ、5世紀代を中心に新たな枠組みも示されることになった。それは、宮内庁書陵部による畿内の陵墓の調査で出土した資料の膨大な蓄積が進展をもたらしたものである。2011年に大阪府の近つ飛鳥博物館で開催された「古市百舌鳥古墳群の埴輪」展では畿内陵墓出土埴輪が一堂に会する形で示された。圧倒的な存在感を示すもので、瀬戸内地方の埴輪研究に大いなる示唆を与えるものであった。また同年の、中国四国前方後円墳研究会による、中国、四国地方の中期古墳時代の埴輪の集成は、埴輪による編年基準を通じて、この地方の一体的な古墳研究に大きく寄与するものとなった。

須恵器の研究では絶対年代に関して大きな進展が示された。それは平城宮下層SD6030で出土したTK73型式須恵器と共伴した板材の年輪年代が示され、それによると412年伐採と判断されたことである。つまり、TK73型式の須恵器は5世紀第1四半世紀を1つの定点としてもつことを意味する。さらにその後、京都府宇治市市街遺跡で検出されたTG232型式の須恵器と共伴する板材が389年を1つの定点とすることが報道された。つまり、最初期の須恵器の2つの型式の新古の組列がそのまま理化学的年代決定と一致する形で示されたのである。このことにより、400年前後の中期古墳の始まりを具体的に絶対年代で表わせるようになったといえるが、この見解がすんなりと共通認識化されたかというと、まだまだ決定的とは言えない。さらなる慎重な検証が必要とされる。ただ、瀬戸内地方での最古式須恵器の類例が多出している現在、勇気をもって絶対年代の基準を構築することもまた、必要となってきている。

最近実施された岡山県湊茶臼山古墳の発掘調査は、吉備の超大型古墳の出現に新たな理解の可能性を投げ掛けた点で特筆できる。この古墳はこれまで墳長約150mとされるものであったが、前方部端の遺構を墳丘外のものと判断し、約120mに復元された。ところが、後円部の埋葬施設については貧弱なもの2基があるものの中心埋葬が確認できず、また墳丘の完成度も100％ではなく、何となく未完成古墳の可能性も考えられる。埴輪から見た築造時期は集成4期の金蔵山古墳と集成5期の造山古墳の間に位置する時期が与えられただけに、全国4位の大古墳築造の前に吉備の地で何らかの変動が生じた可能性を考える材料を提供している。

3　瀬戸内地方の後期古墳研究の現状と課題

　瀬戸内地方における前方後円墳の築造停止の時期はよくわかっていなかった。ところが広島県福山市の二子塚古墳の調査で意外な事実が明らかにされた。これまで、横穴式石室内部の一部を見ることもでき、墳丘形態や石室形態からは集成10期前半のTK43型式並行期とみなされてきた。ところが、床面の調査によって、竜山石製の組合せ式石棺とともにTK209型式期の須恵器類が検出され、ほぼ集成10期後半の築造と判断できた。瀬戸内地方では最後の前方後円墳といえるもので、この背景として、新納泉は吉備の中枢域に対する牽制という重要な意味がこの地域の首長に期待された結果、と指摘する。これを受けて瀬戸内地方の前方後円墳の終焉について、つまりTK209型式段階の前方後円墳について各地で確認してみると唯一、山口県防府市の大日古墳が上げられるが、確実な墳丘確定はなされていない。愛媛県四国中央市では迹摩向山古墳が時期的に一致するが、発掘調査の結果、2基の大型横穴式石室をもつ70×45mという長方形の墳丘が復元された。また、香川県観音寺市の大型横穴式石室古墳4基からなる大野原古墳群中、54×45mの方墳の角塚古墳がこの時期の築造である。岡山県では吉備北部に定古墳群が方墳系列で顕在化する。
　そうしたなかで、二子塚古墳の意義は吉備中枢から離れたこの地域の地政学的な位置が重要で、吉備の牽制といったことが高く評価された結果、吉備地域最大かつ最後の前方後円墳築造に結びついたとの指摘は耳に心地よく響く。ま

た、この地域は尾市古墳、猪の子古墳等、7世紀中葉前後の終末期古墳の築造でも知られている。このことも前代の首長たちの活躍の成果の見返りとみることも可能だ。

　先述した大日古墳についてみると、前方後円墳の確定はなされていないが、地形測量図からは一見、それらしく見える。横穴式石室に納置されている刳抜き式石棺は竜山石製とされ、石材から見ると、二子塚古墳に共通する。福山北部の神辺平野にしても防府平野にしても前期、中期に顕著な古墳は見られず、6世紀後半になって突然に大型古墳が出現するという特色をもつ。これは地方首長層の再編がなされた結果とすることがいえようか。

　6世紀末から7世紀初めにかけて、畿内では前方後円墳の築造が終焉を迎え、首長墓が前方後円墳から方墳へと変貌を遂げる時期に、瀬戸内地方ではそれと連動する動きを見せる地域と、そうでなく、あくまで前方後円墳の威光に頼る地域が併存することの意味を探っていくことが課題であろう。こうしたなかで、中国四国前方後円研究会が「前方後円墳時代後期の首長墳の動向」「中・後期古墳の階層秩序」のテーマで瀬戸内地方の全域の古墳時代後期を横並びで行った分析は課題と展望を明確化したもので、今後、地域研究を普遍化していく上で、非常に意義深いものと評価できる。

参考・引用文献
石野博信編　2011『大和・纒向遺跡』第3版、学生社
泉森　皎編・奈良県立橿原考古学研究所監修　2003『大和の古墳』Ⅰ、近畿日本鉄道株式会社、人文書院
岩本　崇・河野正訓・奥山　貴編　2010『龍子三ツ塚古墳群の研究』大手前大学史学研究所・龍子三ツ塚古墳調査団
梅木謙一　2009「3世紀の伊予と西部瀬戸内の土器交流」香芝市二上山博物館編『邪馬台国時代の西部瀬戸内と近畿』ふたかみ邪馬台国シンポジウム9資料集、香芝市教育委員会
石井隆博編　2004『史跡三ツ城古墳発掘調査報告書』(財)東広島市教育文化振興事業団
大久保徹也　2006「備讃地域における前方後円墳出現期の様相」『日本考古学協会2006年度愛媛大会研究発表資料集』日本考古学協会2006年度愛媛大会実行委員会

大久保徹也 2011「讃岐の集落と初期古墳」二上山博物館編『邪馬台国時代の阿波・讃岐・播磨と大和』学生社
岡林孝作 2008「竪穴式石室の成立過程」奈良県立橿原考古学研究所編『橿原考古学研究所論集』第十五　八木書店
金田明大・津村宏臣・新納　泉 2001『考古学のためのGIS入門』古今書院
河上邦彦・豊岡卓之・卜部行弘・坂　靖編 1996『中山大塚古墳』奈良県立橿原考古学研究所
岸本道昭 2011「播磨の弥生社会と古墳の成立」二上山博物館編『邪馬台国時代の阿波・讃岐・播磨と大和』学生社
栗林誠治 2006「阿波における前期古墳の様相」『日本考古学協会2006年度愛媛大会研究発表資料集』
國木健司 1990『富田茶臼山古墳発掘調査報告書』大川町教育委員会
近藤義郎編 1995『矢藤治山弥生墳丘墓』矢藤治山弥生墳丘墓発掘調査団
近藤義郎・高井健二編 1987『七つ坑古墳群』七つ坑古墳群発掘調査団
近藤義郎編 1991『前方後円墳集成』中国・四国編、山川出版社
柴田昌児 2006「伊予における出現期古墳の様相」『日本考古学協会2006年度愛媛大会研究発表資料集』
菅原康夫 2011「鳴門・板野古墳群の特質と阿波古墳時代前期首長系譜の動態」『真朱』（徳島県埋蔵文化財センター研究紀要）第9号
菅原康夫 2011「阿波の集落と初期古墳」二上山博物館編『邪馬台国時代の阿波・讃岐・播磨と大和』学生社
鈴木裕明編 2002『政権交替─古墳時代前期後半のヤマト』橿原考古学研究所付属博物館
関本優美子編 2011『百舌鳥・古市の陵墓古墳　巨大前方後円墳の実像』大阪府立近つ飛鳥博物館
西条古墳群発掘調査団 2009「西条52号墓発掘調査の記録」第9回播磨考古学研究集会実行委員会編『弥生墓からみた播磨』
第7回徳島大会実行委員会編 2001『前方後円墳時代後期の首長墳の動向』（発表要旨集）中国四国前方後円墳研究会
第9回松山大会実行委員会編 2003『中・後期古墳の階層秩序』（発表要旨集）中国四国前方後円墳研究会
第13回松山大会実行委員会編 2010『円筒埴輪の導入とその画期』（発表要旨集・前期古墳出土埴輪集成）中国四国前方後円墳研究会
第14回研究集会実行委員会編 2011『埴輪から見た中期古墳の展開（発表要旨集・中期古墳出土埴輪集成）』中国四国前方後円墳研究会
田畑直彦 2009「周防・長門における3世紀の集落と初期古墳」香芝市二上山博物館編『邪馬台国時代の西部瀬戸内と近畿』ふたかみ邪馬台国シンポジウム9

　　　　　　　　資料集、香芝市教育委員会
玉城一枝　1985「讃岐地方の前期古墳をめぐる二、三の諸問題」『末永先生米寿記念献
　　　　　　　　呈論文集』乾・末永先生米寿記念会
豊岡卓之　1999『古墳のための年代学』奈良県立橿原考古学研究所附属博物館
豊岡卓之　2003「特殊器台と円筒埴輪」『考古學論攷』第26冊、奈良県立橿原考古学研
　　　　　　　　究所
中勇樹編　2009『宇摩向山古墳発掘調査報告書』Ⅰ、愛媛県四国中央市教育委員会
新納　泉　2011「史跡二子塚古墳が語ること」広島県文化財協会編『広島県文化財
　　　　　　　　ニュース』第210号
野崎貴博　1999「埴輪製作技法の伝播とその背景」『考古学研究』第46巻第1号　考古
　　　　　　　　学研究会
橋本輝彦　2006「出現期前方後円墳にみる大和と瀬戸内」『日本考古学協会2006年度愛
　　　　　　　　媛大会研究発表資料集』日本考古学協会2006年度愛媛大会実行委員会
橋本輝彦　2009「出現期前方後円墳にみる大和と瀬戸内」香芝市二上山博物館編『邪
　　　　　　　　馬台国時代の西部瀬戸内と近畿』ふたかみ邪馬台国シンポジウム9資料集、
　　　　　　　　香芝市教育委員会
畑　信次・高田荘爾編　2006『広島県史跡　二子塚古墳発掘調査報告書』福山市教育
　　　　　　　　委員会
土生田純之　2011『古墳』吉川弘文館
菱田哲郎・高橋克寿ほか　1997『行者塚古墳発掘調査概報』加古川市教育委員会
広瀬和雄　2003『前方後円墳国家』角川書店
藤川智之編　2010『萩原2号墓発掘調査報告書』徳島県教育委員会・財団法人徳島県
　　　　　　　　埋蔵文化財センター
古瀬清秀編　2002『岩崎山第4号古墳発掘調査報告書』津田町教育委員会
古瀬清秀　2006「安芸・備後における前期古墳の様相」『日本考古学協会2006年度愛媛
　　　　　　　　大会研究発表資料集』
古瀬清秀　2009「3世紀の安芸の集落と初期古墳」香芝市二上山博物館編『邪馬台国
　　　　　　　　時代の西部瀬戸内と近畿』ふたかみ邪馬台国シンポジウム9資料集、香芝
　　　　　　　　市教育委員会
北條芳隆　1999「讃岐型前方後円墳の提唱」大阪大学考古学研究室編『国家形成期の
　　　　　　　　考古学』真陽社
北條芳隆　2003『東四国地域における前方後円墳成立過程の解明』平成12～14年度科
　　　　　　　　学研究費補助金基盤研究(C)(2)研究成果報告書
増野晋次　2006「山口の状況」『日本考古学協会2006年度愛媛大会研究発表資料集』
松木武彦　1994「吉備の蓋形埴輪」古代吉備研究会委員会編『古代吉備』第16集
松木武彦　2011『古墳とはなにか』角川書店
松田朝由編　2009『さぬき市内遺跡発掘調査報告書（岩崎山古墳群・龍王山古墳）』さ

ぬき市教育委員会
松田朝由編 2010『さぬき市内遺跡発掘調査報告書（龍王山古墳・けほ山古墳）』さぬき市教育委員会
光谷拓美・次山　淳 1991「平城宮下層古墳時代の遺物と年輪年代」『奈良国立文化財研究所年報』1991—1、奈良国立文化財研究所
宮崎泰史・藤永正明編 2006『年代のものさし—陶邑の須恵器』近つ飛鳥博物館
森　清治編 2011『天河別神社古墳群発掘調査報告書』鳴門市教育委員会
陵墓調査室（清喜裕二）2009「大吉備津彦命墓の墳丘外形調査報告」宮内庁書陵部編『書陵部紀要』第61号
陵墓調査室（清喜裕二）2010「大吉備津彦命墓採集の遺物について」宮内庁書陵部編『書陵部紀要』第62号

各地の古墳 V
南　　海

清家　章

　筆者に与えられたテーマは南海道の太平洋側、すなわち旧国名で言うならば紀伊・阿波・土佐における古墳とそれに関する研究の動向を示すことである。紀伊は本州島の南部にあり、阿波・土佐は四国島の南半にあるため、一見、これらの地域は何の共通点ももたない地域群にみえる。しかしながら、畿内あるいは畿内から西方へいく最重要ルートの瀬戸内を取り巻く外縁部として共通した位置と性格を有し、なによりもそれがこれらの地域を特徴づける大きな要素となっている。特に注目される現象としては以下の3点がある。
①前方後円墳の分布境界をその中に含む。あるいは前方後円墳不在地域である。
②古墳時代中期に首長墳が存在しないか、あるいは首長墳の築造が停止する。
③古墳時代後～終末期に地域独特の形態をもった横穴式石室が分布する。
　畿内と瀬戸内の外縁部にあることは、古墳の中心地から外れた辺境であることを意味しない。そして古墳研究も畿内や瀬戸内の古墳研究を補完するものであったり、古墳中心地との違いを示すだけのものでもない。外縁部の特質のみならず、外縁部を通してこそ古墳の本質が見える場合も存在する。本稿では、そうした視点から主として上記3点に関わる近年の研究をまとめた上で私見を示したい。

1　前～中期における前方後円墳の分布とその意味

(1)　前方後円墳の出現とその意味
　「讃岐型前方後円墳」論　南海の古墳を語るとき、北條芳隆の提唱した「讃岐型前方後円墳」について、どうしても触れねばならない。従来、前方後円墳の祭式は定型的かつ斉一的であり、その祭式は畿内で産み出され、畿内から他地域へ一元的に波及すると解釈されていた。古墳という葬送に関わる祭式の広が

りを政治的関係に読み替えて、畿内政権と他地域との関係を示す重要な指標と(1)
して前方後円墳を取り扱ってきた。これに対して、北條は東四国の特に前期の
前方後円墳は独自色が強い一団であり、これまで「定型的」とされてきた前方
後円墳群から独立すべきだとする（北條 1999）。さらに東四国が前方後円墳様
式成立に対して主体的役割を果たしたという。本稿が対象とする阿波の前方後
円墳については、讃岐型の派生類型として阿波型を設定できるという可能性を
示しつつも、内容を吟味できる古墳が少ないので暫定的に讃岐型に含めるとい
うのである（北條 1999）。この論考は、小林行雄の同笵鏡論（小林 1961）か
ら始まって都出比呂志の前方後円墳体制論（都出 1991）にいたるまで主流を
なしていた畿内中心主義的な理解に、大きく修正を促すものであった。もちろ
ん北條論文以前からこうした視点はあったのであるが、それまでの北條自身が(2)
都出らの見解に沿う論考を展開していたこともあって、賛否両方を含んだ大き
な反響があった。

　前方後円墳の偏在性　北條の理解の是非を問う鍵の1つは四国そのものにあり、
紀伊もそれに寄与する。大久保徹也は、前方後円墳の分布は四国において一様
ではないとし、その偏在性を指摘する（大久保 1997）。特に前期の前方後円墳
の8割は丸亀平野以東の香川に集中し、それ以外では吉野川流域ならびに高縄
半島にわずかに存在するものの、阿波南部ならびに土佐にはその存在が知られ
ていないのである。

　橋本達也はこうした前方後円墳の分布を鑑み、瀬戸内が当時の交通ルートの
要衝であり、外的な政治的緊張を背景として前方後円墳が瀬戸内に集中して築
造されたと説く。東四国と畿内の古墳の属性を比較する中で、畿内政権側の主
導性を認めつつも一元的な地方支配確立は困難とし、相互地域間交流が交流の
主体であったという。さらに橋本は、北條のいう讃岐型が「型」というには厳
密な斉一性を有していないと指摘して、概念の有効性に疑念を呈している（橋
本 2000）。

　また、大久保は高松市鶴尾神社4号墳の時期を箸墓古墳築造時期に相当する
とし、前方後円墳様式成立に東四国の古墳が主体的な役割を果たしたとする北
條の前提に疑義を示す。さらには東四国が前方後円墳様式に重要な役割を果た
しながら、畿内のそれと異なる埋葬儀礼様式を保持するゆえんが説明できてい

ないなどの理論的不備をも指摘している。その上で、各地からの墳墓要素を畿内勢力が吸収して前方後円墳様式を成立させた後に、さらに畿内から各地へ諸要素がもたらされ、それが畿内政権と地方の関係を規定しているという中央と地方の相互関係を大久保は説く（大久保 2000）。

　紀伊の状況を加えれば、前方後円墳の様相はよりいっそう明確となろう。紀伊の中にも前方後円墳の分布境界が存在し、阿波の状況と類似する。紀北に前方後円墳が集中し、紀中・紀南においてはわずかにその存在が知られているが、その分布はきわめて粗である（冨加見 1992）。前期においては周溝墓である御坊市尾ノ崎14号墳を除くと紀ノ川流域以南では熊野地方の下里古墳まで前方後円墳が不在である。中期には墳形に確証を欠く帆立貝形古墳の有田市椒古墳、後期には御坊市天田28号墳がそれぞれ存在するのみで、紀南は中期以降一貫して前方後円墳が存在しないのである。紀伊の前方後円墳が紀ノ川流域に集中していることは橋本の見解を支持していよう。すなわち瀬戸内から紀伊水道へぬける出口、言い換えると大和地域から紀ノ川を下って瀬戸内へ入る入り口の両サイドが紀伊北部と阿波北部なのである。そこに前期古墳が集中して存在することは、まさに瀬戸内の物流ルートの拠点に前期古墳が分布していることになるのである。

　福永伸哉も、古墳時代前期において瀬戸内の物流ルートが最重要視されたがゆえに、太平洋沿岸地域である土佐・阿波南部・紀伊南部が畿内勢力と疎遠になり、前方後円墳を代表とする政治的枠組みに参入する意義が失われたと理解している（福永 2010）。

　大久保・橋本・福永の見解には共通点が認められよう。それは前方後円墳祭式は畿内側からの一方的な押しつけではなく、地方勢力は主体性をある程度保持しているとの理解である。すなわち畿内政権の主導性を認めつつも、地方勢力が畿内政権の枠組みに参加するかしないかは、地方勢力側のある程度の主体性と政治的諸環境が作用していると考えるのである。畿内政権が瀬戸内ルートを重視する中で、その要所に前方後円墳が築かれ、畿内政権と疎遠な地域には前方後円墳が築かれないのである。

　「讃岐型前方後円墳」の是非　讃岐型の提唱は、前方後円墳出現の意味を問い直すきっかけとなり、畿内からの一元的な波及論が主流であった中で地域間交流

の重要性を再認識させた点も意義あることであった。しかしながら、その内容には上記のような疑義も呈されるなど問題も多い。

　既成概念を検証していくことは大切だが、既成概念を解体するならばそれに代わる体系を打ち立てる必要がある。それは前方後円墳出現期だけではなく、すくなくとも古墳時代あるいはその前後を通じた理解でなければならない。また、それ以前に上記のような疑問に丁寧に答える必要があると考えるが、北條はこれらの課題に答えないままである。橋本達也が正しく指摘するように、東四国にとどまらず各地における古墳の個性を把握する方法を検討し、前方後円墳の全国的波及の意義の下に検証を行い、前方後円墳の出現・展開・終焉のメカニズムに対する枠組みの提出が求められよう（橋本 2000）。

(2)　中期における古墳の盛衰

　中期になると阿波北部・紀伊北部における前方後円墳の築造の様子が大きく変化する。阿波では中期前半に前方後円墳の築造が激減し、それまで盟主的古墳を輩出していた気延山周辺では顕著な古墳がなくなり、気延山よりやや南の勝浦川流域に阿波最大の前方後円墳・徳島市渋野丸山古墳が築造される（図1）。その渋野丸山古墳を最後に前方後円墳の築造は阿波で途絶えてしまう(3)（橋本 1998・2000、栗林 2002）。中期における阿波での変化は、讃岐における最大規模墳・さぬき市富田茶臼山古墳が築造される過程ときわめて類似していることが指摘されている（橋本 2000）。

　紀伊では、前期に前方後円墳が紀ノ川南岸に集中して築造されており、中期前葉までそれは続くようであるが、中期中葉には同地域で前方後円墳がいったん途絶えてしまう。代わりに紀ノ川北岸で和歌山市車駕之古址古墳や同市晒山２号墳などの前方後円墳が築かれる（冨加見 1992）。

　こうした前方後円墳の築造場所に関する変化については、都出比呂志の首長系譜論から説明されることが多い（都出 1988）。都出は、各地に系譜と見なされるべき継起的に築造された古墳グループが存在することを指摘した。その古墳グループを首長墓系譜と呼び、その首長墓系譜が断絶し、あるいは復活する現象があることを都出は指摘した。その盛衰は、大王権力周辺の政治的変動に地方の勢力が連動したことによるとされる。そしてその変動の画期は、中期前

各地の古墳V 南海 85

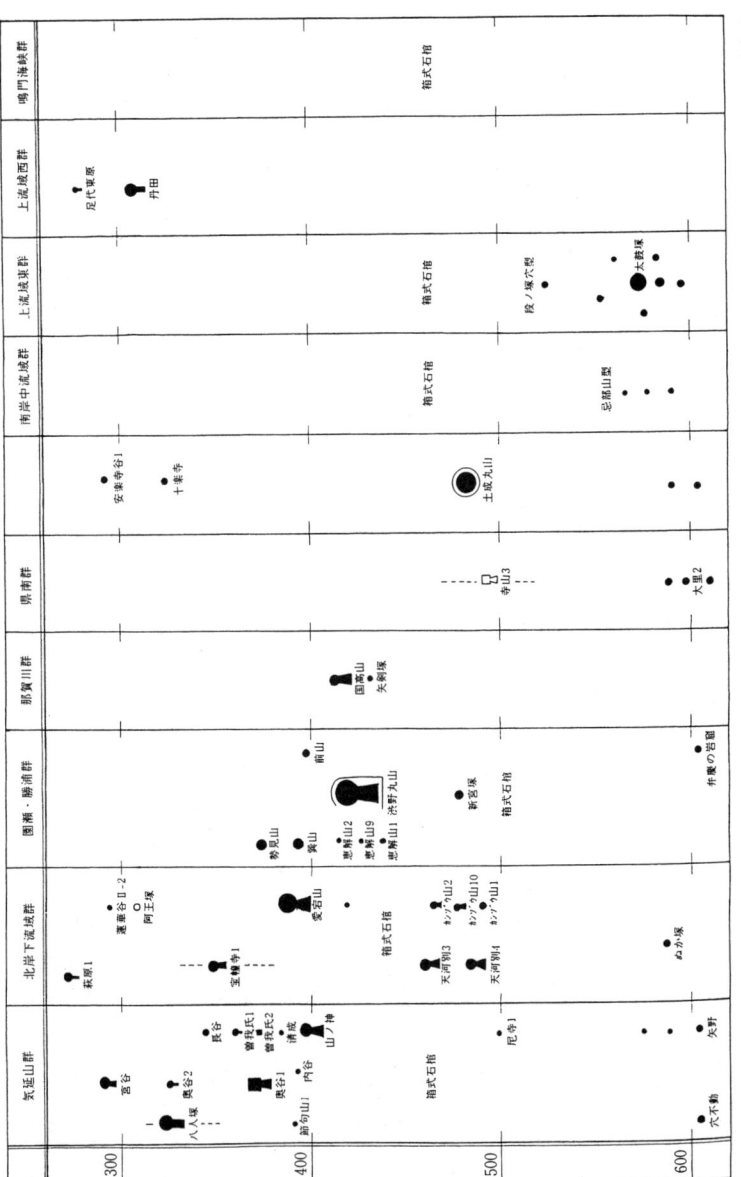

図1 阿波における首長系譜の変動(橋本 1998より)

このうち天河別神社古墳群は前期に属するとされ(橋本 2000・栗林 2002)、調査でもそのことが確認されている。カンゾウ山古墳群も時期を確定する根拠にとぼしいが、年代が遡上する可能性がある。

葉・中期後葉・後期前葉にあるとする。

　すなわち阿波・紀伊で認められる前方後円墳築造の変化は、都出の言う中期前葉の画期に相当し、大王権力周辺の変動が南海にも波及したことによると考えられる。都出は阿波に関しては直接言及していないが、讃岐を4世紀優位型に含めている（都出 1999）。阿波も同様な考えが当てはめられよう。橋本達也も、阿波における変化について畿内政権による直接的な政治的介入が存在したことを指摘している（橋本 2000）。土佐は前方後円墳不在地域であるが、それでも古墳築造に変化が認められる。前期には西部の幡多地域にのみ小古墳が数基認められていたが、中期になると幡多での古墳築造は途絶え、高知平野中央の南国市に数基の小古墳が築造される。その際には副葬品の内容だけでなく頭位の方向も変化するなど、複数の要素が同時に変化する。こうした変化も中期前葉における首長系譜の変動が土佐に波及した結果と考えられる（清家 2011）。

　大久保は、中期前葉に富田茶臼山古墳が築造される一方、讃岐の他の地域で前方後円墳の築造が停止することをして、畿内政権への従属を背景に地域の統合と地域的政治秩序が成立したと説く（大久保 2004）。都出とはやや異なる形での畿内政権の影響を考え、地域の主体性による地域秩序の形成を考えるのである。阿波については大久保は直接的には触れないが、同じ現象が認められるのでおそらく同じように考えるのであろう。

　栗林誠治は、畿内政権の影響力だけで渋野丸山古墳は成立しないとして、農業共同体的結合すなわち分業関係の調整行為を阿波一円に行う必要性から渋野丸山古墳（正確にはその被葬者）の存在が必要であったとした。さらに地域内が安定して調整行為を行う必要がなくなったので阿波において前方後円墳は廃絶したと説く（栗林 2002）。

　北條は、当初、橋本に近い見解を示し、渋野丸山古墳や富田茶臼山古墳は畿内勢力の政治秩序が及んだ記念碑と理解し、その後に前方後円墳の築造が停止することは「近畿勢力の覇権の樹立」を示すと主張していたが（北條 1998）、近年は栗林の見解を支持している（北條 2007）。

　都出や橋本の見解は明快である。地域を代表する盟主墳の盛衰を畿内政権との関わりでおおよそ説明ができてしまうからである。ただ、地域的結集や統合は畿内政権からの影響だけで説明できないという大久保と栗林の主張はその通

りであろう。しかしながら、地域的結集において地域内の自律性がどの程度作用しているかはこれから解明する問題である。また、前方後円墳が消滅する要因は地域内の安定化によるとの理解は、他地域に通じる論理とは言えない。阿波や讃岐のような事例はむしろ例外的で、紀伊のように盟主的墳墓はその築造位置が変化し、勢力を後退させながらも地域内で継続することの方が一般的である。なにより畿内では大規模な古墳が継続して築造されるが、栗林の論理を敷衍すると畿内政権は阿波や讃岐より地域内調整が整わない未成熟な政権ということになる。その未成熟な政権から阿波や讃岐が政治的影響を被るというのはねじれた論理に思える。そう考えるより、地域的結集を行えるような地域内の成熟と連携が醸成され、畿内政権は地域的結集を進める勢力を援助しながらその影響を強め、ついにはその勢力をも凌駕するような影響を行使するに至ったと考える方が盟主的墳墓の盛衰を合理的に理解できよう。畿内政権によるそのような積極的働きかけの背景には、阿波・讃岐そして紀伊が瀬戸内交通路の要所であったことがあるのはいうまでもない。

2　後～終末期における横穴式石室の分布と氏族

　紀伊・阿波・土佐の横穴式石室は地域によって様相が異なる（図2）。これが本地域の特徴でもあり、古墳の本質を考える点でも興味深い点である。以下では南海における各地域の横穴式石室のあり方を概観し、横穴式石室の形態差がいかなる意味を持っているかを考察する。また、1章で示した前方後円墳の意義や首長墳の盛衰に関する理解は、後・終末期古墳との比較から新たな展望が開ける可能性がある。この点を意識しながら検討を進めることにしたい。

(1)　紀伊の横穴式石室
　紀伊の横穴式石室については和歌山市岩橋千塚古墳群の調査以来、多くの研究者によって分析が試みられている。ここでは黒石哲夫の研究（黒石 2005）を参考に紀伊における横穴式石室の分布を概観してみよう。なんといっても紀伊において横穴式石室の中心をなすのは岩橋系横穴式石室であり、紀ノ川下流南岸域にある岩橋千塚古墳群を中心に分布する。結晶片岩の板石によって構築

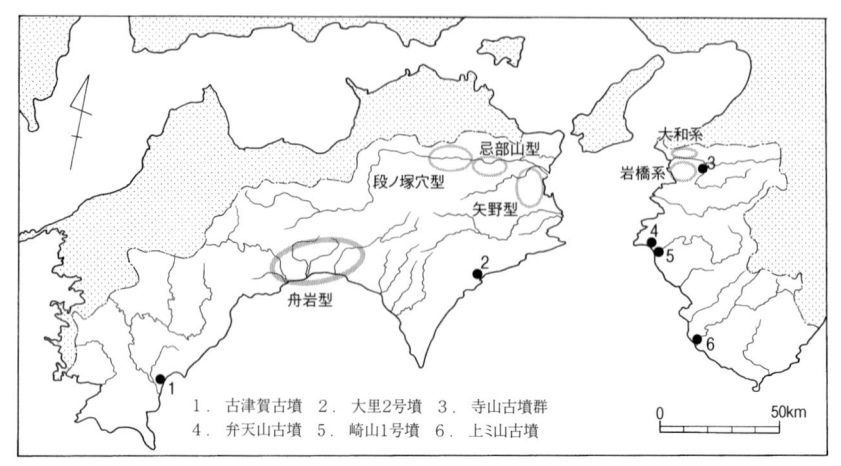

図2 古墳時代後期の横穴式石室の地域性（天羽1983、中川2001、鈴木2010を参考に作成）

され、玄室前道あるいは通廊と呼ばれる独特の空間を持つ両袖式の石室である。石棚や石梁を持つことがあることも特徴の1つである。これまでにその由来（森1967・黒石2005）や変遷（森1967・中司2003）が多くの研究者によって説かれているところであり、岩橋千塚古墳群は紀直氏の墓域であると考える者は多い（園田1967・黒石2005ほか）。

岩橋地域から離れた結晶片岩分布域外でも、地元の石材を使用した岩橋系に類似する石室が存在するという。黒石はこれを疑似岩橋系石室と呼ぶ。日高川下流から田辺湾周辺にかけての海岸部に疑似岩橋系石室が分布するので、これらの地域は1つのまとまった地域として存在するという。

紀北の鳴滝地域には巨石を積み上げた長方形で両袖式の玄室を持つ石室が分布する。一部に岩橋系の影響を受けるが、畿内型の要素が色濃いという。これを黒石は大和系と呼ぶ。

岩橋千塚古墳群の東方5 kmにある和歌山市寺山古墳群は、岩橋千塚古墳群に近接しているものの山1つ隔てられており、石室も究窿式横穴式石室が用いられているところから岩橋勢力とは別の独自勢力であるとされる。究窿式横穴式石室と漢人系渡来氏族が関係するという水野正好（水野1969）の研究を援用して、寺山古墳群被葬者に漢人系渡来氏族を黒石はあてる（黒石2005）。同

様のことを川口修実も指摘する（川口 2004）。これら以外にも肥後型横穴式石室の影響を受けた石室が紀北（百合山古墳群）に、九州地方の影響を受けた石室が紀中〜紀南に分布し、これらを在地型と黒石は呼称する。

　黒石の研究は数多い紀伊の石室を網羅して系統を明らかにした上で、石室形態から古墳造営集団を明らかにしようとした労作である。大局的には支持できるところであるが、自身もその可能性を示すように、疑似岩橋系石室に属すとした御坊市秋葉山古墳や在地系石室のすさみ町上ミ山古墳等は九州地方の系譜を引く可能性が高い（鈴木 2010）。またおなじく疑似岩橋系に分類される有田川町天満1号墳と御坊市岩内1号墳は瀬戸内の角塚型の系譜を引く可能性が高い（清家 2011）。これら角塚型石室は、岩橋千塚古墳群において古墳築造が衰退する7世紀に紀中で出現する。このことはあらためて後述するが、四国における横穴式石室の終焉のあり方と連動するので興味深い。また、黒石論文では大和系や渡来系横穴式石室、ならびに他地域の系譜をひく横穴式石室の被葬者を「移住」者と解釈する点もやや問題をはらむが、石室型式の分類と石室の形態差がおおよそ集団差と対応するとした点はおおむね首肯できるものである。

(2) 阿波の横穴式石室

　阿波でも紀伊と同様に横穴式石室に地域差があり、それがおおよそ集団差と対応することが知られている。古墳は吉野川流域に多く存在し、南部では古墳が点的に分布する。

　天羽利夫によれば吉野川上流域に段ノ塚穴型石室が分布し、そのやや下流には忌部山型石室が分布するという。段ノ塚穴型石室は前後左右から持ち送りが行われ、究窿状の天井をなし、胴張りの平面プランあるいは末広がりの平面プランを有する石室である。忌部山型はドーム状の持ち送りを持ち、隅丸の平面プランを有する石室である。両者は兄弟関係にある石室だという。この2タイプの墓は排他的に分布し、天羽によれば段ノ塚穴型は渡来系氏族、忌部山型は阿波忌部氏と関係するのではないかという（天羽 1983）。

　段ノ塚穴型は美馬市大國魂古墳が初現とされ、肥後南部の石障系石室と類似することが蔵本晋司によって明らかにされた。おおよそ6世紀第1四半期の末には阿波に伝わったという。また、讃岐にも同型の分布があることから瀬戸内

とも交流があることが明らかとなっている（蔵本 1996）。

　吉野川下流域から阿波南部にかけては中川尚による分析が重要である。この地域には、ややバリエーションを持ちつつも①長方形の平面形を呈する玄室、②平天井で玄室と羨道の天井レベルが同じかあまり差がない、③柱状袖石があり、④玄門が羨道側にせり出さないという特徴のある石室が分布することを明らかにして矢野型と名付けた。また、矢野型とは別に鳴門市周辺では畿内型石室が分布するとした（中川 2001）。

　忌部山型の石室は板野郡でも検出され忌部山型の分布はやや広がりを見せることとなった（藤川 1992）が、基本的に天羽や中川らが示す石室の地域差は有効である。段ノ塚穴型はTK10型式段階以前から築造が始まり、その他の石室はTK43型式期からTK209型式期を中心として築造が行われる。終末期には角塚型の穴不動古墳が徳島市に築かれ、阿波での古墳の終焉を迎える（橋本 2001）。

(3)　土佐の横穴式石室

　土佐においては横穴式石室に細かな地域差は認められない。中期までの古墳が数少なく、後期になって古墳築造が本格化する地域である。そのことに原因が求められると思われるが、横穴式石室墳は高知平野とその周辺において主に築造され、それ以外の地域は数基ずつの存在が知られるにすぎない。横穴式石室はまず小型の明見3号型という長さの短い玄室に短い羨道をもつ石室がTK10型式からTK43型式期にかけて築造された後、畿内型によく似た舟岩型石室が主流をなすようになる（清家 2010・2011）。TK217型式期には古墳築造が衰退し、高知平野西端に角塚型の朝倉古墳が築造されて、古墳の終焉を迎えるのである。

(4)　集団差と相互交流

　以上のように、おおよそ6世紀から7世紀初頭までの横穴式石室について概観してきた。紀伊・阿波・土佐には、それぞれ特徴的な石室が分布し、互いにあまり関係を持たないと思われるが、ある特徴と共通点があることに気づく。

　まず、それぞれの地域で小地域差があり、石室形態の違いが集団差を示す場

合があることが明らかとなっている(4)。土佐は基本的に7世紀初頭までは舟岩型が全域で卓越するが、古墳そのものの分布が高知平野に集中することから、土佐の中で小地域差が存在しないというよりは、小地域が1つだけ存在して、東西にそれが波及していると理解した方が良いであろう(5)。

石室形態に小地域差があるとしても、それぞれが孤立しているわけではない。むしろ交流や政治的関係を推察させるものもある。

先述した段ノ塚穴型に関する蔵本の指摘はそうした意味できわめて重要である。岩橋系と段ノ塚穴型はともに肥後南部の石室に由来を持つ（蔵本1996）。忌部山型が段ノ塚穴型と兄弟関係にあるとすれば、おなじくその淵源は肥後南部に求められることになろう。このことは祖型が同じ地域に求められるという現象面以上の意味を持つ可能性が高い。

岩橋系石室の中心である岩橋千塚古墳群は紀直氏の墓域とされる。紀氏は畿内政権の瀬戸内交通と水軍の役割を担うとされる。そうした集団が肥後の系統を引く岩橋系石室を用いていることは畿内政権との関わりを考えるときわめて重要な意味を持つ。岩橋千塚古墳群において本格的に古墳築造が行われ始める6世紀前半には、畿内政権の中で継体大王が新たに推戴されるからだ。継体を推戴した中心勢力の1つが大伴氏であり、肥後の勢力は継体支援勢力の1つと考えられている。大伴氏と紀氏は同族とされ、岩橋系石室が肥後南部からの影響で成立したとされるから、岩橋系石室は2重の意味で継体支援勢力と関係を持つことになる。

段ノ塚穴型が肥後の石室の系譜を引き、継体期であるTK10型式以前に遡り、さらに讃岐まで分布が認められる事実は、紀氏が瀬戸内の交通を携わっていた（岸1963）ということを考えたとき、継体との関わりでこれらの石室を読み解くことはあながち無謀とは言い切れない(6)。

また、先述の通り紀中・紀南の横穴式石室の中には九州地方と共通する要素を持つ石室が存在する（鈴木2010）。このことに示されるように紀ノ川流域とは異なる情報網を紀中・紀南地域の勢力は確保していたとの鈴木の指摘は重要である。九州の要素を持つ石室の初現は5世紀後半代に遡る可能性が示され、6世紀全般にわたってその存在は認められるという（鈴木2010）。

(5) 横穴式石室墳の終焉

角塚型石室の広がりと古墳の終焉　さらに7世紀になって横穴式石室に共通の変化が起こる。多くの場合、角塚型石室墳がその地域最後の大型古墳となることが共通するのである。これまでに使用されていた横穴式石室の型式はその数が減少するとともに、その横穴式石室を使用していた古墳群の勢力自体も衰退していくのである。その一方でこれまで大型古墳が造られていなかった地域、あるいは古墳築造が劣位であった地域に角塚型石室を内包する大型古墳が築かれるようになるのである（図3）。この傾向は紀伊・阿波・土佐で共通する。

この現象は瀬戸内側の地域でも同様な動きが認められている。角塚型石室の標識となった角塚古墳は香川県観音寺市に所在する。讃岐では古墳時代前期以

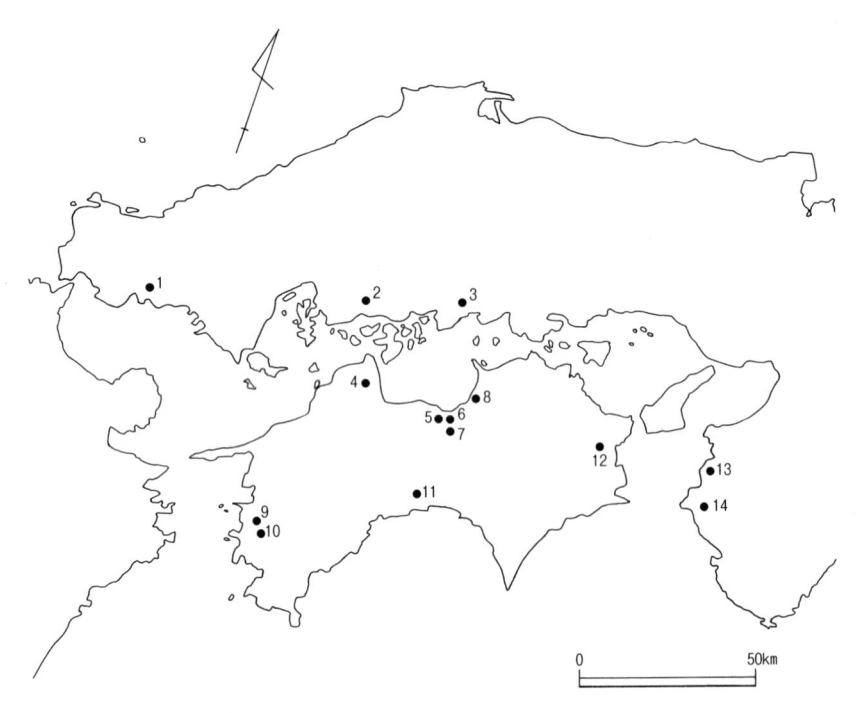

図3　角塚型石室と関連する石室の分布
1. 岩畠1号墳　2. 大坊古墳　3. 梅木平古墳　4. 七間塚古墳　5. 原峯1号墳　6. 宝洞山1号墳　7. 宇摩向山古墳　8. 角塚古墳　9. 松ノ本古墳　10. 樫木駄馬古墳　11. 朝倉古墳　12. 穴不動古墳　13. 天満1号墳　14. 岩内1号墳

来、東讃が古墳築造の中心地であった。古墳時代後期、特に後期後半以降、寒川・高松東部・高松西部・阿野・仲多度・三豊に大型古墳が併存するが、その中でも三豊地域では母神山・椀貸塚・平塚・角塚という大型石室墳が継起的に築造され、他地域と比較しても突出した勢力を誇る（大久保 2004）。三豊地域は後期前半までは顕著な首長墳が造られない地域であって、後期後半の大型古墳は新興の勢力と呼べるものである。TK217型式段階には、他地域で大型古墳の築造が停止し、角塚古墳が讃岐で突出した規模の古墳となる。

　伊予においても同様である。角塚型石室を内包する四国中央市宇摩向山古墳は1辺70m×55mの巨大方墳である。宇摩地域は古墳時代後期に四国中央市東宮山古墳や同市経ヶ岡古墳という首長墳が築かれ始める新興勢力であり、TK209型式に至って向山古墳という東予あるいは伊予全域の盟主的古墳が成立する。

　大久保徹也の言う角塚型石室の拡散（大久保 2009）は四国にとどまらず、紀伊にも及んでいることが明らかである。他地域での首長墳の築造が停止する中、後期後半以降に台頭してきた新興勢力がTK209型式期以降に盟主的地位を獲得する。そうした新興勢力に角塚型石室が採用されているのである。まさに首長系譜の変動がここに認められ、そうした変動が瀬戸内から紀伊にかけて連動して存在し、南四国においてやや遅れる形で追随する(7)という様子が観察されるのである。

　7世紀において紀伊の岩橋千塚古墳群が衰退したと述べたが、岩橋千塚古墳群は紀氏の奥津城であったと考えられる。紀氏は畿内政権下にあって瀬戸内航路を掌握した氏族である（岸 1963、栄原 1999）。それに代わるように新興勢力が紀伊から瀬戸内の盟主的位置を占めたことから、当時の交通の大動脈である瀬戸内の交通路の掌握についても、新興勢力が大きく関わることになったことは想像に難くない。先述の通り5世紀後半代から6世紀において紀中・紀南勢力が九州地域との独自の情報網を持っていたとされる（鈴木 2010）。こうした情報網を基礎として7世紀における瀬戸内の交通路掌握が可能となったのではないか。

　瀬戸内の交通路は畿内政権にとって外交や流通にきわめて重要なルートである。そこに新興勢力が台頭してくることは畿内政権と無関係に起こることでは

ないであろう。すなわち角塚型石室墳で認められる首長系譜の変動は畿内政権の動向と連動する可能性が考えられる。その具体相については今後の課題としたいが、小野山節の古墳規制論の中で、6世紀末～7世紀初頭に蘇我氏の台頭による規制があったことが指摘されている（小野山 1970）。今後検討に値する課題と言えよう。

(6) 前・中期古墳と後・終末期古墳

翻って前・中期古墳を顧みれば北條が示した「讃岐型前方後円墳」の意味の1つは地域性の存在であったが、埋葬施設の個性から見れば後・終末期古墳の地域性は前期古墳に比べむしろ色濃い。その地域性が畿内政権からの自律度を示しているわけでは決してなかった。畿内型石室とはまったく異なる形態ながらも畿内政権の一翼を担う紀氏の岩橋千塚古墳群も存在するし、それに代わる角塚型石室をめぐる交流も認められた。後・終末期古墳に比べれば前方後円墳という墳形を共通し、土器祭祀・石室形態・頭位方向などに差異はありながらも前期を通じて畿内のそれの影響を受け、中期前葉には渋野丸山古墳や富田茶臼山古墳などの畿内的前方後円墳を受け入れる古墳のあり方は、畿内政権との関わりを後・終末期以上に感じるほどである。隣接した時期の埋葬形態に関する議論でありながら、前・中期古墳と後・終末期古墳に対する理解はあまりにかけ離れている。古墳そのものの意味が後期にいたって変質しているとの指摘（松木 2006ほか）は当然承知している。しかし、文献史料などから古墳の地域性に関する理解がよりしやすい後・終末期古墳から遡って古墳の意味そのものを問い直すことは、けっして無意味だとは思わないのである。

5　おわりに

紀伊・阿波・土佐における古墳の理解について、讃岐・伊予のあり方を交えつつ、特に畿内との関係に焦点を当てながら論じた。出現期から終末期を通じて本地域が畿内と瀬戸内の外縁部に位置していることが、本地域の古墳の性格を大きく規定し、あるいはそれが論点になっていると言えよう。

古墳時代を通じて、地域間交流は畿内からの一方通行であったり、それぞれ

の地域がまったく独自の交流だけを行ったのではないことがわかる。個別交流が多様に存在しながら、畿内政権が時によって関わり、それがために地方勢力の盛衰が現れる様子も認められた。畿内政権も一枚岩ではなく、畿内政権を構成する勢力がまたそれぞれの利益のための個別交流を行っている実態が古墳研究からは垣間見える。

しかしながら、個別交流や地域の自律性の実態はまだ明らかにされていないところであるし、古墳だけでは明らかにできないところである。集落・土器生産などとの総合的研究が今後望まれよう。個別の副葬品・埴輪・土器など資料の検討も不可欠である。これ以外にも群集墳論・小古墳論・石棺論など古墳研究として重要な項目について取り上げることができなかった。この点はお詫びしたい。

注
（1）以下で紹介する諸論考にはヤマト政権・大和政権などの用語が用いられている場合があるが、基本的に畿内政権に統一した。用語の違いが歴史概念の差異を示すことは承知しているが、類似した用語が同一原稿で混在すると煩雑であるからである。正確には原典をあたられたい。
（2）この点については橋本2000に手際よくまとめられている。
（3）図1では前方後円墳である天河別神社3号墳・4号墳やカンゾウ塚2号墳・10号墳が中期後葉に位置づけられているが、天河別古墳群は前期に遡る可能性が示され（橋本2000、栗林2002）、調査でも裏付けられている（鳴門市教育2011）。また、栗林誠治のご教示によればカンゾウ塚古墳群は時期決定にかかる証拠が少ない。
（4）この意味はたとえば岩橋系石室その分布の広さと数の多さから複数の造営主体を含んでいることが考えられる。しかし、岩橋系と他の石室型式では造営主体が異なっているとは言えるとの意である。
（5）ただし、舟岩型石室がすべて同じ造営主体であることを意味しているのではない。
（6）段ノ塚穴型を紀伊忌部との関わりを河上邦彦は考えて、紀伊と阿波の関係を早くから問うている。紀伊忌部との関わりはともかく、阿波と紀伊の有機的関係にあることを示した点は適切だったと言える（河上1975）。
（7）角塚型石室が導入されるのは多くの地域でTK209型式期である。土佐では角塚型石室を持つ朝倉古墳はTK217型式期に属する。

参考文献

天羽利夫 1983「考察」『忌部山古墳群』徳島県立博物館
大久保徹也 1997「四国における前方後円墳の不均等分布」『中四研だより』第4号、中四国前方後円墳研究会
大久保徹也 2000「四国北東部地域における首長層の結集―鶴尾神社4号墳の評価を巡って―」『前方後円墳を考える―研究発表要旨集―』古代学協会四国支部
大久保徹也 2004「讃岐の古墳時代政治秩序への試論」『古墳時代の政治構造　―前方後円墳からのアプローチ―』青木書店
大久保徹也 2009「大野原古墳群の基礎的検討」『一山典還暦記念論集　考古学と地域文化』一山典還暦記念論集刊行会
小野山節 1970「五世紀における古墳の規制」『考古学研究』第16巻第3号　考古学研究会
川口修実 2004「紀伊における究隆式横穴式石室の検討―和歌山市寺山古墳群の分析を通して―」『紀伊考古学』第7号
岸　俊男 1963「紀氏に関する一考察」『近畿古文化論攷』吉川弘文館
河上邦彦 1975「紀の川流域における古墳文化の推移」『橿原考古学研究所論集』創立三十五周年　吉川弘文館
黒石哲夫 2005「紀伊における後期古墳の集団関係」『待兼山考古学論集―都出比呂志先生退任記念―』大阪大学考古学研究室
蔵本晋司 1996「段ノ塚穴型石室の基礎的研究Ⅰ―編年と系譜―」『香川考古』第5号　香川考古刊行会
栗林誠治 2002「阿波における前方後円墳の廃絶」『論集　徳島の考古学』徳島考古学論集刊行会
小林行雄 1961『古墳時代の研究』青木書店
栄原永遠男 1999「古代豪族紀氏」『謎の古代豪族紀氏』清文堂出版
鈴木一有 2010「古墳時代の東海における太平洋沿岸交流の隆盛」『弥生・古墳時代における太平洋ルートの文物交流と地域間関係の研究』高知大学人社会科学系
清家　章 2010「横穴式石室にみる南四国太平洋沿岸地域の諸関係」『弥生・古墳時代における太平洋ルートの文物交流と地域間関係の研究』高知大学人文社会科学系
清家　章 2011「首長系譜変動の諸画期と南四国の古墳」『古墳時代政権交替論の考古学的再検討』大阪大学大学院文学研究科
薗田香融 1967「名草郡の古代氏族」『岩橋千塚』関西大学文学部考古学研究紀要第2冊、関西大学文学部考古学研究室
都出比呂志 1988「古墳時代首長系譜の継続と断絶」『待兼山論叢』史学篇　第22号、大阪大学文学部

都出比呂志 1991「日本古代の国家形成論序説」『日本史研究』343号、日本史研究会
都出比呂志 1999「首長系譜変動パターン論序説」『古墳時代首長系譜変動パターンの比較研究』大阪大学文学部
中川　尚 2001「吉野川下流域における横穴式石室の展開」『小林勝美先生還暦記念論集　徳島の考古学と地方文化』小林勝美先生還暦記念論集刊行会
中司照世 2003「岩橋型横穴式石室について―後期前半の首長墳の編年を中心に―」『紀伊考古学研究』第6号、紀伊考古学研究会
鳴門市教育委員会 2011『天河別神社古墳群発掘調査報告書』鳴門市教育委員会文化財調査報告書7
橋本達也 1998「古墳群の形成と地域政権」『川と人間―吉野川流域史―』渓水社
橋本達也 2000「四国における首長層の動態」『前方後円墳を考える―研究発表要旨集―』古代学協会四国支部
橋本達也 2001「四国における後期古墳の展開」『東海の後期古墳を考える』東海考古学フォーラム
藤川智之 1992「須恵器からみた徳島県後期の一側面」『真朱』創刊号、徳島県埋蔵文化財センター研究紀要、徳島県埋蔵文化財研究会
冨加見泰彦 1992「紀伊」『前方後円墳集成』近畿編、山川出版社
福永伸哉 2010「青銅器からみた古墳成立期の太平洋ルート」『弥生・古墳時代における太平洋ルートの文物交流と地域間関係の研究』高知大学人文社会科学系
北條芳隆 1998「前方後円墳の誕生」『川と人間―吉野川流域史―』渓水社
北條芳隆 1999「讃岐型前方後円墳の提唱」『国家形成期の考古学』大阪大学考古学研究室
北條芳隆 2007「前方後円墳の時代」『徳島県の歴史』山川出版社
松木武彦 2006「吉備地域における古墳築造パターンの変化」『シンポジウム記録集畿内弥生社会像の再検討・「雄略朝」期と吉備地域・古代山陽道をめぐる諸問題』考古学研究会
水野正好 1969「滋賀郡所在の漢人系渡来氏族とその墓制」『滋賀県文化財報告書』第4冊
森　浩一 1967「岩橋千塚の横穴式石室」『岩橋千塚』関西大学文学部考古学研究紀要第2冊、関西大学文学部考古学研究室

各地の古墳Ⅵ
畿　　内

坂　　靖

　畿内地方における大型古墳の分析は、地域史研究というより、古墳時代の政治史研究にそのまま直結している。大型古墳を編年したり、類型化したりして、その階層的位置づけや成立意義に言及するとき、当然、それは当時の政治体制、社会構造などにも議論が及ぶ。畢竟、それが王権論や国家論にまで発展する。

　古墳が、それより過去の時代にも、そしてその後の時代にも、存在しなかった特定の政治的権力者による構築物である以上、それは当然の試みである。しかし、古墳はあくまで墓であって、被葬者たる政治的権力者の生前の営みを知るためには、文献や伝承といった史料はもちろん、周辺の遺跡と結びつけながら、それを歴史的に位置づける作業が必要である。

　本稿では、大型前方後円墳の含まれる古墳群の構造や築造基盤を検討し、研究史をふまえて、王権との関わりを考えたい。なお、ここでは古墳時代を前期・中期・後期に三分する。埴輪は筆者による編年（坂 2009）、土師器は寺澤による編年（寺澤 1986）、須恵器は田辺による編年（田辺 1966）をとる。

1　研究の現状と課題

　畿内地方のみならず、古墳研究に今なお大きな影響を残しているのが、1961年の西嶋定生の見解である。古墳が国家的身分秩序の表現で、大和政権によるカバネ秩序を体現しているとした（西嶋 1961）。その後、古墳の政治的・社会的性格について多くの研究が輩出した。とりわけ、近年では都出比呂志が前方後円墳をもとにした政治体制を提唱し、大きな影響を与えたことは、本書の中でも多くの研究者がとりあげることだろう（都出 1991）。また、広瀬和雄・白石太一郎・和田晴吾なども古墳をもとにした王権の構造について、重要な論考を次々と発表している。これらの研究は、畿内地方の大型前方後円墳、なかで

も「大王」墓をどう評価するかが論点であり、本稿でも、それらに論評を加えながら、記述を進めることにしたい（広瀬 2007、白石 2000、和田 1994）。

一方、畿内地方の古墳群の分布や年代観から各地域の地域構造を明らかにし、王権や豪族の動向に結びつける試みについては、小林行雄・白石太一郎・辰巳和弘などが古くから取り組んできたところである。しかし、その後の考古学者の検討は、しばらくの間低調であった（小林 1961、白石 2000、辰巳 1994）。

そんな中でも、古墳の築造企画論、副葬品や埴輪の編年などの研究が著しく進展し、それをもとにした政治論は一定の成果をあげてきた。とりわけ、川西宏幸が提示した円筒埴輪の編年にもとづいて、それを援用したり、細分したり、改変しながら畿内地方の大型古墳を編年して、当時の政治状況を解説することが行われた（川西 1988、関川 1985）。また、古墳とそれに関わる考古資料だけで、理論的に王権の実態を検証するという取り組みなどが意欲的に続けられてきた。また、考古学的な分析ばかりでなく、世界史的に国家形成を意義づけて、王権の実態に迫る研究もある（河野 2012）。

ところで、畿内地方の古墳と王権や豪族の関係については、考古学者より文字資料を扱う学者が、日本史を語る上で避けて通れない命題として扱ってきた。いわば古代史の重要課題であり、それに関わるほとんどの研究者がとりあげてきたといっても過言ではない。とりわけ、岸俊男（1966）・井上光貞（1965）・塚口義信（1985）・和田萃（1988）などによる奈良盆地の古墳と天皇や氏族との関わりについての論考や、江上波夫（1967）・直木孝次郎（2005）などが、古市・百舌鳥古墳群の動態から、騎馬民族征服王朝や河内政権論へ展開させた点などは、本稿に深く関わるものとしてここにあげておきたい。

そうした中、近年白石太一郎・菱田哲郎・松木武彦・田中晋作・下垣仁志・高橋照彦などの考古学者が、さまざまな考古資料を扱う中で、他分野の研究成果をも取り入れながら、王権や豪族について、それぞれ独自の視点で持論を展開している（白石 2009、菱田 2007、松木 2007、田中 2009、下垣 2011、高橋 2011）。また、岸本直文は、「聖俗二重王制」と古墳の築造企画論・編年論を融合させ、古墳時代の二王並立を説いた（岸本 2008）。

冒頭で述べたように、古墳時代の研究はこれまで古墳研究に偏ったものとなっていた。王権論に到達するには、首長居館や集落遺跡・祭祀遺跡など王や

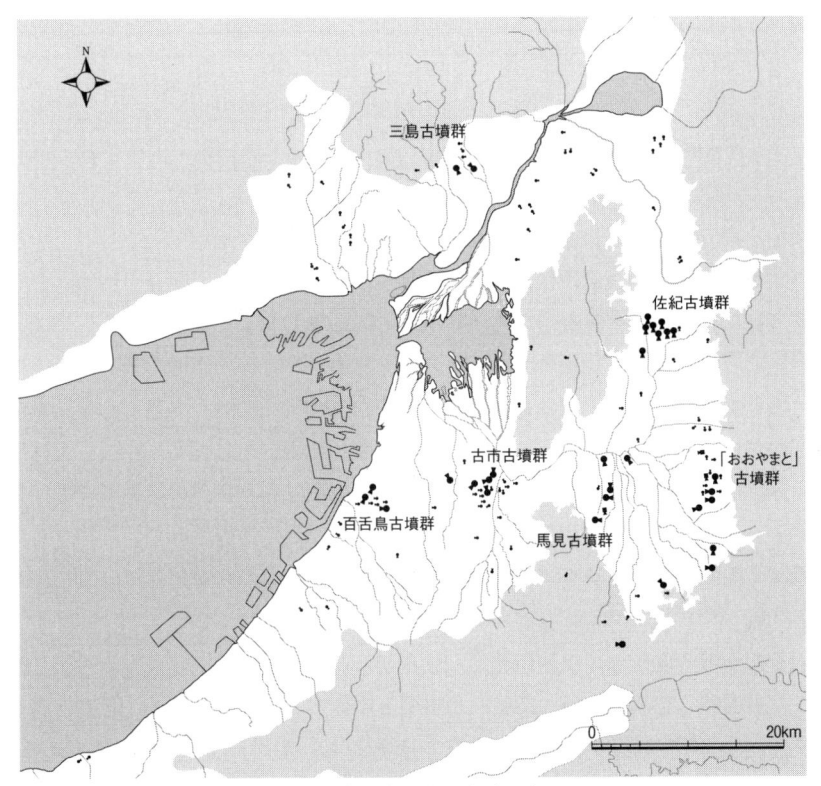

図1　畿内地方の大型古墳分布図

首長に関わる遺跡と古墳との関係を構造的に明らかにすることこそ必要である。寺澤薫は、奈良県纒向遺跡を西日本各地にあった諸国が連合した「新生倭国の王都」と断じ、独自の王権論を展開する（寺澤　2000・2011）。国土の統一をきわめて早い時期におくこの所論と本稿の立場は異なるが、纒向遺跡の重要性については、ここであらためて述べるまでもなかろう。そして、近年はこの纒向遺跡ばかりでなく、ヤマト王権の支配拠点や豪族居館の調査が進展し、ようやくこれらと古墳の関係が明らかになってきた。

　そこで、本稿では畿内地方の古墳について、王権に直接関わる大型前方後円墳が含まれる古墳群と首長居館・集落の関係を考古資料ばかりでなく文献資料や歴史地理学的側面から追究して、その歴史的意義を明らかにしたい。

2　山辺・磯城古墳群

①**分布と構造**　伊達宗泰は、初瀬川・寺川流域の旧磯城郡・旧十市郡の奈良盆地東南部から中央部の広い範囲に跨る古墳の分布から、「おおやまと」古墳集団を設定した。河川支配を基調に、古墳時代の首長が地域開発を行っていたことを見据え、奈良盆地の地域構造を見極めた卓見である（伊達 1999）。それをうけて、筆者は奈良盆地の地域呼称として「おおやまと」地域を（坂 2009）、今尾文昭は古墳群の統括的名称として、それよりやや広い範囲の飛鳥川沿いの古墳群を含め、山辺・磯城古墳群を提唱した（今尾 2009）。本稿でも盆地東南部から中央部にかけての古墳および古墳群を指す統括的名称としてこれを採用する。山辺・磯城古墳群は、早く1981年に墳丘測量図や従前の発掘調査など基礎データが『磯城・磐余地域の前方後円墳』のなかで報告されている。さらに、近年も発掘調査が相次ぎ、周辺部の状況を含め調査・研究が進んでいる。また年代論・分布論・構造論なども深まりつつある。

　そのうちの龍王山・三輪山麓部に分布する西殿塚古墳を中核とする大和（萱生）古墳群、行燈山古墳・渋谷向山古墳を中核とする柳本古墳群、箸墓古墳を中核とする纒向古墳群の三者を総称する呼称は、「おおやまと」古墳群である。なお、三者を総称する「おおやまと」古墳群については、大和古墳群、オオヤマト古墳群と呼称する研究者もいるが、その中身は変わらない。

　「おおやまと」古墳群の特質は、前期の前方後円墳が集中して存在することにある。しかも、上述の4基の墳丘長200m以上の大型前方後円墳をはじめ、墳丘長100m以上の前方後円墳（東殿塚古墳・勝山古墳など）・前方後方墳（波多子塚古墳・下池山古墳など）・双方中円墳（櫛山古墳）、それ以下の規模の前方後円墳（マバカ古墳・纒向石塚古墳など）・前方後方墳（ノムギ古墳など）・帆立貝式古墳（茅原大墓古墳）・円墳（タワラ塚古墳など）が、小支群を構成しながら前期〜中期初頭というほぼ限られた時期の中で多数築造されていて、日本列島各地との比較において、その規模や数の点で、最大かつ最多を誇る。大型前方後円墳については、主体部の調査は行われていないが、その築造順序は、円筒埴輪の編年から、箸墓古墳（円筒埴輪以前）→西殿塚古墳（円筒

埴輪1-1期）→行燈山古墳（1-3期）→渋谷向山古墳（2-1期）と考えられる。

　古墳群の造墓活動は、中期前葉〜中葉にはほぼ途絶え、再び中期中葉（TK216型式）以降活発化する。そして、規模の大きな前方後円墳として、中期末葉（円筒埴輪4-1期）に西山塚古墳（墳丘長114m）が、前期古墳の直中に1基だけ後円部を南にむけて築造される。

　さらに、いわゆる磐余地域には桜井茶臼山古墳（墳丘長200m）・メスリ山古墳（墳丘長224m）がある。これらの周辺に前期古墳は存在せず、単独で存在する。また、メスリ山古墳の周辺では、後期古墳の造営がある。また、前期〜中期の小規模古墳群として磐余・池ノ内古墳群がある。

　2基の大型前方後円墳はいずれも内部主体の調査が実施され、前期の大型前方後円墳の標識的な存在である。桜井茶臼山古墳は、1949年の主体部の発掘調査ののち、周辺部の調査を経て、2008〜2009年に主体部周辺の再発掘調査が実施された。その結

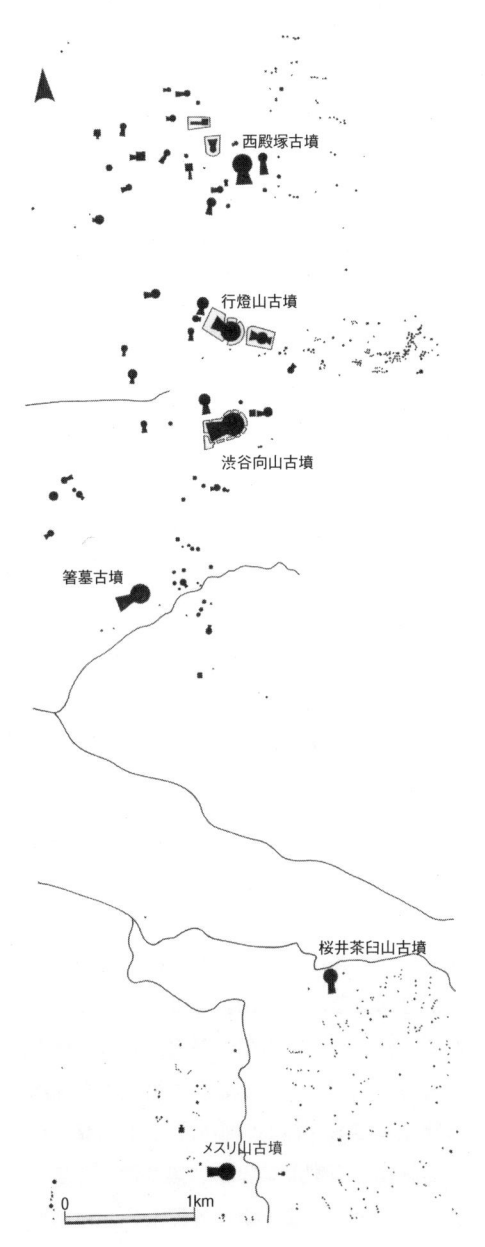

図2　奈良盆地東南部の古墳分布図

果、激しい盗掘はうけていたものの、内部主体の竪穴式石室と長大な木棺、副葬品として鏡は破片数にして384点（81面以上）、ガラス製や碧玉製の管玉、碧玉製棗玉などの装身具、玉杖・玉葉・壺形などの碧玉製品、鍬形石・石釧・車輪石・齣形・鳴鏑形などの石製品、鉄刀・鉄鏃・銅鏃などの武器、鉇などの鉄製工具類、鉄杖や板状鉄斧などが確認されている。また、主体部を方形に取り囲む丸太垣と底部に孔を穿った二重口縁壺が、二重に配置されていることも明らかになっている。

　メスリ山古墳も1959年～60年に後円部墳頂の発掘調査が実施された。その結果、主室と副室の2基の竪穴式石室の存在が明らかになった。主室の副葬品はことごとく盗掘されていたが、それでも鏡片、翡翠製勾玉、碧玉製管玉のほか椅子形・櫛形・合子形・鍬形石・車輪石・石釧などの石製品、鉄刀などの武器が出土している。副室は、夥しい量の副葬品が出土し、遺物格納庫と想定されている。鉄製の鎗・弓矢、石製鏃・銅鏃を装着した矢・鉄刀剣などの武器類、斧・鑿・鉇・刀子・鋸・手鎌・針状工具などの鉄製農工具、大型管玉・紡錘車形石製品と玉杖などが出土している。主室の周囲は大型の円筒埴輪が配置され、要所に円筒埴輪の上に高坏形埴輪を載せていた。主体部と副葬品の様相から、桜井茶臼山古墳→メスリ山古墳の順で築造されたことが明らかである。

　一方、橿原市域には、北部に棗山古墳、弁天塚古墳があり、畝傍山周辺にスイセン塚古墳・イトクの森古墳がある。いずれも規模は小さいが、前期古墳と考えられる。

　盆地中央部最大の前方後円墳が、島の山古墳（墳丘長200m）である。前期～中期の小規模古墳は唐古・鍵遺跡、保津・宮古遺跡、羽子田遺跡などに散在する。また島の山古墳周辺には、中期末葉～後期の小規模前方後円墳や円墳などが分布する。島の山古墳は、すでに江戸時代から腕輪形石製品の存在が知られており、後円部墳頂の竪穴式石室石材が近隣の神社に存在し、副葬品が各所にあることがわかっていた。墳丘の発掘調査が実施される中で、前方部墳頂の埋葬施設である粘土槨から大量の副葬品が出土した。車輪石・石釧・鍬形石などの腕輪形石製品のほか、鏡3面、首飾り・胸飾り・手玉に使用された勾玉・管玉・丸玉・算盤玉など各種玉類、合子形・琴柱形などの石製品、竪櫛、鉄刀剣などが出土している。また墳丘の調査では、埴輪列が確認されたほか、後円

部寄りに接続する造出しの存在が明らかになっている。築造時期は円筒埴輪編年で 2-2 期、「おおやまと」古墳群の渋谷向山古墳に続く時期にあたり、磯城・山辺古墳群の大型前方後円墳の掉尾をなす。

②集落・首長居館との関係　山辺・磯城古墳群の築造基盤は、伊達の設定した「おおやまと」古墳集団の分布範囲にある集落遺跡である。弥生時代には拠点集落として、盆地最大規模を誇る唐古・鍵遺跡をはじめ多遺跡、坪井・大福遺跡、保津・宮古遺跡、芝遺跡など多数が集中しており、奈良盆地内において最も高い生産性を誇っていた。一方、纒向遺跡は古墳時代初頭に、唐古・鍵遺跡などの上流域、芝遺跡のすぐ北側で突如勃興した集落遺跡である。

　纒向遺跡では、幾重にも分流した自然流路に挟まれた高所に分散しながら、さまざまな施設・建造物などが配置されていて、その総面積は約 $2.7km^2$ をもつ。布留期における日本列島最大の集落遺跡である。纒向大溝や辻地区の祭祀土坑、巻野内地区の「居館」や導水施設、鍛冶関連遺物、さらに近年調査が進んでいる辻地区の庄内期の大型建物など、瞠目すべき成果があがっていることに多言を要しないだろう。自然条件的にみれば、龍王山・三輪山麓では、最大規模の扇状地であり、大和（萱生）古墳群・柳本古墳群の周辺では、古墳が好条件の土地をすべて占有してしまっていて、纒向遺跡ほどの巨大集落を生む条件のある場所はない。上記のような遺跡内から検出された遺構・遺物からみて、大型前方後円墳の被葬者に直接関わる集落であり、ヤマト王権の支配拠点として機能していたことに疑いを差し挟む余地はない。

　さらに、纒向遺跡の下流域でも、拠点集落の生産基盤がそのまま引き継がれ、各集落が、古墳の築造基盤になったと考えられる。実際、保津・宮古遺跡などでは首長居館が確認されているし、唐古・鍵遺跡も古墳時代に入ってもその集落が維持されていたと考えられている。また、大和古墳群のすぐ北側の乙木・佐保庄遺跡の存在も見過ごせない。首長に関わる木製威儀具が出土している。

　ところで、桜井茶臼山古墳・メスリ山古墳については、纒向遺跡から距離があり、「おおやまと」古墳群と一体であるのか、それともいわゆる磐余地域に勢力基盤をもつ別の勢力であるのか、今後の調査に負うところが多い。とりわけ、古墳の立地が宇陀地域および東海地方を結ぶ交通上の要地にあることは、重要である。ただし、どの場合でも「おおやまと」古墳集団の範囲内に勢力基

盤をもつものであったことに違いはない。

　このようにみるなら、纒向遺跡を中心としながら、「おおやまと」古墳集団の範囲内の集落や首長居館が、古墳の築造基盤となっていることが知れるだろう。それに対して、後述するように奈良盆地内の「おおやまと」古墳集団以外の各地域や畿内地方の各地において、古墳時代前期の集落と首長居館が確認され、それに対応する様々な規模の古墳の存在が明らかになっている。この事実は、「おおやまと」古墳集団は、奈良盆地内の一地域集団にすぎないということを示している。このごく限られた地域の中から、大型古墳は次々と産みだされていったのである。

　一方、この「おおやまと」古墳集団が、日本列島内できわめて優位な位置にあったこともまた事実である。上述の日本列島内における最大かつ最多の前期古墳、最大規模の集落の存在はもちろん、遺構・遺物からみた諸地域との交流、文献の記述などすべてが、その事実を指し示している。

　とりわけ、他地域との交流は見過ごせない。纒向遺跡の様態や、「ミヤケ」遺跡群と仮称した集落の様態から、古墳時代前期に当該地に多数の移住者を迎え入れ、開発が推し進められた点を評価する必要がある（坂 2009）。

　③前期の王墓をめぐって　上記のように「おおやまと」古墳集団だけで、古墳時代前期の政治状況をみることには異論もあろう。古墳時代の政治勢力の権力構造やその版図は、いまだ不明確な点が多い。しかしながら、古墳時代前期においては、この地域の動向が鍵となることについては、大方の了解が得られるだろう。

　さらに、この地域のいわゆる大王墓をめぐる議論が最近活発化しているので、その問題をとりあげておきたい。前述したように、大型古墳を編年する中で、同時期において最大のものを抽出し、それが政権における最高権力者の墳墓（＝大王墓）であるという手法は、多くの研究者が採用する。そして、いずれも古墳時代前期の山辺・磯城古墳群の中に大王墓が求められている。しかし、桜井茶臼山古墳・メスリ山古墳を大王墓に含めるか否かにおいて、抽出された古墳には差異がある。広瀬和雄・和田晴吾はこれに含めず、箸墓古墳→西殿塚古墳→行燈山古墳→渋谷向山古墳という順でこれが築造されたとする。白石太一郎は、箸墓古墳→西殿塚古墳→桜井茶臼山古墳→メスリ山古墳→行燈山古

→渋谷向山古墳とする(和田 1994、広瀬 1987、白石 2009)。

それに対し、石野博信は土器編年からみてこれらが併存する可能性から、磐余地域の古墳は「大王としての機能を分担」するものとした(石野 1985)。豊岡卓之は墳形・段築などで両者に相違点と共通点があるとし、二系列が存在するとした(豊岡 2000)。これらをうけ、千賀久は、それぞれ異なる築造基盤をもつ二系列が併存するとし、渋谷向山古墳の段階で両者が統合され、政権が安定期を迎えるとした(千賀 2008)。

これに加えて沼沢豊と岸本直文による二王並立論がある。沼沢豊は、墳形・尺度論から二系列が存在することを認め、聖・俗の王がそれぞれの墳形を相互に採用したとした(沼沢 2007)。すなわち、聖王として箸墓(卑弥呼)→渋谷向山古墳(台与)、俗王として西殿塚古墳(男弟)→メスリ山古墳→行燈山古墳の系列を考えた。また、岸本直文は、墳形から主・副二系列が存在することと、文献上の男女による分業や『魏志倭人伝』の記事などを結びつけた(岸本 2008)。主系列として箸墓古墳(卑弥呼)→西殿塚古墳(台与)→行燈山古墳(崇神)で祭祀王的立場、副系列は桜井茶臼山古墳→メスリ山古墳→渋谷向山古墳で執行王的立場にあったとした。

以上の見解とは異なる立場にあるのが、今尾文昭で、上述のように山辺・磯城古墳群を設定する一方、大型古墳の分布状況や古墳群の構成を細分し、内部に複数の権力が並立・重層していたとし、諸王が割拠していたとする(今尾 2009)。そして、「前期ヤマト政権」では「大王墓」の抽出は困難であるとした。

本稿では「おおやまと」古墳集団は、一体であったという立場をとる。今のところ、箸墓古墳から渋谷向山古墳に至るすべての「王」は、その中心的集落(枢軸集落)たる纒向遺跡から輩出されたものであると理解する(坂 2008)。

むろん、前述のとおり、磐余地域に巨大集落が存在する可能性は否定できないが、その場合でも纒向遺跡からある段階に磐余地域に王が輩出される集落・首長居館が「移動」したにすぎない。そして、最終段階に纒向遺跡のすぐ北側に渋谷向山古墳が築かれるまで、この地域の中心的集落・首長居館であり続けたと理解できるのである。纒向遺跡の下流域の弥生時代拠点集落を引き継いだ古墳時代集落や新興の集落、大和古墳群のすぐ北にある乙木・佐保庄遺跡などの集落・首長居館は、その規模・出土遺物などからみて纒向遺跡の傘下にあっ

たと見なければならない。それと磯城・山辺古墳群を構成する「王墓」以外のさまざまな規模の古墳が、これに関連づけられることは、比較的容易に理解できるだろう。

磯城・山辺古墳群の分布・構成は、一地域集団の政治構造の一端を示しているのであって、限定された狭い地域を掌握した権力者が、一定の職掌分担を行いながら、大型古墳を次々造営していった状況がうかがえるだけである。列島各地に覇権を及ぼした大王というにはほど遠い存在であったといえるだろう。

④「おおやまと」古墳集団の内政と外交　しかし、この地域集団が国際交渉を行い、日本列島各地の首長と交流を行っていたのもまた事実である。

箸墓古墳については、『日本書紀』(以下『紀』)に二度の記載があり、その記載と実際の古墳が確実に一致する事例であることは、よく知られている。すなわち、崇神紀十年の倭迹迹日百襲媛が亡くなり「箸墓」が造墓されたという記事と、天武紀元年の壬申の乱における「箸陵」付近での戦闘の記事である。上ツ道に沿って位置する実際の古墳と、記事が正しく一致し、少なくとも本古墳が『紀』編纂時点においては、倭迹迹日百襲媛の墓と認識されていたことがわかる。しかし、崇神紀の顛末はすべて神話的である。森浩一は、王権の始祖や聖地が、伝説化された結果であると理解する (森 1990)。

それに対し、白石太一郎は、考古資料による年代的検討をふまえ、邪馬台国の卑弥呼の墓である蓋然性が高いとする (白石 1999)。また、石野博信は同じく年代的検討からこれを台与にあてる (石野 2001)。当然、これらの論者は、魏への朝貢に議論が及ぶ。

現在、魏鏡か国産鏡か論争中の三角縁神獣鏡の問題はおくとしても、「おおやまと」古墳群の被葬者が中国・朝鮮半島と交渉していたことは確実である。鏡などの青銅器や甲冑を中心とした鉄製品など中国・朝鮮半島の製品を大量に入手している。そして、それを模倣・展開する形での国内の生産が「おおやまと」古墳集団の中で本格化・大規模化する。残念ながら、前期における金属生産の実相は未だ掴みがたいが、唐古・鍵遺跡の青銅器生産、脇本遺跡や坪井・大福遺跡における青銅器のリサイクル、纒向遺跡の鉄器生産などの様相から、「おおやまと」古墳集団が一大生産拠点であったことはまず誤りがないところであろう。さらに、翡翠・碧玉・緑色凝灰岩・滑石など列島各地で産出する石

材が加工され、古墳の副葬品となっている点も見落とせない。首長相互のネットワークの中心にあったのが、「おおやまと」古墳集団である。

それに対し、「おおやまと」古墳集団を中核として、日本列島各地に波及したものは、前方後円墳に付随する祭祀である。埴輪は「おおやまと」古墳集団において成立し、その中で次々と新しい様式を展開させた典型的事例である。また、メスリ山古墳の副室にみられるように、鉄製武器を多量に保有し、祭祀的側面ばかりでなく軍事的にも優位に立っていたという点も見逃せない。ただし、前方後円墳に伴う祭祀が広汎に一律的な影響を与えている状況は見出しがたい。その影響は、部分的かつ拠点的であり、しかも徐々に影響を及ぼしたことが重要である。

前方後円墳において当初からきわめて画一的な規範や祭祀体系が存在し、ごく早い段階で列島各地に浸透したという指摘や、威信財の配布によって前期の早いうちに王権が急速に伸張したという主張については、今後も議論を深めなければならないが、この時代の政治状況を云々するには不十分であることをあらためてここで再確認しておきたい。

3　佐紀古墳群

①**分布と構造**　佐紀古墳群は、平城山丘陵南側一帯に造営された古墳群である。東西2つに分ける案、東・中央・西の支群に分ける案、南に離れて存在して存在する宝来山古墳を含め、東・中央・西・南に分ける案が提示されている。ここでは、大型古墳の築造時期から、東・西大きく2つに分けてみる。

西支群には、墳丘長200mを超える大型前方後円墳として五社神古墳・佐紀陵山古墳・佐紀石塚山古墳がある。また、群からやや離れて存在する宝来山古墳も、この支群に含める。佐紀高塚古墳などが墳丘長90mを超える前方後円墳であり、オセ山古墳が墳丘長60〜70m程度の前方後円墳、マエ塚古墳などの径50mほどの円墳、さらに大型古墳に随伴する中・小規模の円墳・方墳が存在する。4基の大型前方後円墳の築造時期は、前期後葉〜中期前葉の間であるが、築造順序には諸説がある。筆者は、円筒埴輪から五社神古墳（1-3期）→佐紀陵山古墳（2-1期）→石塚山古墳（2-2期）と考えるが、後述するよう

に、今のところ確定できるほどの資料がない。

　東支群には、墳丘長200mを超える大型前方後円墳としてコナベ古墳・ウワナベ古墳・ヒシアゲ古墳がある。また、市庭古墳（墳丘長253m）も東西支群の中間に位置するが、この支群に含める。神明野古墳など墳丘長100m以上の前方後円墳のほか、平塚1、2号墳などの墳丘長70m程度の前方後円墳、径40mの円墳である鳶ヶ峯古墳、大和1～26号墳とされた中小規模の方墳・円墳など支群内にある。大型前方後円墳の築造時期は、中期中葉～後葉である。築造順序は、出土埴輪から、コナベ古墳（3-2期）→市庭古墳（3-2期）→ウワナベ古墳（3-3期）→ヒシアゲ古墳（3-4期）と推定できる。

　大型前方後円墳の中で、内容が明らかなのは佐紀陵山古墳である。1916年の主体部の盗掘事件と復旧工事により、主体部の副葬品の内容や方形壇と周辺に樹立された埴輪が明らかになっており、前期後葉の代表的な大型前方後円墳として位置づけられる。副葬品は再埋納されたが、石膏型が残されていて、その内容は鏡5面のほか車輪石・鍬形石・石釧・刀子・斧・高坏・合子・臼・椅子・貝殻形・琴柱形の石製品、管玉などである。旧来からの評価に加え、近年の墳形や埴輪、副葬品の研究の進展に伴い、本古墳への認識はさらに深まっている。とりわけ、本古墳の器財埴輪がごく初期のものであり、それが列島各地に影響を与えているという点は見過ごせない。

　一方、大型古墳の周辺部の調査が行われ、各古墳の年代的位置づけも明確になりつつある。大型古墳周辺の中・小規模古墳については、調査事例も多い。平城宮・平城京の造営によって削平された古墳や、戦後、米軍や住宅開発により消滅した古墳が数多くある一方、平城宮北方の松林苑の中で園池の景観の中に取り込まれている古墳もある。そうした古墳を含め、古墳群の復原的な研究が進み、古墳群全体の構成が明らかになってきた。

　②集落・首長居館との関係　佐紀古墳群の築造基盤は、平城山丘陵南側の秋篠川や菰川流域の集落及び首長居館である。周辺は平城京域ということもあり、弥生時代～飛鳥時代の集落・首長居館の具体的な様相は明らかでない。弥生時代の拠点集落として佐紀遺跡・大安寺西遺跡などの名があがるが、その実態は不明な点が多い。しかし、平城宮跡の下層にあたる佐紀遺跡の周辺部が古墳時代の拠点であったことは確かなようで、古墳時代前期後葉～中期前半の土器や

木製品が大量に検出された溝や、埴輪生産に関連する遺構なども検出されていて、佐紀古墳群の造営基盤のひとつであったことは間違いがない。ただし、首長層に直接関わる遺構・遺物は顕著ではない。

　一方、首長層に関わる遺構・遺物が検出されているのは、菅原東遺跡と西大寺東遺跡である。菅原東遺跡では、濠で区画された中心部から腕輪形石製品が出土しているが、約900m^{2}とその占有面積は狭い。ところが、最近、宝来山古墳のすぐ北側まで、同時期の遺構が展開することが明らかになり、集落の範囲は少なくとも9000m^{2}に及ぶことが明らかになった。大型前方後円墳を造営した首長居館という評価が可能である。位置的にみれば、宝来山古墳の北側を占有し、佐紀陵山古墳ほか佐紀古墳群西支群の中心部からは東南方であり、両者を繋ぐ位置にある。ここに、広大な集落域が存在した事実はきわめて重要である。位置的に一番近いのは、やはり宝来山古墳で、この被葬者の居館という見方もできる。ただし、宝来山古墳については築造年代の確定はできない。菅原東遺跡の場合、出土土器は布留2式前後に限定されており、纒向遺跡のような継続的な集落の営みはなく、宝来山古墳を含む佐紀古墳群西支群の1基、もしくは多く見ても2基の古墳に関わる首長層の支配拠点とみるのが適当である（坂 2011）。

　しかしながら、出土土器からみて、菅原東遺跡と同時期に大規模集落としての纒向遺跡が確実に存在しており、奈良盆地の中に2つの首長層の拠点が併存している点はきわめて重要である。これは「おおやまと」古墳集団と、この佐紀古墳群の勢力が、同一系譜にあったのではなく、異なった勢力基盤をもつ地域集団がここに新たに台頭してきたことを示している。菅原東遺跡と纒向遺跡の両者の性格が異なっていた可能性は見出しがたいのであって、両集落とも周囲と隔絶する規模をもつ首長による支配拠点と意義づけられるのである。この勢力の台頭によって、集落としての纒向遺跡は一気に衰退すると考えられる。

　また、詳細な年代や規模は不明確だが、西大寺東遺跡では、板状の柱をもつ建物が約100m離れた位置で2棟確認されている。同種の建物が極楽寺ヒビキ遺跡や藤原宮下層、島根県出雲国府下層遺跡などで確認され、首長層に関わる建物と評価されている。これらが佐紀古墳群と関連する可能性は、きわめて高く、菅原東遺跡とは異なる首長層による支配拠点とみることもできる。そして、

平城京下層においては弥生時代後期～古墳時代中期の遺構・遺物も最近資料の増加がみられ、集落が散在していた状況が確認できる。さらには、平城京からは東方の能登川流域での、古墳時代前期における東紀寺遺跡、中期における南紀寺遺跡の動向も見逃せない。まさに、奈良盆地北部一帯が、佐紀古墳群の築造基盤であったのである。

以上のような見方が可能なら、奈良盆地北部一帯に勢力基盤をもち、そこに支配拠点を設けた集団を佐紀古墳集団と呼ぶことができよう。

③佐紀古墳集団の造営基盤　佐紀古墳群の築造基盤を考える上で、看過できないのが平城山丘陵北側の京都府木津川市南部と、奈良盆地の東北部である。木津川市域といえば、北部で京都府椿井大塚山古墳・平尾城山古墳などの前期前方後円墳が木津川東岸に営まれている。当該地には木津川の水運と河岸段丘における生産基盤を背景にした勢力が盛んな活動を行っていたことは明白であり、副葬品や埴輪などから「おおやまと」古墳群と親密な連携を行っていたと考えられる。一方、木津川南岸から平城山丘陵にかけての地域は大きな前方後円墳は知られておらず、佐紀古墳群の成立と同時にその膝下で生産活動が活発化したことが当該地の中小規模古墳や埴輪生産の様相からうかがい知ることができる。佐紀古墳集団は、佐紀古墳群の成立の時点で、木津川市北部一帯を含め、木津川中流域一帯を、直接の手中におさめ、さらには木津川の水運を通じ、東西の古墳集団と連携を深めていくのである。その意味で佐紀古墳集団の場合は、単に奈良盆地の一地域集団ということではなく、より広域の範囲を直接支配した集団であるということができる。

後者の奈良市東部から天理市北部にかけての地域は、「おおやまと」古墳集団と佐紀古墳集団の中間にあたる位置である。両者を繋ぐ意味で、地理的に重要な位置にあるということだけではなく、歴史的に果たした役割もきわめて重要である。とりわけ、奈良盆地東北部の古墳を成立させた地域集団の存在と役割は大きい。後漢の中平二年の年号を刻んだ鉄刀のほか、竪穴住居を環頭に飾る大刀などさまざまな特徴ある遺物で知られる東大寺山古墳をはじめ、赤土山古墳などの墳丘長110～140mの前方後円墳、上殿古墳など直径30mほどの円墳が、前期後半～中期前半のうちに次々と造営されている。さらに、和爾遺跡の調査で、上殿古墳の近傍で首長層に関わる大型建物が検出され、佐紀古墳群

図3　佐紀古墳群分布図

の成立期に当該地に地域集団が跋扈していたことが証明された。当該地が、ワニ氏の本貫地であることは古くから指摘があったところだが（岸 1966）、広域な生産地を擁する地域集団の存在が見事に証明された。地域集団が先で、ワニ氏の伝承はその後のものであったに違いないが、この勢力こそ、「おおやまと」古墳集団と佐紀古墳集団を政治的に結合させ、その連環の中心にあった勢力であったとみることができよう。かくして「おおやまと」古墳集団と佐紀古墳集団は古墳時代前期のうちに強い靭帯で固く結ばれ、その勢力を拡大し続けたと考えられるのである。

　④**古墳時代前期の権力構造**　上述の白石太一郎・広瀬和雄・和田晴吾のような一系列の大王墓を抽出する立場では、河内地域にそれが移動する前、古墳時代前期後半の段階で佐紀古墳群西支群に大王墓を求めている。広瀬は、五社神古墳→宝来山古墳を大王墓と認識し、和田は、五社神古墳→佐紀陵山古墳→宝来

山古墳→石塚山古墳が大王墓とその候補であるとした。また、最近の論考において、白石は、五社神古墳の宮内庁による調査結果をうけ、宝来山古墳→佐紀陵山古墳→佐紀石塚山古墳→五社神古墳とし、古市古墳群・百舌鳥古墳群との関係に言及している（広瀬 1987、和田 1994、白石 2009）。

一方、二王が並立するとした岸本直文は、埴輪と墳形や古墳周辺施設などの検討から、佐紀陵山古墳と宝来山古墳が五社神古墳に先行するとし、「おおやまと」古墳群の渋谷向山古墳と佐紀陵山古墳が同時期であるとした（岸本 2007）。そのうえで、宝来山古墳→五社神古墳の主系列と佐紀陵山古墳→石塚山古墳の副系列を想定した。

前述したように、円筒埴輪においては佐紀陵山古墳・五社神古墳・宝来山古墳の三古墳の年代を決定するには至らない。従って、現状で佐紀古墳群において二王が並立していたという確証は得られない。しかし、いみじくも岸本が指摘しているように、これらが「おおやまと」古墳群と並行する時期にあることは確実である。そのことは、大型前方後円墳は、単純に累代的な一系列で築造されたものではなく、輻輳的な構造の中で築造されたものであることを示している。「おおやまと」古墳集団と佐紀古墳集団とが強い靱帯で結ばれる中で、複数の権力者が同時に存在したのであって、唯一の「大王」が完全に覇権を握るような状況は、決してなかったことを示している。その意味で、佐紀古墳群西群の大型前方後円墳の被葬者の中に、大王があったという確証はないのである。同じことは「おおやまと」古墳群でもいえるのであり、両者が一体となる中で、ヤマト王権が勢力を伸張していったのである。

4 古市古墳群・百舌鳥古墳群

①**古市古墳群の分布と構造**　古市古墳群は、百舌鳥古墳群とならび古墳時代中期における日本列島で最大の古墳群である。

大阪平野の南部、藤井寺市および羽曳野市の大和川本流とその支流である石川の合流点から西南に広がる古墳群である。日本列島第2位の墳丘長415mの誉田御廟山古墳をはじめ、津堂城山古墳・墓山古墳など墳丘長200m以上の大型前方後円墳が計7基ある。これに加えて、中期では墳丘長190mの軽里大塚

図4 古市古墳群分布図

古墳、後期において墳丘長100m以上を測るボケ山古墳・白髪山古墳など、中期〜後期の大型の前方後円墳を頂点に、古室山古墳・峯ヶ塚古墳など墳丘長80m〜150mの前方後円墳、盾塚古墳などの墳丘長50mの前方後円墳、軽里4・5号墳などそれ以下の規模の前方後円墳など、前方後円墳は総数27基を数える。さらに、五手治古墳などの方墳は38基、島泉丸山古墳などの円墳は、27基を数える。前方後方墳は認められない。

　大型古墳の大半は陵墓となり、宮内庁の管理するところであるが、その周辺部は近年市街地化が進み、外部施設の状況などが明らかになって、埴輪などの資料が増加している。それに伴い精緻な編年案が提示されるにいたっている

（上田 1997）。また、開発に伴い、消滅した中・小規模古墳は数多い。内部主体が調査された古墳も枚挙に暇がない。

　大型古墳の中で内容が明らかなのは津堂城山古墳である。古墳群の中で最初に築造されたと考えられ、島泉丸山古墳などともに古墳群の西北部に位置し、大和川に近い位置に1基だけ離れて存在する。長持形石棺を納めた内部主体の状況や、鏡8面以上、車輪石・刀子形・鏃形・剣形などの石製品、巴形銅器・弓弭などの青銅製品、勾玉・管玉・棗玉などの装身具、鉄剣・鉄刀・鉄鏃・三角板革綴短甲などの鉄製武器・武具といった副葬品の内容が明らかになっている。また、周濠内には島状遺構があり、そこに水鳥形埴輪が樹立されていた。日本列島で最初に造形された水鳥形埴輪と意義づけることが可能である。

　大型前方後円墳は、主に円筒埴輪編年から、中期初頭（2-2期）～後期後半（TK43型式）の間に築造される。その順序は津堂城山古墳（2-2期）→仲津山古墳（3-1期）→墓山古墳（3-2期）→誉田御廟山古墳（3-3期）→市野山古墳（3-4期）→軽里大塚古墳（3-4期）→岡ミサンザイ古墳（4-1期）→ボケ山古墳（4-2期）で、それに続く古墳として白髪山古墳（TK43型式）が考えられる。大型古墳がそれぞれ離れた位置において、累代的に築造されている。その築造期間がきわめて長期にわたっていることもその特色の1つである。

　②百舌鳥古墳群の分布と構造　古市古墳群から真西へ10km、大阪湾にのぞむ堺市の石津川の北側に広がる古墳群である。

　列島第1位の墳丘長486mの大山古墳と墳丘長360mの上石津ミサンザイ古墳、墳丘長290mの土師ニサンザイ古墳の3基が墳丘長200m以上の大型前方後円墳である。このほか、乳の岡古墳などの墳丘長100～186mの前方後円墳、墳丘長50～75mの御廟表塚古墳などの前方後円墳のほか、収塚古墳などの帆立貝式古墳、カトンボ山古墳などの円墳、寺山南山古墳などの方墳が分布していた。

　ただし、戦後の市街化に伴い百舌鳥大塚山古墳・平井塚古墳をはじめ多くの古墳が消滅してしまっている。この点については、古市古墳群と同様に、2008年に消滅古墳の復原や、既往の調査事例がまとめられている。そのなかで古市古墳群と百舌鳥古墳群の埴輪による大型古墳の編年的位置づけは、研究史をふまえ、一瀬和夫・十河良和・河内一浩がまとめている（一瀬・十河・河内

図5　百舌鳥古墳群分布図

2008)。

　1872年に、大山古墳前方部で竪穴式石室と長持形石棺と考えられる埋葬施設の状態が顕わになった。絵図や記録では、鉄刀・甲冑などが描かれ、ガラス製容器などが存在したとされる。冑は歩揺の付いた金銅装眉庇付冑で、甲は横矧板鋲留短甲である。また、外堤付近で、人物・馬形・犬形・水鳥形・蓋形埴輪が出土している。人物埴輪は女子埴輪で、盾持人物を除いては、最古のものである。

　3基の大型前方後円墳は、それぞれその年代がわかる資料は少ない。上石津ミサンザイ古墳で有黒斑の埴輪があり、この中では最も古く、土師ニサンザイ

古墳が古市古墳群の市野山古墳の前に築かれたと考えることが可能である。ここでは、上石津ミサンザイ古墳（3-2期）→大山古墳（3-3期）→土師ニサンザイ古墳（3-4期）の築造順序を考えておく。

③集落・首長居館との関係　古市古墳群・百舌鳥古墳群のいずれもが広範な地域を占有し、その周辺部においては、巨大な集落や居館が存在した痕跡は認めがたい。両古墳群の間は、古市古墳群の西側に河内大塚山古墳（墳丘長335m）、両者のほぼ中間には黒姫山古墳（墳丘長114m）があるが、地形的には両古墳群のある台地や丘陵に挟まれた谷地形にあたっている。そして、7世紀以降ようやく谷の最奥部に設けられた狭山池により、大規模な耕地開発が実施される。当該地に纒向遺跡のような支配拠点を想定することは不可能である。

一方、古墳群内には、古墳造営に関わる集落や埴輪窯などが存在し、大規模に操業していた痕跡が認められる。また、百舌鳥古墳群の南側、石津川を遡れば、古墳時代最大の窯業生産地である陶邑古窯址群がある。須恵器生産を行った窯と、生産に関わる集落や古墳などが、広範囲で確認されている。さらに、古市古墳群の東側、大和川を遡ればこれもまた古墳時代最大の鉄器生産地である大県遺跡がある。ここでは鍛冶炉などの遺構のほか、450kg以上の鉄滓、鞴羽口や鉄器生産関連遺物の出土がある。陶邑古窯址群や大県遺跡では、いずれも、地理的環境や遺跡の状況からみて、古市・百舌鳥古墳群の大型古墳被葬者が主導し、渡来系集団をその麾下において、盛んな手工業生産が行われたと考えられる。古市・百舌鳥古墳群の勢力基盤は、こうした手工業生産であったのである。古市古墳群の北西にあるのが、長原遺跡である。古市古墳群の大型古墳被葬者が、渡来系集団をその麾下において、地域開発と生産活動を行っていた状況を当該地の古墳と集落の状況から復原できる。また、神並・西の辻遺跡では、纒向遺跡や南郷大東遺跡と共通する首長層に関わる導水施設が検出されていて、古市古墳群の首長層そのものに関わるかどうかは不明ながらも、首長層が行った祭祀施設としての意義をもつものと考えられる。

ところで、河内湾に目を転じれば、上町台地に法円坂遺跡の大倉庫群がある。その規模・年代からみて、古市古墳群もしくは百舌鳥古墳群に関わるものとみてよいだろう。上町台地では、上町谷1・2号窯といった初期須恵器生産の窯も確認されていて、法円坂遺跡に先行する遺跡として評価されている。河内湾

は、瀬戸内海を通じた交通路における重要な港湾であり、王権の外港として機能していた。法円坂遺跡そのものが支配拠点として機能していたかどうかは、倉庫以外の遺構が確認されていないので、まだわからないが、『紀』の仁徳天皇が難波高津宮を造営したということも、実態や実在性については不明ながら、留意すべき点ではある。大和川を介した交通路で、古墳時代中期にはすでに手工業生産地と港湾・倉庫が一体となって結ばれていた可能性は高い。きわめて広域な範囲の中で、古市古墳群や百舌鳥古墳群の築造基盤を求めていくべきことは了解されたであろう。

④**古墳時代中期の奈良盆地の古墳と集落**　そこで、注目されるのが、さらに大和川を遡った奈良盆地における古墳時代中期の動態である。

まず、盆地東北部と西南部には、広域な面積を占有する巨大集落があり、それが首長による支配拠点として機能していたと考えられる。盆地東北部にあったのが布留遺跡であり、西南部にあったのが名柄・南郷遺跡群である。いずれも、3 km^2 を超える巨大集落であり、首長層に関わる施設や建物、中間層や一般層の住居や、生産関連遺構・遺物が顕著に認められる。布留遺跡の場合は、後期初頭に造営された石上大塚古墳（墳丘長107m）、ウワナリ古墳（墳丘長110m）、別所大塚古墳（墳丘長125m）との何らかの関わりが想定できるし、名柄・南郷遺跡群の場合は、中期初頭に築造された西南部地域最大の室宮山古墳（墳丘長238m、3-1期）や中期中葉の掖上鑵子塚古墳（墳丘長150m、3-3期）で樹立された家形埴輪と南郷遺跡群の極楽寺ヒビキ遺跡で検出された大型建物が同様の構造をもつなど、その関連は明白である。大型の前方後円墳被葬者が、地域支配を貫徹していた実態が遺跡のありかたから証明される。これらが、後に物部氏や葛城（蘇我）氏などと呼ばれたヤマト王権を構成する豪族層であることは多言を要しない。文献による限り、大王と姻戚関係をもって、それを推戴した血縁的集団であるのだが、元来、古墳時代中期～後期において奈良盆地の一地域集団であったことが、事実として重要である。

それらに対し、奈良盆地東南部・中央部の「おおやまと」古墳集団や奈良盆地北部の佐紀古墳集団は、古墳時代中期にはどういうありかたを示していたのだろうか。

「おおやまと」古墳集団では、纒向遺跡衰退後の新たな巨大集落遺跡の存在

は知られていない。ただし、最近纒向遺跡では、前期後半（布留2式）の南北溝や後期の石組遺構などが、庄内式期の居館に重なるように確認されている。纒向遺跡では、中期末葉以降再び遺構・遺物が顕在的になるので、本遺跡がなおも拠点的性格を有していた可能性がある。大型古墳こそ知られていないが、中期末〜後期の中・小規模の前方後円墳や円墳は「おおやまと」古墳群内に多数あり、こうした古墳の動態と一致するものだろう。また、盆地中央部においても集落の実態はさだかではないが多遺跡やそれに隣接する秦ノ庄遺跡もまた、古墳時代中期〜後期にかけて拠点的性格を有していた可能性がある。周辺の「ミヤケ」遺跡群と仮称した集落では、渡来系集団を迎え入れ、新たな開発を行っている状況が確認される。これらの集落の動態と、かつて「倭屯倉」の管理者の墳墓と意義づけられた島の山古墳周辺の中期末〜後期の中・小規模の前方後円墳・円墳・方墳の動態が一致するものであり、さらに遺跡内では渡来系集団と関わるような低墳丘の方墳なども確認されている。王権の穀倉地帯としての意義がここに見出せる。

　さらに、脇本遺跡では古墳時代中期の大型掘立柱建物が多数確認されており、当該地を雄略天皇の泊瀬朝倉宮に比定する見解が有力であって、大王の政治拠点として機能した可能性が推測されている。

　いまひとつ、当該地域であげなければならないのが、曽我遺跡である。周知のとおり、日本列島各地の石材がここに集積されており、各種の玉の製造工程で排出されたゴミや、未製品などが出土している。王権が主導した玉生産と把握できるだろう。当該地域が単なる穀倉地域というだけではなく、手工業生産も盛んに行っていて、両者が両輪となって王権の生産基盤として機能していたことを示すものとして重要である。

　佐紀古墳集団においては、古市古墳群・百舌鳥古墳群と平行して大型古墳の造営が続く。上述のとおり、埴輪生産の一大拠点であり、菅原東遺跡では後期に再び居館が営まれる。ウワナベ古墳は佐紀古墳集団の伝統を引き継ぐ鰭付円筒埴輪であったが、ヒシアゲ古墳の円筒埴輪は古市・百舌鳥古墳群の埴輪生産の影響を濃厚に受けている。

　以上のようにみるなら、奈良盆地では東北部と西南部に強大な権力を保持した地域集団が跋扈する一方、古墳時代前期後半にすでに一体となっていた「お

おやまと」古墳集団および佐紀古墳集団と中期に上町台地から大和川へ繋がるルートを確保していた集団が、完全に一体になったとみることができる。

　そして、この政治勢力が日本列島の覇権を握り、倭国の王として南宋に朝貢した事実こそ重要であり、奈良盆地とそれに繋がる大和川を基盤に、さらに勢力を伸張していくのである。ちなみに倭の五王が、『記紀』のどの天皇に対応するかは、五王の系譜と『記紀』の係累およびその実在性についての疑問があり、不確定であるが、讃（応神か仁徳か反正）、珍（仁徳か反正）、済（允恭）、興（安康）、武（雄略）にそれぞれあてる説がある。『記紀』によれば、この大半は古市・百舌鳥古墳群にその陵墓を求めることができるが、その宮の所在地の大半は奈良盆地内にあてられている。また、安康天皇は、陵墓・宮とも奈良盆地にあり、陵墓は「菅原伏見陵」、宮は「石上穴穂宮」とされる。菅原にあるのが、佐紀古墳群西支群であるが、該当するような5世紀代の前方後円墳は見あたらない。佐紀古墳群東支群のいずれかの古墳がこれにあたるのかもしれない。いずれにせよ、佐紀古墳集団と古市・百舌鳥古墳群との関係を考える上でこれらは重要な記載である。さらに、文献史学において王宮の所在地（吉村 2010）、王名（古市 2011）から、その出自や勢力基盤についての論究があることも忘れてはならない。

　こうしたことから、古墳時代中期には唯一の「大王」があり、彼こそが、古墳時代中期においては奈良盆地北部・東南部・中部、大阪平野南部と大和川ルートを完全に掌握し、全体を勢力基盤にしていたことが知れるだろう。中国南朝との朝貢関係はもとより、朝鮮半島からは鉄資源や鉄器生産技術を確保して、強大な軍事力を背景に、列島各地に次第にその権力を伸張させていったのである。大王の政治拠点については判然としない部分も多いが、地理的な環境からみて、おそらく奈良盆地の地域集団のように巨大集落を構えるようなことはなかったのではないだろうか。あるいは、『記紀』が述べるように奈良盆地の地域集団と連携、時には対峙しながら、国際情勢や国内情勢にあわせて点々とその場所を移動していったというのが実態であろう。

　⑤**古市・百舌鳥古墳群の成立過程**　列島各地に影響力を与えたこの中期の王権の出自はどこにあるのだろうか。江上波夫による騎馬民族征服王朝説（江上 1967）の大陸起源説、広瀬和雄による連合勢力伸長説（広瀬 2007）、直木孝次

郎による河内勢力の王権奪取説（直木 2007）、白石太一郎による大阪平野の在地勢力説（ヤマト王権による盟主権の移動、白石 2009）、近藤義郎などによる大和勢力による墓域の移動説（近藤 1983）などがあって、論争が続いている。

そのことを考える上で重要なのは、大阪平野南部地域における古墳時代前期～中期初頭の古墳と集落・首長居館の動向であり、奈良盆地との関係である。

まず、古市古墳群については、古墳群周辺で、庄内期の首長居館である尺度遺跡と前期中葉の前方後円墳である庭鳥塚古墳（墳丘長50m）があり、さらに古墳群からは石川・大和川を隔てて東方・北方には玉手山古墳群や松岳山古墳群が展開する。古墳群は前期の前方後円墳を中心に構成されており、いずれも古市古墳群の成立以前に展開した集落と古墳として意義づけられる。

尺度遺跡では、庄内期の大型竪穴住居や倉庫群と一辺36mの方形区画内部に独立棟持柱をもつ掘立柱建物が確認され、大阪平野では数少ない首長居館と意義づけられる。河内一浩は、庭鳥塚古墳出土の三角縁神獣鏡との関連を想定する（河内 2010）。在地首長の拠点としての意義をもつものと考えられる。

玉手山古墳群は、玉手山丘陵の尾根上に点在する前方後円墳や円墳で構成される古墳群だが、このうち9基が調査され、主体部が確認されたり、埴輪が検出されたりしている。調査後破壊されたものも多く、現状では6基が残るだけである。いずれも、前期前方後円墳で、規模は墳丘長65m～110mである。主体部や埴輪の様相から、前期初頭～中葉までの間に構築されたとされている。

松岳山古墳群のうち、松岳山古墳は墳丘長150mを測る前期前方後円墳であり、主体部は竪穴式石室に組合せ式石棺を内蔵する。玉類・腕輪形石製品・鏡片などの出土遺物と、特徴的な墳頂部の立石・鰭付楕円形埴輪が樹立されていて、前期中葉（円筒埴輪1-3期）の築造だろう。在地の首長墓として意義づけられる。

これら集落と古墳は、前期の段階に古市古墳群周辺で在地勢力が跋扈していた事実を示している。そして、この勢力と「おおやまと」古墳集団との関係は、良好であったと考えることができる。そのことは、大和川北岸の芝山・春日山の石材が、「おおやまと」古墳群の中山大塚古墳・黒塚古墳・下池山古墳で利用されていることや、玉手山古墳群・松岳山古墳で樹立された埴輪が、「おおやまと」古墳群の濃厚な影響を受けながら変化していく過程で示される。しか

し、古墳や首長居館の規模などからみて完全にそれらを膝下におさめるような状態ではなかったと考えられ、「おおやまと」古墳集団が優位に立った両者の連携・連合が想定される。

百舌鳥古墳群において、下田遺跡の存在は看過できない。弥生時代の拠点集落は、西方に四ツ池遺跡があるが、古墳時代前期に、下田遺跡に拠点的性格が移行したとされる。ここでは、南北200m以上、東西100m以上という広い範囲で古墳時代前期の竪穴住居・掘立柱建物が多数確認されているほか、首長層に関わる木製品が検出されている。木製品には、蓋・環状柄のついた威儀具・琴などがあって、首長居館は確認されていないものの、大規模集落を統括した階層が存在したことを示すものとして注目できる。

そして、これら地域集団の後裔が、古市・百舌鳥古墳群を造営したのである。もちろん、それぞれに血縁関係があったわけではないが、在地にこうした築造基盤が醸成され、それぞれが自立した在地首長のもとにあった事実こそ重要である。

こうした中で、福永伸哉は大阪平野における大和川流域と淀川流域の前期古墳の動態を比較し、時期ごとに淀川流域の勢力が優勢になったり、大和川流域の勢力が優勢になったりすることを指摘している。福永は、畿内地方に「邪馬台国政権」があるという立場であり、古墳副葬品では三角縁神獣鏡をとりわけ重視する研究であって、筆者のそれとは異なる。しかし、古市古墳群の成立に、大和川流域と淀川流域の勢力のパワーバランスが働いていたという見解はきわめて示唆的である（福永 2008）。

また、白石太一郎は出現期古墳の分布を淀川流域と大和川流域で比較し、後者の下流域には出現期古墳が少ないとし、流域一帯が邪馬台国の支配領域であるとしている（白石 2009）。尺度遺跡や下田遺跡の様態から、大和川下流域にも古墳出現期に首長を擁する在地勢力があったことは証明されるため、白石の見解と異にするが、大和川流域と淀川流域を対峙的にみる視点こそ重要であろう。古墳時代前期における大阪平野南部の在地勢力が奈良盆地の政治勢力と協調関係をつくる中で、中期の王権が成立したと理解されるのである。政治的なイニシャティブは、当然奈良盆地の政治勢力がもっていたに違いはないが、その出自は大阪平野南部の在地勢力である。

筆者は、この政治勢力を、その出自から河内政権と呼ぶことについて何ら躊躇はない。そして、伝統的な奈良盆地の勢力と進取の気性に富んだ大阪平野南部の勢力は、やがては結合するのだが、後者の役割は、王権の外港という地理的条件を生かし、先進技術導入の窓口となって手工業生産を大きく発展させることにあった。河内政権の勢力基盤はこの点である。

⑥河内政権と馬見古墳群　以上のようにみるなら、奈良盆地西部に分布する馬見古墳群の位置づけが可能となる。紙数の都合で、馬見古墳群の詳細には触れることができないが、近年、中央群の新木山古墳（墳丘長 200m）が調査され、円筒埴輪から中期前半の年代的位置づけが可能となった。墳丘長200mを超える大型前方後円墳は、北群の川合大塚山古墳（墳丘長215m＝3-3期）、中央群の巣山古墳（墳丘長204m＝2-2期）・新木山古墳（3-2期）、南群の築山古墳（墳丘長210m＝2-2期）があり、これらの動態は、河内政権と連動するものと理解される。古市古墳群と「おおやまと」古墳群の中間的に位置することからみても、大阪平野と奈良盆地の勢力が一体化したことを示すものである。

一方、馬見古墳群を葛城地域の地域集団が造営したとみる説もある（白石 2000、藤田 1993）。古墳群のおかれた地理的環境と中小規模古墳を含めた古墳の動態や、副葬品配置に地域性が認められることがその主要な根拠である。馬見古墳群と関わるような巨大集落が確認されたとき、それが証明されるのだが、現状では掴みがたい。前期前方後円墳や前方後方墳の被葬者が、地域集団を統括していた在地首長であった可能性はあるが、中期以降は古市古墳群と「おおやまと」地域の関連性の中で、より広域を勢力基盤にした首長の存在を考えなければならない。その意味で、南葛城地域、とりわけ名柄・南郷遺跡群を支配拠点にしていた地域集団とは、区別をしなければならないと考える。

⑦河内政権の成立と展開　河内政権の王墓は、古市古墳群の津堂城山古墳が嚆矢である。ただし、津堂城山古墳の造営時期に重なり、佐紀古墳群西支群でも200mを超える大型前方後円墳が造営されている点は注意を要する。一系譜の大王墓に立つ限り、両者を王墓とすることはできない。前述のとおり、宝来山古墳や五社神古墳はなお築造年代に課題を残すが、石塚山古墳では明らかに後出する埴輪が検出されている。そして墳丘長218mという規模は、津堂城山古墳の208mを凌ぐ。河内政権成立の段階において、両者は一体でなく、在地勢

力の後裔から、津堂城山古墳が築造されたということを示す証明でもある。

　その後、古市古墳群・百舌鳥古墳群において次々と王墓が生み出され、奈良盆地と一体となる中で、佐紀古墳群東支群においても王墓が形成されたと考えられる。岸本直文の二王並立論は、古墳の内容が明らかでない現状では成立しがたいと考えるので、ここでは古墳時代中期～後期前半に一系譜で王墓が形成されたとみて、津堂城山古墳（古市）→仲津山古墳（古市）→墓山古墳（古市）→上石津ミサンザイ古墳（百舌鳥）→誉田御廟山古墳（古市）→大山古墳（百舌鳥）→土師ニサンザイ古墳（百舌鳥）→市野山古墳（古市）→ヒシアゲ古墳（佐紀）→岡ミサンザイ古墳（古市）→ボケ山古墳（古市）と変転したという案を提示したい。

　考古学的にみれば以上の墳墓のうち、いくつかが倭の五王の墳墓であるということになる。倭の五王、武の上表文にあるとおり、軍事力を背景に国土を席捲したということは、いささかの誇張はあるにしても一定の事実として認めてもよい。とりわけ、埼玉稲荷山古墳や江田船山古墳の鉄剣銘や、脇本遺跡における大型建物は、それぞれの相関をうかがう意味で十分な証拠となる。地方の首長に対し、河内政権がきわめて優位な関係を確立していたたことは事実として確認されるのである。

　しかし、倭の五王と『記紀』の記載および前方後円墳の関係が整合しないのもまた事実である。固有の大王に対しどの墳墓をあてるかには諸説があり、一致をみない。さらに、考古学者の中でも、上記の大型前方後円墳以外の墳墓に、大王墓を求めようとする意見がある（菱田 2007）。

　また、上述の古市古墳群西方に所在する河内大塚山古墳の位置づけの問題がある。河内大塚山古墳は、巨石を用いた横穴式石室を主体部とした6世紀後半の年代を想定する意見がある一方、墳丘の規模や古墳の位置などから、これこそ倭王武の墳墓であるという見解もある。『紀』では丹比高鷲原陵、『記』では河内之多治比高鷲であり、古市古墳群を含んだその西方一帯を指すと考えられる。現在は、島泉丸山古墳という直径76mの円墳が雄略陵に治定されているが、地理的環境以外の根拠があるわけではない。しかし、この円墳が雄略陵では決してあり得ないというわけでもない。実は、今のところ倭の五王の墳墓で確証が得られたものは1基も見あたらないのである。

5 三島古墳群

①分布と構造　ここでは、淀川の支流、桧尾川・芥川・安威川・茨木川の中・上流域一帯の大阪府高槻市・茨木市にかけて東西に広がって分布する古墳や古墳群全体を三島古墳群と呼ぶことにする。古墳時代中期に築造された墳丘長226mの太田茶臼山古墳と、古墳時代後期に築造された墳丘長190mの今城塚古墳を中心に、広範に前期〜後期の古墳群が分布する。

これらから東方に離れた位置の桧尾川流域には、前期初頭に位置づけられ、青龍三年銘鏡を出土した18×21mの方墳である安満宮山古墳や墳丘長20mの前方後円墳である萩之庄1号墳を含む安満山古墳群がある。同じく東方の高槻丘陵先端部には中期に位置づけられる墳丘長50m程度の慈願塚古墳・中将塚古墳、後期の墳丘長60mの前方後円墳である昼神車塚古墳がある。

今城塚古墳の背後には、前期〜中期に位置づけられる墳丘長73〜120mの前方後円墳である岡本山古墳・弁天山古墳など、小規模古墳の尼ヶ谷古墳などや、中期後半以降の小規模な前方後円墳や前方後方墳を含む墓谷古墳群、方墳主体の川西古墳群などがある。

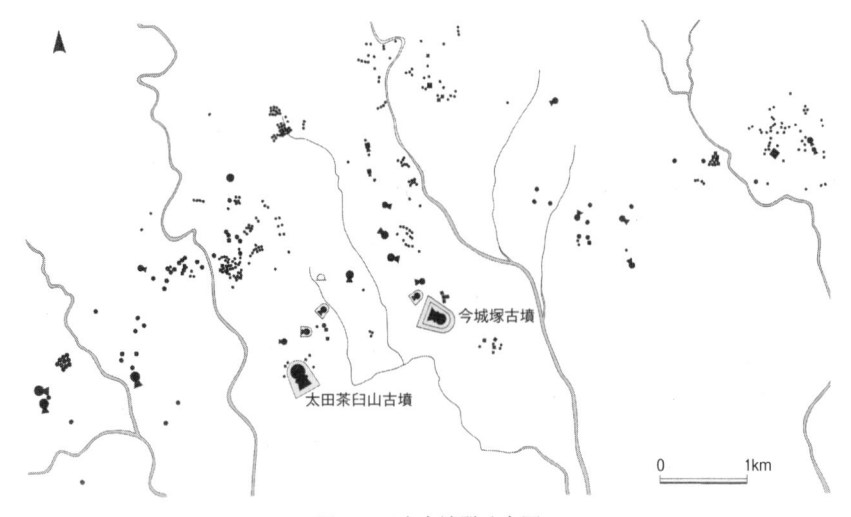

図6　三島古墳群分布図

太田茶臼山古墳の背後には前～中期に位置づけられる墳丘長50～80m 程度の前方後円墳またはその可能性が高い闘鶏山古墳・石山古墳など、小規模古墳である塚廻古墳など、西方の茨木川流域には墳丘長110m 程度の前方後円墳である紫金山古墳・将軍山古墳、後期に墳丘長50m の前方後円墳である南塚古墳、径20m 程度の円墳である青松塚古墳などがある（森田 2006）。

　付近の新池埴輪窯から供給された古墳時代中期の円筒埴輪（3-3期）から、5世紀中葉前後の年代が想定される太田茶臼山古墳が、継体天皇陵に治定されているが、その年代は整合しない。周濠内からは、家・甲冑・器財・水鳥（鵜）・馬形埴輪が出土していて、外堤に樹立されたものとみられる。

　今城塚古墳の内部主体は、横穴式石室と推定されている。阿蘇溶結凝灰岩・竜山石・二上山産凝灰岩の3種の石材が出土し、石室内には家形石棺が内蔵されていたとされる。さらに、墳丘や周濠・中堤・外堤の調査が実施され、内濠から墳丘築造のための道具類が出土したほか、中堤で家形埴輪を中心に人物埴輪・鳥形・馬形埴輪などを配列し、その周囲を柵形埴輪で区画した埴輪配列が確認された。埴輪は、新池窯から供給されたものである。埴輪編年（4-2期）や須恵器編年（MT15型式）から、築造年代は6世紀前半の築造とされる。『紀』は、継体天皇はその治世25年（531）に没し、藍野陵に埋葬したとする。『古事記』は、継体陵を三嶋之藍、『延喜式』は、継体陵を嶋上郡の三島藍野陵とする。こうした記述と、先の築造年代から、これこそ真の継体陵であるという理解が、通説となっている。継体について、文献上では、前代の直系系譜が断絶し、傍系系譜から、近江地方出身で越前地方を統治していた人物を新たに呼び寄せ天皇とし、摂津地方や山城地方の樟葉、筒城、弟国から最後に大和の磐余に宮をおいたとされている。実際の遺跡からの追究が待たれる中で、今城塚古墳の実態が明らかになることは、計り知れぬ意義がある。

　②三島古墳群と王権　安満宮山古墳と直接関連する集落が、安満遺跡であることは多言を要しない。弥生時代前期以来の拠点集落である安満遺跡は、後期になって規模を縮小するというが、それでもこの集落を築造基盤とする在地首長が安満宮山古墳を造営し、青龍三年銘鏡などを副葬するにいたったのである。上述のように、古墳時代前期初頭の段階では、淀川流域はヤマト王権の勢力基盤であったという痕跡は見出しがたい。各地域において有力首長が跋扈し、そ

れぞれが勢力基盤を抱えていた状況が確認できるのである。もちろん、安満宮山古墳の首長が、ヤマト王権に敵対していたという痕跡もない。むしろ、有力な構成員の1人であった可能性すらある。しかし、当該地は王権の版図ではなく、完全に王権と一体化してはいなかったと考えられる。

　こうした状況は、今城塚古墳が造営されるまで、まったく変わらなかったと理解できる。古墳時代前期～中期には在地首長墓が連綿と築かれ、ヤマト王権と良好な関係を保つ在地首長が跋扈する状況は変わらなかったものと推察される。特に、太田茶臼山古墳という大型前方後円墳の造営期は、この墳墓を造営し得るに足る実力を保持した在地首長が君臨していたことがわかる。残念ながら、淀川中流域では首長居館や、巨大集落の確認はなく、地域集団の存在が実態として証明できない。ただし、上述したように淀川流域全体を見渡せば、ここに豊かな生産基盤が存在することは間違いなく、茨木市・高槻市など広域な範囲の中に集落や生産域が存在したものと考えて問題はなかろう。

　三島古墳群近傍の遺跡では、桜塚古墳群の動向が注意される。破壊された古墳が多いが、前期に大石塚古墳（墳丘長76m）、中期には御獅子塚古墳（墳丘長70m）などの前方後円墳などがあり、副葬品の様相や位置関係などからみて河内政権にきわめて親縁的な在地首長の墳墓群と考えられる。古墳群からは南に位置する蛍池東遺跡では5世紀中葉の床面積が115m^{2}という巨大な倉庫2棟と古墳時代の竪穴住居群が確認されており、在地首長はこうした集落を経営していたと考えられる。

　淀川を遡った木津川流域では、中期に車塚古墳（墳丘長180m）・芭蕉塚古墳（墳丘長114m）などの前方後円墳を含んだ久津川古墳群の造営が行われる。森山遺跡・正道官衙遺跡ばかりでなく対岸の森垣内遺跡などの小地域集団を包括し、広域支配を実現した在地首長の墳墓となった。一方、和泉地方に目を転じると淡輪地域に西陵古墳（墳丘長210m）・淡輪ニサンザイ古墳（墳丘長170m）という前方後円墳を中心とした淡輪古墳群が造営されている。これらは、紀ノ川北岸の車駕之古址古墳（墳丘長86m）・茶臼山古墳（墳丘長40m以上）などの前方後円墳と直径40mの円墳である釜山古墳などからなる木の本古墳群と同一の築造基盤をもつ古墳群である。紀ノ川河口部を港湾とし、鳴滝遺跡の大倉庫群を経営し、西庄遺跡の土器製塩や六十谷遺跡の窯業生産などを主導した

地域集団（後に紀氏）が跋扈しており、そこに君臨した首長がこれら墳墓を造営したのである。

　古墳時代中期は、すでに大和川流域と平城山丘陵一帯を支配し、それを勢力基盤にしていた王権を、それぞれの地域の在地首長が支えるという構造にあった。そうした中で、その状況がまた大きく変貌するのが古墳時代後期である。それは、今城塚古墳の造営であり、ここではじめてほぼ畿内地方全体が王権の勢力基盤として一体となったと考えられる。地域としての畿内の原型がここにあるものと、筆者は理解する。

　前述のとおり、『紀』によれば、継体天皇の出生地・勢力基盤・宮・墳墓の場所は、それぞれ異なっていて、その範囲が非常に広い。さらに、皇后の手白香皇女は、仁賢天皇の皇女・武烈天皇の妹で、婚姻は皇統の正当性を詠う意義があるものだが、興味深いのがその墳墓を『延喜式』で山辺郡の山辺道勾岡上と記載され「おおやまと」古墳群にあるとされることである。現在宮内庁が西殿塚古墳をこれにあてるが、西山塚古墳がそれである可能性がきわめて高いことは、多くの指摘がある。白石太一郎は、そのことを認めた上で継体朝以降、王統が女系で継承された可能性を指摘し、安閑天皇が古市古墳群、宣化天皇が奈良盆地南部にそれぞれ墳墓を設けた経緯を説明する（白石 2009）。

　継体天皇は最後に奈良盆地に入り、磐余に宮をおいたという。6世紀前半には奈良盆地・大和川流域・淀川流域など畿内地方すべてを自らの勢力基盤としたものと考えられる。それを支えたのは上記のような血縁関係であり、布留（物部）・平群・巨勢などは、それぞれの地域を基盤としながら、勢力争いを行っていたのである。『紀』では仁賢天皇は、物部と関わりの深い土地である石上に宮をおいたとされている。上記の氏族に関わる地域では、それぞれ集落の実態は掴み難いが、後期の大型古墳分布している。こうした集団が王権の政治を、全体として支えていたのである。

　継体朝は、磐井の乱が起こるなど地方の首長と抗争した時期でもある。その評価はここではできないが、新池窯の埴輪生産の状況からは、関東地方の首長とは良好な関係にあったと推察できる。王権と地方とのネットワークは、確立していったのであろう。

6 奈良盆地南部の後期大型前方後円墳

①概要　このほか、奈良盆地南部には、6世紀代の大王墓の可能性が高い古墳がある。鳥屋ミサンザイ古墳（墳丘長138m）・丸山古墳（墳丘長310m）・平田梅山古墳（墳丘長138m）という3基の前方後円墳である。奈良盆地内では、墳丘長100mを越える後期の前方後円墳は、前述の布留遺跡北方の物部氏に関わるとされる石上大塚古墳・ウワナリ塚古墳、武烈陵の可能性が指摘されている狐井城山古墳（墳丘長140m）、ほかに川合城山古墳（墳丘長108m）など数基を数えるだけで、規模の上でもこの3基が突出している。広く、畿内地方をみわたしても前述の大王墓と候補にあがる古墳以外は、ほとんど100mを越えるものは知られておらず、規模の上からも大王墓の可能性が考えられる。

　鳥屋ミサンザイ古墳の西側の丘陵には新沢千塚古墳群、一辺85mを測る巨大方墳の桝山古墳も近い。宮内庁は宣化天皇陵に治定している。詳細は不明だが、築造時期は円筒埴輪から6世紀前半（4-2期）と推定される。

　奈良県最大の規模を誇るのが丸山古墳である。東側の丘陵上には、40×27mの方墳である植山古墳がある。後円部墳頂に2基の家形石棺が内蔵された長大な横穴式石室があることは古くから知られていたが、陵墓参考地として宮内庁が管理するなか実態は不明であった。突如開口して、石室の実測調査などの結果が1992年に公表された。玄室は巨石を積み上げ、羨道は長大で、平面プランは両袖式の横穴式石室である。家形石棺は竜山石・二上山凝灰岩製である。埴輪がなく、築造年代は横穴式石室の型式などから6世紀後半と推定される。

　丘陵背面を大きく造成して築造されたのが宮内庁により欽明天皇陵に治定されている平田梅山古墳である。同一の平坦面には一辺35mの方墳である平田カナヅカ古墳、鬼の俎・雪隠（横口式石槨）などがある。墳丘の調査では貼石状の葺石が確認されている。立地・墳形・構造などから6世紀末の築造年代が想定され、奈良盆地で最後に築かれた前方後円墳であると考えられる。

②被葬者に関する諸説　『紀』によると、宣化天皇は身狭桃花鳥坂合陵、欽明天皇は檜前坂合陵に葬られたという。また、欽明天皇の皇后、堅塩媛が改葬されたという記事があり、そこには檜前大陵の名前もある。これらと古墳の関係

をめぐる論争が提起されている。

　まず、森浩一が丸山古墳を欽明陵とした。古墳築造年代の合致、2つの石棺と堅塩媛の改葬記事が関連する点を指摘した（森 1965）。この前方後円墳の威容は、長期にわたって君臨した欽明天皇に相応しい。

　一方、和田萃は古墳の所在地から、丸山古墳を宣化陵、平田梅山古墳を欽明陵とする説である。欽明陵の改修記事と、江戸時代の石造物の出土などを関連させ、平田梅山古墳が欽明天皇陵であるとした（和田 1995）。

　このほか、丸山古墳・平田梅山古墳に対し、それぞれを檜前大陵・檜前坂合陵と対応させ、欽明陵と堅塩媛墓を分けて捉える説も提示されている（増田 1991）。さらには、斎藤忠・小沢毅が丸山古墳を、白石太一郎が平田梅山古墳を、蘇我稲目の墓であるとする説を提示している（斎藤 1966、小沢 2002、白石 1999）。

　③地域構造　『紀』によれば安閑天皇は勾金橋宮、宣化天皇は檜隈廬入野宮、欽明天皇は磯城島金刺宮を造営したという。いずれも遺跡の実態が伴わず、実在したかどうかは不明だが、奈良盆地東南部・南部である点は重要である。欽明天皇の宮に関連する遺跡として、脇本遺跡および城島遺跡がある。雄略の泊瀬朝倉宮に関連するとされる脇本遺跡では、近年6世紀後半の大型建物の検出があった。さらに、地名からの関連性がうかがえる城島遺跡では大型建物の確認はないものの、5～6世紀の集落が確認されている。当時の国際情勢および鳥見山周辺の後期古墳の動向からみても、古墳時代後期に奈良盆地南部、とりわけ飛鳥地域が大規模に開発され、東国地方と飛鳥を結ぶ交通がさらに重要性を増し、それに至る各所に拠点が設けられたとみてよい。

　飛鳥地域のこの時期における大規模開発は、飛鳥に盤踞した大豪族である蘇我氏との関わりを考えなければならない。『紀』では、欽明天皇の皇后の堅塩媛と后の小姉君は、いずれも蘇我稲目の子で、前者は用明天皇・推古天皇の母で、後者は崇峻天皇の母である。これ以降、蘇我氏は大王と姻戚関係を結んで、権力の中枢を占めるようになる。蘇我氏が、7世紀代に飛鳥で居館と墳墓を構えたことは、島庄遺跡および石舞台古墳や甘樫丘南遺跡などの調査成果や存在そのものがそのことを証明している。

　蘇我・物部の確執ののち、蘇我氏が政治的実権を握るのと、前方後円墳とい

う墳形が消滅するのが、ほぼ同時期である。欽明以降の大王系譜は敏達・用明・崇峻・推古と続くが、現在、敏達陵は墳丘長93mの前方後円墳である太子西山古墳に、用明陵は65×60mの方墳である春日向山古墳に治定されている。太子西山古墳では埴輪が確認されており、年代が合致しない。6世紀末にほぼ全国的に前方後円墳が終焉を迎えている事実と符合することは誠に興味深い。まずは思想的背景が強調されるが、大王や蘇我氏の政治的影響をも考慮する必要がある。大王の宮は百済大井宮・訳語田幸玉宮（敏達）、磐余池辺雙槻宮（用明）、倉梯柴垣宮（崇峻）だが、いずれも詳細はわからないものの、地域的には奈良盆地内であっても飛鳥地域にないことが注意される。

　7世紀前半、推古天皇が豊浦宮や小墾田宮を構えて以降、飛鳥が政治拠点となる。こうして飛鳥時代に入るとともに、古墳時代が終焉を迎えたわけではあるが、古墳はなおも造営され続ける。飛鳥に政治拠点がおかれる中で、飛鳥およびその近傍に大王の墳墓が営まれる時代がくる。時代が繰り返されたわけではなく、規模が縮小され、八角墳や横口式石槨が採用されたその様態は、権力の象徴としての意義は薄れ、初期の頃とは古墳がまったく異質なものに変容したことを示している。

7　結　び

　以上、古墳時代の大王に関わる古墳とその築造基盤や勢力基盤について検討し、当時の政治情勢の復原を試みた。本来、『古墳時代研究の現状と課題』という本書における編者の意図は、総論的な畿内地方における古墳の検討と、先学による長い研究史を評価することにあったはずである。古く森浩一・石部正志が、畿内地方およびその周辺を通観している（森・石部 1966）。そのほか、表題に関わる研究は数多いが、総論的研究にはほとんど触れることができなかった。今回は、筆者の力量不足と、紙数の関係から畿内地方の大型古墳と王権との関わりについてのみ論述することになってしまった。何卒、ご寛恕いただきたい。

参考文献

石野博信 1985『古墳文化出現期の研究』学生社
石野博信 2001『邪馬台国の考古学』吉川弘文館
一瀬和夫 1988「古市古墳群における大型古墳埴輪集成」『大水川改修に伴う発掘調査概要』大阪府教育委員会
一瀬和夫・十河良和・河内一浩 2008「古市・百舌鳥古墳群の埴輪編年」『近畿地方における大型古墳群の基礎的研究』平成17〜19年度科学研究費補助金研究成果報告書
井上光貞 1965『日本古代国家の研究』岩波書店
今尾文昭 2009『古墳文化の成立と社会』青木書店
上田　睦 1997「出土埴輪からみた古市古墳群の構成」『堅田直先生古希記念論文集』
江上波夫 1967『騎馬民族国家』中公新書
小沢　毅 2002「三道の設定と五条野丸山古墳」『文化財論叢Ⅲ』奈良文化財研究所創立50周年記念論文集
川西宏幸 1988『古墳時代政治史序説』塙書房
河野一隆 2012「倭王権から倭国へ—雄略朝の画期の評価を中心として」『講座 日本の考古学8 古墳時代下』青木書店
河内一浩 2010「河内の首長居館と諸問題」『シンポジウム記録7』考古学研究会
岸　俊男 1966「ワニ氏に関する基礎的考察」『日本古代政治史研究』塙書房
岸本直文 2008「前方後円墳の二系列と王権構造」『ヒストリア』208号
小林行雄 1961『古墳時代の研究』青木書店
近藤義郎 1983『前方後円墳の時代』岩波書店
斎藤　忠 1966『古墳文化と古代国家』日本歴史新書、至文堂
下垣仁志 2011『古墳時代の王権構造』吉川弘文館
白石太一郎 1999『古墳とヤマト政権』文春新書
白石太一郎 2000『古墳と古墳群の研究』塙書房
白石太一郎 2009『考古学からみた倭国』青木書店
関川尚功 1985「大和における大型古墳の変遷」『橿原考古学研究所紀要　考古学論攷』第11冊
高橋照彦 2011「古墳時代政権交替論をめぐる二、三の論点—河内政権論を中心に—」『古墳時代政権交替論の考古学的再検討』平成20〜22年度科学研究費補助金基盤研究（B）成果報告書
田中晋作 2009『筒形銅器と政権交替』学生社
田辺昭三 1966『陶邑古窯址群』平安学園考古クラブ
辰巳和弘 1994『地域王権の古代学』白水社
伊達宗泰 1999『「おおやまと」の古墳集団』学生社
千賀　久 2008『ヤマトの王墓　桜井茶臼山古墳・メスリ山古墳』新泉社

塚口義信 1985「四世紀後半における王権の所在」『末永先生米寿記念献呈論文集』
都出比呂志 2005『前方後円墳と社会』塙書房
寺澤　薫 1986「畿内古式土師器の編年と二、三の問題」『矢部遺跡』
寺澤　薫 2000『王権誕生』日本の歴史02、講談社
寺澤　薫 2011『王権と都市の形成史論』吉川弘文館
豊岡卓之 2000「土器・埴輪と『おおやまと』の古墳」伊達宗泰編『古代「おおやまと」を探る』学生社
直木孝次郎 2005『古代河内政権の研究』塙書房
西嶋定生 1961「古墳とヤマト政権」『岡山史学』10
沼沢　豊 2007「大和王陵区の大王墳とその性格」『古代学研究』176号
坂　靖 2008「奈良盆地の古墳時代集落と居館」『考古学研究』55巻2号
坂　靖 2009『古墳時代の遺跡学―ヤマト王権の支配構造と埴輪文化―』雄山閣
坂　靖 2011「ヤマト王権と奈良盆地の在地集団―古墳時代前半期の集落と古墳―」『勝部明生先生喜寿記念論文集』同刊行会
菱田哲郎 2007『古代日本国家形成の考古学』京都大学学術出版会
広瀬和雄 2003『前方後円墳国家』角川書店
広瀬和雄 2007『古墳時代政治構造の研究』塙書房
藤田和尊 1993「鏡の副葬位置からみた前期古墳」『考古学研究』39巻4号
福永伸哉 2008「前方後円墳成立期の大和川と淀川」『近畿地方における大型古墳群の基礎的研究』平成17〜19年度科学研究費補助金研究成果報告書
古市　晃 2011「5・6世紀における王宮の存在形態―王名と叛逆伝承―」『日本史研究』587
細川修平・今尾文昭 2011「近畿」『講座日本の考古学7』古墳時代上、青木書店
増田一裕 1991「見瀬丸山古墳の被葬者」『古代学研究』124・125号
松木武彦 2007『日本の歴史1　列島創世記』小学館
森　浩一 1965『古墳の発掘』中公新書
森　浩一 1990「諸王権の造型」図説日本の古代史4、中央公論社
森　浩一・石部正志 1966「畿内およびその周辺」『日本の考古学Ⅳ』河出書房新社
森田克行 2006『今城塚と三島古墳群』同成社
吉村武彦 2010『ヤマト王権　シリーズ日本古代史②』岩波新書
和田　萃 1988『大系日本の歴史2　古墳の時代』小学館
和田　萃 1995「見瀬丸山古墳の被葬者」『日本古代儀礼と祭祀・信仰』上、塙書房
和田晴吾 1994「古墳築造の諸段階と政治的階層構成」『ヤマト王権と交流の諸相　古代王権と交流』5、名著出版

各地の古墳Ⅶ
東　　海

岩原　剛

　近年の東海における古墳時代研究は、きわめて厚みを増してきた感がある。前方後方墳の展開や東海系文物の移動、首長墓研究、横穴式石室研究、生産遺跡研究など、関東と関西の境界に位置する東海は、その独自の文化と社会的な位置づけを全国に情報発信しつつある。

　しかし、今日の東海古墳時代研究の現状をあらためて見つめ直したとき、東海のイメージとして語られる古墳時代の姿は、ごく限られた研究者から発せられた情報であり、多くの研究者が自らの思考をもとに事象を究明する、という基本的な作業が十分行われていない気がしてならない。

　以下では、古墳時代研究において主体的に取り上げられることの多い墓制を中心に東海の状況を説明し、あわせて研究の現状と課題について触れたい。

1　前期古墳研究の現状と課題

　前方後方墳の生成と展開　前方後方墳が前期初頭の東日本に広く分布することは周知の事実である。そして、前方後方墳の淵源は東海地方西部に求められる……東海以東の多くの研究者が、このようなイメージを持っているのではないだろうか。

　東日本における初現期の前方後方墳の生成に関するイメージは、赤塚次郎によって提起されたものである。赤塚は、弥生時代後期中葉から東海西部の土器様式「山中様式」が波状的に東日本に影響をもたらした前史を踏まえ、尾張低地部を中心とした「廻間様式」の誕生と、廻間Ⅰ式末からⅡ式初頭における広域の土器の拡散（土器製作技術を伴う集団の移動）、そのほかの東海系文物（多孔銅鏃、線刻人面土器、東海系曲柄鍬）の東日本への拡散および受容から、東海系文化の重層的な波及が古墳時代初頭に東日本に認められると説いた。そ

表1　東海の出現期古墳編年表　　　■前方後方形墳墓　●前方後円形墳墓　□方墳　○円墳

集成編年	東海西部(赤塚)		東海東部(渡井)	大和(寺沢)	近江	伊勢	西濃	中濃	尾張低地部	犬山扇状地
	廻間I式	1・2		庄内0	■神郷亀塚 ■法勝寺SDX23				■廻間SZ01	
		3		庄内1						
		4	大廓I	庄内2						
	廻間II式	1	大廓I	庄内2	■熊野本6				■西上免SZ01	
		2	大廓II							
		3	大廓II	庄内3	■小松 浅小井SX01					
1期		4	大廓III	布留0	■冨波		■東町田SZ10	■観音寺山		
		1	大廓III	布留0	●木戸越	■大足1	■東町田SZ02 ■象鼻山1	●宗慶大塚	■廻間SZ01	
2期	廻間III式	2	大廓IV	布留1	■姫塚 ●雪野山		■北山 ■白石5	■西寺山		
		3				■筒野1				■東之宮
3期		4		布留2	●安土瓢箪山		●親ヶ谷 円満寺山 ●矢道長塚	●野中 ○坂尻1	●二ツ寺神明社	■宇都宮 ○でんやま
	松河戸I式	1				■向山				

して前方後方形墳墓（前方後方形墳丘墓と前方後方墳を一括する場合、以下では便宜的にこのように呼称する）もまた東海系文化の拡散の1つとみなしたのである。重層的な根拠の提示が、「前方後方形墳墓東海発生説」を東日本の古墳時代研究者たちに比較的容易に受け入れさせることとなった。

　赤塚の前方後方形墳墓観はきわめて魅力的である。特に初期の段階における邪馬台国に敵対する狗奴国の領域を示すとする付加的かつ拡大的な解釈は、われわれが本来追い求めるべき「歴史研究」「地域学研究」としての考古学を実践しようとする、意欲的な作業と評価できるだろう。

　ただし、前方後方形墳墓東海発生説には基本的な資料解釈において検討が不十分なところがあり、注意が必要である。こころみに東海地方の出現期古墳を整理すると、発祥地の有力候補地である濃尾平野の初期の事例がきわめて少ないのは一目瞭然である（表1）。濃尾平野の廻間遺跡ＳＺ01（廻間I式1段階？）と西上免遺跡ＳＺ01（廻間II式1段階）が、東海西部における前方後方形墳墓の古段階の代表遺跡とする現状は、調査後15〜20年を経てもいまだに変

各地の古墳Ⅶ 東海　137

庄内川流域	西三河	東三河	遠江	駿河	長野	神奈川(秋葉山)	千葉	埼玉
				■丸ヶ谷戸遺跡				■南志戸川4
		□境松SZ-1		■高尾山				■根岸稲荷神社
					■弘法山		●神門5 ■高部32	■三ノ耕地2
		●権現山2					●神門4	
		■市杵嶋神社	●新豊院山2	■高尾山 ●神明山1		●秋葉山3	●神門3 ■高部30	■三ノ耕地1
	■二子山	●権現山2	□恒武西宮SX01	●神明塚		■秋葉山4 ●秋葉山2		■山の根
				■浅間山				■諏訪山29
■高御堂 ■尾張戸神社	●姫小川 ●吉良八幡山	●権現山1	●赤門上 ●庚申塚 ○春林院	●午王堂山3 ●谷津山1	●森将軍塚	●瓢箪塚 ○秋葉山5	●今富塚山 ■天神山 ●釈迦山	■天神山 ●諏訪山

下線は帰属時期が変動する可能性があるもの。長野以東は参考として掲載した。

わっていない。両者は地域の大首長墓に位置づけられるものではなく（赤塚自身も廻間遺跡は小規模な一般集落と認めている）、東海西部での前方後方形墳墓の生成と発展のプロセスに関する検証は、十分に行われているとはいいがたい。また廻間遺跡ＳＺ01は、周溝出土土器自体が廻間Ⅰ式～Ⅲ式と幅がある中で、くびれ部付近の周溝内に外部から流入した土器片と、周溝の外で検出された土器だまりを築造時期の根拠にする点も、資料解釈の上で問題を抱えている。

　前方後方形墳墓生成のプロセスが一定量確認されるのは、たとえば近江の湖東から湖北地域であり（植田 2007。ただし、湖北地域は赤塚も広義の東海に含めている）、神郷亀塚古墳はきわめて早い段階の前方後方形墳丘墓と理解される。また駿河の丸ヶ谷戸遺跡で検出された前方後方形墳丘墓は西上免遺跡ＳＺ01とほぼ同時期であり、関東では武蔵の南志戸川4号墳なども廻間Ⅱ式初頭に位置づけうる。こうしたきわめて古い前方後方形墳墓が東日本の広域で確認される事実が、東海系文化の拡散の1つとして説明されるのだが、いずれの地域においても弥生時代に方形原理の墓制が発達しており、前方後方形を生み出

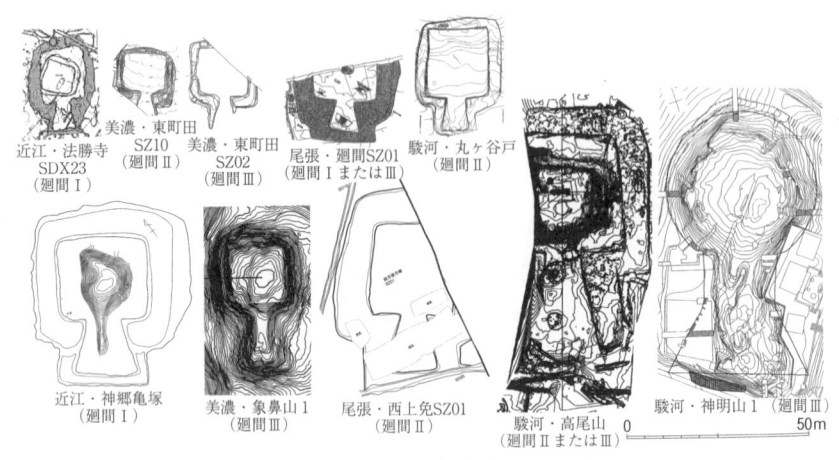

図1　東海の出現期古墳（1：2,000）

しやすい下地があることは、やはり忘れてはならないだろう。そもそも、土器や銅鏃などの「モノ」と前方後方形墳墓という「墓制」の展開を同じ俎上にあげて良いのか、という根本的な認識にも検証が必要である。

　歴史事実として重要なのは、こうした前方後方形墳墓の分布域を広域の政治的紐帯とみなすのか、仮にそれが認められるなら、その中心的な勢力を判断する根拠や基準はいったい何なのか、ということだろう。文化の発信地をその根拠とするのか、または次代の政治権力の優劣をこの時期まで遡源させて考えるのか、あるいは前方後方形墳墓の生成状況が確認しうることをもって根拠とするのか。われわれはそれを考古学的に検証していく必要がある。また、東海や関東においても「前方後方形墳丘墓」と「前方後方墳」とが同時存在する事実が指摘され（中井 2005 a、深澤 2011）、出現の時期に前後関係があるにしろ、墳丘墓から古墳へ、という単純な図式が描けるわけではない。

　また初期の前方後円形墳墓の評価も重要である。東海では、たとえば伊勢の上野1号墓、美濃の宗慶大塚古墳、三河の権現山2号墳、遠江の新豊院山2号墳、駿河の神明山1号墳など、前方後円墳集成編年（近藤編 1992。以下、集成編年）の1期（廻間編年のⅡ式末からⅢ式初頭）に位置づけうる、もしくはその可能性がある前方後円墳が報告されつつあり、なかには前方後方墳に先行して前方後円形墳墓が出現する地域もある。千葉県の神門古墳群や神奈川県の

秋葉山古墳群のように、関東でも同様な事実は認められる。そして前方後方形墳墓を東海系、前方後円形墳墓を近畿系と理解できるほど事実が単純ではないのは、出土土器からも明らかである。

　東海地方における出現期古墳研究の課題は、生成のプロセスについて、まずは地に足を付けた資料の検討が必要だということである。東海地方は、じつは近江や北陸、関東に比較して前方後方形墳墓に関する検討資料がかなり乏しい事実をあらためて認識すべきだろう。イメージが先行する現状から脱却して、現段階で知りうるかぎりの情報を整理しなおす必要性を痛感する。

　大型前方後円墳の出現－前期から中期へ－　前期後葉から中期初頭にかけては、全国的に大型前方後円墳が出現する時期として注意されている。東海の当該時期における大型前方後円墳の出現と分布の経緯は、すでに汎列島的視野から評価を進めた中井正幸の論考があり、現状でその見解を大きく変更する必要はない。中井は大型前方後円墳出現の背景として、倭王権と地方勢力との関係をあげており、重要な交通ルートの拠点に大型前方後円墳が所在することや、埴輪祭祀の受容との関わりについて述べ、各地の大型前方後円墳と大和盆地北部勢力との関係を示唆した。さらには朝鮮半島情勢への対応、王権の権力低下、王権と地方勢力の同盟関係、あるいは王権からの派遣者といった碩学の研究者たちによるさまざまな解釈を紹介する（中井 2005 b）。いずれにせよ、先行研究者たちは大型前方後円墳の出現を倭王権と地域との関わりによって理解しようと努めてきた。

　ところで、東海における当該期の大型前方後円墳出現の状況をもう少し詳しく見ると、王権と被葬者との関係について考古学的な物証を根拠に触れた事例は思いのほか乏しい。墳丘築造企画をもとに触れた具体例として、奈良県の佐紀陵山古墳と伊賀の御墓山古墳（岸本 1992）や遠江の松林山古墳（鈴木 2011）の類似、が知られるにすぎない。ちなみに、岸本直文が提起した「佐紀陵山型築造企画」にもとづく古墳は、このほかに伊賀の石山古墳、伊勢の能褒野王塚古墳を挙げることができ、いずれも地域の拠点的な古墳であると同時に、埴輪の本格的な導入が認められるといった共通点がある（穂積 2002）。

　さて、大型前方後円墳は東海における集成編年4・5期に集中する（図2）。そして前期末葉にあたる4期の段階で注意されるのは、伊賀から遠江にかけて

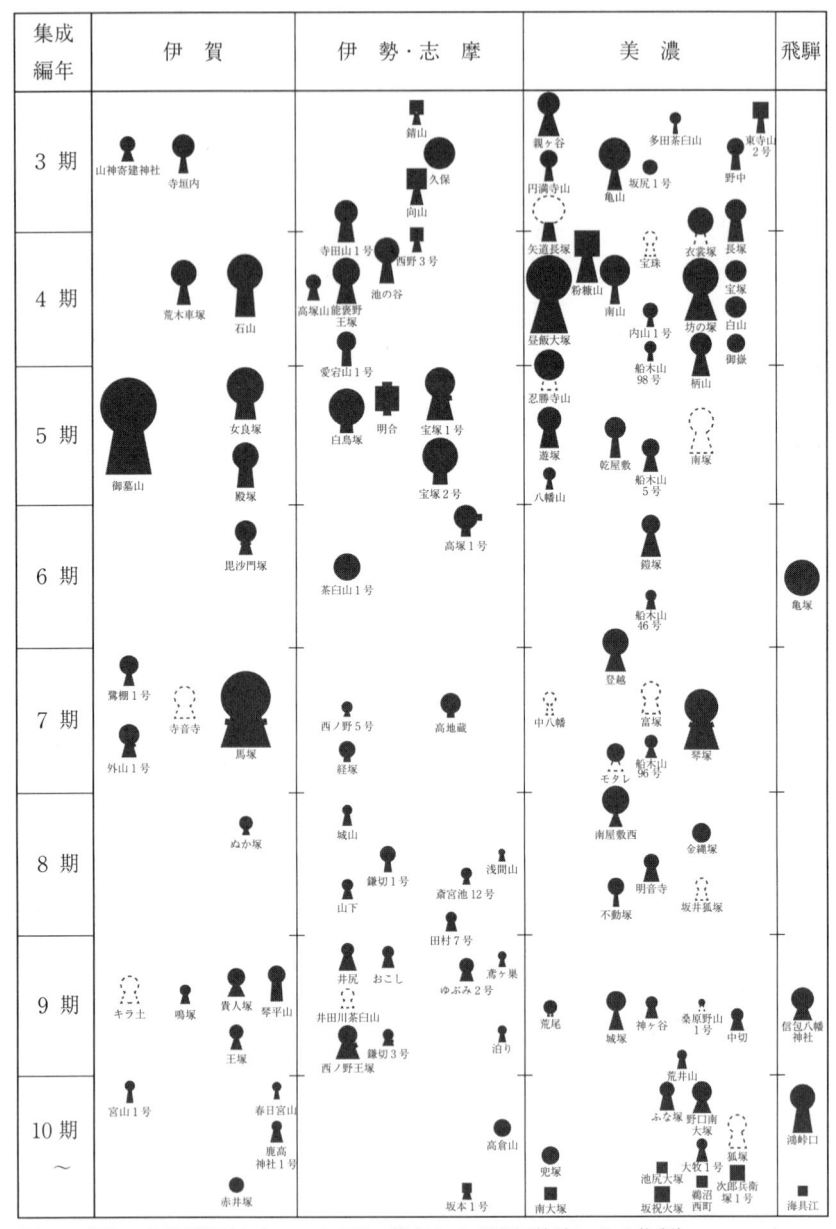

図2 東海の首長墓編年（1：10,000、筆者および宮原佑治による作製）

尾 張	三 河	遠 江	駿河・伊豆

旧国単位程度で、100mを越える大型古墳がほぼまんべんなく認められるということである。

　4期で特に注目されるのは全長150mを測る昼飯大塚古墳や120mの坊の塚古墳を擁する美濃である。昼飯大塚古墳は西美濃から近江へ続く交通ルート、ならびに伊勢へと続くルートの交差点に位置する拠点的な古墳として高く評価でき、やはり埴輪の本格的な受容が認められる。副葬品には韓半島の伽耶勢力と被葬者との交流を感じさせる捩りや渦巻き意匠を持った鉄器類が含まれるなど、近在する遊塚古墳から出土した伽耶系陶質土器を含めて、先に挙げた王権の韓半島情勢への介入との関係が想起される（中井　2005 b）。

　また、三河の甲山1号墳は近年の再検討によって前方後円墳と判明した古墳で、かつては径60mの円墳とされていた。現在は前方部の改変が著しいものの、昭和2年に作成された地形図をみるかぎり、全長120mほどの前方部が細長い墳形に復元することができる（北村　2009）。後円部は三段築成で葺石があり、採集された有黒斑の円筒埴輪には方形の透かしが見られるなど、西三河では本格的に埴輪が導入された最初の古墳である。一方で、主体部は木炭槨の可能性が高く、葺石や埴輪に見られる畿内的な様相とは趣が異なる。

　学史上でも著名な遠江の松林山古墳は、東国を代表する「畿内型前方後円墳」として長く位置づけられてきた。大型の竪穴式石槨や三角縁神獣鏡、舶載・仿製内行花文鏡を含む鏡鑑類、車輪石や儀仗形石製品などの副葬品は、東国における前期古墳副葬品組成の代表例として、その評価を揺ぎないものとしている。また古墳の立地は、かつてこの地に存在した広大な潟湖・「大之浦」を望む地であり、東国への海路の拠点であった。一方で、鈴木一有が指摘した「器台系口縁」の円筒埴輪（鈴木―　2011）は畿内に系譜を追うことが難しく、地域における埴輪製作技術の系譜を一元的に畿内に求めることへ警鐘を鳴らす。

　以上のように、4期の大型古墳の特徴の多くには王権との関わりが想起されるが、必ずしもすべてが一律の姿を見せるわけではないことに注意すべきである。尾張の白鳥塚古墳や遠江の寺谷銚子塚古墳は佐紀陵山型築造企画とは異なる墳形で、埴輪を持たない。王権との関わりの時期差を反映する可能性はある
(1)
が、4期の大型前方後円墳の構成要素に複数の系統が存在することを踏まえ、さらに地域の論理にも配慮した上で、総体として東海の広範囲に大型前方後円

墳が出現したことを評価すべきだろう。そこには、王権の意志と各地の有力首長層の主体性、の2者のバランスが反映すると思われる。

2　中期古墳研究の現状と課題

中期初頭の大型首長墓　集成編年5期になると、大型古墳は畿内への出入口を画する伊賀と、重要な東国への海路となった伊勢湾を挟む伊勢と三河にほぼ限定され、4期のような東海全域を覆う状況が見られない。むしろ、さらなる拠点地域の絞り込みが行われたような印象すら受ける。なかでも伊賀は、狭小な盆地が連なる地域であるが、東海最大（全長188m）の御墓山古墳をはじめ、女良塚古墳や殿塚古墳など、大型古墳で構成される美旗古墳群を形成しはじめる。それは地域の経済基盤—可耕面積—からすれば到底理解できない土木作業量であり、畿内から東国への第一歩であると同時に、東国からの脅威に対する最後の砦として、この伊賀の重要性を王権が意識した結果にほかならない。
(2)

　また伊勢湾を挟んで墳形の類似が指摘され、埴輪の様相が明らかな伊勢の宝塚1号墳と三河の正法寺古墳は、いずれも埴輪の製作に畿内直結の技術とそれを伝習した在地技術者の手による2者が認められている（三田 2005）。

　さらに5期には、伊賀の女良塚古墳（100m）や伊勢の白鳥塚1号墳（92m）、宝塚2号墳（89m）のような大型帆立貝形古墳や尾張の八幡山古墳（80m）のような大型円墳が東海西部の首長墓として出現する。従来言われる墳形の規制を王権の権力伸張と支配力の強化と言い換えるなら、先の大型前方後円墳築造地の収斂と合わせて注意すべき事象といえるだろう。それは王権の中心勢力が奈良盆地北部から大阪平野へと移動する事象とも連動する可能性がある。

中期後葉の首長墓　中期の首長墓系譜については、先に挙げた集成編年5期における大型前方後円墳の拠点的な出現と大型帆立貝形古墳・大型円墳の出現と並んで、中期後葉に帆立貝形古墳や大型円墳（造出付）が卓越する地域が特筆される。後者には伊勢の南勢中部（櫛田川右岸域）や尾張の庄内川流域、西三河の矢作川流域などが挙げられる。後者は墳丘規模が劣るものの前方後円墳が主体となる地域に比べて劣勢というわけではなく、同向式画文帯神獣鏡が3面出土した伊勢の神前山1号墳、鋳銅製鈴付馬具をはじめ帯金具や木芯鉄板張

伊賀・御墓山（5期）

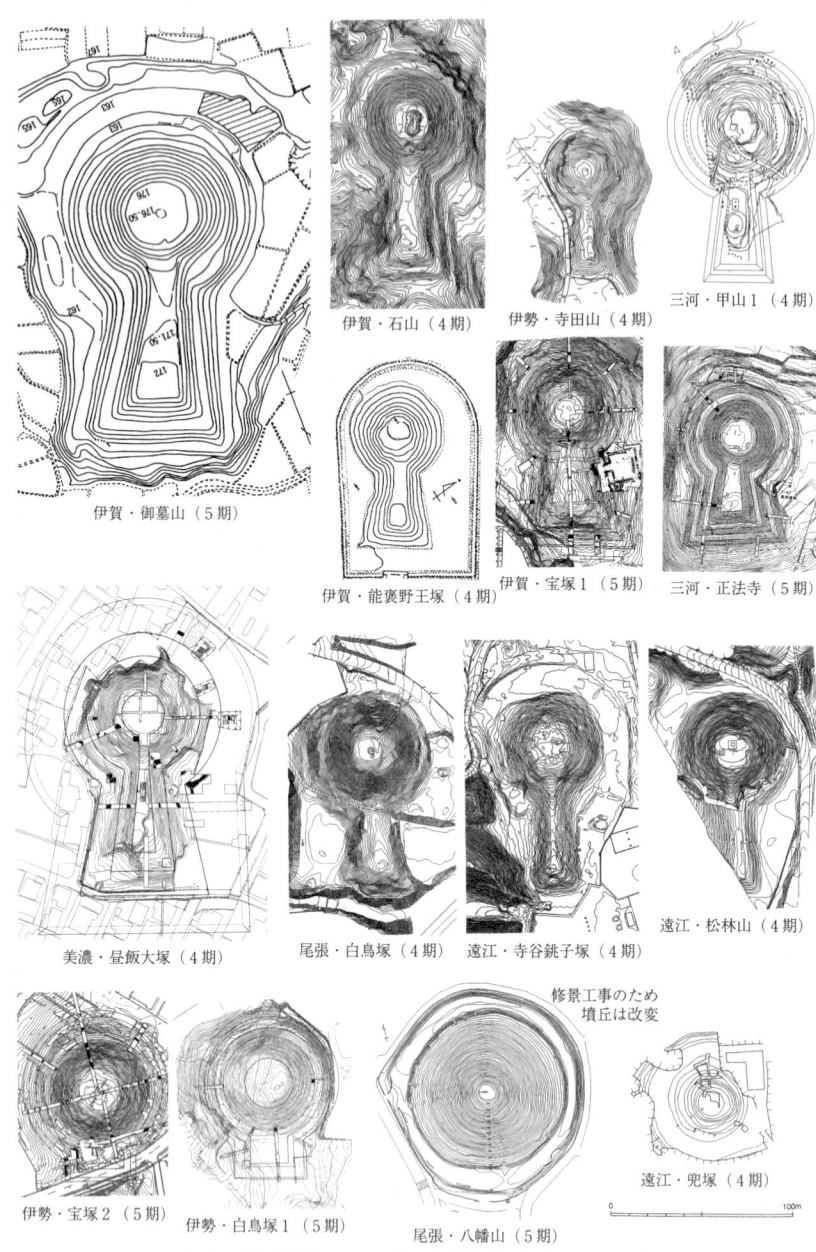

伊賀・石山（4期）
伊勢・寺田山（4期）
三河・甲山1（4期）

伊賀・能褒野王塚（4期）
伊賀・宝塚1（5期）
三河・正法寺（5期）

美濃・昼飯大塚（4期）
尾張・白鳥塚（4期）
遠江・寺谷銚子塚（4期）
遠江・松林山（4期）

伊勢・宝塚2（5期）
伊勢・白鳥塚1（5期）
尾張・八幡山（5期）
遠江・兜塚（4期）　修景工事のため墳丘は改変

図3　集成編年4・5期の大型首長墓（1：4,000）

輪鐙が副葬された尾張の志段味大塚古墳、舶載品と考えられる金銅装内弯楕円形鏡板付轡や剣菱形杏葉、甲冑が副葬された可能性が高い三河の経ヶ峰1号墳など、大型前方後円墳に匹敵する副葬品を持った帆立貝形古墳が見られる。

集成編年5期を前後する帆立貝形古墳については、王権による規制の結果とする小野山節の学説が古くから知られるところであり（小野山 1970）、王権の政策上必要なものとして新たに創出された墳形である、とのさらに踏み込んだ考えもある（沼沢 2006）。しかし一方で、前方後円墳に比肩されるべき副葬品を伴う中期後葉の帆立貝形古墳を同様に評価するのには若干の違和感を覚えずにはいられない。これについて藤井康隆は、「強力な伝統的地方首長層を抑制するいっぽう、一部の在地勢力を引き上げることで王権以下の諸首長層を平準化するもの」（藤井 2008）として、和田晴吾が指摘する中期古墳における政治的階層構成（和田 1994）に立脚した理解を示した。つまり、中期後葉の帆立貝形古墳や円墳からなる首長墓の被葬者層を、新興勢力としてむしろ積極的に評価したのである。

ちなみに、中期後葉の大型前方後円墳を築造した地域は、美旗古墳群中の馬塚古墳（142m）に代表される伊賀、野古墳群のある美濃の西濃および琴塚古墳（115m）や鎧塚古墳（82m）に代表される中濃、妙感寺古墳（95m）が所在する尾張西部、船山1号墳（94m）のある東三河、そして堂山古墳（113m）や光明山古墳（84m）のある遠江など広域に認められるが、じつはこの中で継続的に大型首長墓を築き続けたのは野古墳群だけである。むしろ、中期後葉の東海における首長墓は中小の前方後円墳や帆立貝形古墳、円墳で構成されるのが通例であり、時として拠点的に大型前方後円墳が出現したと解釈できる。

中期の鉄器文化　中期後葉の遠江・堂山古墳では、前方部の2基の埴輪棺とその周辺から大量の鉄器類が出土した。畿内と同様に鉄器の多量保有は地域の首長権力を象徴し、王権と大型前方後円墳被葬者との密接な関係を想定することができる。

東海における中期の鉄器文化については、鈴木一有が端的に整理している（鈴木 2005・2008）。中期の鉄器出土事例は必ずしも多いとは言えないが、鉄器研究の先進事例をもとに行った鈴木の整理は現時点での到達点といえる。

たとえば、帯金式甲冑を王権が地域首長に下賜した「威信財」としての性格

が強いと規定した上でその分布について触れ、革綴甲冑が遠江に集中し、鋲留甲冑が伊勢に集中することから王権が重視した勢力や地域が、時代の推移によって変化したことを指摘する。鋲留甲冑は、東海の隣接地域である信濃の伊那谷に異常なほどの分布を見せることがよく知られており、鈴木の指摘は汎列島的にも有効な視点である。

　中期の鉄器は単なる在地生産にとどまらず、諸要素や諸技術が多様なかたちで地域にもたらされる一方で、その流入経路は限定されるため、当時の地域間交流を探る上で有効な資料となりうる。さらには、こうした交流の担い手が大規模首長墓の被葬者ではなく、伊勢の経塚古墳や美濃の中八幡古墳、三河の経ヶ峰1号墳や遠江の石ノ形古墳など、東海各地の中小首長たちであったことも注意される。中小首長墓で構成されるのが東海における中期後葉の一般的なあり方ならば、独自の交流網を持った彼らを決して低く見る必要はないだろう。

　中期の首長間交流　このような観点からすれば、三河の北部九州系横穴式石室の評価も自然に理解される。経ヶ峰1号墳に竪穴系横口式石室が採用され、中ノ郷古墳に肥前の横田下古墳に類似した石室が採用されたのも、地域首長の交流網がわれわれの考える以上に広域で、複雑に絡み合い多様な状況にあることを示している。王権の朝鮮半島経営に各地域の勢力が関わる中で、東海と九州の首長たちとの邂逅があったとする意見もあるが、それにしても石室形態の直接的な伝播は、技術を伴う集団の移動、あるいは技術者の移動を想定せねば説明がつかない。遠隔地の首長間で王権を介することなく交流が進められる中で、朝鮮半島の文物や技術・文化が合わせてもたらされることもあっただろう。

　また、首長間の交流には、当時の交通網の整備も関係する。穂積裕昌が考古資料と地理情報から三重県沿岸における古墳時代の港を比定したように（穂積2000・2003）、港の発達・整備と沿岸航路の開発は、遠隔地交流の上で重要である。たとえば志摩半島と渥美半島の中間に浮かぶ神島において同向式画文帯神獣鏡を奉献した祭祀が執行され、志摩半島の塚原古墳からも画文帯神獣鏡が出土すること、志摩半島の付け根にある錦湾で仿製三角縁神獣鏡が出土したことなどは、紀伊半島から東国へと延びる沿岸航路が古墳時代前期から中期にかけて急速に発達したことの証左となる。また、遠江の磐田原台地の南に形成された潟湖「大之浦」は、前期末葉から中期における東国航路の一大拠点である

と同時に、地域における文物や情報の集散地と目される。穂積が行ったような作業を伊勢湾沿岸や太平洋沿岸でも積極的に推し進め、交流の具体相を遺構の上からも追求すべきである。

　地域の首長間交流において、さまざまなレベルでの文物や思想の移動があったことは想像に難くない。注意すべきなのは、交流は送り手の意志と受け手のニーズがあってはじめて成り立つ、ということである。われわれは、ともすれば地域勢力の規模の大小を比較して、大から小へという一方通行をイメージしがちである。しかし、はたしてそうであったのか。交流の先にある歴史的背景を柔軟に読み取る努力が今後は求められてくるだろう。

3　後期古墳研究の現状と課題

尾張勢力の強大化　東海の後期首長墓を概観したとき、集成編年8期ごろから尾張に大型前方後円墳が出現し、9期には当時としては畿内以外で列島最大となる断夫山古墳（150m）をはじめ、大須二子山古墳（80m以上）、味美二子山古墳（95m）や小幡長塚古墳（81m）などが次々に築かれる様相には目を見張らされる。中期末葉に急速に力を付けてきた尾張の地域勢力が、従来言われるように王権との関係を深める中で、後期初頭に権力を遺憾なく顕現させた結果であり、その首長は継体朝に大王の外戚として権勢をふるった尾

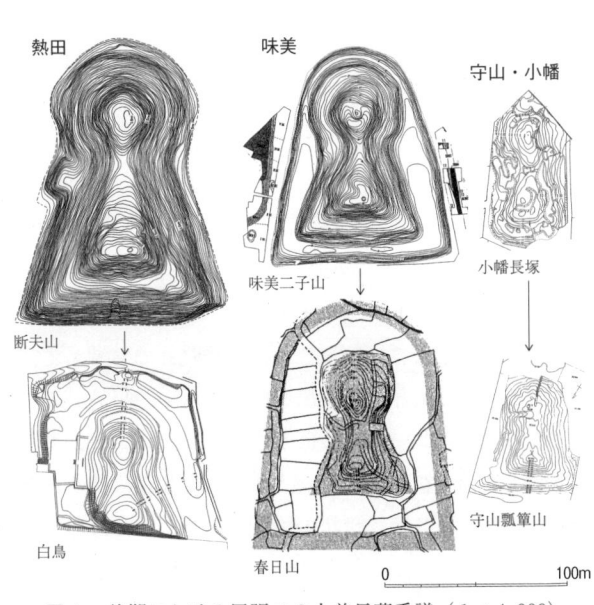

図4　後期における尾張の3大首長墓系譜（1：4,000）

張氏の一族にほかならないだろう。

　尾張では、熱田台地と味美、さらに守山・小幡の3つの首長墓系譜があるほか、犬山扇状地にも首長勢力が存在した。犬山扇状地を除き、先の3系譜は尾張氏の同族首長と考えられ、おそらく宗家と庶流の関係でとらえることができる。断夫山古墳と味美二子山古墳の墳丘は相似形で、断夫山古墳にはかつて二重周濠があり、味美二子山古墳や小幡長塚古墳にも二重周濠が存在するなど、共通の墳丘規範が存在した。さらに、大王墓である大阪府今城塚古墳のような埴輪祭祀が周堤上で表現された可能性もある（深谷 2009）。

　尾張地域の大型首長墓の出現と隆盛に合わせるようにして、須恵器生産地である猿投窯が開窯され、尾張特有の埴輪「尾張型埴輪」が併せて生産された。埴輪祭祀を本格的に取り入れ、共通の祭祀を大小の首長たちが実施することで、尾張の一体性を演出した可能性がある。尾張型埴輪を使用する意義には、尾張氏を中心にした政治的な紐帯の表現と文化伝播の両者を想定しておきたい。

　後期首長墓の系譜　東海では、後期に入ってから新たに首長墓の系譜が始まる事例がほかにも指摘され、時代の大きな変換点を首長墓のあり方に読み取ることができる。

　東海の多くの地域では、首長墓として後期中葉まで前方後円墳が採用され、その後、円墳に墳形が転化していく。しかし、全域が斉一的にそのような動きを示すわけではない。むしろ、それとは異なる展開を見せる地域にこそ、東海の性質が特徴的に表れるように思われる。以下にそうした事例のいくつかを見てみよう。

　伊賀の名張川流域の盆地では、6世紀前葉に前方後円墳の琴平山古墳（70m）が突如として出現し、春日宮山古墳（34m）、そして鹿高神社1号墳（報告では42m、実際には55m）と後期後葉まで継続して前方後円墳を築き続けている。この地は大和から榛原を経由する宇陀川沿いのルートの出入口に相当するところで、新ルートの設置が首長墓出現の背景にある。注意されるのは、首長墓である前方後円墳は横穴式石室を主体部に持ち、その前面には祭祀の執行空間と思われるステージ状の施設を伴うことである。やや時代は遅れるが、畿内の終末期古墳にこうしたステージ状の施設を設置する事例が認められ、墳丘の構造に畿内との深い関連が推定される。通例ならば被葬者は在地の新興首長

層と解釈するところであるが、周辺で前方後円墳が終焉を迎えつつあるこの時期にあえてそれを採用し続けることから、王権から派遣された畿内の有力氏族層が想定される。

矢作川流域に展開する西三河地域は、中期後葉以後に大型前方後円墳がまったく見られなくなる。そして後期前葉までは中小の前方後円墳が見られるわけだが、そうした中にきわめて質の高い古墳が存在することは前述した。

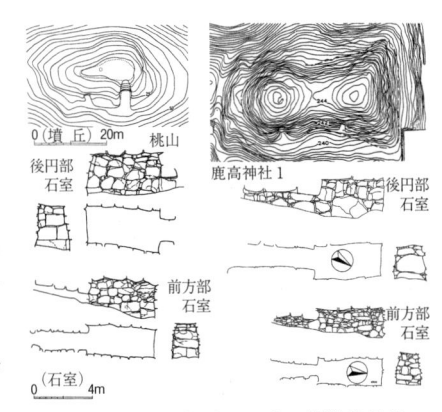

図5　伊賀・名張川流域の後期首長墓
（石室は1：500、墳丘は1：2,000）

西三河は、横穴式石室の技術が発達し、独自の形態を生み出したことで知られる。北部九州を候補地とする西日本を起源とする横穴式石室を基礎に、さらに胴張りや複室構造といった西日本からの情報を咀嚼しながら、「三河型横穴式石室」と呼ぶべき石室形態を完成させた（岩原 2008）。さらにその技術は東海一円に影響を与えている。

西三河では後期後葉に20mを越える古墳はほとんど存在しない。したがって墳丘の外観上で古墳の優劣を把握することはきわめて難しい。さらに副葬品の内容は、岩津1号墳のように豊富な遺物が認められる例もあるが、大半は金銅装製品が見られず、特色を見出しにくい。しかし西三河に後期後葉の首長墓が存在しないわけではなく、10mを超える横穴式石室には複室構造が認められ、大型の横穴式石室を採用した古墳こそが首長墓であろう。つまり、後期後葉の西三河では墳丘の外観上から首長墓を表現する思想は失われ、石室造りにその労力が注がれていったものと理解される。さらに、矢作川流域全体を代表するような突出した首長墓を見出すことは難しく、各地に等質的な首長墓が存在するのも特徴といえるだろう。

西三河には畿内系横穴式石室が存在しない。王権との関係の希薄さ、外部からの政治的なインパクトの乏しさが、そうした等質的な首長たちの群在を生み出したと考えられ、彼らの間には墳丘の規模や副葬品の内容をもとにした政治

的・社会的秩序の表現は意味をなさなかった。

　東遠江は、横穴の分布圏として知られている。なかでも逆川流域の丘陵に、横穴式石室を主体部としない特殊な首長墓系譜が、後期中葉から末葉にかけて展開する。中葉の山麓山横穴は単独で立地する玄室長6ｍの横穴で、玄室の側壁に沿って棺座が二ヶ所造り付けられていた。また後葉の宇洞ヶ谷横穴も単独立地の横穴であり、玄室長6.4ｍの中央には巨大な造り付けの石棺が存在する。堀ノ内13号墳は、横穴式木室を主体部とする径25ｍの円墳である。

　この三基に共通して特筆されるのは、飾大刀や飾馬具など優秀な金銀装製品を副葬することである。なかでも山麓山横穴の変形楕円形杏葉や宇洞ヶ谷横穴の単鳳環頭大刀、堀ノ内13号墳の龍文透彫心葉形杏葉（新羅系馬具）は、列島での出土事例が少ない優品であり、舶載品と考えられるものである。その入手には王権を介さずに韓半島の諸勢力から直接行ったものと考えられ、主体部の形状も地域のアイデンティティーを強く主張するものである。

　逆川流域の後期首長墓からは、畿内的な様相を見出すことは難しい。さらに特異な主体部から、独自の交流ネットワークを想定することも可能だろう。

　以上のあり方は、東海の後期首長墓の展開に広域の規制や序列を当てはめることの無意味さを物語る。中期において、王権と各地域の関係は古墳をとおして序列化され、整備が進められた観があるが、後期の東海におけるあり方に、そうした考えを持ち込むことはきわめて難しい。前方後円墳の終焉にしても、後期後葉以降においてなお中美濃、尾張、南伊勢、東三河、遠江で局所的に採用が続いており、一部を除いて王権との関わりの中で前方後円墳を評価することは難しい。もはや、前方後円墳の採用・不採用の判断も、地域の裁量に委ねられていたか、政治的ではなく、文化的記念物に変質していた可能性が高い。
(4)

　さらに後代にはなるが、終末期には畿内の有力階層の墳形に方墳が採用される。終末期の方墳は汎列島的に認められるところであり、採用された各地域と畿内との結びつきをしめすバロメーターと目されている。ただし、東海では終末期の方墳は美濃の西濃から中濃、飛騨、そして駿河の安部川流域に分布がほぼ限られており、けっして斉一性の高い墓制とは言えない。

　東海で広域に方墳が採用されたのは美濃で、原東山道と目される陸路に沿って展開する。美濃では6世紀末葉まで方墳の採用が遡り、東海諸地域の中でも

大型方墳が集中することで知られている。しかし方墳という墳形はとるものの、横穴式石室の構造には地域色が著しく、また2段築成を基本とする墳形自体も畿内のそれとは趣が異なるなど、「方墳」という形以外で畿内色を認めるのは難しい（長瀬 2002）。飛騨や駿河も同様であり、「方形指向」の思想のみがもたらされ、そこに技術は伴われていなかったと見なすべきだろう。その意味では、方墳という畿内的な特徴の採用においても、地域全体を統括する規制ではなく、地域首長の裁量、文化的な側面が働いていたと理解される。

　こうした後期の首長墓の変質は、群集墳の出現と並んで古墳時代社会の大きな変質と見なすことが許されよう。そして大豪族尾張氏の顕在化は、地域力の向上もさることながら、汎列島的な政治変動の産物にほかならない。

横穴式石室の地域的展開　後期古墳に採用された横穴式石室に、地域色が強く現れることはよく知られている。

　畿内を中心に採用された畿内系（型）横穴式石室は、定型的で決められた規範にのっとって築かれ、そこには政治的な意図を伴う階層秩序、さらには共通の思想（他界観）が内在するとされてきた（和田 1992、土生田 1994）。畿内における畿内系（型）石室のあり方は整然と整備された印象を受け、その伝播には制度的なものすら感じられる。

　しかし、畿内以外では横穴式石室のあり方にこれほどの秩序を見出すことはきわめて難しい。各地域が、他地域の技術を受け入れ、あるいは自らの技術を地域内や周辺に伝えながら、緩やかな影響関係のもとに独自の石室形態を採用するのが実情に近いと言えよう。列島のおいて、おそらく横穴式石室のあり方は後者が一般的であり、畿内系（型）石室のようなあり方はむしろ異例である。

　図6に、東海における横穴式石室の変遷をあげておいた。各地域で初期に無袖石室や片袖・両袖式石室が採用されていること、6世紀後葉に大型横穴式石室が出現し、7世紀前葉にも比較的大型の石室が築造され続けていること、7世紀後半には石室の規模が急速に小型化していくことなどが理解できる。そして、各地域に6世紀中葉から後葉にかけて畿内系の片袖・両袖式石室が採用されていることも理解されるだろう。かなり強引にまとめるなら、東海の横穴式石室は袖部に見られる基本的な形態から①無袖、②片袖・両袖式、③疑似両袖式（立柱石で石室内を区分するもの）に分けることが可能で、②は畿内起源、

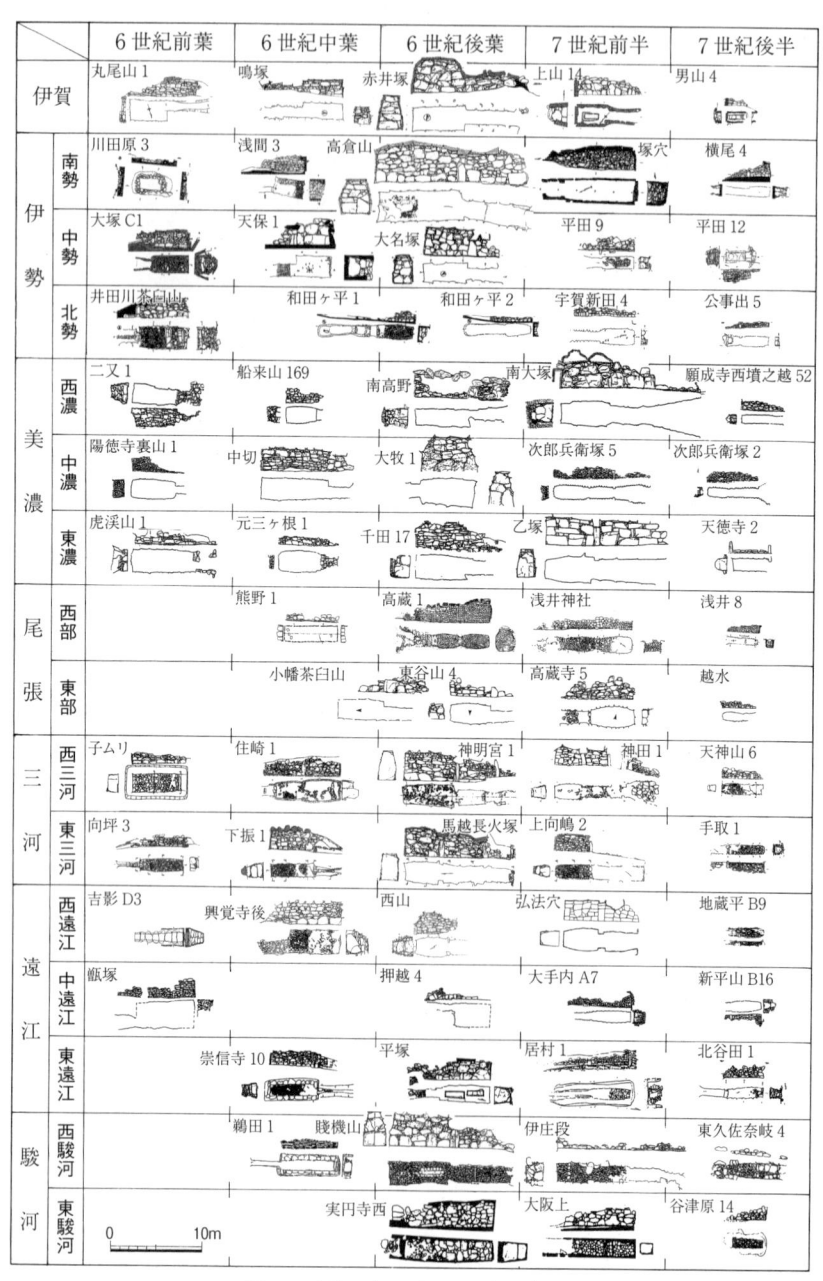

		6世紀前葉	6世紀中葉	6世紀後葉	7世紀前半	7世紀後半
伊賀		丸尾山1	鳴塚	赤井塚	上山14	男山4
伊勢	南勢	川田原3	浅間3	高倉山	塚穴	横尾4
	中勢	大塚C1	天保1	大名塚	平田9	平田12
	北勢	井田川茶臼山	和田ヶ平1	和田ヶ平2	宇賀新田4	公事出5
美濃	西濃	二又1	船来山169	南高野	南大塚	願成寺西墳之越52
	中濃	陽徳寺裏山1	中切	大牧1	次郎兵衛塚5	次郎兵衛塚2
	東濃	虎渓山1	元三ヶ根1	千田17	乙塚	天徳寺2
尾張	西部		熊野1	高蔵1	浅井神社	浅井8
	東部		小幡茶臼山	東谷山4	高蔵寺5	越水
三河	西三河	子ムリ	住崎1	神明宮1	神田1	天神山6
	東三河	向坪3	下振1	馬越長火塚	上向嶋2	手取1
遠江	西遠江	吉影D3	興覚寺後	西山	弘法穴	地蔵平B9
	中遠江	甑塚		押越4	大手内A7	新平山B16
	東遠江		崇信寺10	平塚	居村1	北谷田1
駿河	西駿河		鵜田1	睦機山1	伊庄段	東久佐奈岐4
	東駿河			実円寺西	大阪上	谷津原14

図6　東海の横穴式石室（1：800）

③は北部九州を候補地とする西日本起源の技術である。

　それにしても、その形態はきわめてバラエティーに富んでいる。まず、まったく同一の形状をもった横穴式石室は存在しない。そしてある共通性をもって地域色を認めることができる石室群の分布範囲は、旧国全体にわたるものから旧郡域の一部程度のものまで、さまざまである。なかでも、共通性の規範が強く分布範囲が集中的かつある程度広域に及ぶものは、そのまとまりに社会的な意味を見出せる可能性が高い（正確に意味を見出せたものはいまだ存在しないが）ため、○○型石室と呼ばれる。東海では三河型石室（岩原 2008）や高倉山型石室（竹内 2008）などがこれに該当する。また木曽川流域に展開し、複室構造を基本とする川原石積石室は、旧国の範囲を超えて尾張と美濃の両地域に分布しており「木曽川型石室」と呼ぶべきものである。このほか、駿河東部の無袖石室もこうした範疇に含まれるものだろう。地域型石室は、あるときは社会的な集団関係の表現手段であり、あるときは文化的な習俗としてとらえることができる。

　一方、東海の後期古墳には横穴式石室を主体部としない墓制も存在する。たとえば西遠江は横穴の集中地帯であり、横穴の分布は排他的ですらある。さらに、先述したように山麓山横穴や宇洞ヶ谷横穴など、明らかに首長墓に比定される横穴が存在する。東海では美濃の中濃にも横穴集中地帯があり、造り付け石棺が見られる羽崎中洞横穴のような巨大横穴は、首長墓と考えるべきである。また伊勢の中勢から南勢にかけては後期・終末期の木棺直葬墳が盛行し、中勢の横穴式石室墳が混在する平田古墳群もあるが、南勢の北部では排他的に木棺直葬墳が分布する。これらには平田14号墳のように銀象嵌装円頭大刀を副葬した古墳や、前方後方墳で金銅装頭椎大刀を副葬した坂本1号墳などがあり、有力層や首長層に比定される古墳も見られる。つまり、横穴や木棺直葬墳は横穴式石室墳に劣る低階層の被葬者の墓制ではなく、横穴式石室における地域型に相当するような、地域や集団のアイデンティティを表現する手段としての墓制である。

　また片袖・両袖式石室は畿内系（型）と位置づけられ、畿内と各地域との関係を表現すると理解されてきた。それを受けて鈴木一有は、東海の畿内系（型）石室を拠点的伝播の典型例とした（鈴木 2003）が、東海の場合厳密には

畿内から拠点的に導入され、その地域に影響を与える場合と、跛行的に隣接地から伝播する場合の2者が存在する。そしてきわめて強い政治的な意図を持って伝えられたのが前者であり、東海では伊賀の赤井塚古墳、伊勢の大名塚古墳、美濃の大牧1号墳、遠江の甑塚古墳、駿河の賤機山古墳などが該当しよう。これらは畿内の横穴式石室にきわめて近い形状で、畿内からの工人の派遣なくしては考えられない。他方、畿内から伊賀、そして伊勢の中勢地域にかけては片袖・両袖式石室が濃密に分布する地域であり、畿内からの強い文化伝播の流れを意識させる地域である。その流れが原東海道と目される志摩－渥美半島をへて東国へと伝播する中で、片袖・両袖式石室が造られている。拠点的に伝播した畿内系（型）石室は首長墓に採用されたのに対し、跛行的伝播によるものは群集墳を構成する中小の古墳にも見受けられる。したがって、いわゆる「畿内系石室」としてひとくくりにされながら、異なる伝播方法によってもたらされた石室をすべて畿内との関係で理解するのは、歴史的背景を見誤ることになるのではないかと危惧される。

　ところで、東海の横穴式石室において初期から認められる無袖石室は、かつてもたらされた北部九州系の竪穴系横口式石室が変質したものと理解されてきた。しかし北部九州において竪穴系横口式石室が衰退する時期に隆盛を迎えること、なにより畿内でも大和の寺口忍海古墳群など6世紀前葉の無袖石室が認知されるようになり、これらが渡来系氏族の石室形態であるとの認識が示されることで、東海の無袖石室に対する評価にも見直しが必要になった。筆者は、北部九州系横穴式石室の主要な受容地である三河であっても、6世紀以降の無袖石室は基本的に系譜が異なることを指摘して、渡来系墳墓としての一定の認識を示しておいた。それは東三河に渡来人もしくはそれと関わりの深い集団の墓制として存在する積石塚古墳が、後期には無袖石室のみを主体部とする事実に立脚しての見解である。また、東駿河に卓越する無袖石室には、鍛冶工人など技術者の墓と考えられるものが含まれており、その性質はきわめて示唆的である（土生田編 2010）。東海の横穴式石室研究において、無袖石室の理解には網羅的な再検討が必要であり、いまだ俎上にあげられていない伊勢や美濃の無袖石室についてもさらなる検討を進めるべきだろう。

4 おわりに

 以上、東海の古墳時代について墓制をもとに概観し、現時点での評価や課題に触れてきた。最後にそのほかの研究状況についてもふれておきたい。
 東海では、尾張や遠江で古墳時代全般の土器研究が進展する反面、ほかの地域での遅れがいまだ目立つ。良好な調査事例の蓄積が乏しいことにも起因するが、開発事業の進展や若手研究者らの手によって、遠からず一定の精度を保った土器編年が提示されることだろう。またそれと合わせて、先学の研究成果を検証し、時期区分の物差しとしての厳密性を高める努力は継続すべきである。
 また、生産遺跡のうち、須恵器生産はごく一部の研究者の編年成果を援用する事態が長く続いている。窯式編年と消費遺跡の実態に即した見直しが必要なことはいうまでもない。その意味で、鈴木敏則が行った遠江の須恵器編年（鈴木 2001）は到達点の1つといえるだろう。さらに製塩遺跡の研究は、研究者の関心の高まりによって飛躍的な進歩を遂げつつある（考古学フォーラム 2010）。製塩遺跡の実態から、その地域社会と集団およびそれを管掌した権力者との関係を模索することで、有効な歴史研究へと昇華させることができると考える。
 なお、集落遺跡の研究については、個別遺構の評価から脱却して、近在する首長墓にからめながら遺跡群の動向に踏み込む姿勢が見られるようになった。地域社会の復元と権力構造を探ろうとする研究者の意識の高まりとして、好意的に受けとめられる。ただし、検出された範囲の限界からか、遺構の評価に恣意性を含む場合が多くみられ、受け取る側は研究成果が「解釈論」の1つであることを肝に銘じる必要がある。今後も検証可能な論拠にのっとった作業の蓄積を進め、さまざまな解釈が提示されることを期待したい。
 最後に、東海の渡来人研究については早野浩二が近年積極的な遺構・遺物の提示を行い、尾張や三河における渡来人の動向を土地開発とからめて評価している（早野 2005・2010・2011）。墓制の面からも、先に挙げた無袖石室のほかに、筆者は美濃・三河・遠江に分布する積石塚古墳を紹介したほか、東三河の舟山2・4号墳の横穴式石室のように両袖式でドーム状の天井を持つものやT

字形石室の存在から渡来系首長系譜の墓域と推定される古墳群に触れたことがある。東海ではようやく渡来人の姿が垣間見えるようになった程度ではあるが、地域開発や技術供与に彼らが果たした役割は大きく、地域研究において無視できる存在ではない。資料の蓄積を待つ必要はあるが、今後意識して探るべきテーマである。

　なお、図の出典は各報告書等によったが、紙幅の都合で割愛した。

注
（1）尾張の白鳥塚古墳は、近年の発掘調査によって墳形が大和の行燈山古墳に類似することが指摘され、帰属時期も集成編年の3期でも早い段階と推定されるようになった（瀬川 2011）。ただし、本稿では築造時期を示す遺物が見られないことから従来の編年観に従っている。
（2）御墓山古墳の築造時期については諸説あり、墳丘の築造企画からすれば4期であるが、埴輪は川西編年のⅢ期に位置づけられている。築造企画には時期を越えて、王権内部の系譜（王統）を反映する可能性も否定できないため、ここでは5期に位置づける。
（3）名張川流域の首長墓は、すべて1墳丘複数石室構成をとる特徴がある。春日宮山古墳は後円部が畿内系石室であるのに対し、前方部は羨道の天井高が玄室に向かってじょじょに下がる、伊賀から近江（湖東地域）の地域色が見られるものである。また鹿高神社1号墳も同様に後円部は畿内系石室、前方部は玄室幅の狭い地域色の強いものであった。主要部に畿内色を鮮明に打ち出しながら、一部に地域色を温存する特徴は示唆に富んでいる。
（4）尾張の小幡茶臼山古墳は畿内系の片袖横穴式石室を持ち、尾張では畿内色の強い前方後円墳である。また、東三河の馬越長火塚古墳は優れた金銅装馬具を保有し、墳形は奈良県見瀬丸山古墳をはじめ、後期後葉に西日本各地で認められる墳形に類似しており、地域の論理だけでは理解できるものではない。

参考文献
赤塚次郎　1995「壺を加飾する」『考古学フォーラム』7
赤塚次郎　1996「前方後方墳の定着―東海系文化の波及と葛藤―」『考古学研究』第43巻第2号、考古学研究会
池谷信之編　2012『高尾山古墳発掘調査報告書』沼津市教育委員会
岩原　剛　1998「東海の積石塚古墳」『三河考古』第11号
岩原　剛　2008「三河の横穴式石室―三河型横穴式石室の生成と伝播を中心に―」『吾々の考古学』和田晴吾先生還暦記念論集刊行会

植田文雄 2007「第3章　前方後方墳の出現と展開過程」『「前方後方墳」出現社会の研究』学生社
小野山節 1970「5世紀における古墳の規制」『考古学研究』第16巻第3号
沼沢　豊 2006『前方後円墳と帆立貝古墳』雄山閣
岸本直文 1992「前方後円墳築造企画の系列」『考古学研究』第39巻第2号
北村和宏 2009「甲山1号墳の再検討―三河国最大級の前方後円墳か―」『三河考古』第20号
近藤義郎編 1992『前方後円墳集成　中部編』山川出版社
三田敦司 2005「第5章　考察」『史跡正法寺古墳範囲確認調査報告書』吉良町教育委員会
鈴木一有編 1999『五ヶ山B2号墳』浅羽町教育委員会
鈴木一有 2003「東海東部の横穴式石室にみる地域圏の形成」『静岡県の横穴式石室』静岡県考古学会
鈴木一有 2005「鉄器の受容からみた古墳時代中期の東海」『考古学フォーラム』17
鈴木一有 2008「東海の古墳出土鉄器にみる首長間交流」『東海の古墳風景』雄山閣
鈴木一有 2011「松林山古墳と遠江の前期古墳」『黄金の世紀』豊橋市美術博物館ほか
鈴木敏則 2001「湖西窯須恵器編年の再構築」『須恵器生産の出現から消滅』東海土器研究会
鈴木敏則 2011「静岡県における古墳時代の画期」『帝京大学山梨文化財研究所報』第51号
瀬川貴文 2011「20章　総括」『志段味古墳群〔本文編〕』名古屋市教育委員会
高橋一夫 1989「前方後方墳出土土器の研究」『研究紀要』第6号埼玉県埋蔵文化財事業団
滝沢　誠 2001「2．神明山1号墳が提起する問題」『清水市神明山1号墳発掘調査報告』静岡大学文学部考古学研究室
竹内英昭 1993「南勢地域の古墳時代前半期の首長権～宝塚1号墳をめぐって～」『Mie histry』vol.5
竹内英昭 2008「伊勢湾地域の横穴式石室の構造と展開」『東海古墳文化の研究』雄山閣
竹内英昭 2010「前方後円墳以前」『伊勢・伊賀の古墳と古代社会』同成社
考古学フォーラム 2010『東海土器製塩研究』
中井正幸 2005a「前方後方墳の系譜」『東海古墳文化の研究』雄山閣
中井正幸 2005b「大型前方後方墳の築造契機」『東海古墳文化の研究』雄山閣
中井正幸 2005c「野古墳群の登場とその史的意義」『東海古墳文化の研究』雄山閣
長瀬治義 2002「方墳の領域～律令前夜の美濃と飛騨～」『美濃の考古学』第5号
土生田純之 1994「畿内型石室の成立と伝播」『ヤマト王権と交流の諸相　古代王権と交流5』名著出版

土生田純之編　2010『東日本の無袖横穴式石室』雄山閣
早野浩二　2005「ミヤケの地域的展開と渡来人―東海地方における朝鮮半島系土器の考察から―」『考古学フォーラム』17
早野浩二　2010「渥美半島の鉄製祭祀具―藤原1号墳の鉄鐸と栄巌古墳群の鉄製馬形」『渥美半島の考古学～小野田勝一先生追悼論文集～』田原市教育委員会
早野浩二　2011「三河国碧海郡域の渡来系遺構・遺物と渡来系集団の動向」『考古学フォーラム』20
深澤敦仁　2011「前期の上毛野―外来要素の受容と在地化―」『古墳時代毛野の実情』雄山閣
深谷　淳　2009「断夫山古墳の周濠」『研究紀要』第11号、名古屋市見晴台考古資料館
藤井康隆　2008「志段味大塚古墳をめぐる歴史風景」『東海の古墳風景』雄山閣
穂積裕昌　2000「紀伊半島東岸部の古代港と海上交通―記紀熊野関連説話成立の前提―」『Mie histry』vol.11
穂積裕昌　2003「伊勢湾西岸域における古墳時代港津の成立」『考古学に学ぶⅡ』同志社大学考古学シリーズ8
穂積裕昌　2002「伊勢における初期埴輪の成立過程」『Mie histry』vol.13
山本雅靖　2010「御墓山古墳への道―伊賀地域における巨大古墳造営の背景―」『伊勢・伊賀の古墳と古代社会』同成社
和田晴吾　1992「群集墳と終末期古墳」『新版古代の日本　近畿Ⅰ』角川書店
和田晴吾　1994「古墳築造の初段階と政治的階層構成―5世紀代の首長制的体制にふれつつ―」『ヤマト王権と交流の諸相　古代王権と交流5』名著出版

各地の古墳Ⅷ
中部高地

風間栄一

　「日本の屋根」とも称される中部山岳地帯は、急峻な山脈によって北の越や南の東海と地形上区分され、神坂・入山に代表される峠を介して周辺地域と結ばれている。この区分された領域は「中部高地」としてひとつの地域に括られるが、この地域内には分水嶺があり、千曲川に代表される北流する河川流域と天竜川に代表される南流する河川流域では気候・風土に違いを見せている。実際、弥生時代後期には北の箱清水式土器文化圏、南の座光寺原・中島式土器文化圏と別の文化圏として捉えられている。古墳時代になるとこうした文化圏は急速に崩壊し、古墳時代中期には神坂峠を越えて伊那谷に入り、入山峠を越えて関東平野に至る古代東山道の原形が整備されたと考えられており、越や東海とは趣を異にする「東山」とでも称すべき地域圏が形成されたことは想像に難くない。

　この地域圏は、小地域圏を成す盆地が道路や河川によって繋がれるという構造となるため、盆地ごとに古墳文化の特色が異なるという特性を持つ。そこで小稿では諏訪盆地を対象とした藤森栄一の古墳研究をまずは取り上げ、盆地を越えて共通課題となっている古墳時代前半期の大型前方後円墳、古墳時代後半期の積石塚古墳・合掌形石室という視点から、中部高地の古墳研究と地域史研究の現状と課題について検討してみることとしたい。

1　藤森栄一の古墳研究と地域史研究

　日本各地に分布する古墳を地域史研究の重要な資料と位置づけた先駆的研究に、兵庫県加古川流域の古墳を取り上げた赤松啓介（栗山一夫）と長野県諏訪盆地を取り上げた藤森栄一（藤森 1939）の業績が挙げられる。藤森は氏がフィールドとする長野県諏訪盆地の古墳について、まず出土遺物によって各古

墳の築造時期を検討し、古墳時代後期に同時多発的に小古墳が築造されたことを明らかにした。そして、小古墳を分布状況から群として捉え、文献資料に記された古代氏族と対比させながら、古墳築造集団の抽出を行った。古墳研究の主流をなす大型前方後円墳や豊富な副葬品を出土する古墳が存在しない地域において、どこにでもある小古墳を地域史の中に位置づけた点で傑出した研究視点であり、中央史観とは一線を画した地域史の先駆的業績として高く評価される。今日、藤森の仕事は赤松啓介とともに群集墳研究の先駆的業績として学史的評価が高いが、発表当時、古墳研究の趨勢からは大きく外れていたため、学界への影響はほとんどなかった。しかし、この視点は桐原健らに引き継がれ、盆地単位に古墳の立地・分布状況の確認・検討という基本的な作業が継続され、今日の長野県での古墳研究の基礎を成している（桐原 1964・1973ほか）。

　藤森の視点は、盆地という地形的制約によって確定される範囲の中で、古墳時代後期という同時期にたくさんの古墳が築造されている状況を、古墳群というまとまりに着目することで築造集団を描き出したことに特質がある。この視点や方法は盆地という地形的特性をもった中部高地における古墳研究の基本姿勢としてあらためて学ぶところが多い。ただし、現在のように集落遺跡の発掘調査資料が蓄積されていなかったため、古墳築造集団を抽出するために古墳群を古代氏族と直接対比するという方法に寄らざるを得なかった点が惜しまれる。

　古墳は墓であり、そこに埋葬されている人々には当然、生前の生活場所がある。生活の場（集落）と埋葬地（古墳）を把握することができれば、古墳築造集団について埋葬地という特殊空間のみからではなく、日常生活という通常空間からもアプローチできる可能性が生じ、地域社会の基本単位となる集団の実態により迫ることができるようになると考えられる。現在、長野県内の古墳と集落について一瞥すると、各地に位置関係や形成時期から対応関係が充分想定できる遺跡を見出すことができる。特に古墳時代中期のいわゆる初期群集墳の周辺には同時期の集落遺跡の展開が認められる傾向があり、これらを積極的に対応させていくことによって、盆地内の動向はもとより、盆地間の比較対象も可能となり、より大きな範囲での動向把握へと繋がる。また、飯田盆地を対象に発掘資料をもって集落遺跡の動向を分析した山下誠一の一連の研究（山下 2002・2003・2004）は、複数の集落が関与したと想定される大型前方後円墳と

集落との関係をうかがううえで非常に重要な作業と考えられる。こうした一対になる古墳と集落、より広範囲に影響を与えた大型古墳と集落群の関係を積み上げていくことが、地域社会の構造を解き明かす糸口になると考えられる。

藤森の時代には発掘調査事例がほとんどなかったために分析ができなかった古墳群と集落との対応関係を丹念にみていくことで、藤森の提示した視点を現在に昇華して継承し、新たな地域史像を描き出すことができると考えられる。地域としての大きな課題である。

2 前方後円墳と地域史研究

(1) 長野県善光寺平における前方後円墳築造動向の研究

長野県善光寺平における前方後円墳の研究は1929年に森本六爾によって川柳将軍塚古墳の報告書が刊行されたことを嚆矢とする（森本 1929a）。1800年に竪穴式石室が開けられたことに関する聞き取り調査および出土品として残されていた副葬品に関する詳細な検討結果で、銅鏃や筒形銅器、琴柱形石製品などについては、全国的な研究の先駆けとなっている。さらに、川柳将軍塚古墳前方部前面で埴輪円筒棺の発掘調査をも実施している（森本 1929b）。先に刊行された『金鎧山古墳の研究』（森本 1926）とともに、古墳時代前半期の川柳将軍塚古墳、後半期の金鎧山古墳とそれぞれの時期を代表する古墳を研究対象としたことで、一古墳の調査研究にとどまらない地域史の視点も備えている。

さて、善光寺平には「将軍塚」と呼ばれる複数の前方後円墳が存在していることは古くから知られていたが、1964年に大塚古墳研究会によって初めてこれらが継続する首長墓として捉えられる（大塚古墳研究会1964）。大塚古墳研究会では地道な古墳の測量調査を通じて、千曲川右岸のいわゆる屋代田圃を囲む尾根上の前方後円墳を森将軍塚→倉科将軍塚→土口将軍塚→有明山将軍塚と四世紀から六世紀にかけて一世代一墳の割合で築造された首長墓と推定した。さらに、大型前方後円墳がそれぞれ異なる丘陵の尾根上に分布していることを周辺に後続する群集墳の存在に着目して、それぞれ異なる別の集団による築造と捉えた（図1参照）。一世代一墳の割合で前方後円墳が築造されるという点は他地域でも認められるが、それぞれ別の集団によって築造されたとした点に重

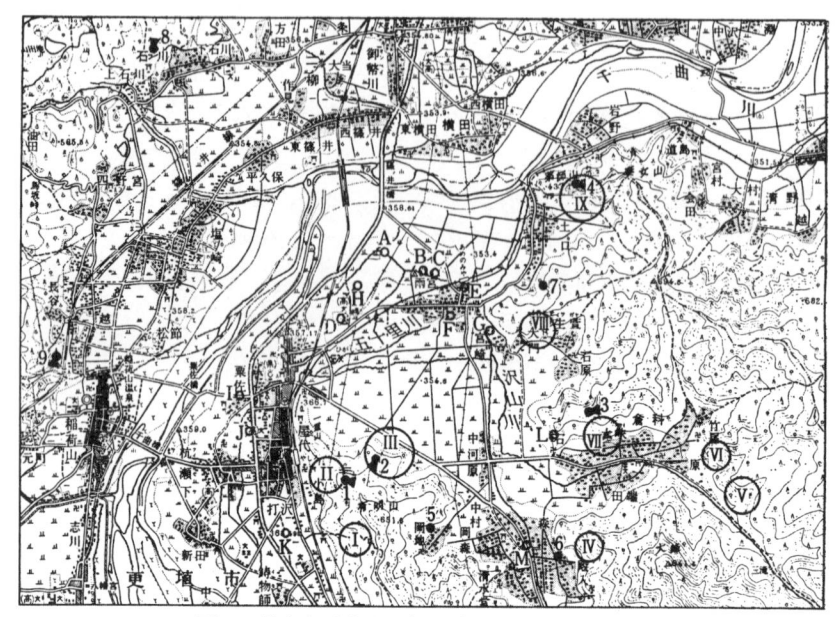

図1 善光寺平遺跡分布図（岩崎 1970より引用）

A. 城の内遺跡、B. 下条遺跡、C. 灰塚遺跡、D. 高校遺跡、E. 推定屋代寺跡、F. 町田遺跡、G. 生仁遺跡、H. 松ヶ崎遺跡、I. 栗佐遺跡、J. 警察所遺跡、K. 打沢遺跡、L. 石杭遺跡、M. 森小学校遺跡。
1. 有明将軍塚、2. 森将軍塚、3. 倉科将軍塚、4. 土口将軍塚、5. 岡地古墳、6. 白塚古墳、7. 大日堂古墳、8. 川柳将軍塚。
Ⅰ. 打沢古墳群、Ⅱ. 東山古墳群、Ⅲ. 森古墳群、Ⅳ. 県山古墳群、Ⅴ. 杉山古墳群、Ⅵ. 矢ノ口古墳群、Ⅶ. 大峡古墳群、Ⅷ. 生萱古墳群、Ⅸ. 土口古墳群。

要な意義がある。これは首長権が特定の集団に固定化されたものではなく、いくつかの集団の間での輪番制を想定するもので、複数の有力集団による複合体が地域社会の政治的構造であったことを明らかにしている。時を同じくして岡山県の古墳を分析した西川宏によっても同様の見解が提起されており（西川1964）、長野と岡山という異なった地域で首長墓の移動が確認されることとなった。こうした現象は小林行雄によって伝世鏡論や同笵鏡論を通じて体系的に進められた研究成果（小林1951）である、世襲王権の確立をもって古墳が出現とするという古墳時代観とは大きく異なる状況を提示することとなった。

　その後、岩崎は千曲川左岸地域が姫塚古墳、川柳将軍塚古墳、中郷神社古墳

と3基の継続する前方後円墳としては時間的空白が大きく、千曲川右岸の前方後円墳群との築造時期に違いがあることから、千曲川左岸を加えた7基の前方後円墳が順次築造された可能性を提起し、より大きな地域を首長墓が移動している状況を明らかにしている（岩崎 1979・1989）。この視点は1996年に田中裕によってさらに一歩進められる。田中はまず、善光寺平の前方後円墳の分布状況から8つ以上の政治的集団の存在を想定した。そして、善光寺平南部域に分布する前方後円墳と中・北部域に分布する前方後円墳の間に築造規格の共通性を見出し、より大きな前方後円墳が分布する南部域首長の傘下に中・北部域の集団が参画する、上下関係を伴う地域社会構造を想定している（田中 1996）。

岩崎らが前方後円墳の移動現象について提起した段階では前方後円墳群の調査は実施されていなかったが、森将軍塚古墳（1965～1968年、1981年～1992年）、土口将軍塚古墳（1982～1986年）、有明山将軍塚古墳（2001年）、倉科将軍塚古墳（2002年）と発掘調査が実施され、現在のところ、千曲川右岸では、森将軍塚古墳→有明山将軍塚古墳→倉科将軍塚古墳→土口将軍塚古墳、千曲川左岸では姫塚古墳→川柳将軍塚古墳→中郷神社古墳という変遷が考えられ、築造時期が未確定の中郷神社古墳を除くと、概ね中期前半代には大型前方後円墳の築造が終了すると捉えられるようになった。

(2) 善光寺平から伊那谷へ—前方後円墳築造地域の移動—

長野県下における前方後円墳が北の善光寺平と南の伊那谷に分布していることは古くから知られていたが、これらを対比して捉える視点は大場磐雄によって提起される（大場 1951）。横穴式石室を主体とする伊那谷の前方後円墳に対して、善光寺平では横穴式石室を埋葬施設とする前方後円墳が知られていないことから、先進的な伊那谷に対して、善光寺平は後進的であるが故に古墳時代後期になっても旧態依然とした竪穴式石室の前方後円墳が築造されていたと捉えた。これに対して岩崎卓也は古墳は政治的・イデオロギー的所産であるという立場から、「大和政権と政治的な関係が成立した段階にその当時中央で行われていた形式の古墳」が築造されたと捉え、初めて善光寺平では六世紀に入ると前方後円墳の築造が中止され、横穴式石室を有する前方後円墳は造られなかったと指摘した（大塚古墳研究会 1964、岩崎 1970）。ここに至って、古墳

時代前半期の善光寺平、後半期の伊那谷という前方後円墳分布域の二極分化が明らかとなる。

　藤森栄一は古墳時代後半期に伊那谷に前方後円墳が集中的に築造される背景に「馬」の存在を想定する（藤森 1961）。その後、伊那谷では馬の埋葬土壙が多数検出され、多くの研究者によって「馬匹生産」の重要性が説かれている[(1)]。さらに、後述するように善光寺平や甲府盆地における積石塚古墳群の形成に関しても「馬匹生産」との関連が重要視されており、「馬」は中部高地古墳時代後半期の重要なキーワードとなっている。

　さて、伊那谷に前方後円墳が集中的に築造される背景として、白石太一郎は小地域ごとに前方後円墳が分布し、横穴式石室の形態がそれぞれ異なることに注目した（白石 1988）。多彩な形態の横穴式石室をａからｄ類の４種に分類して系統を把握し、馬具の多量出土や馬埋葬土壙の存在などから馬匹生産の重要性を認めたうえで、馬匹生産に関わって畿内の諸豪族が競って伊那谷との関係を持った結果、前方後円墳が集中的に築造され、多彩な形態の横穴式石室が採用されたと捉えた。その後、白石ｄ類の横穴式石室については、楠本哲夫によって朝鮮半島の大邱飛山洞古墳群にみられる竪穴系横口式石室との関連が指摘されている（楠本 1996）。また、土生田純之は北部九州の竪穴系横口式石室にも関連が見出されることを指摘し、日本列島内における二次的伝播も視野に入れている（土生田 1997）など、一概に畿内政権との直接的な関係のみでは理解しがたい状況も明らかにされている。

　飯田地域に集中的に築造される前方後円墳の中には、高岡１号墳をはじめに前方部が長い形態の一群がみられる。天竜川の上流部に位置する松島王墓古墳（長野県箕輪町）や青塚古墳（長野県下諏訪町）も同様の形態となり（松尾 1993）、飯田地域の特徴的な前方後円墳の形態が天竜川上流域にまで達している。この点に関して、「５世紀後半から６世紀前半に各地区で行われた前方後円墳の築造が、最終的には竜丘地区さらにその中でも南端の上川路区に集約されていく状況を見て取ることができる」（澁谷編 2007）との指摘は重要である。飯田地域の各小地域に築造されていた前方後円墳が特定の地域に集約されていくのと時をほぼ同じくして、飯田地域に特有の前方後円墳形態が天竜川上流域にまで拡散する。当初、各小地区の集団が競って前方後円墳を築造していたも

のが、地域内での社会構造の進展に伴い、構造化されていくとともに、地域外への影響力も強くなってきたことを示していると考えることができる。

伊那谷は前方後円墳の築造動向や鋲留甲冑・馬具等の威信財の集中度で中部高地のみならず列島規模でみても抜きん出ており、小林秀夫が重視した5世紀後半の画期(小林 2000)を経て、中部高地古墳時代後半期のイニシアティブを握ったことは動かしがたい事実であろう。さらに、北の善光寺平において、継続して築造された大型前方後円墳の終焉と合わせるように伊那谷で大型前方後円墳の築造が始まることは、地域史としても見逃すことができない現象と捉えられよう。

(3) 山梨県甲府盆地における大型前方後円墳の築造動向研究

中部高地で最大規模の古墳を挙げると、前方後円墳では墳丘長169mの甲斐銚子塚古墳、円墳では直径72mの丸山塚古墳、方墳では一辺52mの竜塚古墳と、いずれも甲府盆地に分布している。中期古墳である竜塚古墳を除くと、古墳時代前期の大型古墳は甲府盆地南東部の曽根丘陵に集中的に築造されており、首長墓が一定地域で継続的に築造される状況が明らかとなっている。首長墓が移動する現象が指摘されている長野県善光寺平とは好対照をなす状況が示されていることが注意される。

大型古墳には甲斐銚子塚古墳・丸山塚古墳のほか、全長120mの大丸山古墳、全長132mの甲斐天神山古墳が分布している。甲斐天神山古墳は発掘調査が実施されていないため詳細は不明であるが、くびれ部より発見されたという土師器甕によって、丸山塚古墳に続く中期前半代の大型前方後円墳として位置づけられてきた(山本 1960)。これに対して、宮澤公雄は立地や墳丘形態から甲斐銚子塚古墳に先行する前期古墳である可能性を指摘している(宮澤 1994)。また、墳丘形態や墳丘上より表面採集された底部穿孔壺形土器の存在から車崎正彦は前期古墳と推断し(車崎 1993)、さらに田中新史によって氏の踏査成果である表面採取資料の提示と分析が行われ、大丸山古墳に先行する東国前期前半最大規模の前方後円墳と評価された(田中 2002)。こうした研究により、小平沢古墳→甲斐天神山古墳→大丸山古墳→甲斐銚子塚古墳→丸山塚古墳と首長墓の継続的築造が把握できるようになった。なお、これらの大型古墳は曽根丘陵

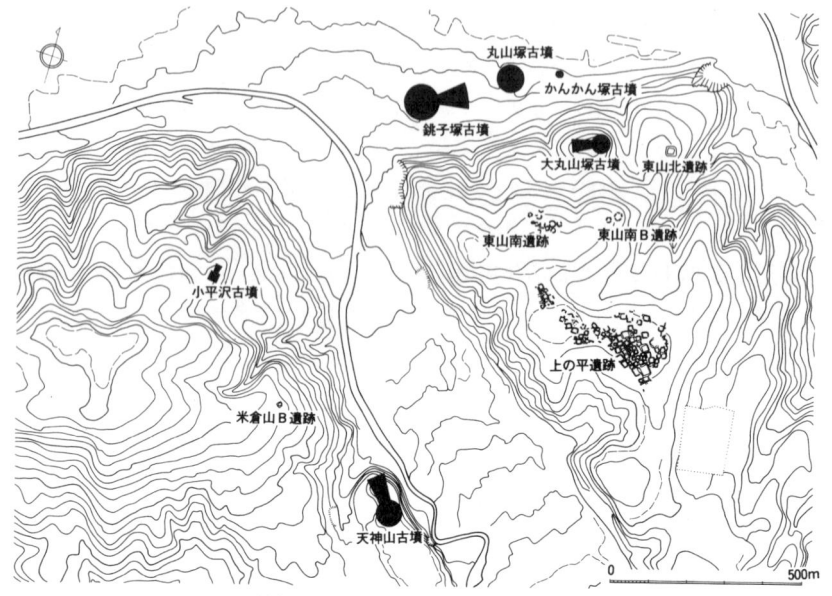

図2　曽根丘陵古墳分布図（宮澤　1994より引用）

に築造されるが、宮澤公雄は曽根丘陵を東山と米倉山の2つの地域とみて、小平沢古墳・甲斐天神山古墳と大丸山古墳・甲斐銚子塚古墳・丸山塚古墳を別系統である可能性を考慮している（宮澤　1997）。この捉え方によっては米倉山から東山への大型古墳の移動が想起され、一系列の首長墓とは異なる重要な問題を孕んでいる（図2参照）。

さて、甲府盆地には中道地区以外に八代地区に全長92mの岡銚子塚古墳が分布している。八代地区では竜塚古墳から岡銚子塚古墳への変遷が想定されていたが、竜塚古墳が中期古墳と判明し、甲斐銚子塚古墳と同時期に岡銚子塚古墳が出現することが確定的となった。この両者については、岡銚子塚古墳が甲斐銚子塚古墳と相似形であることや副葬品や埴輪が類似していることから、八代地域の勢力と連合を取りながらも中道地域を頂点とする初期政治構造が確立したとみる橋本博文の見解がある（橋本　1984）。これに対し、車崎正彦は両者から出土した鼉龍鏡の分析により、より面径の大きな鼉龍鏡を有する岡銚子塚古墳の被葬者に強大な勢力を誇る中道の首長（甲斐銚子塚古墳）への牽制と監視

の役が期待されたと解釈しており（車崎 1993）、岡銚子塚古墳に関する歴史的意義づけが大きく異なっている。甲斐銚子塚古墳・岡銚子塚古墳以後、大型前方後円墳の築造が見られなくなるだけに、この2基の相互関係は重要である。

　田中新史が指摘するように、甲府盆地は甲斐天神山古墳、甲斐銚子塚古墳と東国においてそれぞれ築造期最大規模の前方後円墳を2度も輩出する他には見られない地域であり、中部高地という地域圏を超えた列島規模の動向が反映されている。一方で、前期大型古墳の終焉以後に帆立貝形古墳が築造される点や大型方墳の出現、積石塚古墳群の形成は長野県の善光寺平や伊那谷と通じており、中部高地圏の特色を垣間見ることができる。「甲斐の黒駒」に象徴される「馬匹生産」も重要なキーワードとなり、甲府盆地の後半期古墳は地域の動向と軌を一にしていると評価できる。このように捉えると、曽根丘陵という一定地域内に東国最大級の前期前方後円墳を継続的に築造する点は、中部高地古墳時代前半期の最大の特徴となる。同じ前半期に前方後円墳を継続して築造する善光寺平とは、築造地域の固定・分散状況やより小型の前方後円墳との共存などの点で大きく異なっており、同一の社会状況や対外関係では読み解くこと難しいと考えられる。東国でも傑出した前期大型古墳群を中部高地という地域圏でどう理解するか、大きな課題である。

3　積石塚古墳・合掌形石室と地域史研究

　地域性が高い積石塚古墳や合掌形石室の研究史については桐原健（1989）や西山克己（1996・2000）、小林秀夫（1978）がまとめているので詳細は譲り、ここではそれぞれの研究略史を辿ることで現状を確認することからはじめたい。

(1) 積石塚古墳研究略史

　第1期（〜1951年）　1923年に鎧塚古墳（長野県須坂市）に関し、「石塚のよき標本」と報告されたことを嚆矢として、皆神山周辺の積石塚古墳やこれ以前に調査等が行われた大塚古墳（長野県茅野市）・ニカゴ塚古墳（長野県長野市）について積石塚古墳と把握できる点が指摘された。また、金鎧山古墳（長野県中野市）や和栗古墳（長野県木島平村）が報告されるなど、わずか5年ほどの

間に類似資料の紹介や報告による基礎資料の蓄積が図られた。

基礎資料の蓄積と同時に、積石塚古墳出現の背景にも解釈が試みられる。森本六爾は金鎧山古墳に関し、石室の天井が合掌形に組まれているため、墳丘を堅剛にする必要性から生じたと説き、積石墳丘は合掌形石室と構造的に結び付いて出現したと考えた（森本 1926）。この後、石清尾山古墳群（香川県高松市）では、積石塚古墳の出現が古式古墳の段階まで遡ることが確認されたことによって、思想的影響よりも石材が多く産出する地理的条件に要因が求められた。対馬（長崎県）の調査報告でも同様に地理的要因が重視され、西日本の積石塚古墳でいわゆる「環境自生説」が提起される。

一方で、1929年の『松代町史』において、松代町に分布する積石塚古墳は高句麗からの渡来人によるものとする見解を皮切りに、栗岩英治による高句麗系渡来人説（栗岩 1938）、大場磐雄による高句麗系渡来人説（大場 1951）など、『日本後紀』や『新撰姓氏録』などに記載された信濃への渡来系集団の移住記事を参照し、被葬者像についての具体的な理解が示された。被葬者を渡来系集団とみる点は積石塚古墳出現の背景に渡来系集団により持ち込まれた新たな文化を想定することとなり、「環境自生説」とは相反することとなる。高句麗系渡来人説を展開した大場磐雄は、森本説に対して積石塚の中で合掌形石室をもつものはほんの一部にすぎないことや「環境自生説」に対して積石塚群集中地に盛土墳が存在すること、また、長野県において北信地方に限って積石塚が分布するなどの具体的事例を提示して批判を行っている（大場 1947）。ここに至って、渡来系集団によって故地の風習が持ち込まれた、いわゆる「大陸墓制説」が提起される。

第2期（1952〜1969年） 1952年には栗林紀道によって大室古墳群（長野県長野市）の分布調査結果が公表される。それまで250基ともいわれていた大室古墳群を丹念に踏査し、総数501基であることを明らかにしている。さらに、積石塚を石のみによって築かれた「積石塚」と土砂が混入した「土石混合墳」に大別し、土石混合墳を「心土表石墳」・「心石表土墳」・「土石混合墳」に細分し、積石塚古墳に多様な形態があることを示した（栗林 1952）。この後、安坂将軍塚古墳（長野県筑北村）、桜ヶ丘古墳（長野県松本市）、長原古墳群（長野県長野市）の発掘調査が実施され、調査成果にもとづいた積石塚の検討や集成が実

施される。

　また、1968年には日本考古学協会の秋季大会が長野県松本市で開催され、「積石塚をめぐる諸問題」としてこれまでの積石塚研究が総括された（長野県考古学会　1969）。

　第3期（1970年～）　1970年には大室古墳群北谷支群で、1992年には大室谷支群で緊急発掘調査が実施され、それぞれ6基の古墳の調査結果が報告された（神村ほか 1970、大塚ほか 1992）。この他、1991年の針塚古墳、1993年・2006年・2008年の明治大学考古学研究室による大室古墳群の学術調査、1996年の大星山古墳群、1997年の八丁鎧塚古墳と主要な積石塚古墳の報告がなされている。また、山梨県下でも、1984年に大蔵経寺山15号墳（笛吹市）、1991年に横根・桜井古墳群（甲府市）の調査成果が公表され、甲府盆地においても多くの積石塚古墳が群を形成していることが明らかとなった。1999年には宮澤公雄によって、積石塚古墳の分布状況・概要・課題等について総括されている（宮澤 1999）。このように1970年以降、特に1990年代を中心に積石塚古墳の学術調査や緊急調査が実施され、資料の蓄積が飛躍的に進んだ。

　こうした状況を受けて、積石塚古墳の分類研究が進められる。分類研究は小林秀夫による3分類（小林 1975）を皮切りに、西山克己による5型式分類（西山 1996）、飯島哲也による3型4式分類（飯島 2003）へと表面観察の結果から立地・断面観察を加味したものへと深化を遂げるが、分類が詳細になるにつれ「積石塚古墳とは何か？」という概念規定が課題となってきた。現在のところ、西山・飯島をはじめに多くの研究者が純粋に石材のみを用いた古墳を積石塚古墳とするという見解を明らかにしているが、積石塚古墳の概念規定に関わる議論が優先されているため、栗林紀道によって大別された土石混合墳をどう位置づけるかが明瞭となっておらず、「狭義の積石塚」・「広義の積石塚」というような表現が用いられている状況である。

(2)　合掌形石室研究略史

　第1期（～1936年）　合掌形石室が学界に報告されたのは古く、1924年には矢沢頼道によって長野県長野市松代町の皆神山周辺に屋根形天井を持つ古墳があると紹介されている（矢沢 1924）。1926年には岩崎長思によって金鎧山古墳・

ニカゴ塚古墳が「屋根型石槨」として報告される（岩崎 1926）。また、同年、樋畑雪湖は大室古墳群を紹介し、大室古墳群中に分布する合掌形石室を「拝み式」と呼称している（樋畑 1926）。さらに、この年には、森本六爾によって金鎧山古墳の調査報告がなされ、桑根井空塚古墳・竹原笹塚古墳・大室古墳群（大平塚［168号墳］および無名墳）・和栗古墳と5例の合掌形石室について集成が行われる。そして、合掌形石室については、「箱式槨（粗製組合式家形棺系）ともいうべき状態を呈し石室といはんよりは、石棺の変形式なるの観」があり、「家形石棺との関係を想起せしまめずんばあらざるもの」との見解を提起した。そして、「粗製組合式家形石棺」と呼ぶことを提唱し、「粗製家形石棺こそ本古墳の示現する文化の地方相の好例」と評価した（森本 1926）。この後、1928年に和栗古墳、1931年に王塚古墳（山梨県中央市）、1936年に吉31号墳（長野県長野市）が報告され、吉31号墳において「一墳双在の合掌石棺」と栗岩英治によって「合掌」の名称が初めて使用される（栗岩 1936）。

このように、大正後半期から戦前にかけて、すでに合掌形石室の主要な資料が集成され、分布域が埴科・下高井・上高井と北信地方河東地域に限定されていることが把握されていた。そして「信濃における文化の地方相を著しく示現せるもの」という森本六爾の総括は現在も変わることのない卓見と評価される。

第2期（1944〜1968年） 1944年には斎藤忠によって合掌形石室は百済からの渡来人との関係で捉える新たな見解が提起された（斎藤 1944）。森本六爾が提起した家形石棺との関係で捉える日本列島内での系譜理解とは異なる大陸系譜説が提起された点で注目される。また、大場磐雄は金鎧山古墳等において合掌形石室が積石墳丘とセットになることに注目し、積石墳丘の系譜と想定した高句麗系渡来氏族との関係の中で合掌形石室も捉える見解を提起している（大場 1951）。積石墳丘と合掌形石室の関係については、林畔1号墳（小野 1956）や上池ノ平1号墳（長野県長野市）で積石ではない墳丘内に合掌形石室が構築されているなど、積石墳丘と合掌形石室が必ずしも同一古墳で採用されてはいないということが明白となってきた。

1969年には大塚初重によって1951年に実施された大室古墳群の発掘調査について報告がなされる。大塚は大室古墳群内での合掌形石室の分布状況を概観し、各単位古墳群に数基の合掌形石室が含まれていることから、5つの単位古墳群

中に合掌形石室に固執する集団が等質的に包括されていたという重要な指摘を行っている。また、積石墳丘は環境によって発生する可能性があるが、合掌形石室は日本列島内において特異な埋葬施設であることから、その系譜は渡来系集団との関連において検討すべき課題と積極的に評価した（大塚 1969）。

1967年には米山一政・下平秀夫によって、吉3号墳（長野県長野市）の調査概要報告に伴い、合掌形石室が四分類される（米山・下平 1967）。さらに1978年には小林秀夫が先に提示した四分類を基本としながら、大室古墳群の事例をもって竪穴系の分類案を細分化し、五型式の分類案を提示した（小林 1978）。この分類案は調査事例の希少さのため比定年代に問題を残すものの、竪穴系と横穴系の2大別に加え、竪穴系を側壁と天井石の配置関係で捉えるなど、今日まで継承される分類基準として到達点を示している。また、合掌形石室と積石墳丘の関連性については、「大室古墳群の発展の中で積石塚古墳と合掌形石室は非常に関係の深いものとなる」と指摘され、大室古墳群の重要性があらためて提起されている。

名称については、栗岩英治の「合掌石棺」を受けて、大場磐雄が「合掌式石室」、大塚初重が「合掌形石室」と呼称し、以後「合掌形石室」という名称が定着する。

第3期（1988年〜）　1988年の地附山古墳群の報告において青木和明は、検出された1・4・5号墳の合掌形石室について（図3参照）、石室規模や石室構築工程、壁体小口の状況について箱形石棺との比較検討を通じて、横口構造であることを提起した（青木ほか 1988）。1996年には大星山古墳群（長野県長野市）が報告され、土屋積は合掌形石室である2号墳が「横穴式石室の玄門部を思わせるような構造」として、横口構造であることを示唆した（土屋・青木 1996）。同年、土生田純之は地附山古墳群の報告を受けて検討を加え、両小口に構造差が認められることから地附山古墳群の合掌形石室は竪穴系横口式石室であることを明らかにした。さらに、古墳群の形成過程を分析する中で、合掌形石室がより一般的な横穴式石室へ近接していく過程を示した（土生田 1996）。また、翌年の1997年には地附山古墳群で確認された横口構造が大室古墳群でも認められる点を明らかにし、基本的に石棺系の合掌形石室が竪穴系横口式石室であることを提起している（土生田 1997）。この土生田による新たな見解は、

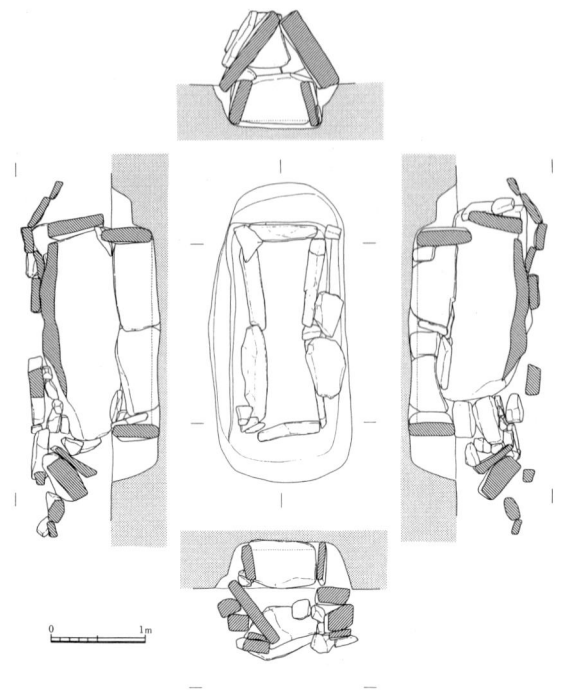

図3　地附山・上池ノ平1号墳1号石室実測図（青木ほか1988より引用・改変）

飯島哲也（2003）や草野潤平（2008）によって地附山古墳群や大室古墳群において検討され、細部において一致はみていないものの、奥壁の発達、粗雑化・小型化の方向性が見出されている。また、これらの新出資料や新たな見解を踏まえて、西山克己（1996・2000）や飯島哲也（2003）によって合掌形石室の諸属性に関する整理検討が行われている。

1992年には大塚初重によって大室古墳群大室谷支群ムジナゴーロ単位支群の調査成果の一部が公開され、合掌形石室の築造が五世紀後半代に遡ることが明らかとされた（大塚 1992）。それ以前には基本的に六世紀後半代以後と位置づけられていただけに、大室古墳群の形成初期に合掌形石室が構築されていることが明らかとなった点は合掌形石室の出現や大室古墳群の形成過程を考える上で転換点となった。この後、大石単位支群の221号墳や225号墳、ムジナゴーロ単位支群の168号墳が報告され（大塚ほか 2006、小林ほか 2008）、大塚によって提起された、各単位支群の最初に築造された古墳が合掌形石室を埋葬施設とするという点がより鮮明となってきている。

(3) 積石塚古墳・合掌形石室と地域史研究

積石塚古墳・合掌形石室に関する研究史について一瞥したが、森本六爾や大

場磐雄が重視した墳丘構造である積石塚と埋葬施設である合掌形石室は不可分のものとして研究が進められてきた。中部高地の積石塚古墳の理解に関して並立する「大陸墓制説」と「環境自生説」は、合掌形石室の系譜が朝鮮半島に求められるようになると「大陸墓制説」が優勢となる点などはこのことを象徴している。ただし、合掌形石室を埋葬施設とする古墳でも盛土墳である事例が報告されており、また、長野県善光寺平以外の積石塚古墳では合掌形石室が見られないなど、両者が密接な関係をもって展開するのは大室古墳群においてのみとなり、積石塚古墳と合掌形石室が双方存在する大室古墳群が視座の中心に据えられて研究が進められてきたことがあらためて理解される。5支群500余基の古墳が群集する大室古墳群は、東日本を代表する群集墳のひとつであり、また、大型前方後円墳の築造地域の移動直後に出現するなど、中部高地の古墳時代の一大画期に現れる古墳群となる。群集墳が卓越しない中部高地においては傑出した存在であるとともに、狭義の積石塚・広義の積石塚・合掌形石室、さらには牧との関連と積石塚古墳をめぐるキーワードを備えた古墳群として、この解明は地域史研究において非常に大きな意義をもっている。

　積石墳丘に関しては、純粋に石のみを用いた墳丘を積石塚とするという概念規定が提起され、大方の一致をみている。この点、中部高地は積石塚古墳ばかりの特殊な古墳分布地域という地域観は薄れたが、積石塚古墳から外れた土石混合墳をどう理解するかが重要な課題になってきた。現在、土石混合墳とされている古墳には、合掌形石室を埋葬施設とする中期古墳から横穴式石室を埋葬施設とする後期古墳まで幅広く存在し、数の上からは積石塚を凌駕するものとなる。鈴木直人は土石混合墳丘について石を多く含む土を盛り上げた墳丘という見解を示した（鈴木 1992）が、堅剛な墳丘を構築するという点からすると石のみあるいは土のみの方が容易く、土石が混合した盛土石で墳丘を構築することは崩落のリスクを背負っている。飯島哲也は土石混合墳という分類そのものを否定的に捉えている（飯島 2003）が、それでもなお大室古墳群をはじめに横根・桜井古墳群など広く存在している、積石塚古墳ではなく盛土墳でもない土石混合墳をどう位置づけるかが次の課題となろう。特に、土石混合墳は積石塚古墳の周辺に濃密に分布しており、これらが無関係でないことは充分予測される。積石塚古墳の理解においても必要な課題である。

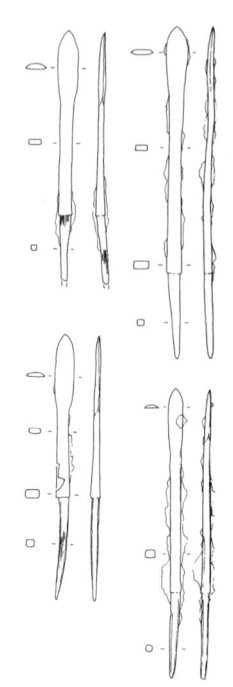

図4 大星山2号墳出
土鉄鏃（土屋・青
木 1996より引用・
改変）

合掌形石室は地域を代表する古墳埋葬施設であり、中部高地の独自性を捉える上で重要な遺構となる。近年の発掘調査では、古墳時代中期後半代の合掌形石室を埋葬施設とする古墳では、ほとんどの事例で埴輪の樹立が確認されている。積石塚古墳や合掌形石室が偏在する北信地方では大型前方後円墳の終焉以後、盛土墳では埴輪樹立が減少するが、積石塚古墳や合掌形石室の古墳では逆に樹立する傾向が高まっている。埴輪は日本固有の外表施設であることから、渡来系集団との関連性が高いとされる積石墳丘・合掌形石室の古墳に埴輪樹立が広く認められる点は留意される。一方で最古の合掌形石室と目される大星山2号墳から出土した鉄鏃（図4参照）は、古墳の築造時期に比して長頸化がいち早く、鉄鏃編年に対応しないことから将来品であるとみてよい（風間 2003）。これまで合掌形石室から渡来系と考えられる遺物の出土はなかったが、最古と目される合掌形石室から渡来系と考えられる遺物が出土したことは、合掌形石室の系譜を考えるうえで留意される。また、近年調査が実施された合掌形石室では横口構造であることが明らかにされており、合掌形石室が竪穴系横口式石室の一形態と把握されるようになった。このように合掌形石室を埋葬施設とする古墳は日本列島内外の要素を併せ持つことが知られるようになってきたが、系譜については残念ながら現在のところ朝鮮半島にも日本列島内にも直接の祖型が確認されていない。朝鮮半島における合掌形石室は、柿木洞古墳をはじめに日本列島で出現する合掌形石室より新しく、構造的にも結びつく事例がないことから、直接の祖型が見出されていない（土生田 2000）。また、列島内においても先行する埋葬施設の要素に注意が払われ、天井部が合掌形を呈する竪穴式石室について検討されるが、これらも年代的・構造的懸隔が大きいことが指摘されている（土生田2000、西山 2000、飯島 2003）。学史上、「大陸系譜説」がほぼ定説化していただけに、列島内外に系譜が求められない現状は合掌形石室の研究を進めるうえ

で大きな障害となっている。

　この閉塞感を打開するためには合掌形石室が長野県北信地方に偏在する背景に焦点を当てることが必要と考える。合掌形石室が特定の渡来系集団に由来するという想定は北信地方への集中分布は説明しているが、偏在への説明とはなっていない。偏在の背景を探ることは、森本六爾によって提起された「信濃における文化の地方相を著しく示現せるもの」という見解を今日的に検証するものとなろう。

　さて、偏在性を示す古墳の中で、南九州に限定的に分布する地下式横穴墓の中に、天井部を家形に整形したものが認められることは注目される。地下式横穴墓最古段階に位置づけられる岡崎18号墳1号地下式横穴（鹿児島県鹿屋市、図5参照）では、切妻家形に整形された墓室内に箱形石棺が設置されていた（橋本ほか 2008）。築造時期はTK73～216型式期とされ、現在、最古の合掌形石室と考えられる大星山2号墳の築造時期とほぼ合致する。また、地下式横穴墓は横穴式石室とともにもたらされた新たな横穴系埋葬施設で、閉鎖的な地域の中から独自に生じたものではないと考えられている。分布域は宮崎県から鹿児島県にかけて、えびの盆地などいくつかの集中する地域をもっていることが知られている。この偏在性は合掌形石室の偏在と通じる点があり、出現の時期や大陸系譜である点も合わせて注目される。そして何よりも、古墳時代中期前半代の家形墓室の出現という点で無視できない現象と考えられる。家形墓室出現については、ムロ（室）をシンボライズしたものであり、家形石棺や地下式横穴墓・横穴の屋根表現はムロを象徴したものと捉える車崎正彦の考えがある（車崎 2000）。この車崎の考えを考古学的に検証することは難しいが、少なくとも古墳時代には家形墓室に埋葬するという共通した観念が存在し、その表現方法（家形墓室の形態）は多様であったと捉えられることは確かである。この多様な表現方法のひとつとして合掌形石室を位置づけると、家形表現の偏在性はさらに明瞭になり、古墳時代中期前半代の特性のひとつとさえなろう。

　地下式横穴墓については現在、前方後円墳周縁域での墓制として研究が進められている（橋本・藤井 2007）。合掌形石室も大型前方後円墳の築造が停止され、同時期の前方後円墳築造地域の周縁部となった段階で出現している。地下式横穴墓と合掌形石室が同一系譜であると考えることはできないが、中期前半

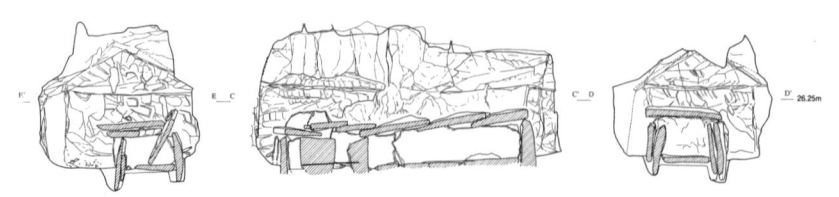

図5　岡崎18号墳1号地下式横穴墓（橋本ほか 2008より引用・改変）

代の家形墓室が偏在性をもって出現することは注視すべき現象であろう。

　特殊性がことさら強調されてきた積石塚古墳・合掌形石室であるが、現在最古段階と考えられている大星山2号墳より列島内外の要素を併せ持ち、その後地域内での変化が認められるなど地域に根ざした古墳となっている。豊かな地域史を描くにあたり、これらを外からの新たな文化伝播という理解に止めて満足することなく、受容した地域社会の変化を追求し、地域に位置づけていく段階がすでに来ていると考えられる。

4　おわりに

　中部高地における古墳研究と地域史研究という課題に関し、①長野県諏訪盆地を取り扱った藤森栄一の研究、②大型前方後円墳の築造動向、③中部高地に特徴的な積石塚古墳・合掌形石室という3つの視点から現状を確認し、課題について検討を加えてきた。②と③については、各地区の動向を確認することによって、甲府盆地や善光寺平で大型前方後円墳の築造が停止した後に伊那谷で大型前方後円墳が築造され、時を同じくして積石塚古墳・合掌形石室が出現するという一連の流れが想起される。特に積石塚古墳が前方後円墳集中域である伊那谷には分布せず、善光寺平や松本盆地、甲府盆地と伊那谷を囲むように出現・展開している点は注意されよう。この前方後円墳の集中域とその周辺の積石塚古墳の分布域の形成は、中部高地という地域圏の中でそれぞれの盆地単位の事象が連動していることを示すとともに、「馬匹生産」に絡む中部高地古墳時代後半期の社会構造を示していると捉えられよう。また、合掌形石室については、中期に新たに出現する「家形墓室」のひとつの形態として把握しうる可能性を提起した。今後、さまざまな面からの検討が必要となるが、日本列島内

での異質さゆえに大陸系譜と考える前提をいったん取り除き、後半期古墳の埋葬施設のひとつとして検討することで新たな局面を迎えることができるのではないかと考えている。一方、古墳時代前期における地域内の連動はさらに検証を重ねる必要性がある。特に甲府盆地の大型古墳群を地域の中にどう位置づけていくか、課題は大きい。

中部高地は地形的特性から盆地を基本単位とする小地域圏の集合体である。このため、必然的に盆地単位の研究が基本となり、①として扱った藤森栄一の研究視点が今日的にも有効だと確認される。中部高地という地域圏は、藤森の視点を継承し、近年蓄積された情報を充分咀嚼することによって、他地域では成し得ない地域史を描き出すことができる可能性を有しているとあらためて認識させられる。

注
（1）藤森栄一の馬に関する指摘は澁谷恵美子が簡潔にまとめている（澁谷 2000）。また、中部高地の古墳文化と馬匹生産の関係性に関する論説は枚挙にいとまがないが、北の善光寺平との比較においては西山克己（2003）が、また、伊那谷の馬埋葬に関しては澁谷恵美子（2000）がまとめており、参考となる。
（2）大丸山古墳の墳丘規模については、99mと120mの2つの見解がある。ここでは、報告書（茂木編 2007）で示された見解に従う。
（3）大星山2号墳では普通円筒埴輪や朝顔形埴輪の樹立は認められなかったが、底部穿孔壺が複数出土しており、墳丘上に囲繞されたと考えられる。
（4）出土した鉄鏃は中国・吉林省太王陵出土鉄鏃と類似し、高句麗系の鉄鏃の可能性も想起される。ただし、弓が出土せず弓矢セットとして確認できないことから、大星山2号墳の被葬者や築造集団について高句麗系の集団と捉えることは尚早と考えている。

引用・参考文献
青木和明ほか 1988『地附山古墳群―上池ノ平1～5号古墳緊急発掘調査報告書―』長野市教育委員会
飯島哲也 2003「科野における石積み墳丘の古墳―いわゆる積石塚古墳の墳丘構造分類―」『関西大学考古学研究室開設五拾周年記念 考古学論叢』
飯島哲也 2003「合掌形天井の埋葬施設について―いわゆる合掌形石室についての再整理―」『研究報告』第11集、帝京大学山梨文化財研究所
岩崎卓也 1970「古墳時代の遺跡・遺物と郷土社会の変貌」『郷土史研究と考古学』郷

土史研究講座1、朝倉書店
岩崎卓也 1979「古墳と地域社会」『日本考古学を学ぶ（3）』原始・古代の社会、有斐閣選書
岩崎卓也 1989「第二章第二節　古代社会の基礎」『長野県史』通史編　第1巻　原始・古代、長野県史刊行会
岩崎長思 1926「金鎧山古墳」『長野県史跡名勝天然記念物調査報告』第五輯、長野県
大塚古墳研究会 1964「長野県における古墳の地域的把握」『日本歴史論究』東京教育大学昭史会
大塚初重 1955「長野県埴科郡大室古墳群の性格」『日本考古学協会一五回総会研究発表要旨』日本考古学協会
大塚初重 1962「信濃　大室古墳群」『古代学研究』30、古代学研究会
大塚初重 1969「長野県大室古墳群」『考古集刊』第四巻、東京考古学会
大塚初重・小林三郎ほか 1992『上信越自動車道埋蔵文化財発掘調査報告書3—長野市内その1—　大室古墳群』長野県埋蔵文化財センター
大塚初重 1992「東国の積石塚古墳とその被葬者」『国立歴史民俗博物館研究報告』第44集、国立歴史民俗博物館
大塚初重・小林三郎・石川日出志 1993『信濃大室積石塚古墳群の研究Ⅰ』東京堂出版
大塚初重・小林三郎ほか 2006『信濃大室積石塚古墳群の研究Ⅱ—大室谷支群・大石単位支群の調査』東京堂出版
大場磐雄 1947「信濃国坂井村の積石塚に就いて」『信濃』第22巻第1号、信濃史学会
大場磐雄 1951「信濃国の古墳群とその性格」『上代文化』第21輯、上代文化研究会
小野勝年 1956「長丘村田麦林岬1号墳」『下高井』長野県教育委員会
風間栄一 2003「長野市飯綱社古墳出土の鉄鏃—未報告資料の紹介—」『研究報告』第11集、帝京大学山梨文化財研究所
神村透ほか 1970『大室古墳群北谷支群緊急発掘調査報告書—長野県農事試験場等用地内古墳調査—』長野県・大室古墳群調査会
桐原　健 1964「善光寺平における古墳立地の考察」『信濃』第16巻第4号、信濃史学会
桐原　健 1973「古墳分布に基づく古代氏族の推察—松本市街周辺の古墳様相」『信濃』第25巻第3号、信濃史学会
桐原　健 1989『積石塚と渡来人』東京大学出版会
草野潤平 2008「第3章　4．大室古墳群における合掌形石室の変遷について」『信濃大室積石塚古墳群の研究Ⅲ—大室谷支群・ムジナゴーロ単位支群第168号墳の調査—』六一書房
楠本哲夫 1996「信濃伊那谷座光寺地区の三石室」『研究紀要』第3集、由良大和古文化研究会

栗岩英治 1936「一墳双在の合掌石棺」『信濃』第3巻第12号、信濃史学会
栗岩英治 1938「大化前後の信濃と高句麗遺跡」『信濃』第7巻第5・6号、信濃史学会
栗林紀道 1952『大室古墳群畧図―第四回基礎調査』
車崎正彦 1993「鼉龍鏡考」『翔古論集』久保哲三先生追悼論文集刊行会
車崎正彦 2000「古墳祭祀と祖霊観念」『考古学研究』第47巻第2号、考古学研究会
小林三郎・大塚初重ほか 2008『信濃大室積石塚古墳群の研究Ⅲ―大室谷支群・ムジナゴーロ単位支群第168号墳の調査―』六一書房
小林秀夫 1975「善光寺平における積石塚古墳の諸問題―特に墳丘築造について―」『長野県考古学会誌』第21号、長野県考古学会
小林秀夫 1978「合掌形石室の諸問題」『中部高地の考古学』長野県考古学会
小林秀夫 2000「信濃の古墳文化」『大塚初重先生頌寿記念考古学論集』東京堂出版
小林行雄 1961『古墳時代の研究』青木書店
斉藤 忠 1944「屋根形天井を有する石室墳に就いて」『考古学雑誌』第26巻第3号、日本考古学会
澁谷恵美子 2000「馬の文化論―伊那谷を中心として―」『大塚初重先生頌寿記念考古学論集』東京堂出版
澁谷恵美子編 2007『飯田における古墳の出現と展開』飯田市教育委員会
白石太一郎 1988「伊那谷の横穴式石室（一）・（二）」『信濃』第40巻第7・8号、信濃史学会
十菱駿武 1991『横根・桜井積石塚古墳群調査報告書―分布調査報告、横根支群39号墳・桜井内山支群9号墳発掘調査報告―』甲府市教育委員会　横根・桜井積石塚古墳群整備活用計画策定委員会
鈴木直人 1992「第4章第1節（3）積石塚の墳丘構造の問題点」『上信越自動車道埋蔵文化財発掘調査報告書3―長野市内その1―　大室古墳群』長野県埋蔵文化財センター
田中新史 2002「有段口縁壺の成立と展開―特化への道程・類別と2地域の分析―」『土筆』第6号、土筆舎
田中 裕 1996「前方後円墳の規格と地域社会」『考古学雑渉』西野元先生退官記念論文集　西野元先生退官記念会
土屋積・青木一男 1996『上信越自動車道埋蔵文化財発掘調査報告書7―長野市内その5―　大星山古墳群・北平1号墳』（財）長野県埋蔵文化財センター
長野県考古学会 1969「積石塚をめぐる諸問題」『長野県考古学会誌』第6号
西川 宏 1964「吉備政権の性格」『日本考古学の諸問題』考古学研究会
西山克己 1996「信濃の積石塚古墳と合掌形石室」『長野県の考古学』Ⅰ、（財）長野県埋蔵文化財センター
西山克己 2000「科野の積石塚古墳と合掌形石室」『大塚初重先生頌寿記念考古学論

集』東京堂出版
西山克己 2003「シナノの古墳時代中期とその前・その後―新来文化受容期の二相北南―」『研究報告』第11集、帝京大学山梨文化財研究所
橋本達也・藤井大祐 2007『古墳以外の墓制による古墳時代墓制の研究』鹿児島大学総合研究博物館
橋本達也・藤井大祐・甲斐康大ほか 2008『大隅串良 岡崎古墳群の研究』（鹿児島大学総合研究博物館研究報告 No.3）鹿児島大学総合研究博物館
橋本博文 1984「甲府盆地の古墳時代における政治過程」『甲府盆地―その歴史と地域性』地方史研究協議会
土生田純之 1996「長野市地附山古墳群（上池ノ平古墳）について」『専修考古学』第6号、専修大学考古学会
土生田純之 1997「信濃における横穴式石室の受容」『信濃』第49巻第4・5号、信濃史学会
土生田純之 2000「積石塚古墳と合掌形石室の再検討―大室古墳群を中心として―」『福岡大学総合研究所報』第240号、福岡大学総合研究所
樋畑雪湖 1926「信濃国埴科郡大室古墳群についての一考察」『考古学雑誌』第16巻第1号、日本考古学会
藤森栄一 1939「考古学上よりしたる古墳墓立地の観方―諏訪地方古墳の地域的研究Ⅰ」『考古学』10-1
藤森栄一 1966「古墳文化の地域的特色―中部高地―」『日本の考古学 Ⅳ 古墳時代（上）』河出書房新社
松尾昌彦 1993「中部山岳地帯の古墳―長野県を中心として」『新板 古代の日本 7 中部』角川書店
宮澤公雄 1994「甲斐曽根丘陵における古墳時代前半期の様相―東山・米倉山地域の再検討を通して―」『山梨考古学論集Ⅲ』山梨県考古学協会
宮澤公雄 1997「山梨県における古墳時代墓制の研究課題」『山梨県考古学協会誌』第8号、山梨県考古学協会
宮澤公雄 1999「甲斐の積石塚古墳」『東国の積石塚古墳』山梨県考古学協会1999年度研究集会 資料集 山梨県考古学協会
茂木雅博編 2007『甲斐 大丸山古墳―埋葬施設の調査―』博古研究会
森本六爾 1926『金鎧山古墳の研究』雄山閣（1978 信毎書籍出版センター）
森本六爾 1929a『川柳村将軍塚古墳の研究』岡書院（1978 信毎書籍出版センター）
森本六爾 1929b「更級郡川柳村に於ける円筒棺発掘の予報」『信濃考古学会誌』1-2
矢沢頼道 1924「屋根型天井の石槨を有するケールン」『長野県史跡名勝天然記念物調査報告』第二輯、長野県
山下誠一 2002「飯田盆地における周溝墓再論―集落と墓域の関係を中心として―」

　　　　『飯田市美術博物館研究紀要』第12号、飯田市美術博物館
山下誠一 2003「飯田盆地における古墳時代前・中期集落の動向―発掘された竪穴住居址を基にして―」『飯田市美術博物館研究紀要』第13号、飯田市美術博物館
山下誠一 2004「飯田盆地における古墳時代後期集落の動向―発掘された竪穴住居址を基にして―」『飯田市美術博物館紀要』第14号、飯田市美術博物館
山梨学院大学考古学研究室・石和町教育委員会1984『大蔵経寺山第15号墳―積石塚古墳の発掘調査報告書―』
山本寿々雄 1960「甲斐天神山前方後円墳出土の鏃」『富士国立公園博物館研究報告』三、富士国立公園博物館
米山一政・下平秀夫 1967「長野県長野市若槻吉三号古墳調査概報―合掌形石室の諸問題―」『信濃』第19巻第4号、信濃史学会

各地の古墳 IX

北　　陸

小黒智久

1　古墳研究

(1)　埴輪研究の現状と課題

　中司照世は北陸・若狭における窖窯導入時期、円筒埴輪の消滅時期、地域色、供給関係などを論じた（中司 1992）。近年は福井平野の基準資料（福井市教委 2007、松岡町教委・永平寺町教委 2005）が増え、北陸の埴輪の変遷が再論された（浅野 2008）。以下では、須恵器系埴輪に絞って研究動向をまとめる。

　古川登は、福井県坂井市中川61号墳出土埴輪の底部調整技法が、淡輪地域からの直接伝播ではなく、技法・年代の近い北伊勢・伊賀・遠江のいずれかから伝播したことを示し、越前・南加賀が東海と政治的同盟関係にあったとした（古川 1983）。鈴木敏則は、加賀型（越前北部・加賀南部）の須恵器系埴輪が、伊勢を介して尾張の影響を強く受けた畿内系伊勢型の系譜を引き、伊勢の陶邑系須恵器工人により美濃経由で淡輪系埴輪が伝播したとした（鈴木 2003）。石川県小松市矢田野エジリ古墳出土人物埴輪にみられる体部・器台部分割成形が、伊勢では淡輪技法に伴うことも注目されており（三浦 2006）、古川が指摘した須恵器系埴輪の系譜（工人の移動）が明らかになりつつある。

　三浦俊明は分布や技術系譜の検討から、継体朝期の新たな地域間交流により東海地方で確立した埴輪生産技術が広域供給システムとともに北陸に導入され、南加賀製須恵器系埴輪の広域供給（窯跡から約50～60km離れた北加賀・能登国境地域への供給）も新たな首長間関係にもとづくとした（三浦 2006）。

　樫田誠は矢田野エジリ古墳出土埴輪の属性分析から、a）倒立技法を採用して埴輪全体の90％近く（円筒・形象）を供給した被葬者の直轄工人集団、b）正立成形の円筒埴輪を供給した他地域からの「出向工人集団」が2つ（系譜未確定、1集団は淡輪技法を採用）という3つの工人集団（合計10～11工人）を

復元した（樫田 1992）。一方、望月精司は樫田が出向工人集団とした正立成形による円筒埴輪の生産集団を三湖台古墳群へ供給し続けた伝統的集団と捉え、矢田野エジリ古墳への供給時にのみ招かれた外来系集団は生産終了と同時に帰り、同墳以後の倒立技法は須恵器工人による模倣とした（望月 2010）。

須恵器系埴輪については、美濃など周辺地域の資料の増加も待ちつつ、技術系譜等から工人の動きを読み解き、埴輪の終焉時期が東海と類似する背景の追究、埋葬施設など他の要素からみた動向との比較検討が今後の課題である。

(2) 供献土器・葬送儀礼研究の現状と課題

出土位置やその状態に着目して前期古墳出土供献土器の組成や系譜の変化を辿るとともに、広範囲の資料分析にもとづく地域性の抽出や行為の復元をも目指した意欲的な研究が多い（小嶋 1983、荒木 1989、吉岡 1991、古屋 2007）。小嶋芳孝は主に土器の系譜や組成の分析を通して、埴輪受容までの古墳祭祀の変化を辿った。荒木勇次は埋葬施設に関わる土器の出土位置を細かく類型化し、北陸の諸例との対比から越後における土器の出土位置と組成の特徴を示した。

これらを受けた吉岡康暢の検討が現在の到達点であり、資料の観察項目がほぼ定まった。吉岡は石川県宝達志水町宿東山1号墳例の出土状態の観察から、具体的行為の復元を試みた。また、小嶋が原位置（祭祀場）とした石川県かほく市宇気塚越1号墳周溝出土土器は墳丘上で執行された祭儀の片付け後の姿で、宿東山1号墳とは別類型とした。古屋紀之は越前・加賀・能登・越中の土器配置が太平洋側・中部高地と異なり、壺1個体のみを主体部上に置き、墳頂平坦面の一隅に土器片を集積し、他は墳丘斜面や周溝に投棄するとの特徴を読み取った。これは、おおむね荒木の見解と共通する。土器には口縁部打ち欠きや焼成後底部穿孔などの古い要素を残すこと、越後では太平洋側からの影響により主体部上に土器が配置されたことも指摘した。

現状では、供献土器や原位置の認定といった基礎作業の基準が曖昧で、資料の認識から解釈に至る前提条件も整備途上のため、同じ資料でも論者によって多様に解釈されている。したがって、良好な資料を基準に供献土器の傾きや遺存率、墳丘・周溝覆土との層位的関係などを踏まえ、儀礼執行時の配置（推定）から発掘調査に至るまでの過程を類型化・図示したうえで論者が考える供

献土器の認定基準や原位置の復元方法を明示する必要がある。想定しうる解釈に関する論者の基準や方法が示されることで、組成や系譜など供献土器自体の比較検討を含めて生産的な議論に近づく。

さらに、供献土器や副葬品の配置から導かれる葬送儀礼の系譜とその他の要素から導かれる系譜の理解が整合的かどうかを検討する必要もある。

(3) 竪穴系埋葬施設（刳抜式石棺）研究の現状と課題

福井平野北部の刳抜式石棺（舟形石棺）に限定して分野ごとに研究動向をまとめる。笏谷石（福井市足羽山産出の緑色凝灰岩）製舟形石棺は主に前期〜中期の大型墳に採用され、他地域製石棺は本地域に搬入されないという地域特性がある。後期の春日山古墳石棺は横口部をもち、横穴式石室内に設置されたことから家形石棺の範疇に含めるべきとの見解がある（間壁 1990、髙木 2010）。

青木豊昭は先行研究を踏まえて分布・分類・編年・地域間関係・特殊例・階層性を概観した（青木 1994）。近年は大型墳（福井市免鳥長山古墳・福井県永平寺町鳥越山古墳）の舟形石棺の概要が判明し、外面調整の精粗に注目した埋葬のあり方の復元や先行研究の検証作業も行われている（田邉 2008・2010）。

編　年　石棺表面の加工痕（中司 1991）、あるいは棺身内面の排水孔・排水溝および棺蓋頂部の棟幅（青木 1994ほか）といった属性から検討されてきた。白崎卓は石棺の構成要素とその相互関係から4期に区分した。第Ⅰ期には装飾が施され、単葬の「聖なる棺」として在地性を強めたが、第Ⅱ期には複葬に変化し、呪術性が弱まる一方、権威性・実用性が重要視されたことで「規格型石棺」が成立した。第Ⅲ期（A.D.500前後）には規格性が失われて権威性も低下し、第Ⅳ期には単なる埋葬施設の1つに変化したと総括した（白崎 1987）。

福井県永平寺町二本松山古墳の年代論の多くは5世紀末説だが、白崎昭一郎は同墳出土品を5世紀第Ⅲ四半世紀に位置づけた（白崎 1992）。棺身内部に周溝をもつ石棺（二本松山古墳2号石棺・福井市宝石山古墳石棺・免鳥石棺）が、排水設備をもつなかでは少数派（傍流）と理解したうえで、二本松山古墳・宝石山古墳の副葬品の年代観を重視したのである。排水孔の変遷に関する青木の理解は白崎卓も疑問視しており（白崎 1987）、再考の余地がある。青木は排水孔・排水溝をもつ石棺群を一系列で理解したが、石棺の地域製作が続くなかで

複数系列の工人集団に分かれていれば同時並存する一群があってもよい。その場合、白崎昭一郎が問題視する二本松山古墳の年代論とも連動する。

製作技術・技法 和田晴吾による石工技術の復元的研究（和田 1983）を基に、白崎卓は竜ヶ岡古墳石棺の観察から使用工具や製作のあり方を検討し、工人個人の推定を含め、同棺の仕上げは2つのグループが棺蓋と棺身をそれぞれ担当したと復元した（白崎 1986）。今後は地域色が強い規格型石棺を中心に製作技術・技法、使用工具、工人の癖を同一基準で詳細に観察し、各時期の製作のあり方をどのように復元するかという課題に取り組む必要がある。

加えて、鳥越山古墳第2主体部と福井県坂井市・あわら市神奈備山古墳、福井市漆谷遺跡1・4号墳の横穴式石室材に笏谷石（切石）が使用されていることから、各時期の石棺工人と石室工人との関わりも検討する必要がある。

起　源 讃岐で考案された割竹形石棺を基に創出された舟形石棺が一元的に広がり、各地で個性のある舟形石棺が展開したとの解釈がある（髙木 2010）。一方で、棺底形状や棺身上部の稜線（突帯）で区画された平坦な縁帯が、福井市山頂古墳石棺・京都府与謝野町蛭子山古墳石棺など遠く離れ、独自の異なる地域的特徴をもつ初期の舟形石棺に共通することから、地域の舟形木棺の形態を模倣した結果、類似した石棺が分布するとの見方もある（岡林 2010）。対照的だが、いずれも各地の石工技術と木工技術の密接な関係を重視する。

石橋宏は山頂古墳石棺の棺蓋が弧状を呈することに木棺の名残を読み取り、讃岐の石棺製作技術で在地の舟形木棺を表現したものとした（石橋 2011）。

系　譜 間壁忠彦は形態的特徴から、出雲との関係が深い石棺群（牛ヶ島・泰遠寺山古墳・石舟山古墳・免鳥・猪谷・宝石山古墳・小山谷・新溜古墳）、丹後との関係が深い石棺（山頂古墳）、唐津湾岸との関係が深い石棺（小山谷古墳）、有明海沿岸との関係が深い石棺群（竜ヶ岡古墳・西谷山2号墳・二本松山古墳）に分け、複数の時期に及ぶ他地域との交流を認めた（間壁 1990）。

青木は牛ヶ島石棺がヤマト政権（大阪府柏原市安福寺石棺の被葬者）を介して讃岐の割竹形石棺工人を得て造られ、石棺を直接土中に置く小山谷古墳例には、蛭子山古墳石棺と類似する山頂古墳例とともに丹後の石棺工人との交流を認めた（青木 1994）。一方、渡辺明夫は小山谷石棺が香川県丸亀市快天山古墳1・2号石棺と類似しつつも後出的なことから、畿内を介さない独自の地域間

関係にもとづき、初期の鷲ノ山石石棺群(香川県高松市産出の石英安山岩質凝灰岩製石棺群)の影響を受けた例とした(渡辺 1998)。

石橋は免鳥長山古墳石棺・二本松山古墳1号石棺の縄掛突起(棺蓋)の型式(2・2型式)が長持形石棺の秩序に組み込まれたもので、免鳥長山古墳以後は畿内との相互承認の下で一代ごとに突起型式が決められたとした。また、免鳥長山古墳石棺以後の棺蓋小口に斜面が設けられるのは長持形石棺に由来し、同棺製作時に排水孔を必要とする儀礼が整えられたとした(石橋 2010)。

地域間関係の解釈は論者により異なる。西日本各地の石棺(工人)の影響を受けつつ笏谷石製石棺が製作されたとするのが通説だが、福井市西谷山2号墳1号石棺や二本松山古墳2号石棺と福岡県みやま市石神山古墳大棺の類似性は、福井平野北部の影響が福岡県菊池川流域に及んだ結果とする見方もある[2]。勝部智明は島根県安来市毘売塚古墳石棺(出雲最古式の1つ)が、排水孔・石枕の存在や全体形状などから福井平野北部の影響を受けた例とした(勝部 1998)。福井平野北部から西日本へというこれらの見方は興味深い。

東日本への視点では、福島県会津若松市滝沢周辺出土石棺蓋(会津大塚山古墳墳頂に移設)に山頂古墳石棺との類似性を認め、硬質石材の加工技術を有する北陸の技術工人の関与を想定する見解もある(石橋 2010)。

尺度　青木は牛ヶ島石棺(棺身)に残された線刻(刳抜用基準線)から基準単位21.4cmを導き出した[3](青木 1994)。本棺の年代論は地域最古段階(古墳時代前期後半)

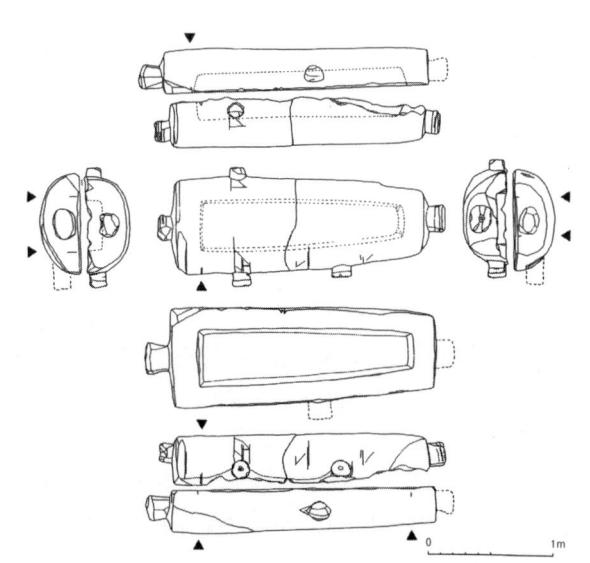

図1　牛ヶ島石棺の刳抜用基準線(▲の延長線上)(福井市1990に加筆)

で一致することから、本尺度が以後の石棺製作や墳丘築造企画に用いられたかどうかを検討する必要がある。

　古代中国の制度尺や中国出土尺、陵墓測量図や竪穴建物から推定復元される尺度とは合致しないが、通常は削り取られる刳抜用基準線が地域独自の棺に残ったことを重視すべきである。まずは地域の古墳の諸要素での検討が必要で、それは石棺工人（集団）の系譜だけでなく、地域尺度の存否を追究することにもつながる。

(4)　横穴系埋葬施設（横穴式石室）研究の現状と課題

　多様な横穴系埋葬施設のうち、主に横穴式石室について分野ごとにまとめる。

　分　類　伊与部倫夫は越後・佐渡を除く北陸・若狭の横穴式石室をほぼ集成し、型式分類を基に編年や消長、系譜を探った（伊与部 1989）。横穴墓を含め、広範囲を対象とした横穴系埋葬施設の分類研究は伊与部の検討が唯一である。

　山地・丘陵により分断された北陸の地勢を勘案すると、多様性をもちつつ広域分布する横穴系埋葬施設については、律令制下の旧国までを対象とした型式学的検討を重ね、各地の様相を総合して歴史叙述する必要がある。

　系　譜　伊藤雅文は北陸・若狭の横穴式石室の系譜を大きく九州・畿内の2つに求め、伊与部より断定的に言及した。畿内型石室の伝播・普及は須恵器の主体部埋納に具現化する新たな他界観にもとづく総合的な葬送墓制として各地に伝わった結果との解釈（土生田 1998）に依拠し、能登の羽咋地域をその典型とした。TK47型式期の須恵器窯（石川県羽咋市柳田ウワノ窯）に近い羽咋市滝3号墳の被葬者は須恵器生産や新たな葬制・マツリを主導した地域に根ざさない氏族で、特別な事情で出現した畿内系石室と解釈した（伊藤 2008）。

　新潟県村上市磐舟浦田山2号墳石室は当時の複雑な状況を示す一例である。石室総体として同石室の系譜を求め得る例は認められないが、石室構築にかかる技術的・技法的側面やそれにもとづく基本設計は若狭、遺体安置に関わる特定施設やその根底にある埋葬観念は山陰（因幡・石見）、玄室平面形は能登と、各地の石室の要素を取り入れて構築された可能性が高い（小黒 2009b）。九州系あるいは畿内系と単純化できない事例もまた存在するのである。

　系譜の源流として、九州系あるいは畿内系と推定できる横穴式石室はあるも

のの、直接的関係をもつかどうかは慎重な検討を要する。直接的関係を論じるには、影響を与えた具体例や地域での型式上の特異性を明示する必要がある。盛行期となる6世紀後半以降は諸要素が在地化したものか、北陸内での関係によるものか、北陸周辺地域との関係によるものかなどの検討も必要である。

九州系横穴式石室とされることもある福井県坂井市椀貸山古墳、神奈備山古墳石室に関連して、宮元香織は切石で石室を構築し、かつ袖部のみを内側に突出させる構造の石室は九州にないとの見解を示し、中小型墳を含む北陸・若狭の石室は石棚や屍床など遺体にかかわる部分に九州的な特徴が取り入れられたとした（宮元 2007）。

伊藤は、一部に切組技法も駆使されたTK10型式期の神奈備山古墳石室の切石材構築技術が高い水準で、畿内や北部九州に系譜を求められないことから、切石石室が多い百済との関連や渡来人の存在などを視野に入れるべきとした（伊藤 2008）。宮元の見解も踏まえ、今後は椀貸山古墳と神奈備山古墳の石室本体と、そこに内蔵された石屋形を分けて考える必要がある。

埋葬施設に限らないが、系譜を追究する場合は似た要素以上に異なる要素の評価が必要である。似た要素のみから系譜関係を想定するのは容易だが、総体としてどのように評価するかが重要である。

編　年　横穴式石室をはじめとする横穴系埋葬施設の編年にあたっては、土器などの出土品の年代観に依拠した研究が多い。ただ、依拠した出土品がもつ性格について、出土状態等の検証を行わないまま古墳の築造時期としたものも多い。このような例は、遺構の型式編年ではなく、単に出土品の年代観にもとづいて遺構図を配列したにすぎない。

追葬可能な横穴系埋葬施設は副葬品等の片付けや盗掘の対象となりやすい。したがって、まず想定される埋葬施設の変化の方向性に即した仮の型式組列を試み、出土状態（床面での平面・垂直分布）から初葬時のものと認定できる副葬品や供献土器をもつ埋葬施設を定点とする。定点とした埋葬施設の構造にもとづき仮の型式組列の妥当性を検証したうえで、総合的に埋葬施設の型式編年を組まなければならない。このためには、遺物出土状態の類型化など多くの手続きが必要不可欠である。論者による検証過程が提示されてこそ、以後の批判的検証につながる。

歴史的解釈　横穴系埋葬施設に限らないが、遠隔地間の埋葬施設に部分的でも類似性が認められる場合、地域間交流にもとづく類似性と解釈されることが多い。古墳の築造数が少なく、単次葬の竪穴系埋葬施設段階の大型墳であれば、そのような場合もあったと思われるが、複次葬で古墳の築造数も増える横穴系埋葬施設段階では個別事例ごとに慎重な検討が必要である。

　遠隔地間の埋葬施設の構造や構築技術・技法の類似性は、直接的には工人（集団）の移動構築や指導等による技術移転、設計図や思想等の情報伝達・伝播などに起因すると考えられる。前者は首長間関係にもとづき、X地域の首長の麾下にある工人（集団）をY地域の首長のもとに派遣したなどの解釈が暗黙の前提になる。工人（集団）の多くは首長の麾下にあったと思われるが、先に例示した磐舟浦田山2号墳は首長墳と言えない小型墳で、周辺に大型墳は認められないため、首長間関係にもとづく工人（集団）の移動とは考えにくい。

　このような例を知るとき、埋葬施設の類似性のみから首長間の交流を想定することには慎重であるべきだろう。互いに入り混じる双方向の関係を交流と言うのであり、埋葬施設をはじめ、複数の要素から双方向の関係を認め得る場合に、はじめて交流と表現できる。地域（首長）間関係という歴史的解釈を行う場合は丁寧な立論が求められる。

(5)　副葬品研究の現状と課題

　副葬品配置や組成の特徴、変遷に関する詳細な検討は行われていない。集成作業も県域単位、特定品目に偏り、悉皆的な集成品目は少ないが、一例として鉄製武器・武具をあげる。伊藤雅文は北陸・若狭の資料をほぼ悉皆調査し、中期前半の類例の少ない鉄鏃を地域生産品とした（伊藤 2008）。北陸では弥生時代後期〜古墳時代前期前葉に鍛冶技術が点的ながらも定着したことが発掘調査で判明しており、当該期以降は小型鉄器の地域生産が十分可能である。

　副葬品には地域内外から調達した2種がある。地域生産の痕跡（工房など）が判明する副葬品は少ないものの、類例が少なく特徴的な品目は地域生産の可能性も視野に入れる必要がある。古墳時代前期中葉以降の鍛冶遺構の確認例は少ないが、土師器高坏脚部の転用羽口等は中期後半を中心に各地で出土している。このほか、中期には越後・越中国境地域で滑石玉・模造品の生産が盛行す

る。塩業を含め、各種手工業生産や流通の様相を把握することも欠かせない。

　顕著な地域性をもたない副葬品もあり、いわゆる威信財と解釈される品目も含まれる。地域性のない遺物の流通経路を推定することは難しいが、威信財は日本列島各地の有力勢力がヤマト王権から贈与または分配されたものと解釈されることが多い。分布の重心が近畿地方にあり、数量的多寡とも相関関係にあることを勘案するなら、そのような解釈が妥当と判断できる場合もあろう。

　ただ、田中琢が三角縁神獣鏡を例に指摘した（田中 1991）ように、すべての威信財がヤマト王権から個々に直接贈与されたのではなく、各地の有力勢力が受け取った威信財を、関係をもつ周辺の勢力に再贈与または再分配した場合もあったと考えられる。北陸でも、新潟県佐渡市浜田遺跡出土柳葉形銅鏃は雨の宮１号墳第１主体部の被葬者が入手し得た柳葉形銅鏃を再贈与したものと解釈できる（小黒 2006a）ように、地域でのあり方を把握する必要がある。

2　地域史研究

　地域史研究は諸要素の研究の総合として成り立っている。先に示した古墳研究もその一部をなし、集落や生産などの研究も重要な構成要素である。集落資料は増加しているものの、集落構造の変遷を辿るには未だ資料が不足している。ここでは、地域社会を考えるうえで欠かせない土器とそこから派生する時代区分、北陸の代表的な生産品目の１つである石製品の生産、諸要素の総合的研究としての地域史研究に限定して研究動向をまとめる。

(1)　土器・時代区分研究の現状と課題

　古墳出現過程の土器研究者層が厚く、編年・系譜・地域間関係など多様な議論がある。編年観が対照的な２人の研究のみ触れる。田嶋明人は日本考古学協会新潟大会シンポジウム（甘粕・春日編 1994、以下、新潟シンポと略記）でも時間軸設定の根幹となった漆町編年（田嶋 1986）の補正や他地域との併行関係を検討している（田嶋 2006・2007・2008・2009a・2009b ほか）。これは、北陸・東日本の定型化した古墳の年代がやや古く位置づけられているのではないか（田嶋 2008）との考えにもとづく。

一方、従来よりも古く位置づける堀大介は、月影式期（庄内式前半期にほぼ相当）に古墳時代前期（白江式期〜高畠式期）への胎動を読み取って古墳時代早期を設定し、早期までの墓を墳丘墓、前期以降の墓を古墳と呼び分けた（堀2009）。個々の土器の編年観について、議論の深化が待たれる。

　土器研究では、引き続き古墳編年（広瀬1991）と土器編年との対応関係の把握、古墳出土土器編年と集落出土土器編年の整合性の検討などが課題で、古墳出現過程においては弥生時代と古墳時代を画する時代区分の議論とも連動する。「古墳時代」は、古墳に広範な社会（政治的）関係の成立・反映を認めて時代名称とされたわけだが、古墳の出現とそれに先立つ社会変容のいずれに時代画期を見出すのか、古墳の概念規定や古墳編年の検証も必要である。

　北陸では、白江式期〜漆町8群期まで小型低墳丘の前方後方形墳墓が連綿と築かれる。ただ、墳丘が良好に遺存する上野と異なり、北陸の資料で時期による質的差異は見出し難い。白江式期の例を前方後方形墳丘墓（周溝墓）、あるいは前方後方墳とする2つの立場がある。土器研究者の多くは白江式期に画期を認めて古墳時代前期初頭とすることが多いものの、当該期の墳墓を古墳（前方後方墳）と明言した例は限られ、土器以外は検討不足の感がある。

　古墳時代開始期の認識は古墳編年1期併行とされる漆町7群期、白江式期、月影式期に大別できるが、時代区分を見据えた土器の議論は必ずしも十分ではない。この点で、土器の推移に関する自身の理解が「古墳時代」と必ずしも整合せず、それとは異なる時代枠設定の可能性を示し、時代区分や用語について議論する必要があるとした田嶋の問題提起（田嶋1995）を十分踏まえる必要があるのではなかろうか。

　白江式を提唱した田嶋は、漆町4群と漆町5群を一括して漆町4・5群としたほか、白江式を従来の漆町5群・6群から漆町4〜6群に変更した（田嶋2006）。各地で援用される漆町編年だが、提唱者の認識の変化を受けた批判的検証を各地で十分行う必要がある。北陸各地と近畿の土器編年の併行関係を追究するのは困難な作業であり、多くの論者による議論の深化が待たれる。

　四隅突出形の墳墓のうち、最新例の富山市杉谷4号墳（呉羽山丘陵南部）は白江式期に位置づけられることが多い。土器編年上の画期を重視する立場では、同墳を四隅突出形墳（堀2009）・四隅突出型古墳（古川2010）とする立場も

ある。藤田富士夫は同一丘陵で杉谷一番塚古墳（前方後方墳）などの古墳と一連のものとして築かれることを重視し、一貫して四隅突出形方墳と呼ぶ（藤田1990ほか）。時期を問わず四隅突出形方墳としており、立場は明瞭である。

越中では、杉谷4号墳とそれ以前の四隅突出形の墳墓に質的差異がなく、隣接する羽根丘陵では四隅突出形→方形→前方後方形へと方形基調で変遷し、築造時期にも連続性が認められる。呉羽山丘陵南部でも同様と予測されるなか、土器の帰属時期から杉谷4号墳のみを古墳とすることには違和感が残る。四隅突出形の墳墓は前方後方（円）形のものに比べて分布域が狭く、普遍的ではない。少ないながらも北陸で前方後円墳が出現（点在）するのは漆町7群期である。日本列島の広域に一定の分布が認められる墳形を時代画期の指標とするなら、北陸では白江式期の前方後方形墳墓ではなく、漆町7群期の前方後円墳に求める方が妥当ではなかろうか。それは古墳編年1期とも整合的である。

研究者は古墳・墳丘墓・周溝墓・台状墓など多様な概念規定を行うが、実資料への適用は容易でない。概念規定は重要だが、固執すると資料から乖離した議論に陥りやすい。弥生時代から古墳時代への移行は激変ではなく、緩やかだったと考えられる。時代区分の議論とは別に、社会の移行期（弥生時代後期～白江式期）で一定の墳丘規模をもつ単次葬の墳墓を「出現期古墳」として大枠で捉え、当時の地域社会を復元する方が生産的な議論に近づく（小黒2009a）。土器の画期を主眼に時代区分を議論するなら、古墳時代という名称を用いないことを含めて検討すべきではなかろうか。

望月精司は北陸最大の規模と内容を誇る南加賀窯跡群が、江沼地域勢力による三湖台古墳群造営に関連して古墳4様式Ⅰ期（TK47型式期）に須恵器・埴輪の生産を開始し、Ⅱ1期（MT15型式後半期～TK10型式前半期）に陶邑窯型須恵器からの脱却を模索した独自生産を開始し、Ⅱ2期（TK10型式後半期）には日本海沿岸地域の拠点窯として機能したとした（望月 2009）。庄内や会津の北陸製須恵器は北野博司が例示した（北野 2006）。望月は越中・越後・出羽で一定量が流通するⅡ2期の背景として、当該地では希少価値をもった須恵器という威信財的物資を、江沼地域勢力が首長間関係を構築するための有効材料の1つとみなし、生産促進を図ったことに求めた。これは重要な検討課題で、今後は具体的な資料の提示とともに多方面からの検証が待たれる。

(2) 石製品生産研究の現状と課題

　従来は副葬品の型式学的検討から生産のあり方が想定されてきた。資料の蓄積により生産遺跡からの研究が進みつつある（河村 2010、三浦 2007、伊藤 2008・2010）ものの、視点や方法が異なるため、多様な解釈が導かれている。

　弥生時代中期から7世紀までの各地の玉つくり集団を跡付けた河村好光は緑色凝灰岩を含めて碧玉と表現するが、三浦俊明は北條芳隆の石材区分（北條 2002）にもとづき北陸の生産遺跡をまとめ、車輪石の型式学的検討結果（三浦 2005）とも照合した。三浦の研究は現在の到達点だが、生産遺構は依然として不明瞭である。ただ、制約があるなかでも地域史的観点からのアプローチは可能で、伊藤は北加賀の地域特性や鍛冶技術、弧帯文板、木杖といった石製品以外の要素も加味して最大限の見通しを示し、問題提起とした。

　蒲原宏行は早くに、副葬品としての石釧の斉一性が古墳ごとに認められる場合が多いことから、各被葬者等による直接入手の場合も多かった（蒲原 1987）とし、北陸の生産地のあり方（分布・規模）からは畿内政権が直接的に掌握していたとは考えにくいと指摘した（蒲原 1991）。近年、主たる生産地の北陸における検討により、蒲原説を追認する研究成果が得られてきた。

　北陸の生産遺跡を熟知する上記3氏の見解は、解釈だけでなく、その前提となる個々の生産遺跡・古墳の評価や未成品出土遺構の時期比定でも異なる点がある。ひとまず、これらの相違点を地域ごとに吟味することで各地域の生産のあり方を検証し、そのうえで北陸の石製品生産を再構成する作業が必要である。生産遺跡に残された未成品から、作り出そうとしていた製品の型式を推定することは難しい。三浦が実践したように北條分類などを「共通用語」とした議論ができれば、生産的な検証作業になる。以下、分野ごとに現状をまとめる。

　生産開始の契機　河村は北陸が大量生産に適する石材環境だったことで、確立した技術が出雲から転移されたとした（河村 2010）。漆町7群期からを古墳時代とする三浦は、石川県小松市漆町遺跡群で材質Iの未成品が漆町8群土器（田嶋 1986）と共伴し、大阪府茨木市紫金山古墳出土鍬形石Iの原石が小松市菩提・那谷産と同定された（藁科 2005）ことや出雲の様相も勘案して、本格的に生産が始まる前期前葉から北陸でも開始されたとした（三浦 2007）。

　一方、漆町5・6群期（庄内式後半期）からを古墳時代とする伊藤は、弥生

時代終末期の石川県金沢市塚崎遺跡出土管玉形石製品(玉杖軸材)や「鉾状鉄製品」(袋部をもつノミ)の存在、石川県加賀市片山津玉造遺跡出土土器の再評価などから生産開始時期が当該期まで遡る可能性を想定し、弥生時代の地域社会が有した技術(木工ロクロ技術・鍛冶技術)も重視した(伊藤 2008・2010)。

穿孔技術・工具　伊藤は、穿孔には回転力を利用する方法と鉾状鉄製品を用いて剔り貫く方法の2種があり、石川県白山市浜竹松B遺跡・石川県七尾市東三階A遺跡で後者が確認されることを示した。また、剔貫円盤の断面形の観察から前者の使用工具には管状工具のほか、刃部にカーブをもつヤリガンナ、あるいはそれに類する特殊工具も用いられたと推定した(伊藤 2010)。

生産のあり方　河村は専業的工人と多数の臨時的・補助的工人が有機的に連携した集団が北陸各地で自立的に形成され、並列的に製作活動を行ったとした(河村 2010)。三浦は上位階層の大形石製品(鍬形石・大形車輪石)が特定地域(福井県坂井地域・石川県江沼地域の一部)で生産され、特に材質4の石材を使用した坂井地域は他の集団と異なることを示した。多くは中・小形石製品の生産遺跡で、製品の階層性に応じて生産遺跡も二相分化し、前期後半には大きく2つの生産集団がいたとした(三浦 2007)。伊藤は半径約5km圏内で拠点となる集落を中心に石製品が生産され、拠点以外の集落でも工程の一部を担う分散・分掌生産と復元し、その実態は一様でないとした(伊藤 2010)。

ヤマト王権との関係と流通　河村は初期倭政権に在地の玉つくり集団と結ぶ役割があり、一定の秩序と約束に従った碧玉製品の供給システムを機能させたとした(河村 2010)。三浦は、大形石製品の生産集団は製品流通を含めて畿内中央政権の直接的管理下にあったが、穿孔具の規格が共通していない材質2を使用した多様な生産集団を統括する機構の存在はうかがえず、中・小形石製品は生産地から畿内を介さずに流通した可能性を否定できないとした(三浦 2007)。伊藤は、畿内王権あるいは他地域の勢力等の働きかけで生産が開始され、南加賀や越前では前期後半に地域首長が主体的に関わったこと、地域内での流通品に加えて配布あるいは下賜品もあったことを示した(伊藤 2010)。

東国の生産集団・弥生時代管玉生産との関係　河村は北陸の碧玉製品生産集団が弥生時代後期の玉つくり技術を基盤に成立し、北陸からの弥生時代碧玉管玉の

流通ルートに沿って工人が往来を重ねることで玉材採集と選択方法、工程と技術、製品規格等が北陸から波及した結果、東国で碧玉管玉・碧玉製品が生産されたとした（河村 2010）。これに対し、伊藤は石製品生産と弥生時代の玉作りの間に直接的系譜を認めがたいとした（伊藤 2010）。

(3) 地域史研究の現状と課題

　地勢の影響もあって、旧国範囲を対象とする研究が多い。資料の制約から古墳研究に特化したものが多かったが、新潟シンポでは土器様相など諸要素の総合の結果、西日本型の様相が強い北陸南西部（おおむね越前・加賀）と東日本型の様相が強い北陸北東部（おおむね能登・越中・越後・佐渡）という差が明らかになった。総合的検討は継承され、特に近年は古墳以外の様相も考慮した地域史研究が行われている（中司 1986、春日 2006、高橋 2009）。

　古墳研究でも北陸・若狭を俯瞰した検討（中司 1991・1993、伊藤 2008、入江 2008・2011）や朝鮮半島との関わりを視野に入れた検討（中司 1993、入江 2008・2011）はある。中司照世は、首長墳（大型墳）や威信財の検討から畿内古墳文化の強い影響を受容したのは北陸南西部（若狭から越中西部）で、北陸北東部（越中中央部から越後）は様相が異なることを示した（中司 1993）。近年は群小墳や集落の動向も加味し、越後・会津・庄内を視野に入れた北陸・若狭の古墳研究が行われつつある（北野 2006）。西からの視点だけでなく、北への視点が明確化した点で北野博司の古墳研究は画期となった。

　古代までの越後の地域性、隣接地域（北陸・信濃・関東・東北南部）や北方（東北北部・北海道）との関係を諸要素から追究した春日真実の研究（春日 2006）は現在の到達点で、北陸の地域史を考えるうえでも見逃せない。藤田富士夫は、日本海をルートにネットワーク化する潜在力をもって日本海沿岸諸地域に育まれた固有の文化（「日本海文化」）の核となった潟湖に注目し、潟湖を拠点に活躍した海人集団の文化と交流を読み解いた。横穴式石室の分析から、神通川・宮川水系を通じて飛騨にも日本海文化がもたらされたとした（藤田 1990）。東海の研究者からの批判はあるが、筆者は賛同した（小黒 2006b）。

　堀大介は自らの土器編年および暦年代観にもとづき、墳丘墓・古墳・高地性集落・土器の検討から東アジア的視野で北陸の国家形成史をダイナミックに描

いた（堀 2009）。宇野隆夫は集落・埋葬・生産流通・食器の様式的研究から、律令社会前史としての北陸の6世紀史も復元した（宇野 1991）。

新潟シンポ以前から古墳出現前後の北陸（特に能登）と会津（石背）の関係が注目され、河川交通（阿賀野川・阿賀川）による会津への文化伝播が指摘されてきた（阿部 1989、甘粕・春日編 1994、甘粕 2004など）。現在では能登に限定できず、越後の重要性も一層強く認識されている。会津盆地西部の小型前方後方（円）墳と形態的特徴や墓域構成が酷似する遺跡が呉羽山丘陵北部（越中）で確認され、呉羽山丘陵北部から新津丘陵（越後）と会津盆地西部に墓制の情報や造墓技術が伝えられた可能性が高まった（小黒 2009a）。

地域最有力の大型墳は、律令制下の数郡あるいは一国に相当する広域の大首長墳と解釈されることが多いものの、その存立基盤が言及されることは少ない。専制的首長と解釈するか否かだけでも地域像は大きく変わる。青木豊昭は越前の前期大首長墓3基の被葬者が地域首長に共立された地方首長とした（青木 1985）。筆者も越中（羽根丘陵）の大型前方後方墳2基を検討した際、弥生時代末に解消された諸集団の連携の再構築、および盟主の後継のために推戴（共立）された被葬者像を描いた（小黒 2007）。首長系譜・集落の変化の有無やその様相から、最有力層の地域での存立基盤を検討することも必要だろう。

集落等の資料が増加しつつある今後は、旧国範囲までを対象として周辺地域との関係を視野に入れ、諸要素の検討を重ねて地域像を描く作業がまずは必要である。一般集落以外にも、石川県万行遺跡（七尾市教委 2003、図2）など拠点的遺跡の様相を踏まえた分析が必要な地域（能登や加賀など）もあるだろう。そのうえで宇野が試みたように、各地域の諸要素を総合して時期ごとに北陸の地域史を復元すべき段階にある。堀の刺激的な試論は賛否両論あると思われるが、北陸・若狭は東アジア的視野での検討を要する地域であり、議論の深化が待たれる。

後期古墳の検討も重要な課題である。それは越前・加賀・能登に継体関連伝承が残り、TK47～MT15型式期にのみ須恵器在地窯が越後・佐渡を除く各地で開窯され、若狭から越後に至るまでTK10型式期頃に前方後円墳が終焉を迎えるといった共通性による。終焉期の前方後円墳は入江文敏（入江 2011）などが概観している。継体関連伝承地域の古墳は、中司が他の継体関連伝承地域

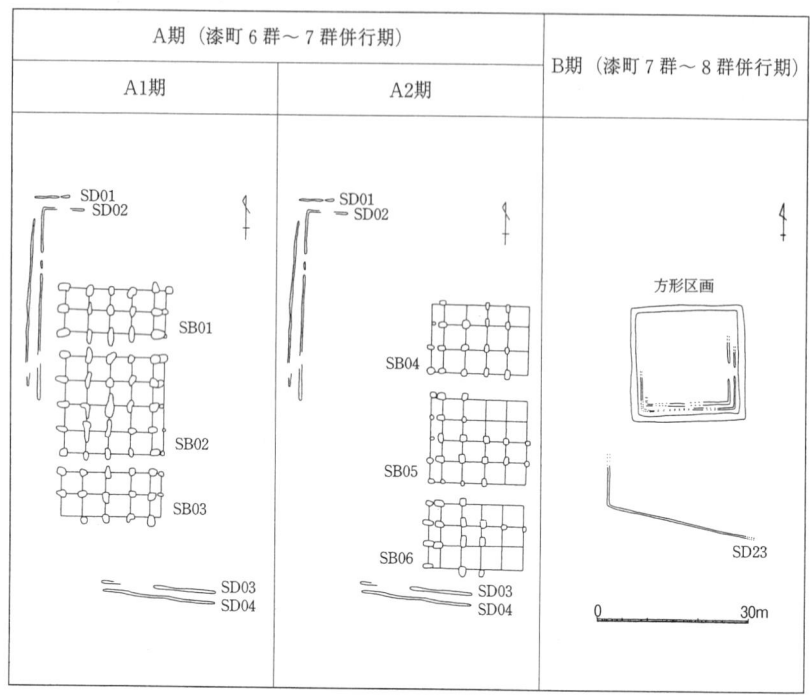

図2 万行遺跡の大型建物群・方形区画変遷模式図（七尾市教委 2003）

の動向も踏まえて論じた（中司 1993・2000）。今後は、文献史学の研究成果を含め、諸要素の総合として当該期の地域像を描くことが求められる。

3　目指すべき研究の方向性

　藤本強は弥生時代以降の日本列島を図3のように理解した（藤本 2009）。北陸は「中の文化（古墳文化）」に含まれ、一部は「北のボカシの地域」にも属す。混在域は時期によって南北への揺らぎがあり、指標次第で北陸内の大地域の捉え方も変わる。小地域の総合的研究を深め、時期や指標ごとの大地域も抽出したうえで、北陸としての地域像を描くべきだろう。
　地域間関係を追究する際は西からの視点だけでなく、西への視点も重視する必要がある。既存の理論的枠組みの検証をも念頭に置いて資料と向き合うこと

が求められよう。近年留意されている北への視点も重要で、日本列島史の一部として地域像を描く際は北のボカシの地域との関係への視点が欠かせない。

周縁域だからこそ見える中の文化の特質、中の文化に占める歴史的位置、北のボカシの地域や「北の文化」との関係、北のボカシの地域に占める歴史的位置を追究できる地理的特性を有することに、北陸の地域史研究を行う意義がある。

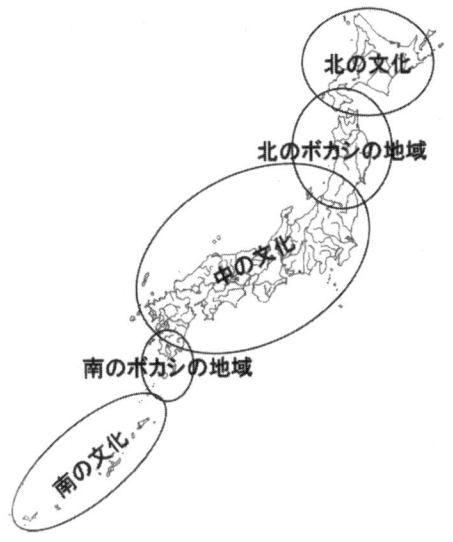

図3　弥生時代以降の日本列島の文化（藤本2009）

近年の一部の研究しか触れられず、また自身の能力を超えて言及したため、先学の重要な成果を見落としたり、不当な評価を与えたりしたのではないかと危惧している。ご寛容をもって一読いただき、ご叱正いただければ幸いである。

注
（1）律令制下の北陸道域のうち、越前・加賀・能登・越中・越後・佐渡の範囲を対象とする。
（2）「シンポジウム　石棺が語る継体王朝」（1996年）において、髙木恭二は西谷山2号墳1号石棺の形態が地域で連綿と続くなかで生まれたのに対し、石神山古墳大棺は菊池川流域の石棺系譜のなかで突然生まれる形態であることを根拠に、福井平野北部から菊池川流域へという、通説とは逆の流れを想定した（まつおか古代フェスティバル実行委員会『継体大王と越の国』福井新聞社、1998年）。

その後、髙木は上記見解に加えて、免鳥石棺（棺身）が石神山古墳大棺と同じつくりであること、免鳥石棺の棺蓋の可能性が指摘されている（田邉2008）免鳥長山古墳石棺と同様の浮彫表現が石神山古墳の近くに所在する福岡県大牟田市石櫃山古墳2号石棺に認められることも加味して、両地域の密接なつながりを想定した（髙木2010）。

（3）棺蓋と棺身を合わせるための線刻という解釈もある（髙木 2010）が、①刳抜範囲と合致すること、②棺内から5～6体分の人骨が出土した新溜古墳石棺の線刻（青木 1994）が棺蓋と棺身を合わせるための線刻と解釈するのにふさわしいことから、青木説の方が合理的な解釈と判断する。

引用文献

青木豊昭 1985「越前における大首長墓について」『福井県立博物館紀要』第1号、福井県立博物館

青木豊昭 1994「北陸の刳抜式石棺について」『古代文化』第46巻第5号、（財）古代学協会

浅野良治 2008「北陸における埴輪をもつ古墳」『古代文化』第59巻第4号

阿部朝衛 1989「新潟県阿賀野川以北の古墳時代前期」『北越考古学』第2号、北越考古学研究会

甘粕 健 2004『前方後円墳の研究』同成社

甘粕 健・春日真実編 1994『東日本の古墳の出現』山川出版社

荒木勇次 1989「古墳出土土器とその出土状況」『新潟県三条市保内三王山古墳群測量・発掘調査報告書』三条市教育委員会

石橋 宏 2010「長持形石棺―その階層構造と波及についての粗描―」『土曜考古』第33号、土曜考古学研究会

石橋 宏 2011「石棺の形態と製作技術の伝播に関する予察」『〈もの〉と〈わざ〉』第16回東北・関東前方後円墳研究会大会発表要旨資料、東北・関東前方後円墳研究会

伊藤雅文 2008『古墳時代の王権と地域社会』学生社

伊藤雅文 2010「腕輪形石製品生産モデルの素描」『古代学研究』第187号、古代学研究会

伊与部倫夫 1989「北陸地方の横穴式石室」『古文化談叢』第20集（中）、九州古文化研究会

入江文敏 2008「若狭・越地域における古墳時代の実相」『古墳時代の実像』吉川弘文館

入江文敏 2011『若狭・越古墳時代の研究』学生社

宇野隆夫 1991『律令社会の考古学的研究 北陸を舞台として』桂書房

岡林孝作 2010「木棺」『日本考古学協会2010年度兵庫大会研究発表資料集』同実行委員会

小黒智久 2006a「古墳時代前期の佐渡と能登―佐渡の古墳時代銅鏃の再検討を中心として―」『新潟考古』第17号、新潟県考古学会

小黒智久 2006b「飛騨の古墳と日本海」『山からみた日本海文化Ⅰ』富山市日本海文化研究所

小黒智久 2007「勅使塚古墳と王塚古墳」『大境―富山考古学会機関誌―』第27号、富

山考古学会
小黒智久 2009a「百塚住吉遺跡・百塚遺跡のいわゆる出現期古墳が提起する諸問題」『富山市百塚住吉遺跡・百塚住吉B遺跡・百塚遺跡発掘調査報告書』富山市教育委員会
小黒智久 2009b「新潟県村上市磐舟浦田山2号墳石室の再検討」『新潟県の考古学Ⅱ』新潟県考古学会
樫田　誠 1992「埴輪の生産体制」『矢田野エジリ古墳発掘調査報告書』石川県小松市教育委員会・信開産業株式会社
春日真実 2006「古代越後の集団と地域」『日本海域歴史大系　第二巻　古代篇Ⅱ』清文堂
勝部智明 1998「出雲の石棺」『継体大王と越の国』福井新聞社
蒲原宏行 1987「石釧研究序説」『比較考古学試論』雄山閣
蒲原宏行 1991「腕輪形石製品」『古墳時代の研究8　古墳Ⅱ　副葬品』雄山閣
河村好光 2010『倭の玉器　玉つくりと倭国の時代』青木書店
北野博司 2006「首長墳と群小墳の展開からみた北陸の古墳時代」『日本海域歴史大系　第二巻　古代篇Ⅱ』
小嶋芳孝 1983「埴輪以前の古墳祭祀」『北陸の考古学』石川考古学研究会
白崎　卓 1986「竜ヶ岡古墳出土石棺の製作技法について―石工技術復元のための試論―」『福井考古学会会誌』第4号、福井考古学会
白崎　卓 1987「福井県における舟型石棺の変遷について」『福井考古学会会誌』第5号
白崎昭一郎 1992「二本松山古墳の年代について」『福井考古学会会誌』第10号
鈴木敏則 2003「淡輪系円筒埴輪2003」『埴輪―円筒埴輪製作技法の観察・認識・分析―』第52回埋蔵文化財研究集会実行委員会
髙木恭二 2010「割竹形石棺・舟形石棺」『日本考古学協会2010年度兵庫大会研究発表資料集』
高橋浩二 2009「古墳時代の越中」『古代の越中』高志書院
田嶋明人 1986「漆町遺跡出土土器の編年的考察」『漆町遺跡Ⅰ』石川県立埋蔵文化財センター
田嶋明人 1995「土器と「古墳時代」」『北陸古代土器研究』第5号、北陸古代土器研究会
田嶋明人 2006「「白江式」再考」『吉岡康暢先生古希記念論集　陶磁器の社会史』桂書房
田嶋明人 2007「法仏式と月影式」『石川県埋蔵文化財情報』第18号、（財）石川県埋蔵文化財センター
田嶋明人 2008・2009a・2009b「古墳確立期土器の広域編年　東日本を対象とした検討（その1）」「同（その2）」「同（その3）」『石川県埋蔵文化財情報』第20～22号

田中　琢　1991『倭人争乱』集英社
田邉朋宏　2008「越前笏谷石石棺の埋葬形態復元」『吾々の考古学』和田晴吾先生還暦記念論集刊行会
田邉朋宏　2010「割竹形・舟形石棺集成　北陸」『日本考古学協会2010年度兵庫大会研究発表資料集』
中司照世　1986「古墳時代」『図説　発掘が語る日本史3　東海・北陸編』新人物往来社
中司照世　1991「北陸」『古墳時代の研究11　地域の古墳Ⅱ　東日本』
中司照世　1992「円筒埴輪―北陸」『古墳時代の研究9　古墳Ⅲ　埴輪』
中司照世　1993「日本海中部の古墳文化」『新版［古代の日本］⑦　中部』角川書店
中司照世　2000「継体伝承地域における首長墳の動向―畿内周辺地域を中心として―」『継体大王とその時代』和泉書院
七尾市教育委員会　2003『石川県七尾市万行遺跡発掘調査概報―古墳時代の大型建物群とその関連遺構の概要報告書』
土生田純之　1998『黄泉国の成立』学生社
広瀬和雄　1991「前方後円墳の畿内編年」『前方後円墳集成』中国・四国編、山川出版社
福井市　1990『福井市史』資料編1　考古
福井市教育委員会　2007『免鳥古墳群　範囲確認調査概要報告書』
藤田富士夫　1990『古代の日本海文化　海人文化の伝統と交流』中央公論社
藤本　強　2009『日本列島の三つの文化　北の文化・中の文化・南の文化』同成社
古川　登　1983「越前及び加賀における6世紀代の埴輪について」『北陸の考古学』
古川　登　2010「首長墓、登場―小羽山30号墓造営の歴史的意味―」『小羽山墳墓群の研究―研究編―』福井市立郷土歴史博物館
古屋紀之　2007『古墳の成立と葬送祭祀』雄山閣
北條芳隆　2002「古墳時代前期の石製品」『考古資料大観9　弥生・古墳時代　石器・石製品・骨角器』小学館
堀　大介　2009『地域政権の考古学的研究―古墳成立期の北陸を舞台として―』雄山閣
間壁忠彦　1990「越前の石棺」『福井市史』資料編1　考古、福井市
松岡町教育委員会・永平寺町教育委員会　2005『石舟山古墳・鳥越山古墳・二本松山古墳　平成13年～平成15年度町内遺跡範囲確認調査報告書』
三浦俊明　2005「車輪石生産の展開」『待兼山考古学論集―都出比呂志先生退任記念―』大阪大学考古学研究室
三浦俊明　2006「北陸における須恵器系埴輪の生産」『考古学ジャーナル』No.541
三浦俊明　2007「北陸における古墳時代前期の石製品生産」『石川県立歴史博物館紀要』第19号、石川県立歴史博物館
宮元香織　2007「北陸における九州的な横穴式石室について」『日本考古学協会2007年度熊本大会研究発表資料集』同実行委員会
望月精司　2009「南加賀窯跡群における在地窯の出現と地方窯成立」『石川考古学研究

会々誌』第52号、石川考古学研究会
望月精司 2010「古墳時代後期の江沼を考える―三湖台古墳群と南加賀窯跡群―」『継体大王と江沼の豪族―古墳時代後期の江沼と三湖台古墳群―』石川県小松市教育委員会
吉岡康暢 1991『日本海域の土器・陶磁［古代編］』六興出版
和田晴吾 1983「古墳時代の石工とその技術」『北陸の考古学』
渡辺明夫 1998「讃岐の石棺―刳抜式石棺の出現―」『継体大王と越の国』
藁科哲男 2005「紫金山古墳出土石製品の石材分析」『紫金山古墳の研究―古墳時代前期における対外交渉の考古学的研究―』京都大学大学院文学研究科

2012年7月3日補注

　本稿脱稿（2011年3月30日脱稿、2011年8月6日改稿）後も研究論文などが多く発表された。ここでは、特に重要と考える下記論文のみ言及する。高橋浩二は新資料を踏まえ、先行研究におおむね即しながら、大型墳の動向を総括的に論じ、オーソドックスな解釈を示した。
　一方、伊藤雅文は粗削りながらも総じて新解釈を提示した。近年の研究（伊藤2008・2010）を含め、細部の批判的検証は今後の課題だが、新たな研究局面に到りつつある。
伊藤雅文 2012「地域の展開　⑦北陸」『古墳時代の考古学2　古墳出現と展開の地域相』同成社
高橋浩二 2011「古墳文化の地域的諸相　七　北陸」『講座日本の考古学7　古墳時代（上）』青木書店

各地の古墳 X

関　　東

内山敏行

　関東の古墳時代地域史研究の現状と課題を、社会、地域内および地域間交流、地域構造に関する研究を中心として、紹介・検討する。小地域単位や各種遺構・遺物の基礎的な研究は網羅できないので、「古墳群」および「地域差と交流」を主なテーマとして、それに関係する研究成果に触れてゆく。

1　古墳と古墳群に関わる研究

(1)　首長墳

　首長墓群の類型　大型と中型の後期前方後円墳が並立してセットで築造される茨城県玉里（たまり）古墳群・群馬県東矢島古墳群・埼玉県埼玉古墳群・千葉県内裏塚古墳群・千葉県武射（むさ）郡域の古墳群が、各地域の卓越した首長墓群であることを、日高（2010）が指摘している。埼玉古墳群では墳丘規模に対応して埴輪も大型と中型の2系列が指摘されている（増田 1987、城倉 2010）。霞ヶ浦北岸の玉里古墳群では後期前方後円墳と帆立貝形古墳がセットになり、他の古墳群より複雑な階層構造が考えられる（佐々木ほか 2010）。畿内の中期古墳群に典型的な「階層構成型古墳群」（和田晴吾・広瀬和雄）と共通する構造である。これらに加えて、茨城県域の内原古墳群・宮中野（きゅうちゅうの）古墳群や千葉県竜角寺古墳群も首長墓が集中する古墳群であることが指摘されている（佐々木・田中 2010）。

　武蔵（埼玉・東京と神奈川県の一部）や下毛野（栃木県中南部）の後期首長墳は、「集中型」の分布を示す（白石 1992）。下毛野中枢地域の古墳は「下野市周辺の古墳群」などと呼ばれ、武蔵の場合における「さきたま周辺地域」（若小玉・小見古墳群等までを含む範囲）に相当する広域概念である。下野市周辺の古墳群から、基壇・前方部石室・切石一枚造石室という地域色を持つ首長墳（下野型古墳）だけを取り出したグループとして「下野古墳群」が提唱さ

れた（秋元 2007、広瀬・太田編 2010）。広瀬和雄は、7系譜の首長層が中央政権との関わりによって6世紀後半にこの地域に墓域を統合させたと考えて、広義の「複数系譜型古墳群」に分類している（広瀬 2008）。

東矢島古墳群（加部 2009）を除くと、群馬県域の後期首長墳は100m級の前方後円墳が単独で存在することが多く、関東では異質である（日高 2010）。群馬県域の後期大型前方後円墳が各地域にまんべんなく分布する「分散型」で（白石 1992）、終末期以前では中枢地域を特定できないことと表裏一体の現象である。ただし、白石は常陸や下総・上総も「分散型」に分類している。複数の中心首長墳群が認められる常陸・下総・上総に対して、上野では大型古墳が面的に分散して中心首長墳群を特定できない理由を説明する必要があろう。この理由を、東国における多数の後期大型前方後円墳被葬者がすべて領域支配者ではなく、名代・子代などの部の地方管掌者の性格をも合わせもつと白石は理解した。これに対し、他地域もそうだが、上野でも後期大型前方後円墳被葬者をやはり領域支配者として理解する伝統的な意見（右島 1992）も多い。三浦（2010）は墳長80mを基準にして各地域圏の有力首長を抽出している。

首長墳移動と連合政権論　茨城県西部の筑波山麓における首長墓を例にあげて、いくつかのムラにまたがって一系列の古墳が築かれたパターンこそ一般的であることを指摘した岩崎卓也（1989）は、このことから「首長権がいくつかの集団間を移動するという、未熟な段階」を示すと考えた。岩崎や関根孝夫は、善光寺平の前方後円墳を素材として、首長権世襲が成立していないルーズな集団結合のモデルを早くから提示してきた（土生田 2004）。

「輪番制」や「持ち回り」の用語に対して、首長系譜の変動は列島規模の政治変動と連動したものであって、地域内紛による首長権移動やあるいは平和的な輪番制として認めることはできないという都出比呂志の批判がある（『前方後円墳と社会』2005年）。しかし、古墳群を理解するために丸山竜平が「持ち廻り」のモデルを提唱した初期から、大和政権からの「介入」や「単期首長権の身分貸与」も含めたより複雑な政治的背景の存在が念頭に置かれていたのであって、輪番制が平和的なモデルとして捉えられていたとは言えない。地方の政治勢力に対して「王権」の用語を使わないで、「上毛野連合」（白石 1992）、「西毛首長連合」や上毛野・吉備の「共立王」（土生田 2008）、「吉備政権」（西

各地の古墳Ⅹ　関東　207

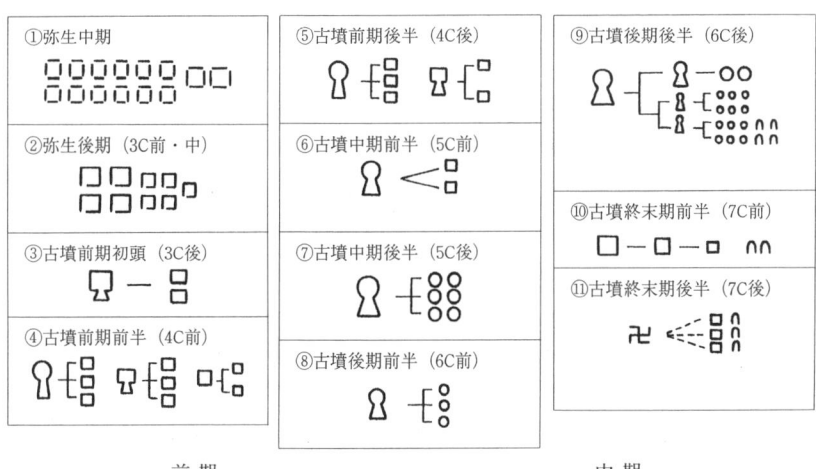

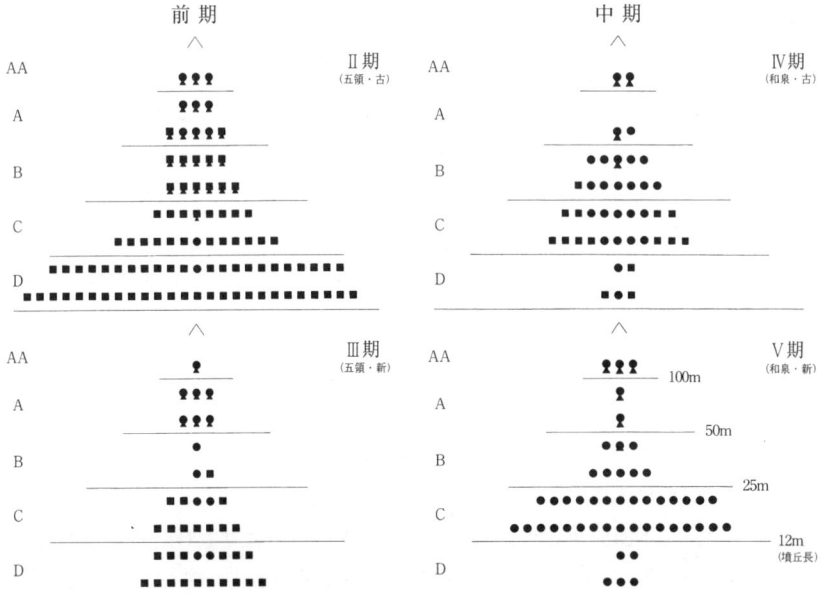

図1　墳墓構成の変化

上図は上総地域の墳墓構成をモデル化した図（小沢 2008を一部改変）。古墳中期後半や後期の群集墳と似た外観の小形方墳群を前期にも作る。中期前半は小規模古墳が減り、群集的な在り方が弱い。後期後半の群集墳内に築かれた多数の前方後円墳は、副葬品目（直刀・鉄鏃・刀子）も同時期の円墳と格差が少ない。下図は千葉県域の前期・中期古墳で、モデル図ではなく実数集計結果を示す（田中2003）。中期古墳の規模構成が前期や後期と異なる。古墳前期に相当するⅡ期とⅢ期は小形墳墓が多い円錐形階層構成である。中期（Ⅳ期・Ⅴ期）に中規模墳が増えて小規模方墳が減退し、社会構成か墳墓伝統が変化したと考えられている。

川宏 1964) のように呼称されてきたのは、首長墳の築造状況が王統よりも連合政権を反映しているとみられることに由来している。

首長墳移動と地域開発　首長墳移動の背景を政権交代や輪番制として理解するのではなく、各時期において農業土木事業や資源開発が重点的に推し進められた地域へと同系列の首長墳や居館が移動したという意見が示された（若狭2007）。古墳造営地＝政治権力所在地という単純なモデルではなく、古墳・居館造営地＝重点開発地という見方で、「なぜそこに古墳が築かれたのか」という重要な問いへ答える姿勢が新鮮である。この説では、河川に沿い15km以上の細長い政治領域内で造墓地が移動する状況が考えられている。

首長墓造営地の固定・集約化と「国造制」　5世紀後半頃から首長墓造営地が列島各地で固定化することが指摘され、関東では埼玉県埼玉古墳群、千葉県板附古墳群・富津古墳群（内裏塚古墳群）、栃木県思川流域の古墳群が例示されている（土生田 2004）。土生田はこれらの古墳群を「各地における国造系譜の直接的な起源に連なるもの」と見なし、6世紀後半以後にこのような有力系譜の中から選択された系譜が国造に認定されたと考えた。在地社会の実態（5世紀後半における有力首長系譜の成立）が先行し、畿内中枢権力による認定（6世紀後半以後における国造制）はかなり遅れることになる。しかし、たとえば北武蔵では、安閑紀の記述も参考にして埼玉古墳群を武蔵国造の墓所と同一視する意見が今でも強い（増田 1999、城倉 2011、文献史家では森田 1992）。「武蔵国造の乱」をめぐる議論の整理も行われている（清水 1995、利根川 2003、仁藤 2007）。

文献史学の成果にもとづいて国造制の成立時期を6世紀後半に下げると、前方後円墳築造が停止する少し前に東日本の国造制が成立したという意見も出てくる（土生田 2008）。東北地方南部では、終末期古墳よりもむしろ最後の前方後円墳が国造制の施行地域と対応することが指摘されている（広瀬・太田編2010）。

7世紀前葉における前方後円墳造営停止と終末期大型方墳・円墳への集約を東国の国造制成立と対応させる意見もある（白石 2007、右島 1999）。終末期大型方墳・円墳と国造制がよく対応する例は上・下総や上・下毛野地域で指摘されているが、制度の成立時点に対応するかどうかは議論の余地があろう。倭

全域でみられる前方後円墳の造営停止現象が、関東地方においては国造制成立と連動するのであれば、その理由は何であろうか。

千葉県印旛・埴生地域では、考古資料にとどまらず、被葬者あるいは国造の氏族名から、竜角寺の文字瓦に見られる支配領域まで含めて、多様な議論が展開されている。終末期初頭の大形方墳である竜角寺岩屋古墳を印波国造の墓と考える意見が多い（杉山 1995、白石 2007）。一方、石室の編年観から岩屋古墳の年代を 7 世紀第 2 四半期～中葉まで下げ、直前段階の前方後円墳である栄町浅間山古墳を初代印波国造の墓とする見解もある（草野 2008）。さらに他方では、竜角寺岩屋古墳の被葬者に関して「蘇我氏の東国進出、直接支配を想定」する意見がある（安藤 1992）。

前方後円墳の終焉　最後の前方後円墳を検討すると、埴輪を持たない事例は群馬・埼玉に少なく、栃木・茨城・千葉に多い。埴輪の消滅が西部より東部で早いと考えられる。ただし、前方後円墳の消滅が西部で早いという見方も不可能ではない。関東の前方後円墳はおおむね TK209 期に築造を終えるが、千葉・茨城県域では小形前方後円墳が終末期まで残ると考えられている。一方、群馬よりも東側の栃木で前方後円墳の消滅が早いという意見もあるので、種々様々な解釈が出揃った（広瀬・太田編 2010）。埴輪や前方後円墳の終焉で横一線に区切る編年図式にとどまらないで、地域ごとの実態を他の尺度で考えてゆく作業が求められる段階にある（加部 2011）。

前方後円墳の終焉が親族原理から制度的身分への転換を示すという解釈を積極的に述べる論者が、以前よりは減ってきた（広瀬ほか前掲）。そのような意見が支持されなくなったのではなく、安定した教科書的見解として受け止められているので議論の争点になることが少ないのであろう。ただし、「部族連合」（近藤義郎など）から「首長連合」（和田晴吾・白石太一郎など）へ用語が移行したように、親族関係以外の原理も重視する方向にある。

(2) 古墳群と群集墳

群集墳の造営者・墓域　田中裕は「個別の村落にとらわれず、1 か所に集結して築かれる集団墓所」を「多数高密度型古墳群」と呼ぶ（佐々木・田中裕 2010）。「大型群集墳」（白石太一郎）と「密集型群集墳」（辰巳 1983）をあわ

せたような用語である。多数高密度型古墳群から構築された説——白石太一郎の擬制的同族集団墓地説や広瀬和雄の墓域賜与説——を、この種の古墳群があまり見られない関東に当てはめることには無理があると田中は考える。これとは異なる原理で、村落に付随する十数基単位の古墳群が関東や長野県域で造営されたことを指摘している（田中裕 2002）。

たしかに、広瀬の墓域賜与説は畿内を中心とする西日本地域の群集墳に対して唱えられた意見である。ただし、静岡県中部の群集墳を検討した辰巳和弘（1983）は、円墳10～20数基程度の少数高密度の支群について、畿内政権による墓域賜与説を論じている。

古墳群の継続性 千葉県域では大規模な広域発掘調査（田中新 2000など）で、木更津市塚原古墳群（小沢 2005）のように、前期から後期まで継続する古墳群が指摘されるようになった（田中裕 2002、佐々木編 2007）。ただし、群集墳というありかたが古墳時代を通じて変化しなかったと考えられているわけではない。調査資料が最も豊富な千葉県域では、前期・中期の調査古墳を集計した結果（図1下段）、墳丘規模30mを境として連続的分布から格差が明瞭な拡散的分布にかわることや、中期に小規模方墳が消滅すると基層部分（径12m以下）が激減することを田中裕が指摘している（田中裕 2003、佐々木ほか 2010）。このような計量分析を、各地域において進めることが必要であろう。

白井久美子は、古墳時代を通じて中小規模の古墳が連綿と造り続けられる市原市草刈古墳群を「先行型群集墳」と呼ぶ（白井 2008、佐々木編 2007）。これに対して中期後半や後期前半から新たに各地で出現する生実・椎名崎古墳群のような例を「新興型群集墳」と呼ぶ。新興型群集墳は集落とともに新たに移動してきた集団の古墳群と考えている。草刈古墳群に対応する草刈遺跡は周辺の集落と比較しても継続性と規模が突出しているので（大村 2010）、草刈の「先行型群集墳」も周辺地域のなかでは特別な存在であろう。

新興型群集墳のうち中期新段階に新たに営まれる群集墳について、関東地方では上野地域に限られると白井（2008）は考えている。下毛野地域でも、東谷・中島地区や小山市寺野東遺跡に中期後半の新興型群集墳がある。

小形前方後円墳 後期前方後円墳が多いことで知られる北関東・東関東地域の中でも、西部と東部で古墳群の違いが明らかになってきた。

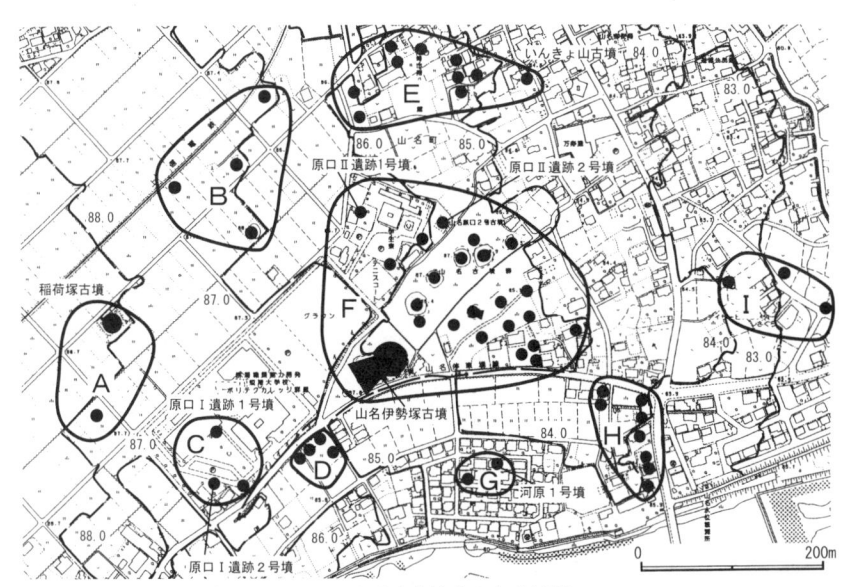

図2　群馬県高崎市山名古墳群

60基のうち墳長75mの山名伊勢塚と帆立貝形1基以外は円墳。中規模古墳は後期前半に帆立貝形で、後期後半には円墳になり、前方後円墳消滅前の後期後半にほぼ全古墳が埴輪を持つことが群馬地域周辺の特徴である。いんきょ山、原口Ⅰ-1号、原口Ⅱ-2号、稲荷塚のような円墳にも小札甲や飾大刀を副葬する。（専修大学文学部考古学研究室　2008より）

　常陸・下総では規模・墳形が等質的な古墳群がなく、前方後円墳と円墳（前期では前方後方墳と方墳）が混在する傾向がある（佐々木・田中裕 2010）。この大きな要因として、常陸・下総の後期群集墳中に前方後円墳、とりわけ墳長30m以下の「前方後円形小墳」が多いことがあげられる（岩崎 1992）。下毛野（栃木県域中南部）も、前方後円墳自体が少ない佐野地域を除くと、前方後円墳と円墳が混在する古墳群が多く、常陸・下総と共通する。下毛野の後期前方後円墳は墳長30m台が最多で、最小は16.8mである（中村 2011）。

　「前方後円形小墳」（岩崎 1992）ないし「常総型古墳」（安藤 1981、白井 2002）は、横穴式石室ではなく箱式石棺の主体部が多い。箱式石棺が少ない栃木県域（下毛野・那須）では、横穴式石室の中規模前方後円墳と区別が難しいので、「前方後円形小墳」の概念をあまり使わない。かわりに下段のくびれが弱い形状の前方後円墳を栃木では「オバＱ」の愛称で呼ぶことがあり（広瀬・太田編 2010）、前方部に石室をつくる特徴とともに、小形前方後円墳だけでな

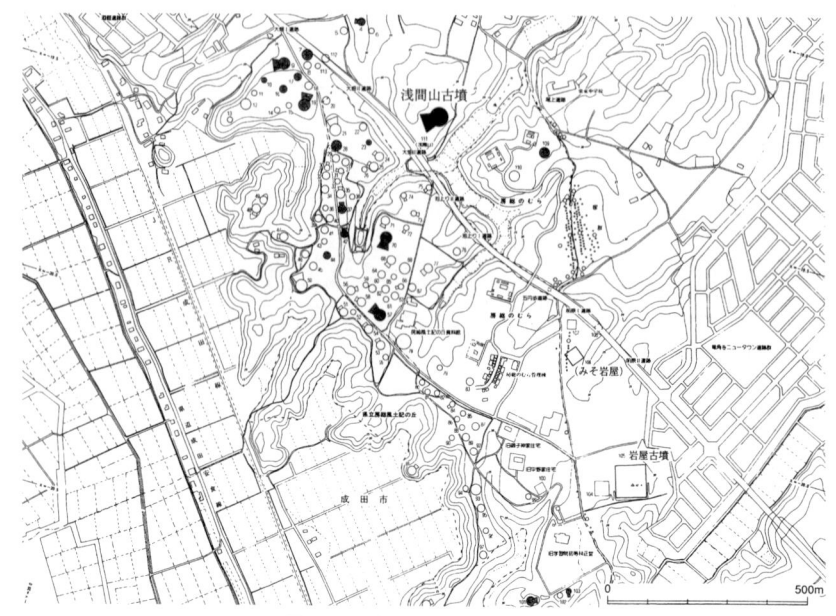

図3　千葉県栄町竜角寺古墳群

中小規模前方後円墳が多いことが常総地域の特徴で、古墳総数113基の3割以上をしめる。埴輪を持つ古墳は網を掛けた16基で、総数の14％。墳長78mの浅間山（黒塗）のような最終末の前方後円墳は埴輪を持たない。小札甲（挂甲）を副葬する古墳は2基あり、ともに前方後円墳である。（千葉県史料研究財団 2002より）

く大形前方後円墳（下野型古墳）にも共有される属性である。

　これに対して、上毛野の大半の地域における後期後半の小形墳（長径50m未満）は、前方後円墳・帆立貝式古墳ではなくて中・大形円墳である（三浦 2010）。上毛野で群集墳に小形前方後円墳が混在するのは後期ではなく中期末（集成8期）であって、この時期に小形前方後円墳のピークがある状況は関東の他地域と異なっている（広瀬・太田編 2010）。

　もっとも、上毛野の後期前方後円墳も、西日本に比べてはるかに多い。毛野では前方後円墳の築造単位が西方諸地域よりも狭く（近藤 2001）、石室規模や馬具副葬類型を基準に比べると、西日本よりも下位層まで前方後円墳を築造したこと（尼子 1998）が、西日本の研究者によって比較・提示されている。

　前方後円墳の偏在と西嶋説　下総の竜角寺古墳群と常陸の宮中野古墳群は、大形の前方後円墳・円墳と群集墳（小形の前方後円墳・円墳）が一体となって形

成された不均質な構造を持つ希有な古墳群である（佐々木・田中裕 2010）。下総と常陸が1位と2位の前方後円墳集中地であることを象徴的に示している。

このような前方後円墳の偏在は、古墳群の研究史を理解する上でも重要である。前方後円墳と群集墳築造に共通する背景として国家的身分秩序を考えた西嶋定生説（「古墳と大和政権」1961年）は、前方後円墳を多数含む下総の群集墳を踏査する環境に西嶋が居住していたことと無関係ではない。西嶋は、親子で竜角寺古墳群を歩きながら分布図を作成し、別な機会には石母田正と一緒に同古墳群を見学しながら群集墳の背景について質問することを通して考えを進め、そして「古墳と大和政権」を執筆したという（西嶋 1999）。

学説が形成される際にその提唱者の考えを強く規定した考古資料を把握することが、その説を理解する良い手がかりになる。大半が円墳である岡山県佐良山古墳群（ただし、前方後円墳2基と帆立貝式1基も含む）を調査した近藤義郎は、「有力農民の家族墓」という結論を導いた。佐良山とは大きく異なり、3分の1（113基中37基）が前方後円墳である竜角寺古墳群の調査（甘粕 1964）に参加した西嶋は、前方後円墳は大和政権が与えた身分を示すもので、群集墳の出現にもそれと同様の背景を考えるという結論に達したことがわかる。

2　関東における地域差と地域間交流

(1)　古墳前期の地域間交流

古墳前期の地域差と交流　関東の古墳前期土器は、台付甕が多い西部と、平底甕が多い東部に分かれる。一方で、弥生後期からの土器・墓制・集落の継続性に注目すると、旧利根川-鬼怒川ラインを境にして、継続性のない北側（北関東）と、継続性が認められる南側（相模湾・東京湾岸）に分けられることが指摘されている（西川修 2002、東北・関東前方後円墳研究会 2005）。縄文・弥生時代からの伝統的な地域差（東部-西部）と、広域交流への関わりかたの違い（南部-北部）は、古墳時代関東を理解する2つの軸といえる。

南側地域では、早くから知られる東京湾岸の千葉県神門古墳群（または「墳墓群」、以下同様）に加え、同県高部古墳群と、相模湾岸地域の神奈川県秋葉山古墳群が注目を集めた。

少数派である前方後円形の神門5・4・3号墳や秋葉山3号墳と畿内勢力、高部30・32号墳など多数派の前方後方形墳墓と東海西部勢力の関係を考える議論も行われている。よく知られた赤塚次郎説や白石太一郎説では前方後方墳など東海西部（伊勢湾沿岸地域・濃尾平野）系統の考古資料を魏志倭人伝に登場する「狗奴国」と関連させて解釈し、積極的に考古学と文献史学の協業をめざす『総合派』の研究姿勢と位置づけている。関東の研究者も、この立場で議論する場合がみられる（比田井 1997）。これに対し、前方後方墳など東海系文物の評価を「狗奴国」と関連づけると、邪馬台国論争にとらわれて多様な解釈の可能性を摘み取るおそれがあると警戒する意見（西川修 2002）のほうが多く、今後の研究展望を広く保持している。前方後円形の神門5・4・3号墳に東海系土器が多くて5号墳には多孔鉄鏃もある一方で、前方後方形の高部30・32号墳に舶載鏡の破鏡や破砕鏡があるという「ねじれ現象」は、近畿系と東海系の抗争よりも、複線的・流動的な交流関係を示している。

　古墳時代の区分　地域研究では、伊勢湾沿岸地域系土器と前方後方形墳墓にみられる交流の活発化以後を古墳時代とする立場が主流である。日本史全体を語る時は、近畿の大形前方後円墳（纒向型を除く）の出現後を古墳時代とすることも多い。各古墳や土器の並行関係について意見が一致しないこともあって、地域史と全体史で異なる基準を使う状況がある。それよりは、移行期として弥生終末期（大村 2006）または古墳出現期を設定する方法が正しいと思われる。ただし、田中新史（2002）や白井（2002）の「古墳出現期」は、地域史ではなく、岡山県楯築・黒宮大塚などを画期とした日本史全体の区分である。時期区分や交流の検討に際して、新潟シンポ編年における近畿との並行関係を固定的に考えるべきでないことも指摘されている（東北・関東前方後円墳研究会 2005）。

(2)　古墳中期の地域間交流

　古墳中期土器と広域交流　古墳中期の和泉式土器における外来系食器を検討した坂野和信は、関東および東北地方に金海系および馬韓系統の食器が大和・河内を経由して伝えられたことを論じた。その背景としては東国や陸奥の人々の往来・移動と、韓半島系の移住民を考え（坂野 2007）、格子叩き埴輪、陶質土

器、鍛冶関連遺物などを傍証に議論している。坂野自身が認めるように、金海系・馬韓系杯椀類とされた土器の多くは製作技法を伴わない形態模倣品で、半島系の認定を批判する意見がある（酒井 2007）。

　土器の形態比較に重点をおいた坂野の議論は、食器の祖型を追求して、杯椀類の淵源を金海系・馬韓系の陶質土器・軟質土器に求めた型式論である。朝鮮半島系手持食器を使う生活様式を議論した筆者の意見は（内山 1997）、食器を手に持つ使用法を広域に波及させた媒体を須恵器・土師器杯類と考えた機能論である。筆者の議論で、朝鮮半島の軟質土器に対する検討が欠落していることに対する坂野（2007）の批判は妥当である。一方、金海・馬韓型杯椀の陶質土器・軟質土器は、手持食器を倭全域に波及させるほどの資料数を確認できないので、過大評価もできない。陶質・軟質杯椀類を携えた渡来人が広域に移住した根拠資料を補強する必要がある。松戸市行人台遺跡の金海系陶質土器（または初期須恵器）と鋳造鉄斧・多孔甑のような資料で（日高 2007）、高杯でなく杯椀類の資料を検出することが期待される。

　食器だけでなく、和泉式土器の甕も同一型式が広域に波及する。地域色を最もよく表す器種である甕が、東海地方以外の東日本で斉一化することは、「異常な事態」と評価されている（田中裕 2003）。甕を斉一化させなかった古墳前期の交流が多線的な移住で説明されるとすれば、中期初頭の土師器甕や、次段階における食器・大形甑・須恵器・カマドの広域波及は、面的な往来・交通関係を背景に考える必要があろう。

　古墳中期の地域差と交流　槽・釧・杵・短甲など特徴的器物の石製模造品の分布は上毛野西部を中心として下野から陸奥南部までの古東山道地域にあり、刀子形の地域差からも、石枕が分布する常陸・下総地域とは区別できるという（佐久間 2009）。中期の堀を持つ首長居館・埴輪の口縁部突帯やB種ヨコハケ（白井 2002）も古東山道地域に多く、常陸・下総ではきわめて少ない。弥生・古墳時代の関東地方を内陸（毛野・北武蔵）と水域（常総・総武）に分ける白井（2002）の地域把握に通じる現象である。

(3) 古墳後期の地域間交流

　古墳後期土器の地域差と背景　鬼高式土器の東西大別を明らかにした長谷川厚

(1995a・b)の議論をさらに進めた坂野和信は、房総地域を独立させた3大別を提示した(坂野 2007)。

このうち西関東のグループに属する比企型杯や有段口縁杯などの特徴的な土師器の流通には首長が関与し、貢納後に再分配を行ったことを長谷川(1995a)や田中広明(1995)が主張している。坂野は、後期大形前方後円墳の築造停止時にも土器型式圏が変容しないことから、型式圏は政治的支配領域と直接に関係せず、地域共同体の習俗や経済的諸関係を反映していると考えて、田中広明説を批判している(坂野 2007)。この点について田中広明は、前方後円墳から終末期円・方墳への転換は、在地の土師器生産や貢納主体としての首長に質的な変化を起こさなかったとみている。

群馬・埼玉県域の鬼高式土器には特徴的な精製土師器杯群があり、土師器生産の専業度が東関東よりも相対的に高い場合があることまでは認めてよいと思う。特徴的な精製土器群の顕著な分布が認められない東関東の研究者は、田中や長谷川のモデルを積極的に支持していない(小沢 1995、松本 2009)。

西関東では首長層による規制・影響力が強いために比企型杯や有段口縁杯のように特徴的な土師器を成立・流通させるのに対して、東関東では首長層の関わりが消極的なので同じ様式が広く分布するというモデルも示されている(長谷川 1995b)。須恵器でも、継続的に窯を操業する西毛と東毛(群馬西部・群馬東部)から北武蔵や下毛野等に流通および技術伝播するのに対して(藤野ほか 2009)、東関東では古墳後期以前の大規模な生産窯を確認できない。

後期古墳構築資材の移動と関東地方の東西 強力な首長権が推定される北部(上毛野・北武蔵)から南部へ物資が流通する西関東では、中心−周縁関係や首長制と関連した生産・流通が議論される(田中広 2005)。一方、複数の中心を持って首長墳が各地に分散している東関東では、物資・製品・技術の多元的・互恵的流通を考える傾向がある。これは、前項の土師器生産・流通論における東西差とも関わる。

古墳後期には、埼玉県生出塚窯・利根川中流域窯・茨城県筑波山周辺窯産の埴輪、埼玉県秩父の緑泥片岩、房総(または三浦半島。白井 2002)の房州石(磯石)、茨城県筑波産の雲母片岩などが、主に内陸から沿岸部へ遠距離移動する(松尾 2002、日高 2011)。最高首長層から中小首長層への「分与」的な移

各地の古墳Ⅹ　関東　217

A〜Zと1は埴輪窯跡
（城倉2009より）
★ 1 生出塚
★ 2 埼玉古墳群
● 3 山倉1号墳
■ 4 人形塚古墳

下総型埴輪
生出塚産埴輪
九十九里A・B

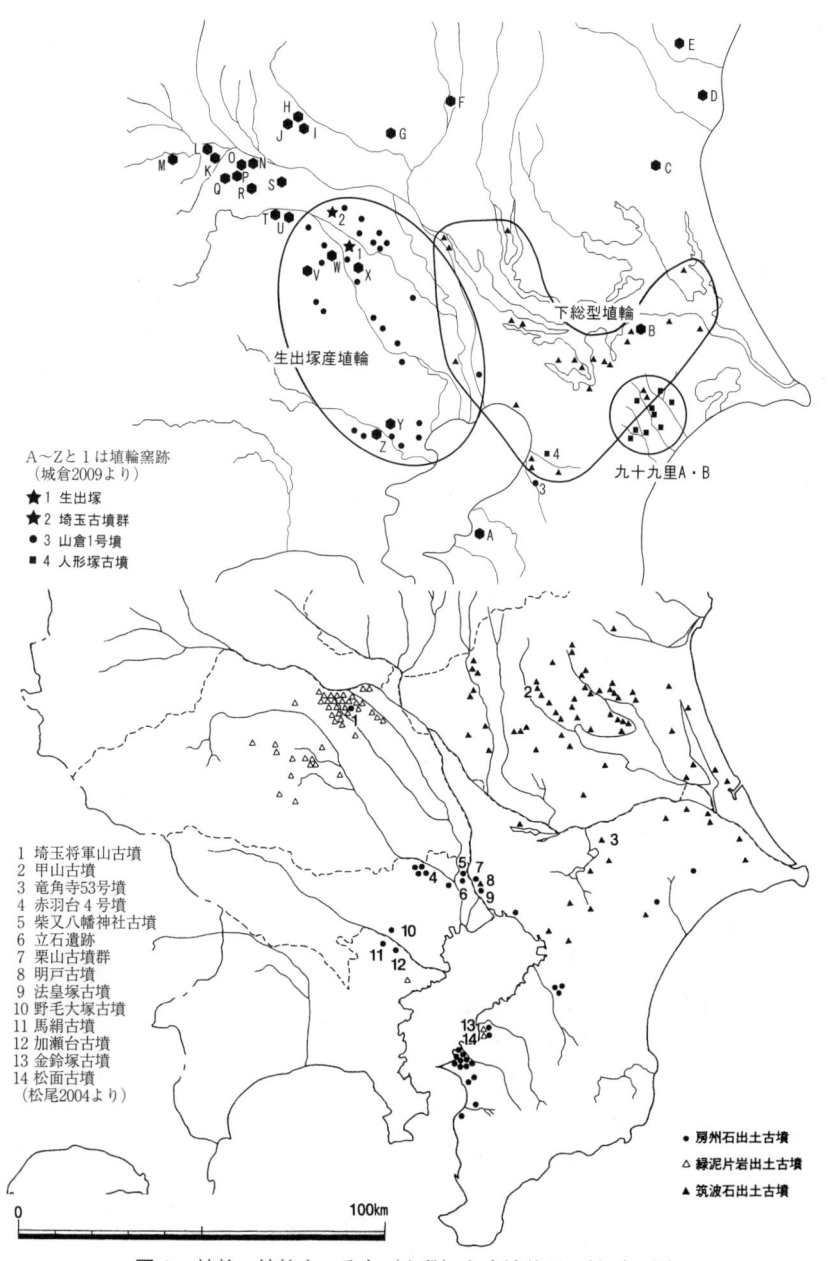

1 埼玉将軍山古墳
2 甲山古墳
3 竜角寺53号墳
4 赤羽台4号墳
5 柴又八幡神社古墳
6 立石遺跡
7 栗山古墳群
8 明戸古墳
9 法皇塚古墳
10 野毛大塚古墳
11 馬絹古墳
12 加瀬台古墳
13 金鈴塚古墳
14 松面古墳
（松尾2004より）

● 房州石出土古墳
△ 緑泥片岩出土古墳
▲ 筑波石出土古墳

0　　　　100km

図4　埴輪・埴輪窯の分布（上段）と古墳使用石材（下段）

動と、有力首長間での「交換」的な相互移動という2つのモデルを示した太田博之は、背景として交通網の保全を目的とした広域首長連合を考えた（太田 2002、広瀬・太田編 2010）。一方、白井（2008）は、このような交流が展開した総武（東京湾岸）・常総（香取海沿岸）地域を多元的な交流圏と評価し、畿内の影響が強い内陸の上野との相違を強調した。具体的には首長間交流に加え、中小古墳を造営した新興集団のトップ同士の交流を考えている。そして、畿内王権の東国掌握によって在地の首長間交流が変化して、古墳終末期に筑波石の遠距離移動が衰退したと考えた（白井 2002）。

　太田と白井による評価の違いは、埼玉古墳群を中心に階層差とも関わって分布する西関東の緑泥片岩（栗島 2011）や生出塚窯産埴輪と、東関東の香取海周辺で小古墳まで広く分布する下総型埴輪や筑波石という資料の性格差に由来する。埴輪の大きさと古墳規模が対応する生出塚窯・北武蔵諸窯の埴輪（城倉 2010）と、小規模古墳へ主に供給する等質的な下総型埴輪（日高 1995）の違いは、象徴的である。北武蔵の埴輪生産が首長を頂点とする地域社会の階層秩序の中で展開するのに対して、下総型の埴輪生産は強大な首長権の下に編成されたものではなくて香取海の水運を通じて緩やかに結ばれる地域に分布すると評価されている（城倉 2009）。下総型埴輪の生産窯が判明して、生産実態がより詳細に議論されることを期待したい。

　東と西の違いを、対比的に割り切れる状況ばかりではない。大国造の西関東＝階層的分与、小国造の東関東＝互恵的交流、という対比をしたくなるところであろうが、大国造の下毛野地域はむしろ東関東としての性格が強い（次節参照）。土師器生産・流通に関して首長層の関与を高く考えない西関東の研究者もいる（坂野 2007）。東関東でも、下総型埴輪分布域よりさらに北側である茨城県霞ヶ浦北西沿岸では、後期初頭の富士見塚古墳・玉里舟塚古墳以後に大規模墳向けの多条突帯埴輪が認められる。

3　古墳時代関東の特色

　関東で広く見られる特色として、前期では前方後円墳・埴輪と前方後方墳・壺形土器の2系統、竪穴式石室の不在と箱形木棺や木炭槨（岩崎 1989）、中〜

後期のケズリ平底甕（西日本のハケ丸底甕・後期東北のハケ長胴甕と異なる）、いち早く後期後半に現れる切石石室（広瀬 2008）などがあげられる。大地域としての関東の個性を明らかにする研究は少ない。

前期の大形前方後方墳、中期の鈴鏡、後期の馬具・装飾付大刀・埴輪や大形および小形前方後円墳の盛行が関東の特色と述べられることが多い。しかしこれらは北西関東や東関東に中心を持つ現象で、南武蔵や相模に該当しない。

縄文時代から伝統的な東・西の地域圏が古墳時代関東にあり（前章）、それを横断・連結する広域交流路（古東海道／古東山道）が南・北の地域差を生む、という2つの軸が、地域研究の議論で認められる。外部交流の窓口は、陸路では上毛野、海路では東京湾岸（主に東岸の上総）が指摘されている。

(1) 北関東と毛野・北武蔵

古東山道と毛野の成立　長野県伊那谷と上野西部に実用馬具・装飾的馬具・馬埋葬や、方墳を含む初期群集墳が5世紀後半に現れるので、馬の登場によって畿内－東国の恒常的な内陸遠距離交流ルートが成立して、上野・下野・北武蔵にヤマト政権との新しい関係が成立したことが指摘されている（右島 2008）。この交流路によって、上野西部の高崎市周辺が主導的地域になったという。

古東山道成立前は、後の東海道に沿うルートが基本であったと右島は見ている。古墳前期では、上毛野の平野部に分布するS字状口縁台付甕が象徴的である（若狭 2007）。一方、下毛野でS字甕は主流にならない。

上毛野と下毛野　「毛野」を仁徳朝に上毛野と下毛野に分割したという『先代旧事本紀』の記載がよくとりあげられる。しかし、上毛野と下毛野地域は各時代を通してほとんど別地域で（中村 2011）、地域色をよく反映する土師器や横穴式石室も大きく異なる。「毛野」地域のまとまりがあるとしても、上毛野を中心として、前期大形前方後方墳の分布する栃木県域南西部の渡良瀬川流域までとみる意見が多い（橋本 2003、右島 2008、今平 2011）。

下毛野地域には、常総と共通する東関東の要素が底流にある。それは弥生周溝墓と環壕集落の不在、羽状縄文・附加条縄文の後期弥生土器、全時期を通じた葺石採用の低調、前期土師器における単口縁台付甕・平底甕（今平 2011）、後期の小形前方後円墳と前方部埋葬・地下埋葬施設（岩崎 1992）や杯身模倣

の漆仕上げ土師器杯（松本 2009）、埋葬施設内に副葬する土器の稀少さ（土生田 1996、川西 2011）、終末期以降の方墳・方形区画墓群や側壁挟込土坑（橋本ほか 1995）に現れている。その上を覆うように、上毛野と共通する要素が政治的背景を持って波及した状況が、中期の器物形石製模造品（佐久間 2009）や銀杏葉刻線埴輪（大谷 1998）、後期の低位置突帯埴輪（小森 2001）や北関東型須恵器（藤野ほか 2009）に見られる。関東の馬具出土古墳は群馬に最も多く、埼玉北部と栃木はその分布圏の周縁である（岡安 2007、松尾 2002・2008）。上毛野の影響は西関東の北武蔵のほうが強く、下毛野は上毛野の二次的影響域である。

(2) 南関東と総武・常総

総武と常総の水域 白井久美子は、内陸（毛野・北武蔵）と水域（総武・常総）にわけて関東地方を把握した。水域には、「二つの内海」つまり東京湾岸（総武）と香取海周辺（常総）の二極構造があるという（白井 2002・2008）。

白井によると、東京湾東岸の上総を中心とする「総武」は中央からの影響・介入を受ける窓口で、神門古墳群・三角縁神獣鏡・中期のB種ヨコハケ調整埴輪が象徴的といえる。一方、常総はそれに対する在来勢力とされ、中期の常総型石枕や常陸舟塚山古墳などのタテハケ調整埴輪、後期の筑波石使用埋葬施設・下総型埴輪が象徴的である。常総地域の水上交通について、田中新史ほか（2008）・川西宏幸（2011）の議論や、塩谷修（2011）の整理がある。

相模と南武蔵の位置 関東でも相模や南武蔵では、中期前半の東京都野毛大塚（長82m）や、前期後半の神奈川県長柄桜山1・2号墳（長90mと88m）・海老名市瓢箪塚古墳（長71m以上）で大形古墳が終わる。背景として、畿内から東方への主要ルートが、天竜川－伊那谷ルートおよび海経由－房総半島ルートになり、相模を経由しなくなった可能性が指摘されている（土生田 2008）。ただし、畿内との交通路の衰退を、在地勢力の衰退とは理解しない立場である。

南武蔵で有力首長墳が再び注目されるのは、終末期前半の多摩地域にある切石石室墳である。8世紀に国府が成立し、武蔵が東山道から東海道に変更されるさきがけを思わせる事象である。次段階に成立する武蔵路（東山道と東海道を連結する道）との関係の有無が議論されている（青木 2009）。

後期後半から終末期では、南武蔵の切石複室石室、相模の川原石両袖・片袖石室や装飾付大刀・馬具に注目して在地勢力の動向が検討されている（草野 2006、須藤 1995・2007、柏木 2008、岡安 2007）。これは後期古墳および研究のあり方として中部地方以西と共通する。北・東関東で墳長80m（方墳は辺長50m）が権力の指標になる状況が、むしろ特異である。

(3) 古東山道と古東海道

7世紀後半以後の官道に先行する交通路を想定して、古墳後期以前の関東を理解する研究が行われてきた。1966年の『日本の考古学』でこの立場を取った甘粕健・久保哲三は、東海道・東山道ルートを古墳前期から想定した。近年は、交通路の成立期を古墳中〜後期とみる意見がある。右島（2008）は馬が登場する中期以降に恒常的な東山道ルートを考えた。松尾（2002）も、初期馬具が先に広がる東山道ルートは5世紀中葉に形成されるが、東海道ルートを読み取れる馬具副葬古墳の分布は6世紀中葉以降に成立し、形成時期差を考えている。古墳中期の韓半島系土器の分布が交通路の再編成を示すと考える坂野（2007）は、「古東山道」と「東京湾・太平洋岸」の2群を認定するが、後者を「東海道」と呼ばない。水上交通の連鎖とも考えられるのであろう。

東北へ向かう交通路には内陸路と海岸路があって、両路が出会う場所が関東平野・仙台平野・八戸平野にあるという地理的条件が、時代を遡って二系統の広域交通路を想定させる（川西 2011）。縄文時代からの伝統的な地域差を持つ西関東（上毛野－武蔵－相模）と東関東（常陸－下野－那須）は、広域交通路の間を連絡する地域として機能する。このような地域像を、資料にもとづいて実証的に議論する試みも、続けられてゆくであろう。

4 研究の展望

地域内・地域間・遠隔地交流の意味　遠隔地に系譜を持つ交流関係は興味深いが、そのことを結論にしてはいけない。その地域や首長層に「畿内政権との強い結びつき」や「広域の交流」があった、と最後を結ぶ叙述や説明が、地域研究にあふれている。しかし、前期の東海系・北陸系土器、中期の陶邑産須恵器

や韓式系土器、後期の渡来系副葬品や遠距離供給埴輪・石室石材、終末期以後の畿内産土師器・東海諸窯産須恵器などの持つ意味は、違うはずである。

むしろ研究の出発点とみて、そのような交流の「性格」を議論しよう。地域間関係と対中央関係、内容物交易や儀礼贈答、鍛冶など新技術や首長居館との関係、対外的場面や倭内部での身分表示、互恵的交易と制御された貴重品流通網、東関東・西関東の社会統合との関連などのモデルを検討し、なぜ・どのように交流が行われたのかを考えたい。倭の全域に関連する説明と、中央や朝鮮半島から遠くて東北に近い関東地域に即した説明が必要である。

文献史学と考古学　古墳後期以前の考古学的研究では、特定の人物や事件を扱うことは難しい。前方後円墳から終末期大型方墳・円墳への転換が、関東で国造制成立を示す、という白石説（2007）を例にあげると、国造制成立期は史料から検討する以外に方法がない。古墳の墳形や規模は在地権力の実態を示すが、中央が施行した制度等と連動しない場合も十分に予想される。

文献史学とはまったく別の視点から実態を見ていることが、考古学的方法の強みである。文献史料では制度を検討し、考古資料は地域の実態を明らかにする。そして、事件や制度が実態をすぐに変えない場合や、制度が実態を追認する現象こそが重要である。磐井の乱後、福岡県八女古墳群の首長系譜は途絶していない。「武蔵国造の乱」（利根川 2003）や屯倉設置の真偽や時期を、首長墳変動から議論することが可能であろうか。

文献史学との対照は、個別イベントよりも社会構造に力点を置くべきである。埼玉稲荷山古墳鉄剣銘にみられる「其の児」8代は親子関係ではなく、地位継承系譜を意味するという（義江 2000）。そのように理解すれば、「さきたま以前」のように首長墓造営地が固定しない状況、つまり世代ごとに異地域・傍系間で首長位が継承される「持ち廻り」連合政権の段階に対応させることもできる。これは、古墳時代社会構造全体の問題であって、北武蔵地域の議論ではない。ヲワケたちが北武蔵の首長か？　あるいは礫槨の被葬者か？　という議論も不要ではないが、確定することは難しい。史料に登場する人物・氏族・事象と結びつけることではなくて、文献史料と考古資料の類型から考えられる社会構造やその地域差を照合してゆく作業の先に、解答の範囲が絞られていくであろう。

古墳文化が極端な形で現れた縁辺地域　関東の古墳文化には、倭の政治や文化の特色や本質が、強調されて現れる。前期大形前方後方墳、東海地域を飛び越えて分布する出現期の纒向型前方後円墳や中期の長持形・舟形石棺、北関東に多い方形区画溝の居館、倭全域で群馬県域周辺に最も多い馬具・飾大刀・小札甲、常総地域で最高密度の前方後円墳、後期大形前方後円墳と終末期大形円・方墳、後期後半に盛行する埴輪と切石石室など、多くの事例がある。各地の埋葬施設などを、地域独自の個性とみる研究が多い。

一方で、関東地域に対する特別扱いの側面も重視したい（白石 1992）。中央や外部との関係によって生じた個性である。日向・大隅・丹後などの前～中期大形墳にもそのような一面があろう。大げさな例では、律令国家の軍事的性格を極端な形で示す東北古代城柵や北部九州・瀬戸内の古代山城も同様である。

つまり関東は、古墳文化の共通性と独自性を、やや極端に強調された形で把握・提示できる地域である。だから、地域の独自性だけでなく、倭や東アジアの同列政体群を理解するために、関東の資料群を分析する意識を持ちたい。

前期から中期中葉まで東日本最大規模墳を作る上毛野地域には、中央から独立的に振る舞う吉備臣や筑紫君のような姿を見る場合もある。過密に分布する後期前方後円墳や装飾付大刀の主は、単なる在地首長でなく、多系列で畿内政権と結びつく地域支配の手先、軍事動員の対象として理解する場合もある。等しく大形墳という姿をとる考古資料に対して、前中期と後終末期で評価を変えていることが妥当であるか。妥当なら、その転換はいつどのように進行したのか。「国造の乱」や「屯倉」などの記載とは別の視点から地域の実態を明らかにして、各地の古墳被葬者と中央政権との関係を理解するモデルを提示することが、古墳時代関東の考古学研究に問われている。

参考文献

青木　敬　2009「多摩地区における 7 世紀の古墳」『東京考古』27

秋元陽光　2007「河内郡における終末期古墳」『上神主・茂原官衙遺跡の諸問題』

尼子奈美枝　1998「上野における後期古墳の階層性」『網干善教先生古稀記念考古学論集』

甘粕　健　1964「前方後円墳の性格に関する一考察」『日本考古学の諸問題』考古学研究会

安藤鴻基 1981「『変則的古墳』雑考」『小台遺跡発掘調査報告書』小台遺跡調査会
安藤鴻基 1992「終末期方墳」『国立歴史民俗博物館研究報告』第44集
岩崎卓也 1989「古墳分布の拡大」『古代を考える　古墳』吉川弘文館
岩崎卓也 1992「関東地方東部の前方後円形小墳」『国立歴史民俗博物館研究報告』第44集
内山敏行 1997「手持食器考―日本的食器使用法の成立―」『HOMINIDS』001、CRA
太田博之 2002「埴輪の生産と流通」『季刊考古学』79、雄山閣
大谷　徹 1998「新屋敷古墳群の様相」『新屋敷遺跡D区』埼玉県埋蔵文化財調査事業団
大村　直 2006「南岩崎遺跡の変遷と市原市域の遺跡群」『南岩崎遺跡』市原市教育委員会
大村　直 2010「周辺地域における集団秩序と統合過程」『考古学研究』第56巻第4号
岡安光彦 2007「武・相の馬具と戦い」『武蔵と相模の古墳』季刊考古学別冊15
小沢　洋 1995「房総の古墳後期土器」『東国土器研究』4
小沢　洋 2005「房総における古墳時代中期群集墳の展開」『考古学ジャーナル』528
小沢　洋 2008『房総古墳文化の研究』六一書房
柏木善治 2008「副葬大刀から見た相模の地域像」『神奈川考古』44
加部二生 2009「太田市東矢島古墳群の再検討」『利根川』31
加部二生 2011「群馬県地域における埴輪終末時期の再検討」『埴輪研究会誌』15
川西宏幸 2011「常陸の実相」『東国の地域考古学』六一書房
草野潤平 2006「複室構造胴張り形切石室の動態」『東京考古』24
草野潤平 2008「竜角寺岩屋古墳の石室系譜」『地域と文化の考古学』II、六一書房
栗島義明 2011「緑泥片岩を用いた横穴式石室の構築」『埼玉県立史跡の博物館紀要』5
小森哲也 2001「関東北部における低位置凸帯の円筒埴輪」『縄文人と貝塚・関東における埴輪の生産と供給』学生社
近藤義郎 2001「毛野と吉備II」『前方後円墳に学ぶ』山川出版社
今平利幸 2011「前期から中期前半の下毛野」『古墳時代毛野の実像』季刊考古学　別冊17
酒井清治 2007「武・相の渡来文化」『武蔵と相模の古墳』季刊考古学　別冊15
佐久間正明 2009「東国における石製模造品の展開」『日本考古学』27
佐々木憲一編 2007『関東の後期古墳群』六一書房
佐々木憲一・田中　裕編 2010『常陸の古墳群』六一書房
塩谷　修 2011「古墳時代古霞ヶ浦沿岸社会の論点」『土浦市立博物館紀要』21
清水久男編（大田区立郷土博物館編）1995『武蔵国造の乱』東京美術
城倉正祥 2009『埴輪生産と地域社会』学生社
城倉正祥 2010「生産地分析からみた北武蔵の埴輪生産」『考古学研究』第57巻第2号
城倉正祥 2011「埼玉古墳群の埴輪編年」『埼玉県立史跡の博物館紀要』5

白井久美子 2002『古墳から見た列島東縁世界の形成』千葉大学考古学研究叢書2
白井久美子 2008「古墳文化に見る古代東国の原像」『古墳時代の実像』吉川弘文館
白石太一郎 1991「常陸の後期・終末期古墳と風土記建評記事」『国立歴史民俗博物館研究報告』第35集
白石太一郎 1992「関東の後期大型前方後円墳」『国立歴史民俗博物館研究報告』第44集
白石太一郎 2007『東国の古墳と古代史』学生社
杉山晋作 1995「古代印波の分割」『王朝の考古学』雄山閣
須藤智夫 1995「古墳時代相模における在地社会の一様相」『考古学の世界』10
須藤智夫 2007「古墳時代後期における南武蔵の一様相」『神奈川考古』43
専修大学文学部考古学研究室 2008『山名伊勢塚古墳』
辰巳和弘 1992「密集型群集墳の特質とその背景」『古代学研究』100
田中新史 2000『上総市原台の光芒』市原古墳群刊行会
田中新史 2002「有段口縁壺の成立と展開」『土筆』6、土筆舎
田中新史・白井久美子 2008「点景をつなぐ」『土筆』10、土筆舎
田中広明 1995「関東西部における律令制成立までの土器様相と歴史的動向」『東国土器研究』4
田中広明 2005「武蔵のミヤケ」『考古学ジャーナル』533
田中　裕 2002「房総半島の中期古墳」『古墳時代中期の大型墳と小型墳』東海考古学フォーラム・静岡県考古学会
田中　裕 2003「五領式から和泉式への転換と中期古墳の成立」『帝京大学山梨文化財研究所研究報告』11
千葉県史料研究財団 2002『印旛郡栄町浅間山古墳発掘調査報告』
東北・関東前方後円墳研究会編 2005『東日本における古墳の出現』六一書房
利根川章彦 2003「『武蔵国造の乱』はあったか」『調査研究報告』16、埼玉県立さきたま資料館
中村享史 2011「後期後半から終末期の下毛野」『古墳時代毛野の実像』季刊考古学別冊17
西川修一 2002「南関東における古墳出現過程の評価」『月刊文化財』470
西川　宏 1964「吉備政権の性格」『日本考古学の諸問題』考古学研究会
西嶋定生 1999「墳丘墓からみた東アジアの古代国家」『千葉県史研究』7
仁藤敦史 2007「『辛亥』銘鉄剣と『武蔵国造の乱』」『武蔵と相模の古墳』季刊考古学別冊15
橋本澄朗・山口耕一編 1995『東日本における奈良・平安時代の墓制』第5回東日本埋蔵文化財研究会
橋本澄朗 2003「山王寺大桝塚古墳の検討」『栃木の考古学』塙静夫先生古稀記念論文集
長谷川厚 1995a「東国における七世紀への胎動」『古代探叢』IV、早稲田大学出版部

長谷川厚 1995b「東国における律令制成立以前の土師器の特徴について」『東国土器研究』4
土生田純之 1996「葬送墓制の伝来をめぐって」『古代文化』第48巻第1号
土生田純之 2004「首長墓造営地の移動と固定」『福岡大学考古学論集』
土生田純之 2006『古墳時代の政治と社会』吉川弘文館
土生田純之 2008「古墳時代の実像」『古墳時代の実像』吉川弘文館
坂野和信 2007『古墳時代の土器と社会構造』雄山閣
比田井克仁 1997「定型化古墳出現前における濃尾、畿内と関東の確執」『考古学研究』第44巻第2号
日高 慎 1995「人物埴輪の共通表現とその背景」『筑波大学先史学・考古学研究』第6号
日高 慎 2007「行人台遺跡出土の金海系土器について」『松戸市立博物館紀要』第14号
日高 慎 2010「茨城県玉里古墳群にみる後期首長墓系列」『考古学は何を語れるか』
日高 慎 2011「6世紀後半における長距離供給埴輪について」『埴輪研究会誌』15
広瀬和雄 2008「6・7世紀の東国政治動向（予察）」『古代日本の支配と文化』奈良女子大学
広瀬和雄・太田博之編 2010『前方後円墳の終焉』雄山閣
藤野一之・酒井清治・小林孝秀・三原翔吾 2009『群馬・金山丘陵窯跡群』Ⅱ、駒澤大学考古学研究室
増田逸朗 1987「埼玉政権と埴輪」『埼玉の考古学』新人物往来社
増田逸朗 1999「辛亥銘鉄剣と武蔵国造」『國學院大學考古学資料館紀要』第15輯
松尾昌彦 2002『古墳時代東国政治史論』雄山閣
松尾昌彦 2004「古墳時代後期の石材交流と船運」『専修考古学』10（松尾2008再録）
松尾昌彦 2008『古代東国地域史論』雄山閣
松本太郎 2009「鬼高系の系譜と歴史的背景」『古代社会と地域間交流』六一書房
三浦茂三郎 2010「群馬県における後・終末期古墳からみた律令制郡領域の研究Ⅰ」『群馬県立歴史博物館紀要』31
右島和夫 1992「古墳からみた6,7世紀の上野地域」『国立歴史民俗博物館研究報告』第44集
右島和夫 1999「群馬県宝塔山・蛇穴山古墳」『季刊考古学』第68号、雄山閣
右島和夫 2008「古墳時代における畿内と東国」『研究紀要』13 由良大和古代文化研究協会
森田 悌 1992『古代東国と大和政権』新人物往来社
義江明子 2000『日本古代系譜様式論』吉川弘文館
若狭 徹 2007『古墳時代の水利社会研究』学生社

各地の古墳 XI
東　　北

菊地芳朗

　東北の古墳時代の特質を端的にあらわすキーワードは、長く「辺境」であった。これにたいし、今世紀に入るころから「周縁」という言葉が登場し、こんにち広く使用されるにいたっている。1990年前後にこの地で考古学教育を受けた筆者は、みずから「辺境」を使用することはなかったものの、比較的身近にある言葉として研究開始期を過ごし、一方で近年の論文中では少なからず「周縁」の語をもちいている。

　このような用語の相違は、東北の古墳時代にたいする認識の変化と研究の進展を物語るものである。しかし、そこに十分な議論と総括が行われているとはいいがたく、市民や他分野研究者のみならず、専門の異なる考古学研究者にたいしてさえ、"わかりにくさ"を生む原因となっているように思われる。

　そこで小論では、おもに第二次世界大戦後からこんにちにいたる東北古墳時代研究を振り返り、研究動向の変化や問題点を指摘したうえで、今後の課題や方向性を探ることを目的としたい。「うしろ向き」との批判もあろうかと思うが、いったん立ち止まって足跡を振り返ることも、研究の足元を固め、その新たな展開を図るうえでときに必要と考えられよう。ただし、ここで取り上げるテーマはあくまで筆者の主観あるいは関心にもとづくものであり、東北の古墳時代研究の課題を網羅するのでないことを了解いただきたい。

　なお、小論の時間軸としては前・中・後の3期区分に早期と終末期をくわえた5期区分を採用し、前期の開始を3世紀中葉、前期と中期の境を4世紀後葉、中期と後期の境を6世紀初頭、後期の終末を7世紀初頭と考える立場を取っている（菊地 2010）。

1　概説にみる研究動向

古墳重視の傾向　これまで、おもに出版社による考古学・古代史の企画シリーズ物の一章として、東北の古墳時代の概説がたびたび行われており、そこから主要な調査研究の成果とその変化をうかがうことができる（櫻井 1955、氏家・加藤 1966、伊藤 1970、辻 1986・1992など）。

それらに大きくみえるのは、古墳重視あるいは偏重ともいえる姿勢、すなわち、記述の大半あるいはほぼすべてが墳墓とその遺物によって構成されることである。特に1980年代なかばころまでの著作にその傾向が強い。この傾向は必然的に政治史重視の姿勢を生むこととなり、さらにいえば、この地の住民を「蝦夷」とみなした古代の中央政権と共通する視座から東北をみることにつながったといえよう。その立場からの見方がまさに「辺境」であった。

もっとも、このころまでに知られていた古墳時代遺跡の大半は墳墓であったことから、上記の傾向は当然ともいえ、また東北にかぎった現象でもない。調査研究の蓄積の厚い墳墓とその遺物にもとづいて古墳時代を総説しようとする試みに、相応の意義と有効性があったこともまた疑いない。

ただし、墳墓以外の調査研究が一定の蓄積をみた1990年代以降においてなおこの傾向が根強いことには、少なからず疑問を抱かざるをえない。古墳がこの時代を最も特徴づけ、遺構・遺物にかんし多くの情報を有することは疑いないが、現在においては集落跡をはじめとする他の遺跡・遺構の調査事例は古墳のそれをはるかに凌駕している。古墳は第一義的には墓であることを念頭におき、古墳から出発できる研究と、それ以外の遺構・遺物によるアプローチが有意である研究とを区別しつつ、あるいは複合しつつ、多角的に古墳時代の実態を究明していこうとする姿勢がよりいっそう求められよう。

東北古墳時代研究の現状　その一方で21世紀に入ると、考古資料をもとに古墳時代を総括しようとする動きがさほど活発でないようにみえる。これは偶然の可能性もあるが、専門の細分化と資料の増大などに起因する長期的な研究の低調の表れである恐れも否定できない。いずれにせよ近年の通史的概説がかぎられることは事実であり、このことをもたらす背景を注視する必要がある。

さて、現在にいたる東北の古墳時代研究を通観すると、特定時期に特定の調査研究が集中する状況を認めることができる。発表年代の早い順にあげると、最古の古墳の年代、土師器編年の整備、横穴の性格と編年、前期古墳時代文化の波及背景、東北北部・北方地域との交流、集落・豪族居館の分類と性格、などである。これらは決して偶然の結果でなく、各時期をリードした研究者の目的意識とその活動の反映とみるべきであり、まさに東北古墳時代研究の成果とその歴史を物語るものである。冒頭に掲げた「周縁」は、その過程において「大和朝廷」の側からの視点により東北の古墳時代史を復元することへの疑念から現れ出た用語と筆者は理解している。[1]

一方で、なお不十分・未解明なテーマや問題点も決して少なくない。たとえば、地域間交流や対外交流の実態は、特定の遺物と地域をのぞいてほとんど明らかになっていない。また、前期および後期末以降にくらべ、中期と後期の遺構・遺物にたいする研究は十分に蓄積されているとはいいがたい。これらのことは研究者の層の薄さ、すなわち、東北において最新の調査研究に通じた古墳時代研究者の数がかぎられることとも無縁ではないように思われ、将来にわたり決して盤石な研究基盤が整えられているのではない現状も、あわせて指摘しておきたい。

以上の研究の現状をふまえ、この後いくつかの特定のテーマを取り上げ、成果と問題点を指摘するなかから、東北の古墳時代研究の課題をあぶりだしていくこととしたい。

2 古墳時代画期論とその評価

画期論の内容と意義 この20年ほどの研究の進展に大きな役割を果たしたのが画期論、すなわち、東北古墳時代の考古学的事象のなかにいくつかの急激な転換の過程を認め、それを「画期」として把握する理解である。この論は辻秀人によって主導され、同様の視点から東北の古墳時代をとらえようとする研究の出発点となった（藤沢 1996・2004、菊地 2010）。そこで、辻の画期論をややくわしく紹介したうえで、その意義や問題点を検討することとしたい。

辻は、古墳時代のなかに3つの画期を指摘する（辻 1989・1990・1992・

2011)。第1の画期は、弥生時代終末の会津や米沢盆地などに北陸北東部から、さらに古墳時代初頭の東北南部全域に関東から、それぞれ多数の移住者があり、それによって前代とは系譜関係をもたない土器・住居・墓が現れ、東北南部に水稲稲作を基盤とする社会が成立する。第2の画期は、中期後半における古墳の分布拡大や小型化・新たな土器組成・竈の普及といった現象を、「畿内政権が地方における前代までの伝統的な大首長層を解体させるとともに、新たに新興の中小首長層と手を結び、より広域的かつ直接的な支配体制を実現」させたことの反映ととらえる。第3の画期は、横穴式石室の導入・前方後円墳の消滅・継続的な窯業生産・栗囲式土器の成立などを「前代の様相が払拭されるとともに、次の律令時代への新たな動き」ととらえ、これを「推古朝あるいはそれ以前から継続した天皇家、あるいは中央豪族の継続的な政策の結果」と考え、その時期を7世紀前葉に求める。

　このように辻は、古墳とその遺物だけでなく、土器や住居などの生活様式、窯業生産など、複数の考古資料から東北古墳時代の様態を多角的に検討するとともに、その変化に注目して背景を追究した。従来の東北の研究にない視点と方法であり、考古学的手法にもとづいて古墳時代史をトータルに記述した点で大きな意義をもつ。これによって東北の古墳時代研究は飛躍的に進展し、新たな局面を迎えることになったといえる。また、前述のとおり同様の視点から分析を行う研究が続き、その後に与えた影響は小さくない。

　今世紀に入って以降、辻が表立って画期論を展開することは少ないが、少なくとも撤回あるいは修正する論考は見出せず、持論を堅持している。また、後述するように現在ではそれと異なる「画期」を指摘する声もあるが、氏がこれに同調する動きはみられず、自らが設定した3つの画期以外は基本的に認めないか、低く評価する立場にあると理解される。

　画期論の課題　以上のように研究の進展に大きな役割を果たした画期論であるが、こんにち的知見からはいくつかの問題点を指摘できる。

　その1は、弥生時代と古墳時代にまたがる第1の画期や[2]、6世紀後葉から7世紀前葉におよぶ変化をふまえた第3の画期がしめすように、いずれの画期もかなりの時間幅をもつことである。考古学的に把握される1時期が一定の幅をもつのは当然だが、3つの画期は少なくともそれより長い時間幅のなかで生起

時代	時期	東北古墳時期	画期	内容
弥生時代				
古墳時代	早期	‐‐‐	第1	古墳(低墳丘古墳)の成立
	前期	1	小画期	高塚墳の成立。大型前方後円(方)墳の出現 各地域で最大規模古墳築造
			第2	大型古墳築造および首長墓系譜の断絶 古墳築造の低調
	中期	2	第3	首長墓系譜再登場。中期群小墳成立 古墳分布最も拡大
		3	第4	首長墓系譜・中期群小墳断絶。A・B地域性顕現 A地域に横穴式石室出現。B地域で古墳築造断絶
	後期	4	第5	後期群小墳成立。A～B2bの地域性顕現 東北北部で墳墓造営開始
	終末期	5	小画期 小画期	前方後円墳および有力古墳の造営終了 墳墓造営衰退。東北北部で墳墓造営活発化
奈良時代				

図1　東北古墳時代の画期と時期（菊地 2010）

する事象をとらえて設定されている。したがって、そのような比較的長い変化の過程を1つの「画期」とすることで、さらなる分期や分析の動きを止揚させるとともに、本来異なる背景をもつ変化を同一のものと措定する恐れを内包しているように思う。たとえば、第3の画期とされる各種事象について筆者は、倭の中央政権による異なる政策や、地域の政治社会構造の変化を反映するとみており、たんに「継続的な政策の結果」ととらえるだけでは、この間の政治的・社会的変化を十分に復元できないと考えている。

　その2は、3つの画期と同等あるいはそれ以上とみられる「画期」の存在である。後述するように、東北南部のほぼすべての地域では、前期末ごろ古墳築造が断絶するとともに土器や集落においても顕著な変化が認められる。また後期に入ると、中期後半に隆盛をみた群小墳の造営や窖窯焼成埴輪の製作が断絶するうえ、仙台平野や山形盆地では古墳築造や集落形成が極めて低調な状況となる（藤沢 2004）。特に後者は、東北南部の社会全体におよぶのにくわえ、その後の律令体制にいたる過程の端緒となる意味で、古墳時代のなかで最も重大な変化に相当する。これらの状況をとらえ筆者は、東北の古墳時代に5つの画期を指摘したうえで5時期に大別する考えを表明するにいたっている（菊地

2010、図1）。

　大小の考古学的変化に着目すれば無数の「画期」を指摘することは可能だが、いたずらな画期の設定が歴史復元に有益とは考えられず、その意味で、より本質的に東北の古墳時代をとらえようとした辻の姿勢は肯首できる。しかし、上でみたとおり、こんにち氏の枠組みをそのまま受け入れることは困難である。筆者による東北古墳時代の5つの画期と時期は、辻の業績に強い刺激を受けつつも内容は異なり、その設定内容そのものの適否も今後問われよう。このように、現在、画期論の批判的継承と新たな枠組みの構築が不可欠な状況にあると考えられ、このような姿勢が東北の古墳時代研究をさらに前進させることになろう。

3　古墳の継続と断絶

　古墳成立の契機　画期論でとらえられたように、東北の古墳時代は地域的・時間的に順調に推移したのでなく、いくつかの断絶的過程をへながら展開した。そこでつぎに、各時期の古墳の盛衰、およびその背景に迫った研究を俎上としたい。

　弥生時代に顕著な厚葬墓をもたなかった東北の社会が古墳をつくるにいたった経緯、すなわち、古墳時代社会成立の背景はなお未解明といってよい問題であり、「大和朝廷による東北侵出の結果」という旧説さえ一定の命脈を保った状態にある。これにたいし近年大きく発言されているのは、上記の辻秀人に代表されるように、他地域からの多数の移住者を受けて社会が変容し古墳時代社会が成立するという「移住者説」である。この考えは東北の弥生時代と古墳時代の土器や住居が直接の系譜関係をもたないとみることを根拠とし、さらに辻は、移住者の故地として具体的に能登と東京湾沿岸を指摘する（辻 2008）。

　近年の調査研究は、弥生末前後の東北南部に他地域に起源をもつ土器や住居が広範囲に分布することを明らかにし、古墳成立にあたって人の移動をまったく想定しない考えは成り立ちえない。したがって、人の移動の規模や範囲をどの程度に見積もるかという点で評価が分かれることになるが、筆者は、移住者説が東北の側の主体性をさほど重視していないようにみえる点に疑問を抱いて

いる。
　たとえば辻は、東北の後期弥生社会が生業基盤を狩猟、漁労、採集に頼り、「クニの成立」にいたっていないという理解をしめすが(辻前掲：95頁)、その考えにしたがえば、移住者の到来によってきわめて短期間に古墳を生み出す社会統合が達成されたことを意味しよう。そこからは、多数の人々が特定地域から集中的に東北に移住する必然性や、移住者定着後の急速な社会の変容のあり方など、関連する諸事情にさらに言及する必要が生じると思われるが、現在のところ移住者説論者からの十分な説明はみられない。
　辻らが指摘するとおり、東北の弥生中期と後期の社会に異なる考古学的状況がみられることや、弥生土器と土師器の型式的な相違が大きいことはたしかである。しかし近年、福島県いわき市平窪諸荷遺跡や同湯川村桜町遺跡など、他地域との密接な交流をしめす弥生時代後期の墳丘墓群が確認されており、とりわけ福島県域では墳丘墓を生む社会統合の成立を遅くとも弥生後期のうちに求める必要が生じている。また、多くの論者が指摘するように、後期における石器減少の原因は鉄器の普及に求めるのが妥当であり、必需物資である鉄器が遠隔地から安定的に入手されたうえで地域内に行き渡るためには、一定の秩序をもった社会が東北に成立していることが不可欠であろう。
　こういった状況をふまえ筆者は、弥生中期以降の東北南部各地に未成熟ながらもリーダーをいただく政治社会が成立しており、それを前提に弥生時代末の活発な地域間交流を受け、古墳が成立するという考えをもつにいたっている(菊地 2010：248頁)。すなわち、社会の一定の内的発展のうえにくわわった外的刺激が大きな契機となって古墳が成立するという理解である。東北の南端部にあって西方・南方との接点といえる位置を占める会津やいわきで最初に墳丘墓が成立していることが、そのことを強く物語っている。この考えは他地域からのインパクトを高く評価する点で移住者説との相違は小さいが、古墳成立の前提と主体を弥生後期の地域社会におく点で異なり、このように想定することで、考古資料のあり方と時代の移行過程とを比較的整合的に説明できると考えている。ただし、辻が重視する弥生後期の寒冷化やそれに関連する各種事象は無視しがたい指摘であり、この点についてはさらに検討を重ねる必要がある。
　後期の断絶と復活　前期後半に墳丘規模が最大となる東北の古墳は、中期に

入ると一変して造営が低調となるが、中期中ごろからふたたび活況に転じる。中期におけるこのダイナミックな古墳動向とその背景については、比較的早くから注目され、各方面から検討されている（辻 1992、藤沢 2004など）。

　ところが、後期に入るとこの様相が再度一変する。すなわち、福島県の太平洋側地域（浜通り・中通り）をのぞく東北南部の広い範囲で古墳の築造が不明確となり、古墳築造が継続する地域でも前代にくらべ非常に低調となる。筆者が東北古墳時代の第4の画期として指摘するこの様相は、古墳や土器の編年が精度を増した1990年代末ごろから注目され、しだいにその重要性が認識されている。そこで、この時期に古墳築造が継続する地域を「A地域」、断絶する地域を「B地域」と大別し、以下にその内容をやや詳しくしめす。

　A地域は、福島県の太平洋側地域にほぼ該当し、中通り南部と浜通りを中心に少数の古墳（群）の築造が知られる。そのなかには前方後円墳もふくまれるが、規模は前代にくらべ縮小し、数も各平野や盆地で数基程度にかぎられる。確認できる最北の古墳は宮城県南部の伊具盆地に位置し、阿武隈川河口付近を北限にする。埴輪をもつ古墳もわずかに存在するが、前代の隆盛にくらべると差はいちじるしい。福島県双葉郡浪江町加倉古墳群などで特異な構造をもつ横穴式石室が確認されており、関東などと比較してもほぼ同時期の導入とみてよい。このように、A地域においても古墳の規模や数における低調と変質は顕著であり、中期のあり方から順調に進展したとみることは難しい。

　B地域は、福島県会津、山形県全域、宮城県仙台平野以北が該当する。川西町下小松古墳群など山形県域にこの時期の可能性のある古墳群がわずかに知られるのみであり、最も活発に古墳が造営された前代にくらべまさに断絶といってよい状況を迎える。この時期の古墳からは年代決定の容易な遺物が出土することが少ないため、今後の調査研究の進展によって古墳の存在が把握できる可能性もあるが、そのばあいでも上記の認識を根本的に変えることは考えにくい。

　この様相が再度大きく転換するのが後期後〜末葉である。東北南部全域に後期群小墳が成立し、B地域においても群小墳主体の墳墓造営が復活し活発に営まれる。後期群小墳は横穴式石室墳もしくは横穴からなり、基本的に両者が同一群中に混在することはない。東北の後期群小墳の主体は横穴で、横穴式石室墳が主体となるのは福島盆地と山形県置賜盆地のみである。この時期の有力墳

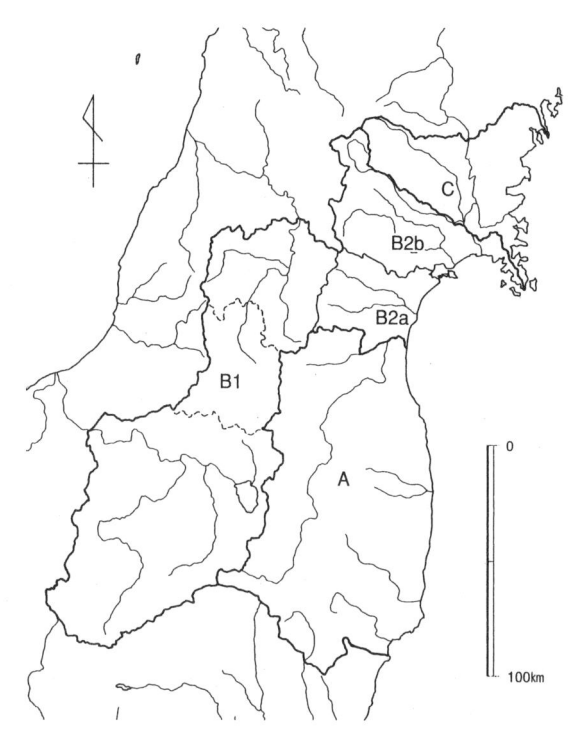

図2　東北古墳時代5期における地域区分（菊地 2010）

墓・群小墳・装飾付大刀などのあり方をふまえると、阿武隈川河口以南の太平洋側（A）、日本海側（B1）、仙台平野（B2a）、大崎平野（B2b）、大崎平野以北の宮城県北部（C）の各地域に東北南部を地域区分するのが適当と考えられる（菊地 2010、図2）。すなわちこの区分は、後期初頭において把握したA・Bの地域大別を基盤にしつつ、それがさらに細分化されたものと理解することができる。

　福島盆地・置賜盆地以外の横穴式石室墳は、後述する一部の例外をのぞいて、群小墳よりも単独墳あるいは数基程度の小群として存在する傾向がみられ、さらに墳丘規模や副葬品等において横穴より優れた内容をもつ例が一般的である。これにたいし、横穴は顕著な副葬品をもたない例が多いものの、福島県いわき市中田横穴や同西白河郡泉崎村泉崎横穴など傑出した内容をもつ横穴や装飾横

穴が散見され、たんに低い階層の墓葬とみるべきでないことをしめしている。また、成立当初の横穴式石室墳と横穴が、太平洋側では宮城県大崎平野を分布の北限にするなど(3)、中期までの古墳分布と一致していることは、基本的にこれらが古墳築造を基盤におく従来型の社会のもとで成立したことをうかがわせる。

以上のような後期初頭と後期後〜末葉における２つの顕著な墳墓動向はきわめて大きな変化であるが、ほぼ同じころ集落構造や土器など生活様式にかかわる部分においても大きな変化が看取されることから（菊地 2010：第３部）、これらはたんに墳墓にとどまるものでなく、東北南部の社会全体におよんだ変化の反映とみるのが適切である。そして、上記の地域区分が律令体制化の評（郡）のあり方や城柵遺跡の分布などと対応し、そこにみられる考古資料の内容とも整合的であることから、後期におけるこの変化は、倭政権の政治変動や地域支配確立を目指した諸政策の結果ととらえるのが適当と筆者は理解している。

すなわち、後期初頭における仙台平野などの古墳断絶は、近畿中央部における大王墓の移動をはじめとする中期から後期への変化に呼応したものであり、"中央"の政策の転換を主要因にすると考えられる。また、後期後〜末葉における後期群小墳の成立も他地域の動向と一致し、各地の新興層を取り込もうとした倭政権の政策の一環であった可能性が高い。さらに、小論の直接のテーマではないが、後期末を起点として東北北部各地に現れる「末期古墳」と呼ばれる墳丘墓群も、東北全体をふくめた倭政権の北方政策にその成立の一因を求めることができよう。

古墳時代の終末 調査研究が一定の蓄積と進展をみた現在なお、東北における古墳時代の終末の様相は必ずしも明確になっていないが、それは、この時代の終末を画するにふさわしい明確な考古学的事象——特に墳墓のそれ——をとらえにくいことを理由とする。その状況に大きな変化はないが、この問題について少しく状況を整理しておきたい。

先述の後期後〜末葉における後期群小墳の成立は有力古墳の復活をともなうものであり、後期初頭に古墳造営が断絶した地域をふくむ各地に前方後円墳や中型円墳が築かれている。ただし、前方後円墳はＡ地域のみに分布し、Ｂ地域にはごく少数の中型円墳が築かれるにとどまる。ちなみに、国造制が東北に

成立したことを肯定する論者の有力な根拠となっているのが『国造本紀』に載る国造の分布と該期の前方後円墳の分布がほぼ一致する点であるが（工藤1998など）、A地域における前方後円墳は各地域に1～2基が築かれるにとどまるうえ、その後に有力古墳が続かない例が大半であり、少なくとも古墳のあり方をもとに国造制の存在を立証することは困難である。

このように、いったん復活した有力古墳であるが、各地とも数基が築かれたのち途絶え、7世紀前葉以後は基本的に確認できなくなる。また、規模だけでなく豊富な副葬品をもつ古墳も見出せない。このことは横穴も同様であり、7世紀中葉以後に墳墓から有力者の存在およびその動向を推定することがきわめて困難となる。

ただし、ごく少数ではあるが、7世紀後半以後の有力墓とみられる例がある。山形県東置賜郡高畠町金原古墳、福島県須賀川市稲古舘古墳、同白河市谷地久保古墳、野地久保古墳などであり、いずれも切石をもちいた整美な横穴式石室をもち、単独で築かれる点で共通する。これらは年代や存在形態などから7世紀前葉までの有力古墳とは質を異にしており、稲古舘古墳から唐様大刀が出土していることも考慮すると、被葬者として旧来的な古墳時代首長層をあてるよりも、官人的性格をもつ地域有力者もしくはその関係者を想定するのが適当と考えられる。そのばあい、それまでの首長の系譜にある人物が官人に転じたことも十分想定されるが、被葬者の性格は以前とは大きく変化したと理解すべきであり、たんに有力首長墓が継続したものとみなすのは適切でない。

また、7世紀中葉以降の事例として、大規模な横穴式石室墳群が現れる点が注目される。宮城県加美郡色麻町色麻古墳群、同柴田郡柴田町・村田町上野山古墳群、福島県郡山市蒲倉古墳などで、存在はごくかぎられ、また一部横穴群のなかに同様の動向をもつものが存在する可能性がある。これらはそれ以前の群小墳からは離れた場所に営まれ、墳丘と石室の規模や副葬品においてほとんど格差を見出すことができない一方、色麻古墳群の推定500基、上野山古墳群の314基というように高い密集度をみせる。色麻古墳群では多数の関東系土器が出土しており、文献にみられる移民（柵戸）との関連がうかがわれる。出現・盛行年代からは、古墳時代墳墓としてよりも次の時代に向けた政治社会動向との関連をうかがわせる墳墓群といえ、その動向と性格の解明が重要な意味

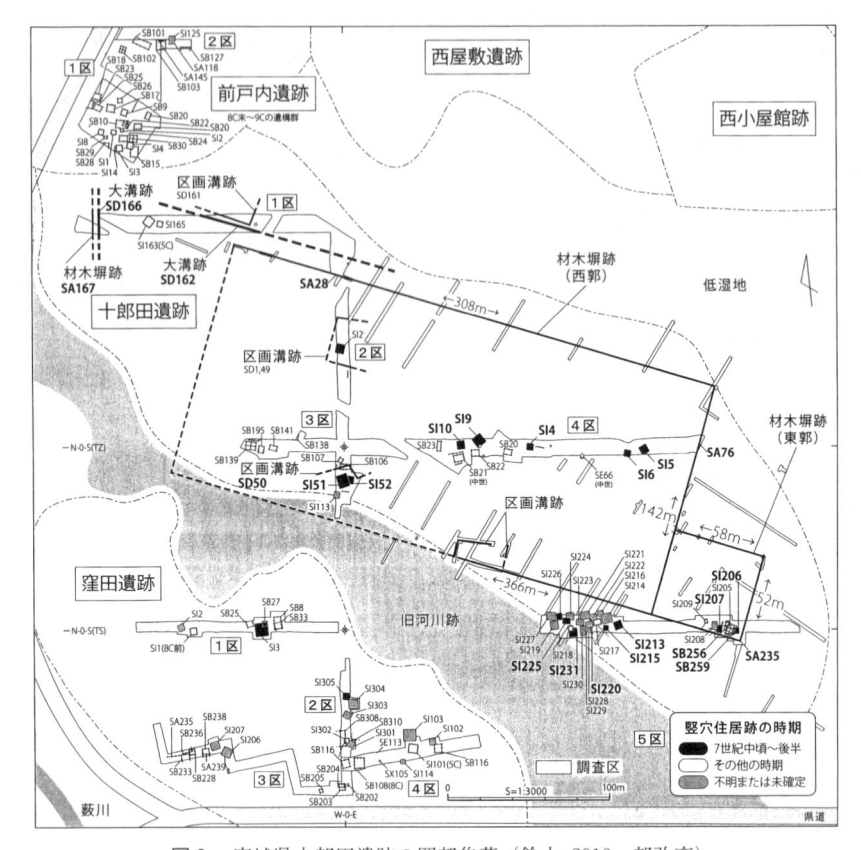

図3　宮城県十郎田遺跡の囲郭集落（鈴木 2010一部改変）

をもつ。

　集落をみると、6世紀後葉以降は筆者による「集落5期」に相当し、宮城県多賀城市山王・市川橋遺跡、福島県本宮市高木・北ノ脇遺跡など以前にくらべ大規模な集落が顕著な存在となることが特徴である。一方、これらの集落は7世紀後葉になると衰退し、8世紀以降に継続するものはきわめて少ない。この動きは須恵器生産などとも連動しており、7世紀後葉が集落と生産の画期となることを確認できる（菊地 2010：第3部）。

　また、7世紀後半は城柵・官衙および寺院の成立期にあたるが、比較的早い7世紀中ごろに成立するものは宮城県仙台市郡山遺跡Ⅰ期官衙や福島県相馬市

黒木田遺跡などごくわずかで、7世紀末～8世紀初頭を起点とするものが大部分を占めている。一方、このころ現れる事例として近年注目を集めているのが、宮城県刈田郡蔵王町十郎田遺跡や同黒川郡大和町一里塚遺跡など、建物群が溝と柵により方形基調で囲まれた「囲郭集落」と呼ばれる大規模な遺跡である（鈴木 2010、図3）。同様の集落は古墳時代中期などにも認められるが、「囲郭集落」は、より規格性が高い点、現状で宮城県以北の太平洋側に分布する点、7世紀中葉以降に盛行する点で、古墳時代集落の系譜上ではなく、むしろ城柵との関連で成立した可能性が高いと考えられ、この時期特有の性格をもつ遺跡ととらえられる。

　墳墓の様相に戻ると、明確な変化は把握できないものの7世紀の間は造営と追葬が継続していたとみてよく、9世紀代の遺物が認められる例もあるものの、8世紀後半以後の遺物が出土する例はごく少ない。したがって、多くの墳墓は8世紀初頭～前葉に造営と追葬が終了し、以後は少数の追善行為または再利用にほぼかぎられたと理解される。

　以上、「前方後円墳の成立」という墳墓を指標として弥生時代から区分されたこの時代が、墳墓を指標として終末を画することがきわめて困難であることを改めて確認できよう。これにたいし、「律令体制の成立」という政治史的区分を採用することも一案である。一方で、考古資料にもとづく方法に今少しこだわるなら、上述の断片的な情報をもとに、7世紀後～末葉の諸変化を重視する立場が有効ではないかと推考される。すなわち、6世紀代から継続していた集落や生産が衰退して新たなものへと交替し、城柵・官衙・寺院というそれまでにない性格をもつ施設が成立・展開するという事象への着目である。ただし、これらとて短期間に交替をみたとはいいがたく、7世紀後葉から8世紀初頭にわたる諸変化の重積とみるのが適当である。一方で、この理解はたんに東北に当てはまるだけにとどまらず、近畿をふくめた日本列島の広域で連動して生起した諸動向の一端に位置づけられるものと考えられ、また文献史学の研究成果とも大きな齟齬はない。

4　南北と東西

南北社会への視点　よく知られているように、東北における古墳とその時代の遺構遺物がまとまって分布するのは、太平洋側では宮城県大崎平野、日本海側では山形県山形盆地および庄内平野を北限とし、筆者をはじめ多くの研究者はこれをもとに東北を南北に区分する。そして、東北北部には続縄文文化の強い影響下にある社会が広がり、時代をつうじ南北の境界は若干の変動を見せつつも、両地域は根本的に異なる構造をもった社会として併存するという理解がこれまで一般的であった。

この問題にかんする近年の重要な成果は、古墳時代併行期における両地域が一本の境界線によって截然と区分できるような単純なものでなく、互いの文化を特徴づける考古資料が入り組む「境界領域」が広い範囲に形成されるという認識がしめされたことにある（藤沢 2001・2003）。もっとも、石製模造品や須恵器が東北北部から出土する例や、続縄文土器が南部から出土する例は早くから指摘されていたため、藤沢の業績はこれらの時間的・地域的なあり方を総体的に把握・整理し、評価した点にあるといえよう。また、東北北部の該期の遺跡でしばしば認められる黒曜石製石器が、岩手県奥州市中半入遺跡などで大量に出土した結果、その一大産地として宮城県北部に位置する加美郡加美町湯の倉が注目されるにいたり、産地分析によって湯の倉産黒曜石が宮城県北・岩手県を中心に秋田・青森県域まで広く分布することが明らかにされたことは、古墳時代併行期における南北交流究明の大きな手がかりとなっている（藁科 1993、吉谷・高橋 2001）。

ところで、上記の南北の地域性が東北に現れる理由は、これまで十分に説明されてこなかった。大崎平野や山形盆地とその北の地域とのあいだには大河や高い山脈は存在せず、地理的障壁をその主要な要因とみることは適当でない。この付近を境に農耕の適否を左右するような地形的・気象的相違が存在したことは考慮すべきであるし、その蓋然性は決して小さくないが、弥生時代に青森県域で水稲農耕が行われていることをふまえれば、大崎平野付近でこれらが決定的に変わるとみることも困難である。したがって、地理的・気象的条件を南

北地域性発生の第一義的な要因とみることは適当とはいえない。

　これにたいし筆者は、異なる2つの社会が現れたことの背景に弥生時代併行期の東北の地域性が大きく関わっていることを近年指摘した（菊地 2010：344頁）。具体的には、典型的な弥生石器である石庖丁が大崎平野・山形盆地を面的分布の北限とすることがしめすように、弥生時代の東北南部に比較的安定した農耕社会が成立していたとみられるのにたいし、北部における水稲農耕は一時的・部分的な受容にとどまったと考えられる。この経済的・社会的相違が決定的要因となって2つの社会をわけた可能性がきわめて高いと考えたのである。ただし、この理解が妥当なばあいでも農耕の受容の有無をもたらした原因は必ずしも明確でなく、前述の辻秀人のように弥生後期の寒冷化を重視する考えもある。したがって、南北地域性の発生・変動とその要因はなお追求すべき問題といえ、その成因については、少なくとも弥生時代の東北各地の動向を視野に入れつつさらに検討を重ねる必要がある。

　一方、東北北部の近年の考古資料のあり方をみると、古墳時代文化に属する遺構や遺物が、藤沢の指摘よりさらに拡大・増加する傾向が認められる。たとえば、岩手県沿岸北部の久慈市新町遺跡では前期の竪穴建物の存在が推定でき、青森県八戸市田向冷水遺跡では中期後半の竈をもつ竪穴建物からなる集落が確認されている。また、中半入遺跡や青森県上北郡七戸町森ヶ沢遺跡における須恵器や鉄器の数は、同時期の東北南部の一般的な古墳時代遺跡のそれを凌駕し、客体的という評価では到底すませられない。このように東北北部の遺跡では数多くの古墳時代文化に属する遺構や遺物が検出されている一方、これらをまったくともなわない続縄文時代文化の単純遺跡は非常に少なく、なかには中半入遺跡や田向冷水遺跡のように古墳時代文化の遺構遺物が主体となる遺跡も珍しくない。これにたいし、続縄文時代文化の所産である土壙墓や黒曜石製石器が南部にいちじるしく浸透する状況はみられず、仙台平野以南でこれらが主体的存在となる遺跡は皆無といってよい。

　このように、東北北部には古墳時代文化の遺構・遺物が深く浸透する一方、南部への続縄文時代文化の入り方はきわめて断片的であり、ここからは「続縄文文化を基盤とする社会」という東北北部の評価にたいする根本的疑念をもたざるをえない。すなわち東北北部にたいしては、古墳・続縄文のいずれか二者

択一的に性格づけすることそのものが意味をなさず、その地域の大半は両時代の文化が時間的・地域的にさまざまに異なるあり方をもって共存しつづけた社会と評価するのが適当と考えられるのである。この理解は、かつて藤本強によって指摘された「北のボカシの地域」という概念と基本的に共通するものということができる（藤本 1988・2009）[4]。

　この立場にたつばあい、従来は古墳時代文化の最前線ととらえられてきた宮城県大崎平野は、むしろ「北のボカシの地域」の南端付近のあり方とみるのが適当と考えられる。すなわち大崎平野は、古墳時代文化と続縄文時代文化が日常的に共存する地域において結果的に南北交流の南の前線の位置を占めたことから、両文化の特徴が質的にも量的にも突出した形で出現することになったとみられるのである。また、田向冷水遺跡や森ヶ沢遺跡のある青森県八戸市周辺域についても、「北のボカシの地域」の北端付近のあり方、すなわち南北交流の北の前線を占めた地域として、同様に評価することができよう。さらに、仙台平野については、前期以降ほぼ安定して古墳時代の遺跡が存在するが、先述のように後期初頭にそれらが断絶し、後期末ごろ復活するという不安定な動向をみせ、後期以降は「北のボカシの地域」のなかにあったと理解するのが適当と考えられる。

　このように「北のボカシの地域」は時間的・地域的に複雑な様相をもって推移しており、それをもとに地域性とその変化をとらえることは可能であるし、その作業はいっそう進められるべきであるが、いたずらな細分によって逆にこの地域の本質的性格を見失わないようにすることへの注意も必要であろう。また、この見方をたんに地域区分やその評価にとどめるのでなく、ここから弥生時代から古代の東北にたいする新たな枠組みの構築や、さらに国家形成論や民族形成論などへと進むことが、つぎなる目標と考えられる。

　東西の異同　以上のように、南北の地域性にかんしては長い研究の歴史と成果があるが、その多くは太平洋側の考古資料にもとづいており、日本海側における古墳分布北縁域の様相や東北北部との関係についてはさほど明確になっていない。これは山形盆地・庄内平野より北の地域における古墳時代併行期の遺跡が非常に少ないことが最大の理由であり、そのため日本海側地域（以下「西部」とする）は考慮から外されるか、消極的ながら太平洋側地域（以下「東

部」) と同様の様相が想定されることが多かった。今後、東西の遺跡の分布傾向が大きく変化することは考えにくいが、7世紀における渟足・磐舟柵のいち早い設置や阿部比羅夫の北方遠征をふまえれば、それに先だつ古墳時代併行期の西部における南北交流を過度に低く評価することも適当とはいいがたい。

そこで、西部における考古資料のあり方を南北交流に重点をおきつつ改めてみると、そこに東部との共通点と相違点の両者を認めることができる。

共通点としては、「北のボカシの地域」の様相が認められることである。秋田県能代市寒川Ⅱ遺跡や同横手市田久保下遺跡における土壙墓からの土師器・鉄器の出土は、東部の森ヶ沢遺跡などと一致している。また、出土数は非常に少ないが、山形県鶴岡市矢馳A遺跡や同東村山郡中山町物見台遺跡から黒曜石製石器が出土している (阿部 1992)。年代はいずれも後期前〜中葉で、東部とずれがみられるのは注意が必要であるものの、注目されるのは両遺跡が古墳時代文化の北縁と評価されてきた庄内平野と山形盆地に位置することである。また、両遺跡では中期後半から後期の須恵器が多数出土しており (伊藤 2004)、西部のなかで突出した須恵器保有をみせる点は東部の中半入遺跡などと共通する。

相違点としては、遺跡の多寡を措くとしても、東部の壇ノ腰遺跡や中半入遺跡のような南北交流の拠点とみられる遺跡が認められないことである。たまたま調査がおよんでいない可能性も捨てきれないが、南北の密接な交流を積極的に裏づける遺跡や遺物は、現在のところ西部においては把握できないといってよい。ただし、該期の西部において東部とまったく同内容の南北交流が行われていたと考えるのは逆に不自然であり、東部の黒曜石製石器に代わるような特徴的な器物が今後把握できる可能性も十分考えられよう。また、庄内平野・山形盆地の古墳や集落の多くが中期後半から活発に展開することは東部と同様だが、先述のように後期前半に盛期をもつ遺跡が存在する点は、後期に入ると古墳と集落が断絶する東部仙台平野以北の状況と大きく異なる。このことは、南北交流の内容と動向が東西で相違したことをしめす有力な証拠となろう。

以上の検討から明らかになるのは、まず、「北のボカシの地域」が古墳時代併行期の西部にも広がっていたことであり、現状の考古資料のあり方からは、その南端を庄内平野・山形盆地付近に想定するのが適当である。両地域には古

墳が断続的に築かれるが、ともに確実な後期古墳が存在せず、集落も後期後半以降は不明瞭となる。この点は後期末以降に墳墓造営が復活する東部大崎平野などの状況と異なっている。

　また、西部では古墳時代併行期をつうじ特徴的な続縄文系の遺構遺物が少ないことから、現状では東部ほど活発な南北交流は行われていなかったと判断せざるをえない。一方で、前期末〜中期初頭の類長持形石棺をもつ鶴岡市菱津古墳や、中期後半の豊富な埴輪をもつ山形市菅沢2号墳など、この地域には周辺に例のない優れた内容をもつ古墳が孤立的に存在しており、東部の宮城県念南寺古墳や岩手県角塚古墳と同様に、北縁地域が倭政権から特別に重要視されていたことをうかがわせる。また、後期、特にその後半以降になると、西部の遺跡は東部と明確に異なる動きを見せはじめるが、これは国家の成立に向けた動きを加速させた倭政権の対地域・北方政策の変化をしめすものと評価するのが適当であり、そのことが後に出羽国の成立に結びつくものと考えることができよう。

　おわりに

　以上、はなはだ不十分であるが、東北の古墳時代研究を振り返り、問題点や課題を指摘するとともに、筆者の考えを述べた。

　東北の古墳とその時代の社会は、時代をつうじて決して華やかな内容をもたず、ときに"貧弱"でさえあり、そのことがこの地域の評価を低いものとしてきたことは否定できない。しかし、この視座のみでは、東北の地に、前期に墳長100mを超える前方後円墳が突如現れ、中期に類例の少ない類長持形石棺が導入され、後期にストーリー性の高い装飾横穴が営まれるといった数少ないながらも括目すべき事象にたいする十分な説明を行うことは困難である。これらを偶発的な例外という評価で済ませるのでなく、ときおり見られる"輝き"が生起した合理的かつ必然的な理由を見出すとともに、それらもふくめた東北の同時代資料の総体を、古墳時代史のなかに正しく位置づけてゆく姿勢が求められる。

　また、先述のとおり、東北が古墳時代社会の北縁の地となり、その状態が長く続いたことの理由は、なお明確とはいいがたい。文中に私見の一端を述べた

ように、安定した水稲農耕が行われた北縁の場所にあたるという自然地理的・経済的要因を前提に成立したこの地の古墳時代社会が、後戻りの困難な中央性をもった政治秩序に組み込まれていたことが、結果的に上記の状態の背景となったものと理解している。また、この条件こそが上述のような東北古墳時代社会のさまざまな特色を生み出すことになったと考えられよう。

　一方、今回「北のボカシの地域」の概念を導入したように、宮城県大崎平野などの北縁地域の社会の様相は複雑かつ動的であり、特定の文化で評価することのできない内容をもっている。また、このことは東北北部の社会にも同様に当てはまる。しかし、この概念をもちいることで、これまで十分に説明できなかった北縁社会の様相とその変化を整合的に理解できるものと考えられ、これを批判的に継承する立場からの歴史復元が今後の重要な課題となろう。[8]

注
（1）日本の古墳時代研究において、「周縁」がいつ・誰によって使用されはじめたのか、遺憾ながらその原典にたどり着くことができなかった。一方で、東北においてこの語を浸透させる大きな役割を果たした研究者として藤沢敦をあげることには疑いを入れない（藤沢 2001・2003）。
（2）このばあい、辻が何をもって弥生時代と古墳時代を区別しているかも小さくない問題である。当該論文中に明確な区分基準は認められないが、氏の一連の著作から判断するかぎり、土器編年がその基準となっているものとみられる。
（3）正確にいうと、現状における横穴の分布の北限は、大崎平野より数10km北に把握され、さらに東北北部にみられる「末期古墳」の一部は横穴式石室の影響下にあるとみられる埋葬施設をもつ。しかし、大崎平野以北の横穴と「末期古墳」の成立年代は、ここで俎上とする6世紀代にはさかのぼらず、その内容も6世紀代のものは大きく異なり、大崎平野以南の墳墓と同一視できないと考えている。
（4）ただし、藤本は古墳時代併行期の「北のボカシの地域」の状況を不明とする（藤本 2009：20頁）。しかし、小論で指摘する古墳時代併行期の東北北部の状況は「北のボカシの地域」の様相を呈するとみて差し支えなく、その成立時期は藤本が想定する古代よりさかのぼることは確実である。また、藤本が古代の「北のボカシの地域」の日本海側の南限を新潟県上越市付近と想定する点は（藤本同前：141頁）、後述する筆者の立場とは異なる。
（5）新潟県下越・中越地域では、山形盆地・庄内平野と同様に後期古墳が皆無かきわめて少なく、その意味で藤本強の指摘のように「北のボカシの地域」の南限を新潟県上越市付近とすることも一案だが、新潟平野や会津の後期のとらえ方にかんし

て藤本と筆者では相違があり、ここでは本文中の立場をとっておくこととしたい。
（6）従来、庄内平野の確実な古墳は鶴岡市菱津古墳の1基のみと考えられることが多かったが、鶴岡市鷺畑山古墳群、同大西山古墳、東田川郡庄内町槇島古墳など、古墳とみてよい例がしだいに蓄積され（佐藤 2004）、一定数の古墳が存在したことが確実視されるにいたっている。一方で、横穴式石室墳や横穴は未確認であり、遅くとも後期後半以降は古墳築造が断絶したと考えられる。なお、このような古墳動向は同地域の集落動向とも一致している。
（7）福島大学考古学研究室は、2011年8月に菱津古墳石棺にたいする実測調査をおこない、従来把握されていなかった数々の知見をえている。その詳細については、2012年刊行の『福島大学考古学調査研究報告』第6集に掲載の予定である。
（8）小論の校正中、藤木強の「ボカシの地域」論に批判的立揚にたつ橋本達也「古墳築造周縁域における境界形成」（『考古学研究』第58巻第4号、2012年3月）に接した。その主張には肯首できる内容が多いものの、筆者は少なくとも古墳分布北縁域を何らかの境界で区分することは、「境界領域」などとして幅をもたせたとしても、困難と考えるにいたっており、古墳時代前・中期併行期の周縁域を古墳のあり方などをもとに地域区分する橋本の方法には同意しない。一方でこの問題は、「古墳（古墳時代文化）とは何か」という問いと不可分に関わるものであり、さらに検討を深めてゆく必要があると考えている。

参考文献

阿部明彦 1992「庄内平野の古墳時代史」『東北文化論のための先史学歴史学論集』今野印刷（株）
伊藤玄三 1970「東北」『新版考古学講座』第5巻、雄山閣出版
今泉隆雄・藤沢 敦 2006「東北」『列島の古代史』1、岩波書店
氏家和典・加藤 孝 1966「東北」『日本の考古学』Ⅳ、河出書房新社
菊地芳朗 2010『古墳時代史の展開と東北社会』大阪大学出版会
工藤雅樹 1998『古代蝦夷の考古学』吉川弘文館
櫻井清彦 1955「東北」『日本考古学講座』第5巻、河出書房
佐藤禎宏 2004「庄内地域の古墳」『出羽の古墳時代』高志書院
鈴木 雅 2010「十郎田遺跡の7世紀集落」『宮城考古学』第12号、宮城県考古学会
辻 秀人 1986「古墳時代」『図説 発掘が語る日本史』第1巻、新人物往来社
辻 秀人 1989「古墳時代の画期について（その1）」『福島県立博物館紀要』第3号
辻 秀人 1990「東北古墳時代の画期について（その2）」『考古学古代史論攷』伊東信雄先生追悼論文集刊行会
辻 秀人 1992「古墳の変遷と画期」『新版 古代の日本』第9巻、角川書店
辻 秀人 1996「蝦夷と呼ばれた社会」『古代蝦夷の世界と交流』名著出版
辻 秀人 2008「倭国周縁域と大和王権」『百済と倭国』高志書院

辻　秀人 2011「東北南部」『講座日本の考古学』7、青木書店
藤沢　敦 1996「仙台平野における古墳の変遷」『考古学と遺跡の保護』甘粕健先生退官記念論集刊行会
藤沢　敦 2001「倭の周縁における境界と相互関係」『考古学研究』第48巻第3号
藤沢　敦 2003「北の周縁域の墳墓」『前方後円墳築造周縁域における古墳時代社会の多様性』、九州前方後円墳研究会
藤沢　敦 2004「陸奥の首長系譜」『古墳時代の政治構造』青木書店
藤沢　敦 2007「倭と蝦夷と律令国家」『史林』第90巻1号
藤本　強 1988『もう二つの日本文化』UP考古学選書2、東京大学出版会
藤本　強 2009『日本列島の三つの文化』市民の考古学7、同成社
吉谷昭彦・高橋誠明 2001「宮城県における続縄文系石器の意義と石材の原産地同定」『宮城考古学』第3号
藁科哲男 1993「仁沢瀬遺跡出土の黒曜石製遺物の石材産地分析」『仁沢瀬遺跡郡発掘調査報告書』（財）岩手県文化振興事業団埋蔵文化財センター

古墳文化接触地域の墓制 I
南島・沖縄

池田榮史

1 琉球列島の概観

　日本の九州島から中華民国台湾島までの間、約1,200kmの海洋中に点在する島嶼を総称して琉球列島と呼ぶ。大小約200の島々からなり、北に位置する種子島・屋久島から与論島までの約40島は鹿児島県、沖縄島から与那国島、波照間島までの約160島は沖縄県に属する。日本の古記録ではこれらの島々を「南島」と総称するが、列島の実態を把握した上での呼称ではなく、基本的には九州島の南に連なる律令国家域外の島々の意で用いられていた。

　琉球列島については、気候や動植物の分布相、あるいは歴史的文化的相違を下に北・南に2分する考え方と北・中・南に3分する考え方が提示されている。[1]
2分案では大隅諸島から沖縄諸島までを北琉球、宮古諸島から八重山諸島までを南琉球とする。これに対し、3分案では大隅諸島を北部圏、奄美諸島から沖縄諸島までを中部圏、宮古諸島から八重山諸島までを南部圏とする。この違いは、2分案で北琉球とした範囲について、3分案ではさらに2分する点にある。歴史的文化的内容からすれば、2分案は縄文時代から平安時代末まで疎密の波があるものの日本列島との間に何らかの文化交流が認められる北琉球と、まったく認められない南琉球を説明するのに適している。これに対し、3分案は縄文時代以降、基本的には九州島の影響下に含まれる大隅諸島と、日本との関係を持ちながらも独自の展開を遂げる奄美諸島から沖縄諸島までの島々について考える上で有効である（図1）。

　なお、2分案では南琉球、3分案では南部圏とした宮古諸島から八重山諸島の島々は、11世紀代にいたるまで沖縄島以北の島々との間の交流痕跡がほとんど見当たらない。これらの島々の文化内容はむしろ台湾島やフィリピン諸島を含む地域との関係が推測されている。したがって、古墳時代の日本との何らか

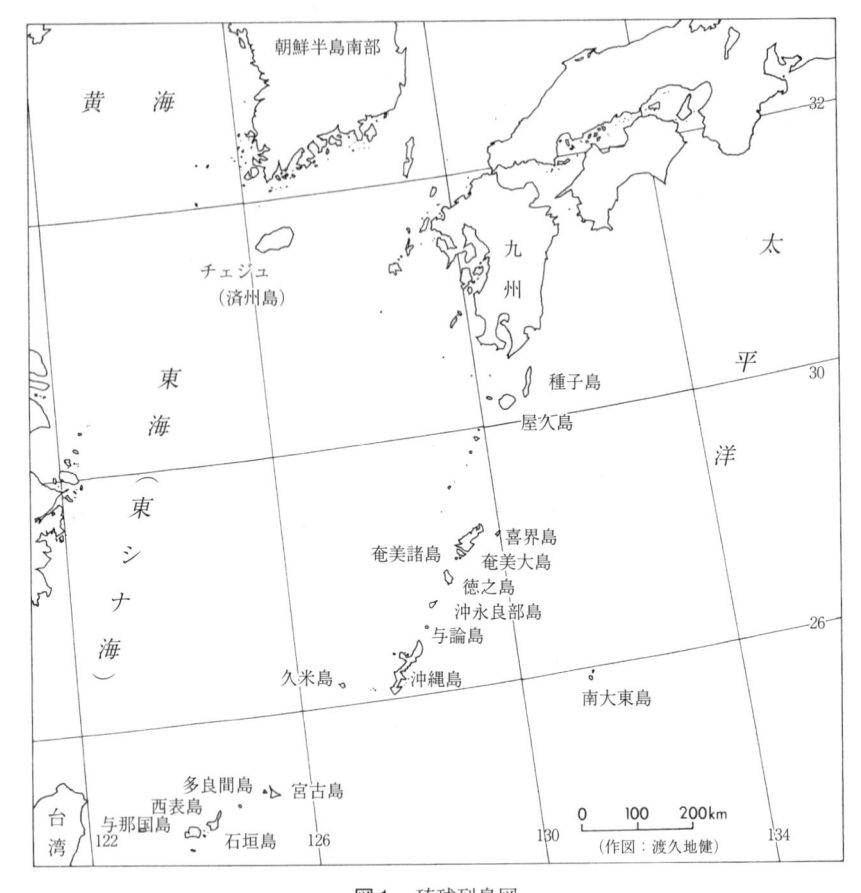

図1　琉球列島図

歴史的文化的関係が認められるのは、琉球列島の中でも沖縄諸島以北の島々に限られる。本稿でもこれを踏まえながら、古墳時代の南島、沖縄について紹介することとしたい。

2　研究略史

琉球列島の先史文化研究は明治政府によって強制的に実施された廃藩置県の後、国益の保護と殖産を目的とした島々の調査が行われる中で開始された。こ

のため、当初の研究の関心は日本文化の南限の探求に向けられた。1904年に沖縄島および八重山諸島での調査を行った鳥居龍蔵は縄文文化の分布範囲を沖縄諸島までとし、宮古・八重山諸島には別系統の先史文化が存在するとした（鳥居 1905）。鳥居の見解はその後の調査研究によって追認され、少ない調査資料の中にあって卓見であったことが明らかとなった。

　鳥居の後、琉球列島の先史文化編年をまとめたのは、戦後に活躍する多和田真淳である。米軍統治下の琉球政府文化財保護委員会に勤務した多和田は奄美諸島、沖縄諸島、宮古諸島、八重山諸島をくまなく巡り、1956年に自ら採集した土器を中心とする遺物の型式学的分類と遺跡の立地を踏まえて構築した先史文化編年案を発表した（多和田 1956）。多和田は琉球列島の先史時代を貝塚時代と呼び、これを前期、中期、後期（上半、下半）、晩期に区分している。その後、多和田の編年序列はおおむね正しかったことが確認されていったが、現在では対象地域から宮古諸島、八重山諸島が除外されている。また、研究の進捗によって、貝塚時代前期は縄文後期、貝塚時代中期は縄文晩期と並行することが明らかになるとともに、奄美諸島と沖縄諸島では先行する縄文中期や前期、さらには早期並行段階の土器の存在が確認されていった。これを受け、編年研究を主導した高宮廣衞は奄美・沖縄諸島の縄文時代並行期について、縄文時代の時期区分に沿って文化内容を把握することを提唱している（高宮 1966・1981・1983・1984）。

　高宮による縄文文化並行期の細分化は、一方で貝塚時代の後期が弥生時代から平安時代に並行することを明らかにした。1963年に調査された沖縄県伊江島具志原貝塚出土遺物の中に弥生中期土器が確認されたことを嚆矢として、奄美諸島から沖縄諸島までの遺跡から弥生土器や弥生時代文物の出土が相次いだ（友寄 1970、岸本 1983）。また、弥生時代の北部九州で盛行した貝輪の研究が進展し、素材となるゴホウラやイモガイなどの貝はこの地域で採取され、九州へ運ばれたことが木下尚子によってモデル化された（木下 1989）。

　これに対し、古墳時代以降奈良・平安時代については、奄美・沖縄諸島から出土する日本産文物例をほとんど把握できない状況が続き、日本列島と琉球列島の関係はきわめて不透明のままに置かれた。しかしながら、九州南部の古墳および古墳時代墳墓を中心としてイモガイを中心とする貝輪が継続的に出土す

ること（木下 1996）や、種子島広田遺跡において琉球列島産と考えられる貝を素材に用いた貝製品が大量に出土すること（広田遺跡学術調査研究会・鹿児島県歴史資料センター黎明館 2003）などが知られることからすれば、奄美・沖縄諸島と日本列島との間の交易関係は古墳時代以降も継続していたことが明白である。加えて近年では、奈良・平安時代にも引き続き夜光貝や赤木、檳榔、硫黄などの産物が琉球列島から古代日本へ向けて運ばれたことが山里純一、高梨修、永山修一、山内晋次らによって明らかにされつつある（山里 1995・1999、高梨 2005a、永山 1993、山内 2009）。

　このような日本と琉球列島を結ぶ史・資料の存在が知られる一方で、貝塚時代後期の在地土器の編年については、多和田、高宮による編年研究以降、それほど進んでいない。ようやく奄美諸島では新里貴之（1999）や高梨修（2004）、沖縄諸島では新里貴之（2004）による土器編年案が発表され、大まかながら土器型式を手掛かりとした地域の動態や地域間交流の把握が可能となりつつある。ただし、この在地土器の編年は日本の時代区分である弥生時代や古墳時代、あるいは奈良時代、平安時代を一括りにして、これと並行する土器型式を設定した状況、すなわち日本史の一時代ごとに在地土器一型式を当てはめた状況に止まっている。この点においては、弥生土器、あるいは土師器、須恵器をはじめとした資料の細密な編年の上に研究を進める日本本土の考古学研究との間には土器編年の細分化の点で大きな懸隔を示していることとなる。

　したがって、奄美・沖縄諸島の古墳時代を語るには、このような資料論的問題の存在を念頭に置いた上で、この地域の古墳時代相当段階に位置づけられる土器型式の存在を前提として、日本の古墳から出土する貝輪などの南島産物の情報を加味した上での検討を行わざるを得ないのである。

3　奄美・沖縄における古墳時代並行期の土器様相

　古墳時代並行段階の奄美・沖縄の土器型式として、奄美諸島ではスセン當式土器、沖縄諸島では大当原式土器のそれぞれ一型式が設定されている。

　スセン當式土器は1982年に上村俊雄、本田道輝によって発掘調査された鹿児島県沖之永良部島知名町スセン當貝塚から出土した土器を基に設定された（上

村・本田 1984)。しかし、同貝塚から出土した土器点数が少なかったことから、後に新里貴之は新たな資料を加えて、器種分類や年代的位置づけを含む検討を行った (新里 2000)。また、スセン當式土器が大量に出土した鹿児島県奄美市小湊フワガネク遺跡群の調査を行った高梨修は自らの調査資料を下に、スセン當式土器の系統と分類案、年代的位置づけについての所論を発表している (高梨 2005b)。

高梨によれば、スセン當式土器は甕形土器を中心とする器種構成で、一部壺形土器が認められる。甕形土器は脚台を有する台付甕が大半を占め、一部に平底もある。甕形土器には口縁部が胴部上半部から「く」字状に屈曲して外反、もしくは内傾しながら立ち上がるもの、あるいは口縁部が外反しないで外側に開きながら立ち上がるものなどがある。壺形土器は小さい口縁部に長い胴部を持ち、丸底となる。壺形土器の器形について高梨は沖縄諸島を含む琉球弧特有のものではないかと考えている。

甕形土器の口縁部を中心として施される文様は施文方法によって隆帯文、沈線文、沈線文＋隆帯文、無文の四群に分けられる。隆帯文と沈線文が文様構成要素の中心であるが、特に隆帯文が顕著に認められる。文様の施文帯は胴部上半の屈曲部分から口縁部にいたる部分に限られ、口唇部に刻目を有するものが若干認められる。高梨は口縁部の施文部位が幅狭で、文様装飾が単純な半弧文を中心とする段階 (古段階) と、施文部位が幅広で、文様装飾が複雑になり、幾何学文の意匠が用いられる段階 (新段階) に2大別している。そして、古段階のスセン當式土器の伴出土器に弥生時代終末から古墳時代初期に位置づけられる外来土器が存在することからこれを上限とし、スセン當式土器の後続土器である兼久式土器が成立する7世紀前後を下限としている。なお、高梨は兼久式土器にはスセン當式土器の文様要素が引き継がれるとともに、器形の上では南九州大隅地域の土師器長胴甕の影響があることを推測している。

沖縄諸島の大当原式土器は1972年と1989年に行われた読谷村大当原貝塚の発掘調査の際、検出された上下2層の包含層の中の下層から出土した土器を標識とする。これらの土器について、発掘者の1人である高宮は粗隆文土器と命名した (高宮 1990) が、報告書 (高宮ほか 1993) 刊行以前から土器様相を示す大当原タイプという名称が汎用されていた。[2]新里は大当原式土器について、器

種は甕形（深鉢形）、壺形、鉢形のほか、碗形、台付鉢形や皿形があり、粘土帯接合部を凸凹にする特異な器面調整の盛行を特徴として上げている。甕形は砲弾形を基本とし、口縁部は直状、内湾、「く」の字内湾、外反のいずれかに仕上げる。平口縁を主とし、口径に大（40～50cm）、中（25～40cm）、小（10～25cm）があり、口唇部突起をもつものがある。底部を乳房状の尖底に仕上げ、なかにはそれがつぶれた形状のものもある。壺形はやや肩の張るものとなで肩の2種があり、肩の張った無頸壺も出現する。底部は甕形と同じ乳房状尖底あるいは丸底である。

　大当原式土器の各器種とも無文を主とするが、有文も存在する。文様は複雑であり、浮文では三角突帯や平坦な幅広突帯、刻目突帯、立体的装飾文、円形浮文がある。沈線文には幅広・幅狭の波状文、山形文、鎖状文、直線文、刺突文、絵画的文様などがあり、主に口縁部外面に施され、口唇部に刺突文や刻みを施すものもしだいに増加するという。新里は大当原式土器に伴う日本本土の土器編年を踏まえ、上限を弥生時代後期前半に置き、古墳時代全期間を通じて存在する可能性が高いとする。その上で、器種、形態、文様バリエーションの多様さを手掛かりとして、早急に編年細分を進める必要性があることを指摘している。

　奄美諸島に見られるスセン當式土器と沖縄諸島に見られる大当原式土器は甕形を主とし、壺形を含むその他の器種がきわめて少ない構成を持つ点では共通する。しかし、主体となる甕形の器形は脚台を持つスセン當式土器に対して、大当原式土器は乳房状尖底を呈し、まったく異なっている。これについて、高梨はスセン當式土器の甕形は同時期の大隅諸島に見られる土器の影響を受けて成立した可能性を指摘する。また、新里は弥生後期以降に大隅諸島の土器が南九州の土器から離れて大隅諸島独自の土器型式に変化するとともに、トカラ列島から奄美諸島までに分布するスセン當式土器はこれと類似する土器様相を示すようになるとしている。奄美諸島のスセン當式土器はその後、南九州大隅地域の土師器長胴甕の器形的影響を加えながら、型式学的に後続する兼久式土器へと推移する（高梨 2004）。また、大当原式土器に後続する沖縄諸島のアカジャンガー式土器は奄美諸島の兼久式土器の影響を受けて成立する（池田 1999）。

これらのことからすれば、弥生後期以降、大隅諸島は南九州の土器様式圏から離脱し、独自の土器型式を生み出すとともに、これが奄美諸島の土器型式に影響を及ぼし、両地域では類似する土器型式が成立する。これに対して、沖縄諸島の土器様相は縄文時代以降古墳時代に至るまで、在地土器の型式学的変化にもとづいた推移をたどり続ける。しかし、古墳時代の後、大隅諸島の土器は基本的に南九州の土器様式圏に含み込まれ、奄美諸島の土器も南九州の土師器の影響を受けて変化する。さらに沖縄諸島の土器も奄美諸島の土器の影響を受けて変化を起こす現象が生じるのである（新里 1999・2004）。

4　古墳時代の奄美・沖縄諸島─まとめ

　前段で奄美・沖縄諸島の古墳時代に位置づけられる土器の様相について述べた。これを踏まえながら、この段階の両地域の遺跡を見ると、基本的に海岸砂丘上に立地し、狩猟・漁労・採集に依存する生活を営んでいたと考えられる。土器型式も両地域とも古墳時代を通して一型式のみが設定される状況であり、古墳時代の奄美・沖縄諸島は文化的にも社会的にもほとんど変化がなかったことを示している。高梨はスセン當式土器が出土する奄美諸島の遺跡として、スセン當貝塚、小湊フワガネク遺跡群の他、喜界町先山遺跡、奄美市用見崎遺跡、同須野アヤマル第二貝塚、同土盛マツノト遺跡、同万屋泉川遺跡、同和野長浜金久遺跡、同喜瀬サウチ遺跡、同小宿大浜遺跡、竜郷町赤尾木ウギョウ遺跡、同赤尾木手広遺跡などを上げていた（高梨 2005b）。これらの遺跡のほとんどは砂丘堆積層中に土器をはじめとする遺物の包含層が検出される遺跡であり、明確な住居跡や墳墓などの遺構は確認されていない。一部で柱穴らしき掘り込みも認められるが、建物や集落の構造などを復原することはほとんど不可能である。このような遺跡の状態は大当原式土器が出土する大当原遺跡や伊江島ナガラ原西貝塚、うるま市平敷屋トウバル遺跡などの沖縄諸島の遺跡でも同様である。

　一方で、日本本土の古墳や古墳時代墳墓から出土する奄美・沖縄諸島で採取された大型貝を用いた貝輪や貝製品の存在は、この地域と日本本土の間に交易があったことを示す。古墳時代の貝輪交易について、木下は沖縄・奄美諸島か

ら種子島までの貝の移送は南島人が管轄していたことを想定している。木下の南島人とは7世紀以降の古記録に見える掖玖人や多禰人、阿麻弥人などを前提としており、大隅諸島から奄美諸島までの人々と考えられる。木下は弥生時代の貝輪交易の対価として日本本土から持ち込まれた鉄や米、織物などが次第にこの地域での需要を生み出し、これらの南島人をして古墳時代の貝輪交易に取り組ませる原因になったと考えている（木下 1996）。しかしながら、前掲の遺跡の実態からすれば、奄美・沖縄諸島の遺跡から交易の対価となった鉄や米、織物などの痕跡を検出することはきわめて難しい。したがって、日本の古墳時代の貝輪出土状況を踏まえた社会構造の復原を含む精緻な解釈論に対して、奄美・沖縄諸島での貝素材調達と運搬システムを復原することはほとんどできない。現在の段階では、日本本土の古墳時代研究が描き出した古墳社会の様相と、奄美・沖縄諸島の考古学研究成果を結ぶことはなかなか難しい状況にある。

　しかし、土器の動態に見られた日本の古墳社会と大隅諸島から奄美諸島までの関係、および大隅諸島から奄美諸島までの島々と沖縄諸島との関係のように、考古学的調査・研究の進行はこの地域の古墳社会の内容や関係を少しずつ明らかにしつつある。この点からすれば、琉球列島の考古学はこれからの研究が大きく展開する可能性と必然性に満ちているのである。

注
（1）琉球列島の地理区分について、2分する考え方は鳥居龍蔵（1905）を嚆矢とし、安里嗣淳（2011）らによって用いられている。3分する考え方は国分直一（1959）らによって提示されている。
（2）弥生時代を中心とする貝輪交易についてまとめた木下の論考（1989）では、九州の弥生時代の貝輪動向に対する沖縄諸島の遺跡状況を説明するための土器編年を必要とした。しかし、確立した土器編年がなかったため、弥生時代後期並行期の土器型式として大当原式土器が用いられた。木下は沖縄県伊江島ナガラ原西貝塚の発掘調査で確認された単純層から出土した土器によってナガラ原西式という型式設定が可能とした上で、同様の土器については大当原遺跡での確認が早く、一般に大当原タイプと呼び慣れていることから、大当原式土器の型式名称を用いるとしている。また、宮城弘樹は弥生時代相当期の沖縄諸島の土器編年を試みた際に、大当原式土器を型式名称として用いており（宮城 1998）、新里はこれを踏まえて貝塚時代後期（弥生〜平安時代並行期）土器の編年を整理した（新里 2004）。

参考文献

安里嗣淳 2011『先史時代の沖縄』南島文化叢書25、第一書房
池田榮史 1999「沖縄貝塚時代後期土器の編年とその年代的位置付け―奄美兼久式土器との関わりをめぐって―」『サンゴ礁の島嶼地域と古代国家の交流』奄美博物館シンポジウム資料集
上村俊雄・本田道輝 1984「沖永良部島スセン當貝塚発掘調査概報」『鹿大考古』第2号、鹿児島大学考古学研究室
岸本義彦 1983「沖縄出土の弥生土器瞥見［1］」『南島考古』第8号
木下尚子 1989「南海産貝輪交易考」『生産と流通の考古学』横山浩一先生退官記念論文集Ⅰ
木下尚子 1996「古墳時代南島交易考―南海産貝釧と貝の道を中心に―」『考古学雑誌』第81巻第1号
国分直一 1959「史前時代の沖縄」『日本の民族・文化―日本の人類学的研究―』講談社
新里貴之 1999「南西諸島における弥生並行期の土器」『人類史研究』第11号
新里貴之 2000「スセン當式土器」『琉球・東アジアの人と文化』上巻、高宮廣衞先生古稀記念論文集刊行会
新里貴之 2004「沖縄諸島の土器」『考古資料大観』第12巻　貝塚後期文化、小学館
高梨　修 2004「奄美諸島の土器」『考古資料大観』第12巻　貝塚後期文化、小学館
高梨　修 2005a「奄美大島名瀬市小湊フワガネク遺跡群Ⅰ―学校法人日章学園「奄美看護福祉専門学校」拡張事業に伴う緊急発掘調査報告書―」『名瀬市文化財叢書』7
高梨　修 2005b『ヤコウガイの考古学』ものが語る歴史10、同成社
高宮廣衞 1966「沖縄」『日本の考古学』Ⅳ　古墳時代　上、河出書房新社
高宮廣衞 1981「編年試案の一部修正について」『南島考古』第7号
高宮廣衞 1983「暫定編年の第二次修正について」『沖縄国際大学文学部紀要社会学科篇』11巻1号
高宮廣衞 1984「暫定編年（沖縄諸島）の第三次修正」『沖縄国際大学文学部紀要社会学科篇』12巻1号
高宮廣衞 1990「昆布貝塚表採の粗隆文土器」『九州上代文化論集』乙益重隆先生古稀記念論文集刊行会
高宮廣衞・知念勇・岸本義彦・仲村健 1993「読谷村大当原貝塚発掘調査概報」『読谷村歴史民俗資料館紀要』第17集
多和田真淳 1956「琉球列島の貝塚分布と編年の概念」『琉球政府文化財要覧』1956年度版
鳥居龍蔵 1905「八重山の石器時代の住民に就て」『太陽』11巻5号
友寄英一郎 1970「沖縄出土の弥生式土器」『琉球大学法文学部紀要社会篇』第14号

永山修一 1993「キカイガシマ・イオウガシマ考」『日本律令制論集』下巻、笹山晴生先生還暦記念会、吉川弘文館

広田遺跡学術調査研究会・鹿児島県歴史資料センター黎明館 2003『種子島廣田遺跡』

宮城弘樹 1998「弥生時代並行期の沖縄在地土器の編年」『沖縄考古学会定例研究会発表要旨』、後に『沖縄貝塚時代の終焉とグスク出現に関する研究』（平成18年度科学研究費補助金（奨励研究）研究成果報告書）2007に収録

山内晋次 2009「日宋貿易と「硫黄の道」」『日本史リブレット』75、山川出版社

山里純一 1995「南島赤木の貢進・交易」『古代王権と交流』8　西海と南島の生活・文化、名著出版

山里純一 1999『古代日本と南島の交流』吉川弘文館

古墳文化接触地域の墓制 II
北東北・北海道

藤沢　敦

　古墳時代併行期の北東北と北海道では、倭国域とはまったく異なった文化が展開していたことが、今日では明らかとなっている。

　日本列島に水田稲作が伝わり、農耕を主な生業とする弥生文化が成立すると、北東北までは弥生文化が広がることとなった。それに対して北海道では、水田稲作は波及せず、縄文文化を受け継ぐ続縄文文化が展開していく。

　弥生時代に続く古墳時代になると、南東北には古墳文化が急速に波及していく。しかし北東北では、北海道の続縄文文化が分布を拡大し、古墳文化系の考古資料の分布はごく限定されたものとなってしまう。さらに7世紀になると、北東北では、古墳文化に起源を持つ、土師器を伴う方形竪穴住居が普遍的に存在するようになり、末期古墳と呼ばれる小規模円墳群も造られるようになる。

　一方、北海道では、古墳時代併行期には続縄文文化が展開し、やがて擦文文化へと続いていく。北海道のオホーツク海沿岸部では、5世紀以降、オホーツク文化が波及し展開していくこととなる。

　この時期の、本州島北部から北海道にかけての、文化の併行関係についての阿部義平による整理を、図1に示しておく（阿部 1999）。詳細な土器編年と併行関係の理解については、論者により意見が一致しない部分もある。また阿部が、倭国域を含めて文化の併行関係として示したことの意味については、後にあらためて検討するが、併行関係の理解については大きくは異論がないと言えるであろう。

　このように、古墳時代併行期の北東北・北海道では、異なる複数の文化が独自に展開していた。それらの研究の現状と課題を詳細に述べることは、紙幅の点からも、筆者の力量の点からも難しい。本論では、古墳時代研究と関連の深い点を中心に概観してみたい。なお検討対象とする時期は、古墳時代前期から後期、および終末期に併行する時期を中心とするが、弥生時代後期について若

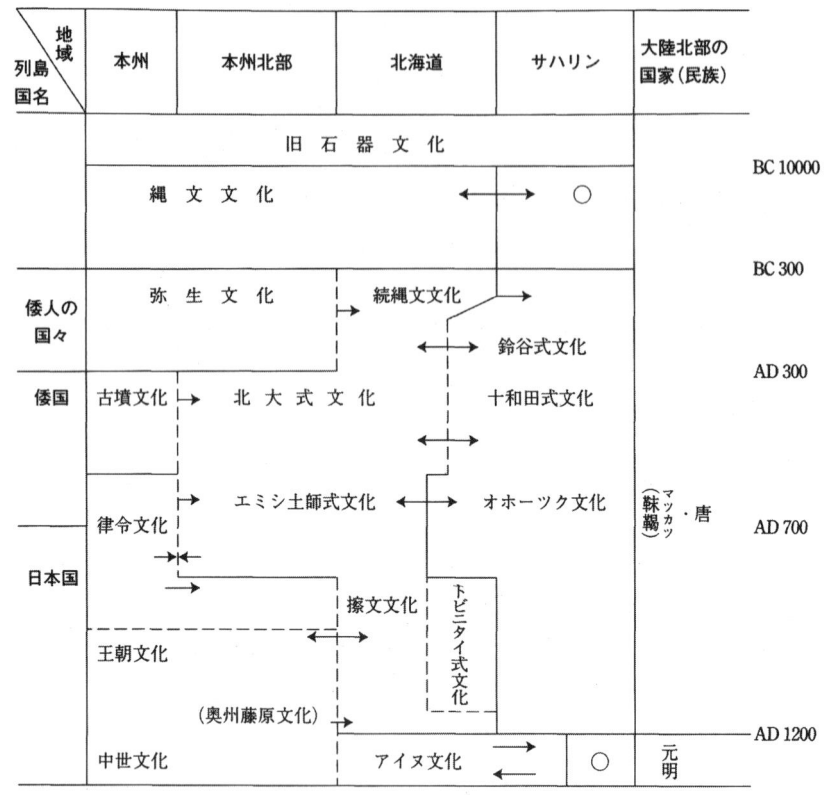

地域 列島 国名	本州	本州北部	北海道	サハリン	大陸北部の 国家(民族)	
	旧 石 器 文 化					BC 10000
	縄 文 文 化			←→ ○		
						BC 300
倭人の 国々	弥 生 文 化		続縄文文化 →			
			←→ 鈴谷式文化			
						AD 300
倭国	古墳文化 →	北 大 式 文 化	十和田式文化			
			←→			
		エミシ土師式文化	オホーツク文化		マッカツ・ (靺鞨) 唐	AD 700
	律令文化					
日本国			擦文文化	トビニタイ式文化		
	王朝文化	←→				
		(奥州藤原文化)				
						AD 1200
	中世文化		アイヌ文化 →←	○	元 明	

→ 文物波及の顕著な方向　○ 別の文化存在
○○式文化：土器による呼称
　　図1　阿部義平による本州以北の文化領域の変遷模式図（阿部 1999より）

干触れるとともに、8世紀から9世紀についても、末期古墳や北海道式古墳との関係で、必要に応じて取り上げることとする。

1　北東北・北海道での古墳文化系考古資料の分布状況

北東北における古墳文化系考古資料の探索は、同地域における弥生文化の追求と密接に関連しつつ、戦後に伊東信雄によって進められた。伊東は、石製模造品の分布を追求することから、北東北にも古墳文化が波及していたことを明

らかにしようとした（伊東 1953）。同じ頃、岩手県奥州市に所在する角塚古墳が発見され、前方後円墳の北限も、岩手県南部に至った。しかし、7世紀以降に築造される末期古墳を除くと、古墳は角塚古墳以外、北東北ではまったく発見されない状況が続いている。また1970年代以降、開発に伴う発掘調査が多数実施されるようになっても、古墳文化に由来する土師器を伴う方形竪穴住居は、ほとんど発見されなかった。その一方で、続縄文文化に由来する遺物や遺構の発見が、北東北や宮城県で相次ぐこととなる（佐藤 1976・1984）。続縄文系遺物は、日本海側では、少数ながら新潟県域まで確認されている。

このような状況は、今日でも基本的に変化はない。北東北においては、古墳文化系の考古資料の分布は、きわめて希薄な状況にある。北東北において、古墳文化系の考古資料、特に方形竪穴住居が比較的まとまって発見されているのは、岩手県奥州市など、北上川中流域の一部だけに留まっている。それでも近年、新たな重要な知見が、いくつか得られている。

角塚古墳では再発掘調査が実施され、墳丘形態と外表施設に関する新たな知見が得られるとともに、宮城県中部・北部の古墳との類似性が明らかとなっている（藤沢 2001）。角塚古墳の北約2kmのところに所在する岩手県奥州市中半入遺跡では、古墳時代中期から後期にかけての多数の土師器を伴う方形竪穴住居が発見されるとともに、方形に溝と柵をめぐらせた首長居館の可能性も考えられる遺構が発見されている（高木ほか 2002）。この中半入遺跡では、東日本では出土数が限られる須恵器も多数出土しているほか、続縄文文化に由来する黒曜石製石器も多数出土するなど、古墳文化と続縄文文化の交易拠点の可能性がある遺跡である。

青森県八戸市の田向冷水遺跡においては、5世紀の土師器を伴う方形竪穴住居からなる集落が発見された（小保内ほか 2006）。7世紀以前の土師器を伴う方形竪穴住居の北限は、これにより大きく北へ動くこととなった。なお、田向冷水遺跡から約2kmの、小河川を挟んだ対岸に立地する市子林遺跡では、ほぼ同時期の続縄文系の墓が発見されている（大野 2004）。古墳文化と続縄文文化の考古資料が同じ地域内で混在して共存する、この時期の北東北から宮城県域などに見られる様相を良く示す事例と言えよう（図2）。

倭国域の古墳から出土する琥珀製品については、岩手県久慈産の琥珀との関

田向冷水遺跡の古墳文化系の
方形竪穴住居

市子林遺跡の続縄文系の墓

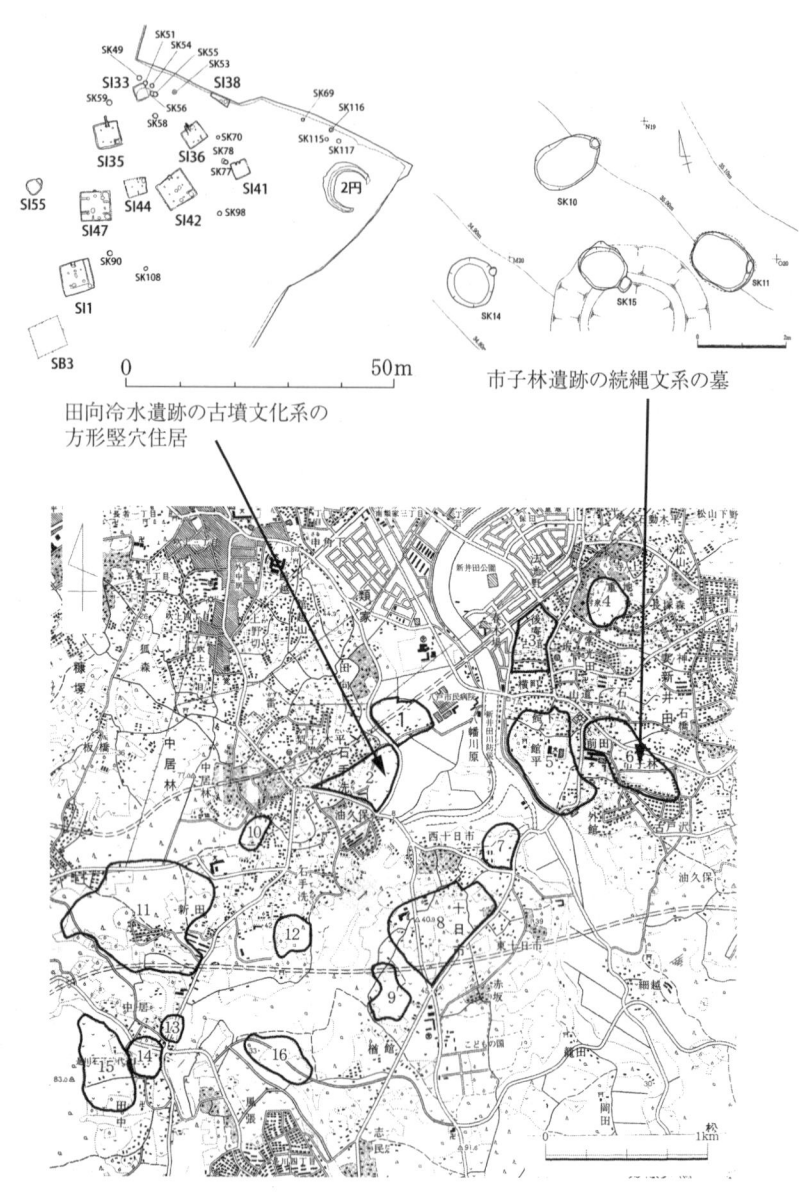

図2　青森県八戸市田向冷水遺跡と市子林遺跡（小保内ほか 2006、大野 2004より作成）

係が指摘されることも多かったが、肝心の久慈地域において、古墳時代遺跡が発見されない状況が続いていた。近年、5世紀にさかのぼる、土師器を伴う方形竪穴住居が久慈市新町遺跡で発見されている（米田・佐藤 2009）。資料はまだ充分ではないが、古墳時代の琥珀の流通を考える上で、今後重要な位置を占めるであろう。

　これらの北東北で発見されている方形竪穴住居や土師器の故地については、まだ充分な解明がなされていない。カマドをはじめとする住居の細部の特徴や、土師器の詳細な特徴を、広い範囲で比較検討することが、今後の課題となっている。また、北東北に新たにもたらされた土師器が、その地域で定着していくのか否かという点も、資料が限定される状況では確論に至ることは容易でないが、重要な論点である。

　7世紀以降には、北東北においても、土師器を伴う方形竪穴住居が普遍的となる。土師器の細部については、南東北とは異なる点も多いが、基本的な器種構成や製作技法において共通するものであり、倭国域の文化に起源を持つことは明らかである。ただ、この段階で波及する土師器や竪穴住居についても、それらの故地は充分明らかとはなっていない。前段階に波及する土師器や竪穴住居との関係も含めて、検討が必要である。

　北海道においては、続縄文文化期には、古墳文化系の遺物が少量存在するに留まり、方形竪穴住居は知られていない。一方、擦文文化は、本州島の土師器と方形竪穴住居を祖形とし、その影響が強くおよんで成立したことは間違いない。また擦文文化期には、武器や農工具などの鉄製品も、前代とは比較にならないほど多くが出土するようになる。そのほとんどが、本州島からもたらされたものと考えられる。

2　土器編年と併行関係

　古墳時代に併行する時期の続縄文土器は、その後半段階に相当し、後北C_2－D式から、北大式の時期となる。この時期には、道央地域に分布していた後北式土器が、全道に分布を広げるとともに、北東北3県と宮城県の仙台平野以北、新潟県の一部にも分布するようになる。

後北C_2－D式や、それを含む後北式土器については、大沼忠春の研究をはじめ（大沼 1983）、多くの検討がなされ、近年では細分の試みが続いている（石本 1984、上野 1987、大島 1991、佐藤 2003・2004）。それらには、後北式という型式名称を採用するかどうかという意見の違いや、変遷についての細かな認識の相違などはあるものの、大きな変遷課程については、意見はほぼ一致していると言ってよいであろう。その中で、大きくは後北C_2－D式として把握されるものの、道央部と道東部で様相が異なる部分もある（熊木 2001、鈴木 2003）。一方、北東北や宮城県域・新潟県域で発見される後北C_2－D式土器について、北海道の資料との細かな比較検討は、充分行われていない。資料的制約が多いものの、この時期に北東北へ急速に分布が広がる背景を考える上で、不可欠な論点であろう。

　北大式土器の大きな特徴の１つである円形刺突文については、オホーツク文化の影響と考えられている。北大式土器についても細分編年案が示されているが、従来の北大Ⅰ式・Ⅱ式・Ⅲ式という大きな変遷過程についてはともかく、細かな点については意見の相違も少なくない（田才 1983、大沼 1989、鈴木 1999、榊田 2009）。さらに、どの段階から擦文土器と考えるか、従来の北大Ⅲ式を続縄文土器に含めるか、あるいは擦文土器と考えるかという、基本的な点についても意見は分かれている。土器そのものの変化の画期をどのように考えるかという点と、土器以外のさまざまな文化要素を含めて、文化の違いをどのように考えるかという、基本的な問題が存在する。

　続縄文土器と南東北の土師器との併行関係については、北東北から宮城県域での弥生時代終末期の土器や古墳時代の土師器との共伴関係から、検討が行われてきた。弥生時代終末期から古墳時代前期には、おおむね後北C_2－D式が併行し、古墳時代前期の新しい段階に北大式へ変化していた可能性が考えられる。資料的な制約が多く、安定性には欠ける部分も多く、細かな点ではなお検討が必要な部分も多い。

　７世紀以降の北東北では土師器が波及するので、この北東北での土師器編年を基軸として、南東北での土師器編年との併行関係、北海道の北大式から擦文土器の編年との併行関係が検討されてきた。北東北の土師器や擦文土器の編年研究については、７世紀より新しい時期のものも含めて、多くの研究成果があ

るが、ここでそれらを細かく検討する余裕はない。7世紀に資料の多い青森県太平洋側と岩手県での成果を、いくつか示しておくこととする（宇部 1989、八木 1998）。

3　集落と生業

　古墳時代に併行する時期の続縄文文化では、竪穴住居の検出事例がきわめて少なく、墓や遺物包含層が検出されるだけの場合が北海道・北東北ともにほとんどを占める。平地式住居のような、地上に痕跡を残しにくい構造の住居が用いられた可能性も指摘されている。そのため、集落の様相をとらえることは難しいが、遺跡立地は川筋に面したものが一般的で、この立地上の特徴は、擦文文化へ引き継がれていく。このような立地から、河川漁撈への依存度が高くなっていた可能性が以前から指摘されてきた（藤本 1982）。

　北東北では、遺跡立地の検討は、まだ充分行われていない。宮城県の事例となるが、大崎地域北西部には、続縄文土器や黒曜石製石器が出土する遺跡が集中し、近隣の湯倉の黒曜石産地との関係が議論されてきた。この集中地帯に存在する続縄文関係の遺跡は低丘陵上に立地し、河川のすぐ脇と言えるような位置ではない。道央部に見られるような遺跡立地とは、必ずしも同じとは言えず、今後の比較検討が求められるところである。

　後北C_2－D式期には、石器組成の変化が見られ、鉄器化が進んでいったことが指摘されている。鉄器類の需要の増加に伴い、対価品としての皮革生産のために石器組成の変化が生じた可能性も指摘されてきた（上野 1982・1992）。交易に注目する鈴木は、続縄文期から擦文期にかけての様相を多方面から検討し、交易のあり方の時期による変化を指摘するとともに、社会の階層化についても論じている（鈴木 2004・2007・2009・2010）。

　南東北の古墳文化が安定して分布している宮城県においても、仙台平野以北に続縄文文化の遺物が分布している。特に、宮城県北部の大崎平野北西部には続縄文文化に関係する遺跡が多く、近隣に所在する湯の倉産黒曜石との関係が注目されてきた（吉谷・高橋 2001）。湯の倉産黒曜石は、古墳時代中期には、岩手県にも広く流通するようになり、先述の奥州市中半入遺跡においても、そ

のほとんどを占めていた。この湯の倉産黒曜石をはじめ、宮城県中部から岩手県南部にかけては、古墳文化に由来する考古資料と、続縄文文化に由来する考古資料の両方から、両者の関係を検討することが可能である。この地域が広い境界領域となり、この境界領域を窓口に相互の交易関係が存在したと考えられる（藤沢 2001）

　日本海側では、秋田県由利本庄市宮崎遺跡で、土師器を伴う方形竪穴住居から北大式土器が出土しているが（小松・斎藤 1987）、宮崎遺跡では発掘調査地点とは異なる地点から、古墳時代前期の土師器が採集されており（納谷 2001）、また7世紀の土師器も採集されている。宮崎遺跡は、ラグーンに面した場所に立地しており、海上交通による交易拠点として使われた遺跡であった可能性も考えられる。北東北の日本海側での様相を考える上で、重要な遺跡であると言える。

4　続縄文系の墓

　古墳時代併行期の続縄文文化に伴う墓は、平面形態が円形から楕円形を呈するもので、一般に土壙墓とされている。いずれも、規模と形態からは、屈葬が基本であったと考えられている。このような墓は、弥生時代併行期から継続するものであり、擦文文化期にも引き継がれていく。古墳時代併行期の北東北にも、同様の墓が存在している。これらをまとめて、続縄文系の墓として一括しておきたい。ただ、底面のピット、土器の副葬方法、壁面の袋状ピットの有無など、細部については、北東北と北海道では必ずしも一致しない可能性もある。具体的埋葬方法の復元と併せて、地域ごとの違いや、消長を明らかにしていくことが必要であろう。

　恵庭市西島松5遺跡では、北大Ⅲ式から擦文前期にかけて、およそ7世紀から8世紀にかけて造られた多数の墓が検出されている（和泉田ほか 2002）。8世紀には、末期古墳に類似する墓も造られる（図4）。西島松5遺跡の続縄文系の墓は、底面の四隅に打たれた杭や、小口側の板を埋めて自立させることなどによって、側板を支え、木棺を造り付けたものがほとんどを占めている。小口側の板を埋める構造は、末期古墳の木棺との関係も想定できるものである。

また、7世紀の小樽市蘭島遺跡D地点では、平面形はほぼ楕円形の墓坑に、側臥屈葬で木の蓋を伴う、木蓋土壙墓と呼ぶべき構造の墓が主体を占める（藤沢 2009）。7世紀以降の続縄文系の墓の中には、具体的な埋葬方法で、かなりの違いがあったことは確実である。7世紀以前の資料を含めて、既出資料の見直しを進めていくことが不可欠である。

5 末期古墳と北海道式古墳

　北東北においては、岩手県を中心に、小型の円墳が存在することが古くから知られてきた。その主体部については、いくつかのタイプがあることが認識されていたが、1950年代から1960年代に相次いで行われた発掘調査によって、石室を主体部とする事例が多数知られるようになった。これらの調査成果を踏まえ、末期古墳には副葬品として和同開珎や銙帯金具が出土する事例があることに着目した伊藤玄三が、それらが8世紀に限定できることを論証し、末期古墳の年代の一端を明確にした（伊藤 1968）。これにより、北東北の末期古墳は8世紀の奈良時代を中心とするという認識がひろまることとなった。

　しかし、1980年代以降の調査の進展によって、削平を受け、周溝と墓壙だけが残存した事例が、多数知られるようになった。これらは、木棺を直葬したものであるが、土壙型とも呼ばれてきた。このような資料の増加により、木棺直葬のものに7世紀にさかのぼる事例が存在することが明らかとなってきた。これらの成果をもとに高橋信雄は、主体部を類型化し、それらの存続時期を明らかにした（高橋 1987）。さらに、青森県八戸市丹後平古墳群と隣接する丹後平（1）遺跡、青森県おいらせ町の阿光坊古墳群のように、7世紀から9世紀まで存続する木棺を主体部とする末期古墳の事例が知られるようになった。阿光坊古墳群では、7世紀前半に阿光坊遺跡で築造が開始され、8世紀代には天神山遺跡、9世紀には十三森（2）遺跡へと築造場所が移っていくことが明らかとなっている（図3）。これらの調査成果から、末期古墳では、木棺直葬のものが時期的にも分布範囲の点からも普遍的であり、石室を主体部とするものは北上川流域にのみ存在し、しかも出現時期は木棺直葬のものより遅れ、7世紀末頃に出現することが明らかとなってきた。

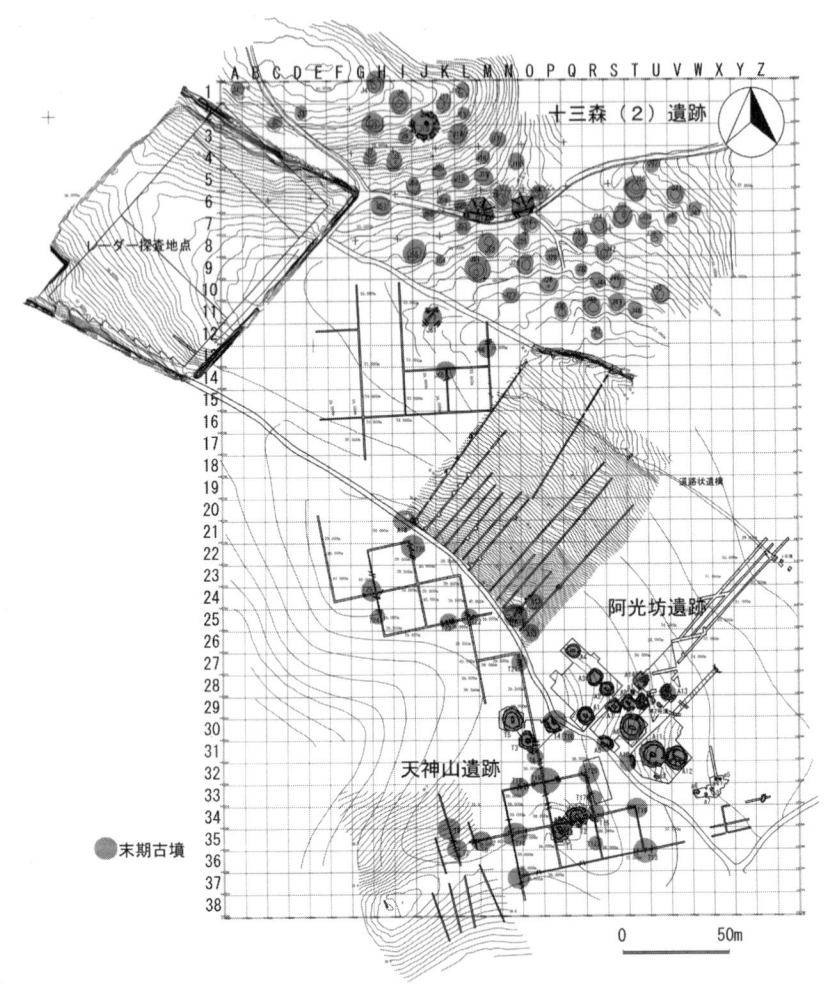

図3 青森県おいらせ町阿光坊古墳群分布図（小谷地ほか2007より）

　末期古墳が、倭国域の古墳の強い影響のもとに成立したことは間違いないと思われるが、木棺構造は末期古墳に独自のものである。側板の四辺を墓壙底面に埋め込むものと、小口板のみを墓壙底面に埋め込み長辺側の側板をその外側に据えるものとに二大別できる（藤沢 2009）。類似した木棺構造は、隣接する南東北には見られないことから、末期古墳の成立にあたって、独自に生み出さ

れた可能性がある。このような独自性に加えて、末期古墳には倭の古墳にみられるような階層性が欠如しており、築造時期から見ても倭の古墳とは連動しない。これらの点から、末期古墳にこめられた社会的機能は、倭国域の古墳とは同じではなかったと考えられる（藤沢 2004）。

　北海道の道央部でも、小規模円墳が存在することが古くから知られており、北海道式古墳と呼ばれてきた。北海道式古墳は、古くに知られた事例以外では、江別市後藤遺跡の再発掘調査成果が、まとまった唯一の調査という状態が長く続いていた（直井・野中 1981）。分布が限定されることもあいまって、その被葬者像について、さまざまな議論がなされてきた。近年、千歳市ユカンボシＣ15遺跡において、円形の周溝が主体部のまわりをめぐるが、盛土がほとんど存在しない事例が知られるようになり、「周溝を持つ墓」と呼ばれている（三浦ほか 1998）。同様の墓は、恵庭市西島松５遺跡においても発見されている（和泉田ほか 2002）。

　後藤遺跡・ユカンボシＣ15遺跡・西島松５遺跡の主体部は、四辺に板を立てるか、杭状の木材を四辺に密接に打ち込んで、棺を造り付けたものである。北東北の末期古墳に一般的に見られる、四辺に側板を埋め込むものと共通するか、その変化形と考えられるものである（藤沢 2009）。北東北の末期古墳が、木棺を直葬するものが主体的であることが明らかとなったことにより、末期古墳と北海道式古墳を明確に区分することは難しく、基本的に共通する墳墓であると考えられる。ただ、木棺構造に独自に変化したものが認められることや、周溝をめぐらしながら墳丘盛土がほとんど存在しないなど、北海道に独自の様相も認められることは、北海道におけるこの種墳墓の評価をめぐって見逃せない点である。

　北東北の末期古墳や、北海道の続縄文系の墓からは、武器や馬具などの鉄製品が副葬され出土する場合が多い。冷涼な気候が関係するのか、これらの鉄製品は、概して有機質部分の保存状態が良好であることも特徴である。倭国域では、８世紀以降は、古墳の築造がほぼ終了し、副葬品として武器や馬具が出土することはほとんどなくなってしまう。そのため、北東北や北海道の事例は、倭国域の武器や馬具のあり方をうかがうためにも、重要な位置を占めている（八木 1996、津野 2008）。

北東北や北海道で 7 世紀以降出土する武器には、蕨手刀に代表されるように、分布が当地域に集中するものがある。その分布状況から、北東北で製作された「蝦夷の刀」であるという意見も根強い。「北の方頭」と呼ばれる、長さが短い反面、身幅が広く、鉄製の方頭装具が付くタイプの刀などは、ほぼ北東北・北海道に分布が限定される。これらの北東北や北海道に分布の中心を有する刀類については、型式差は少ないことから、製作場所を多数想定することは難しい。そうすると、生産と配布の中心が、北東北の中に 1 つないし数箇所存在したと考えることになるわけであるが、そのような中心的な位置を占めた地域を抽出することは難しいし、具体的な地域が指摘されることもなかった。律令国家の陸奥国府側で製作し、公的あるいは私的な交流によって、北東北へもたらされた可能性も想定して、検討していくことが必要である。また刀類や刀子については、各地域において「こしらえ直し」が行われた可能性も考慮しておく必要がある。、鞘や柄などの、遺存した外装部分の詳細な検討が不可欠である。

6　文化と人間集団

古墳時代併行期の北東北・北海道は、異なる文化の分布域が、大きく変動していく。はなはだしいのが北東北で、弥生文化から続縄文文化、さらには 7 世紀以降の土師器を用いる文化へと、基本となる生業が異なる文化へと変化していく。弥生時代後期には、北東北だけでなく南東北でも遺跡数が減少していくことから、気候の寒冷化が原因の 1 つとして指摘されてきた。また鉄器の普及に伴う広域物資流通の重要性が強くなったことなどが、大きな変化の要因として考えられる。

続縄文文化から 7 世紀以降の土師器文化への移行の際には、遺跡数も大幅に増加する。そのため、この変動の要因として、移住を想定する論者もいる（松本 2006）。古墳時代併行期には、さまざまな物資の交易が、北海道から南東北を通じて活発に行われていたことは間違いなく、それに伴う人々の移動もかなり頻繁に行われていたと考えてよいだろう。しかし、人間集団の移住を論ずる際には、考古資料による文化のまとまりと、人間集団との関係を検討しておくことが必要である。北東北や北海道では、律令国家から「蝦夷」や「粛慎」と

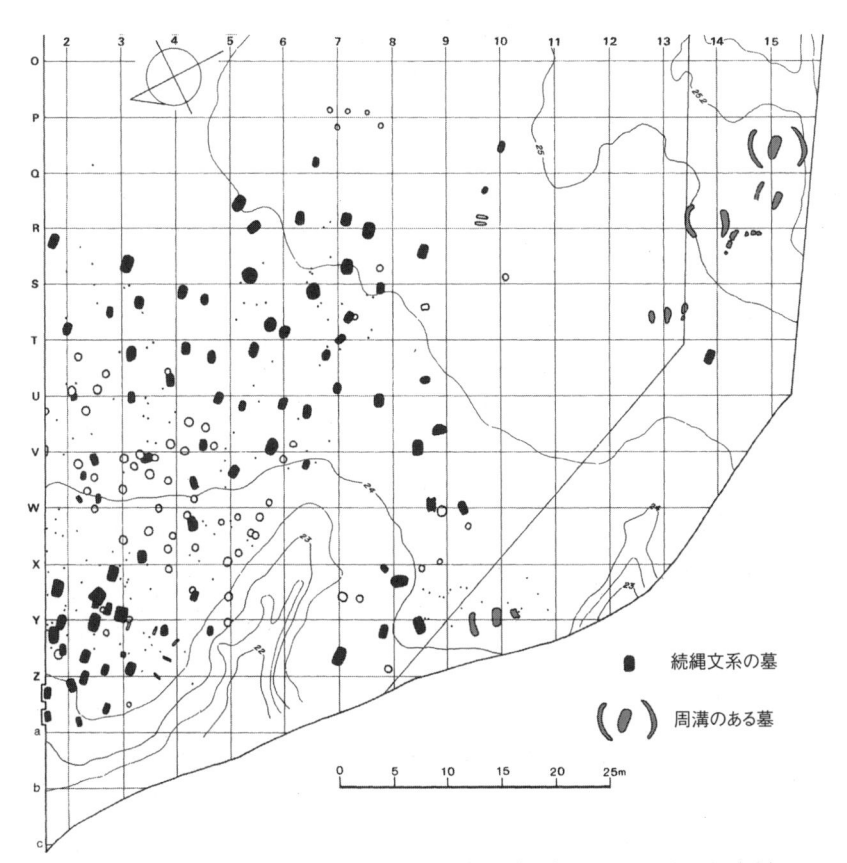

図4　北海道恵庭市西島松5遺跡の遺構分布図（和泉田ほか2002を一部改変）

して呼ばれた人々をめぐって、考古学的な文化に、これら人間集団を対比させる検討がなされてきた。今日でも、考古学的文化のまとまりの背後に、人間集団をあてる考え方は一般的である。しかしながら、考古資料から把握される文化の概念と、人間集団との関係については、根本的な見直しが必要である。

かつて宮城県域を中心とした検討から、文化は常に漸進的な変移を示し明確な境界を指摘することは困難であること、律令国家が蝦夷の居住地域として認識した範囲と考古資料に見られる分布域は一致せず大きくずれていることを指摘した（藤沢 2007）。また先に紹介した恵庭市西島松5遺跡では、続縄文系の

墓が多数造られたすぐ脇に、末期古墳に類する「周溝のある墓」が築造されていく（図4）。新来の葬法を個別的に選択して受容しているのが実態であり（鈴木 2004）、墳墓の違いが簡単に文化の違いや、人間集団の違いには結びつかないことは明らかであろう。

このことに明らかなように、考古学的文化と人間集団を、一対一で結びつけることは、資料実態からも不可能である。それゆえ文化の違いを人間集団の違いに結びつけることには、慎重な検討が必要であり、人間集団のまとまりをどのように把握するべきかという理論的な検討も不可欠であることを強調しておきたい。

異なる文化が継起した北東北の場合、それぞれの時期を、どのように呼称するのかという問題がある。特に7世紀以降については、南東北とはかなり異なる文化を有しながら、文化呼称や時代呼称を持たない状態となっている。そのため、北東北の独自性に着目する観点から、「エミシ土師式文化」や「蝦夷文化」などの新たな文化呼称や時代呼称を創出しようという試みもある。しかし、律令国家側から名づけられた呼称を利用することの当否も含め、考古学的文化や人間集団についての検討を踏まえて議論されるべきであろう。

さらに重要なことは、倭国域では、政治史的時代区分が可能となる7世紀以降、考古資料にもとづく文化の概念を放棄していることである。[2] 倭国域だけの歴史叙述にとどまる場合は問題は顕在化しないが、その外側の地域との関係を総合的に検討しようとする場合、同じレベルで比較できる用語や枠組みを有しないことは大きな問題となる。冒頭に紹介した阿部の示した模式図は、このような問題を踏まえた上で、考古資料にもとづく文化の併行関係として、北海道から本州を含む地域を統一的に把握しようとした試みとして評価する必要があるだろう。北海道や北東北での考古学的研究は、日本における歴史認識の根本的な再検討をせまるものでもある。

7 おわりに

これまでの古墳時代研究では、北東北や北海道は外側の別世界のことという意識が強く、直接的な関心が向けられることが少なかったように思われる。し

かし、弥生時代終末期から古墳成立期にかけての、後北式土器の分布域の拡大や石器組成の変化に見られるように、続縄文文化も大きな変化を見せる。さらに、続縄文文化とオホーツク文化も密接に関係し、オホーツク文化が北海道北東部へ広がるという変化につながっていく。このように、古墳時代併行期の北東北や北海道で見られる変化は、広域物資流通を媒介として、古墳文化と連動した大きな動きとして見る視点が必要である。対価品の流通をはじめ、古墳文化の側も少なくない影響を受け、それに規定された側面もあったと考えるべきであろう。古墳時代研究において、韓半島や中国との関係が重要であるのと同様に、北方との関係も重要である。北東北・北海道、さらにはサハリンのオホーツク文化までを含め、総合的に把握する研究が求められている。

注
（1）前方後円墳に代表される古墳文化が広まっていた範囲、すなわち日本列島の内、北海道・北東北と、南九州の一部と南西諸島を除いた地域を、ここでは倭国域と呼んでおく。
（2）政治史的区分が使用されると、考古学は文化という概念で時代を表現しなくなるということは、縄文文化、弥生文化、古墳文化という日本考古学における「文化」が、日本という枠組みを説明するためのものであったことを示している。政治的統合が一応達成され、日本という枠組みが別に準備されているので、「文化」で枠組みを語る必要性は失われるわけである。

引用・参考文献
阿部義平 1999『蝦夷と倭人』青木書店
阿部義平編 2008『特定研究北部日本における文化交流―続縄文期』国立歴史民俗博物館研究報告143・144
天野哲也 1993「3古墳の築かれなかった地域3北海道」『古墳時代の研究第13巻東アジアの中の古墳文化』雄山閣出版
石井昌国 1966『蕨手刀』雄山閣出版
石附喜三男 1984「擦文式土器の編年的研究」『北海道の研究2』清文堂出版
和泉田毅ほか 2002『恵庭市西島松5遺跡―柏木川改修工事用地内埋蔵文化財発掘調査報告書―』（財）北海道埋蔵文化財センター調査報告書第178集
伊藤玄三 1967「末期古墳の年代について」『古代学』第14巻第3・4号
伊東信雄 1953「東北地方に於ける石製模造品の分布とその意義」『歴史』第6輯
今泉隆雄・藤沢敦 2006「東北」『列島の古代史1古代史の舞台』岩波書店

宇部保則 1989「青森県における7・8世紀の土師器」『北海道考古学』第25輯
宇部保則 2002「東北北部型土師器に見る地域性」『海と考古学とロマン』
上野秀一 1982「続縄文時代　石器」『縄文文化の研究第6巻』雄山閣出版
上野秀一 1992「本州文化の受容と農耕文化の成立」『新編古代の日本第9巻東北・北海道』角川書店
ウサクマイ遺跡研究会編 1975『烏柵舞』雄山閣
大島秀俊 1991「第5章3節後北C_2・D式期における土器組成について」『蘭島餅屋沢遺跡』小樽市教育委員会
大沼忠春 1982「後北式土器」『縄文土器大成』5、講談社
大沼忠春 1989「北海道の文化」『古代史復元』9、講談社
大野　亨 2004「市子林遺跡第6次C・第7次」『八戸市内遺跡発掘調査報告書18』八戸市埋蔵文化財調査報告書第102集
小野裕子 1998「北海道における続縄文文化から擦文文化へ」『考古学ジャーナル』No.436
小保内裕之ほか 2006『田向冷水遺跡』八戸市埋蔵文化財調査報告書第113集
菊池徹夫 1978「恵山式と江別式」『北奥古代文化』第10号
工藤雅樹 1998a『古代蝦夷の考古学』吉川弘文館
工藤雅樹 1998b『蝦夷と東北古代史』吉川弘文館
工藤雅樹 1998c『東北考古学・古代史学史』吉川弘文館
熊谷公男 2004『古代の蝦夷と城柵』吉川弘文館
熊木俊朗 2001「第四章第三節後北C_2・D式土器の展開と地域差」『トコロチャシ跡遺跡』
熊木俊朗 2004「鈴谷式土器編年再論」『宇田川洋先生華甲記念論文集　アイヌ文化の成立』北海道出版企画センター
小松正夫・斎藤利明 1987『宮崎遺跡発掘調査報告書』
小谷地肇ほか 2007『阿光坊古墳群発掘調査報告書』おいらせ町埋蔵文化財調査報告書第1集
榊田朋広 2009「北大式土器の型式編年」『東京大学考古学研究室研究紀要』23
佐藤　剛 2003・2004「後北C_2・D式土器の時期区分と細分（1）・（2）」『北方島文化研究』1・2
佐藤信行 1976「東北地方の後北式文化」『東北考古学の諸問題』
佐藤信行 1984「宮城県内の北海道系遺物」『宮城の研究第1巻　考古学篇』清文堂出版
鈴木　信 1999「北大式以降の墓制について」『日本考古学協会釧路大会　海峡と北の考古学』
鈴木　信 2003「Ⅶまとめと考察　3道央部における続縄文土器の編年」『千歳市ユカンボシC15遺跡（1）』（財）北海道埋蔵文化財センター調査報告書第192集

鈴木　信　2004「古代北日本の交易システム―北海道系土器と製鉄遺跡の分布から」『宇田川洋先生華甲記念論文集　アイヌ文化の成立』北海道出版企画センター

鈴木　信　2007「アイヌ文化の成立過程―物質交換と文化変容の相関を視点として」『古代蝦夷からアイヌへ』吉川弘文館

鈴木　信　2009「続縄文文化における物質文化転移の構造」『国立歴史民俗博物館研究報告』第152集

鈴木　信　2010「続縄文期における階層差とは―墓制・交易からの検討―」『北海道考古学』第46輯

高木晃ほか　2002『中半入遺跡・蝦夷塚古墳発掘調査報告書』岩手県文化振興事業団埋蔵文化財調査報告書第380集

高倉　純　2006「石狩低地帯北部の続縄文時代石器群」『ムラと地域の考古学』同成社

高橋信雄　1987「岩手県における末期古墳の再検討」『北奥古代文化』第18号、北奥古代文化研究会

高橋正勝　1984「北海道中央部の続縄文時代―江別の恵山式土器群と江別太式・坊主山式土器群―」『北海道の研究1　考古篇1』清文堂出版

田才雅彦　1983「北大式土器」『北奥古代文化』第14号

辻　秀人　1996「蝦夷と呼ばれた社会」『古代蝦夷の世界と交流』名著出版

辻　秀人編　2007『古代東北・北海道におけるモノ・ヒト・文化交流の研究』平成15～18年度科学研究費補助金（基盤研究B）研究成果報告書

津野　仁　2008「蝦夷の武装」『考古学研究』第54巻第4号

直井孝一・野中一宏　1981「Ⅱ後藤遺跡」『元江別遺跡群』江別市文化財調査報告書ⅩⅢ

仲田茂司　1997「東北・北海道における古墳時代中・後期土器様式の編年」『日本考古学』第4号

納谷信広　2001「西目町宮崎遺跡出土の土師器について」『秋田考古学』第47号

野村崇・宇田川洋編　2004『新北海道の古代3　擦文・アイヌ文化』北海道新聞社

藤沢　敦　2001「倭の周縁における境界と相互関係」『考古学研究』第48巻第3号

藤沢　敦　2004「倭の「古墳」と東北北部の「末期古墳」」『古墳時代の政治構造』青木書店

藤沢　敦　2007「倭と蝦夷と律令国家―考古学的文化の変移と国家・民族の境界―」『史林』第90巻第1号

藤沢　敦　2009「墳墓から見た古代の本州島北部と北海道」『国立歴史民俗博物館研究報告』第152集

藤本　強　1982「続縄文文化概論」『縄文文化の研究第6巻』雄山閣出版

横山英介　1990『擦文文化』考古学ライブラリー59、ニュー・サイエンス社

吉谷昭彦・高橋誠明　2001「宮城県における続縄文系石器の意義と石材の原産地同定」

『宮城考古学』第3号
米田寛・佐藤里恵 2009「新町遺跡」『平成20年度発掘調査報告書』岩手県文化振興事業団埋蔵文化財調査報告書第546集
松本建速 2006『蝦夷の考古学』同成社
三浦正人・鈴木信ほか 1998『千歳市ユカンボシC15遺跡（1）』（財）北海道埋蔵文化財センター調査報告書第128集
八木光則 1996「蕨手刀の変遷と性格」『坂詰秀一先生還暦記念論文集　考古学の諸相』
八木光則 1998「陸奥における土師器の地域性」『岩手考古学』第10号

古墳各論 I
竪穴系埋葬施設（含棺）

岡林孝作

1　竪穴系埋葬施設の特質

　古墳の埋葬施設は竪穴系と横穴系に2大別される。竪穴系埋葬施設は、上から掘り込んだ竪穴墓壙内に埋葬施設を構築し、あるいは直接埋葬を行うものであり、必要以上の空間も出入口ももたない。代表例として竪穴式石室、粘土槨、木棺や石棺の直葬などが挙げられる。墓壙をもたず、墳丘築成途中に竪穴式石室や粘土槨を構築し、あるいは棺を直葬したものも竪穴系埋葬施設に包括される。これに対し、横穴系埋葬施設とは、一定の広さの墓室空間を有し、埋葬時の出入りに使用される出入口を付設するもので、横穴式石室がその代表的なものである。

　ごく大雑把には、竪穴系は古墳時代の前・中期に主流を占めた埋葬施設、横穴系はやや遅れて大陸からもたらされ、後期に普及した埋葬施設ということができる。もちろん、相互に影響をおよぼしあうなどの関係性は存在したが、基本的には竪穴系と横穴系は系譜を異にする別系統の埋葬施設と考えてよい。

　竪穴系埋葬施設は、弥生時代には一般的な埋葬形態としてすでに一定のバラエティーをもって存在していた。木棺墓、箱式石棺墓、土器棺墓、土壙墓などがそうであり、基本的に棺のみからなり、あるいは棺すらもたない埋葬施設である。これらは古墳時代にも存続した。いっぽう、弥生時代後期には木材や石材で槨をつくり、その内部に木棺を納める方式の埋葬施設が新たに出現した。すなわち、中国地方の弥生墳丘墓で採用された木槨・石槨は、本格的な「棺槨」と呼べるものである。この棺槨の方式も古墳時代に引き継がれ、竪穴式石室をはじめとする古墳の主たる埋葬施設として発展を遂げた。

　古墳時代前・中期の竪穴系埋葬施設の実態は、いま述べた両者を截然と判別し、あるいはその諸関係を明確に整理しうるほど単純なものではないが、後者

を古墳的な埋葬施設として独自の発達を遂げた棺槨の大きな流れとして把握することは可能である。長大な割抜式木棺さらには長持形石棺と組み合わさり、前・中期の最上位の埋葬形態であり続けた竪穴式石室はその核心をなすものといえる。竪穴式石室はそれ自体として変遷を遂げる一方、そこから粘土槨さらにはその簡略形式としての木棺直葬などが分化した。木炭槨、礫槨といった地域性のつよい埋葬施設もその影響下に成立したものと考えてよい。筆者は以前に、こうした古墳的な埋葬施設の流れを「古墳的棺槨」と表現したことがある（岡林 2008a）。

漠然とではあるが、こうした古墳的棺槨の流れと、弥生時代以来の姿で存続していたいわば在地的な埋葬施設の流れとが相互に影響をおよぼしあいながら、一定の階層性、地域性をもって重層的に存在した姿が、前・中期の竪穴系埋葬施設の様相であったと理解できよう。[1]

2 棺と槨

「棺槨」とは本来、漢代以前の中国における、木棺と木槨からなる多重構造の埋葬施設を指す語である。一般には木棺、木槨に限定せず、石棺、石槨も含めて棺と槨の多重構造をとる埋葬施設を総称的に棺槨と呼んでいる。

大正期のいわゆる棺槨論争では、中国古典のなかにあらわれる棺や槨の語義と、日本考古学における用語法との整合が議論された。近年も、棺・槨・室の本来的な語義を可能な限り反映させつつ、日本における遺構の実態に合わせた新たな定義づけが模索されている（和田 1989）。

ところで、竪穴系・横穴系の大区分が、古墳の埋葬施設における大きな2つの系統によく適合していることは冒頭に述べた。しかし過去には、石室（石槨）の括りにむしろ重点を置き、その括りの枠内で「石室（石槨）には竪穴式と横穴式の2種類がある」というような説明が行われ、現在でもなお同様の立場に立った解説をみかけることがある。このような解説が不適切であることは、早くに小林行雄が指摘したとおりであり、竪穴式石室と横穴式石室は単純に対置できるものではない（小林 1941）。

その意味でも、槨を「棺を収納し、それを保護する施設」、室を「独自の内

部空間と、そこにいたる通路をもつ」とする和田晴吾の定義は簡潔でわかりやすい。そこで、大きく竪穴系と横穴系に区分したうえで、竪穴系埋葬施設を用材の差によって木槨・石槨・粘土槨・礫槨・木炭槨などと呼び分けることも一案である。ただ従来、古墳の竪穴系埋葬施設については、内部空間の有無を加味して、竪穴式石室あるいは「〜」槨と呼びならわしており、比較的最近存在が知られるようになった木槨を除けば、この用語法はすでに定着している。

それでも、石材を積み上げて四壁をつくり、最終的に天井石などで上部を閉塞する構造をもつ埋葬施設を、機能や系譜を無視してすべて竪穴式石室の語で括ってしまうことは適当ではない。そこで筆者は、古墳の埋葬施設として特殊化した大型石槨を「竪穴式石室」とし、一般名詞的に「石槨」と呼ぶそれ以外のものと区別することを提案している。竪穴式石室には基本形として後述する長大型があり、その傍系もしくは発展形として短小型、幅広型がある。いっぽう、外形的に小規模な竪穴式石室に類した遺構であっても、弥生墳丘墓の石槨は竪穴式石室とは呼ばない。用語の整理は、最終的にはこうしたものまで含めて改めて体系的に行われる必要があるだろう。

3 木槨の発達と木棺の長大化

楽浪地域でさかんに木槨墓が発掘調査された大正期には、日本でも古墳の埋葬施設として木槨が存在した可能性が議論されていた（高橋 1924）。ただしこれはあくまで予測であって、実際の考古学的知見を踏まえたものではなかった。日本で弥生〜古墳時代の木槨状の施設が考古学的に認識され始めたのは1970年代のことである。

1979年に行われた岡山県倉敷市楯築墳丘墓の発掘調査は、弥生時代後期の墳丘墓に採用された木槨の構造をはじめて詳細に解明した点で、日本における本格的な木槨研究の出発点といってよい。その後1990年代までには、弥生時代後期後半を中心とした中部瀬戸内や山陰地方の弥生墳丘墓の中心的な埋葬施設に木槨が採用されていた事実が広く認識されるようになった（近藤ほか 1992、田中 1997）。

弥生墳丘墓の木槨は筆者がB類としたもので[2]、槨底面は平坦に整備され、棺

床とよぶべきものはとくに設けられないことから、組合式木棺を内蔵していたと考えられる（図1-1～4）。楯築墳丘墓では木槨の側板を立ててから底面を整備し、その後上方から木棺を搬入して最後に蓋板を架ける手順が明らかにされ、島根県出雲市西谷3号墓第1主体でも「棺を収納する施設を造ってのち上から棺を入れるという葬法」が復元された（渡辺ほか 1992）。これらの組合式木棺は、自身の持ち運びに耐える強度を備えており、部材が十分に緊結され容器として完成していたと考えられる。

この点は、弥生墳丘墓の埋葬施設として木槨と並んで用いられていた石槨においても同様で、壁体立ち上がりの角度や、棺材を外部から固定する構造がみられない点などから、木槨と同様に「部材の結合度の高い」（宇垣 1985）木棺が使用され、共通の手順で埋葬が行われたことが指摘されている。

首長の埋葬施設における棺槨の採用は、墳丘の大型化とともに、古墳的な厚葬へとつながっていく弥生墳丘墓の特質をよく示すものである。この点は後述するが、基本的に棺がいわば墳墓の固着物であった一般的な弥生墳墓の状況と比較すれば、木棺を槨に運び込む弥生墳丘墓の埋葬方式の出現は、ある意味で画期的なものであったといえる。棺槨の構造的特性に合わせたこのような埋葬方式の変化が、古墳的棺槨への発達の出発点であったと私はみている。

2000年に行われた奈良県桜井市ホケノ山古墳の発掘調査は、木槨が弥生墳丘墓のみならず、初期の前方後円墳にも採用されていたことを明らかにした。ホケノ山古墳の「石囲い木槨」は、近畿中央部ではじめて確認された本格的な木槨であり、しかも内槨に木槨、外槨に石槨を用いた二重槨構造であったことは、木槨の石槨化という、竪穴式石室の成立にかかわる重要なキーワードを提示するものであった（岡林・水野ほか 2008）。

古墳時代前期初葉の木槨もしくはその可能性の高い事例として、ホケノ山古墳中心埋葬施設のほかに、京都府南丹市黒田古墳第1主体部、徳島県鳴門市萩原1号墳、香川県丸亀市石塚山2号墳第1主体部、広島県広島市成岡3号墳第1主体部、同・弘住3号墳などが挙げられる。筆者がC類としたものである（図1-5～8）。

C類では棺形態が組合式木棺から長大な舟形木棺へと変化している。たとえば、ホケノ山古墳中心埋葬施設の舟形木棺は、長さ約5.3m、幅約1.25～1.05

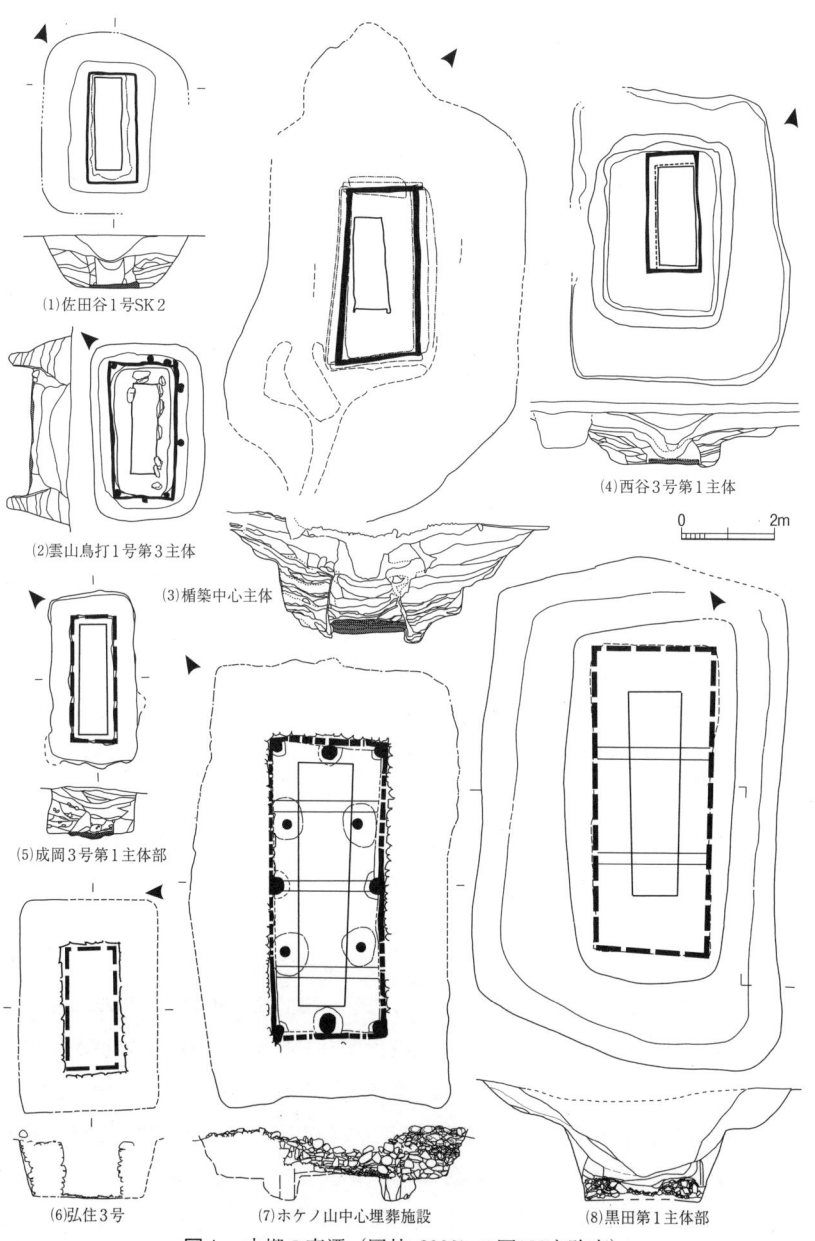

古墳各論Ⅰ　竪穴系埋葬施設（含棺）　281

(1)佐田谷1号SK2
(2)雲山鳥打1号第3主体
(3)楯築中心主体
(4)西谷3号第1主体
(5)成岡3号第1主体部
(6)弘住3号
(7)ホケノ山中心埋葬施設
(8)黒田第1主体部

0　　　　2m

図1　木槨の変遷（岡林 2008b の図127を改変）

mに復元される長大なものである。中央が舟底状にくぼむ礫床に代表される棺床の整備は、重量物であり、かつ形状的に座りの悪い舟形木棺をどのように安置するか、という課題に対する1つの答えといえる。棺の長大化とともに槨も大型化し、ホケノ山(6.5×2.6m)、黒田(6.5×2.5～2.7m)の木槨は長さの点で長大な竪穴式石室に匹敵し、幅はそれをはるかに上回る。

　C類が直接的にはB類から発展したものであることは、原則的に底板をもたず、側板は墓壙底に直接置くか、布掘り状の掘り方を設けて落とし込むという基本構造の共通性からも首肯される。これは塾木(まくら木)の上に底板を並べ、その上に四周の側板を組み上げる中国的な木槨との大きな違いであり、構造的に朝鮮半島南部の木槨と共通する。朝鮮半島南部における木槨の動向(高久 2004)が日本列島における木槨の出現やB類からC類への構造的発達に影響を与えた可能性は高い。

　B類からC類への変化の方向性は大型化と石材多用化ひいては石槨化としてとらえられる。楯築墳丘墓中心主体(3.6×1.3～1.6m)、岡山市雲山鳥打1号墓第3主体(2.7×1.4m)のように、床面積4～5m²に達するものがすでに出現していたことは、B類木槨の大型化指向を裏付けるものであるが、ホケノ山・黒田に代表されるC類の大型木槨は、明らかにその延長上に位置づけられる。また、B類木槨には裏込めに大量の石材が充填された事例があり、石材の多用によって構造を複雑化させつつあった状況もうかがわれる。内側の木槨、外側の石槨からなる二重構造を有するホケノ山・萩原1号・弘住3号などのC2類は、石槨内の木槨が墓壙埋土(裏込め)から構造的に独立している点で、さらに発達したあり方といえる。

　最も重要な点は、木槨が弥生墳丘墓における最上位の埋葬形態であったと考えられることである(岡林 2002)。そのことを端的に示すのは、楯築墳丘墓や西谷3号墓のような最大クラスの弥生墳丘墓の中心的埋葬施設に木槨が採用されている事実である。古墳時代前期初葉における最大級の前方後円墳であるホケノ山古墳の中心埋葬施設に木槨が採用されたのは、弥生墳丘墓における最上位の埋葬形態を継受したものにほかならない。

　ホケノ山古墳中心埋葬施設に代表される古墳時代前期初葉の大型木槨は、長大な刳抜式木棺の使用と棺床の発達、石材の著しい多用と石槨構築技術の発達

を達成していたが、竪穴式石室の出現とともに姿を消す。その意味で、これらは弥生時代の木槨と古墳時代の竪穴式石室との間をつなぐ、古墳的棺槨の初期的かつ過渡的な様相と評価できる。

4　竪穴式石室の成立と展開

　従来、竪穴式石室の祖形は中部瀬戸内地方の弥生墳丘墓に採用された石槨に漠然と求められてきた。その最大の理由は、両者とも石材を積み上げて四壁をつくるといった、外形的な類似性に尽きる。
　小林行雄は竪穴式石室をA〜C群に大きく3分類し、長大なB群石室の平面プランが内部に納められた長大な木棺に規定されたものであることを明確化した（小林 1941）。弥生時代の石槨にはみられない竪穴式石室の特質である長大さが、本質的に長大な刳抜式木棺に対応した結果であることは、その祖形をめぐる議論の上で重要な事実である。
　前述したように、最初に長大な木棺を採用し、それに相応する大型化を遂げたのは、石槨ではなく古墳時代前期初葉の前方後円墳に採用された木槨である。筆者は、最上位の埋葬形態の継続性という点からも、より直接的には、石槨化の傾向を強めていたこれらの大型木槨から竪穴式石室への展開を想定すべきと考えている。
　ところで、都出比呂志は小林のA〜C群をそれぞれ短小、長大、幅広なものと言い換えるとともに、石室の平面形の長さと幅の比（長幅比）によって短小と長大の間の線引きをより明確化し、長幅比4.5以上のものを長大型と規定した（都出 1986）。この短小型と長大型の区分は資料集成とその分析にもとづいたもので、現在も有効な目安であるが、長大かどうかの議論という側面からは、長幅比に加えて長さの絶対値も判断基準に含めておく方がより適切と思われる。
　そこで、埋蔵文化財研究会の資料集成にもとづく分析を援用すると、竪穴式石室の内法長の50cmごとの度数分布は5〜6.5mに大きな山があり、2.5〜3m、2m以下にそれぞれ小さなピークをもつ。長さ2mを下回るものはいわゆる「石棺系小石室」や副葬品用副室が該当するため除外すると、2つの山が3〜3.5mを谷間としてふれ合う格好となり、それぞれの山のピークが典型的な

石室内法長

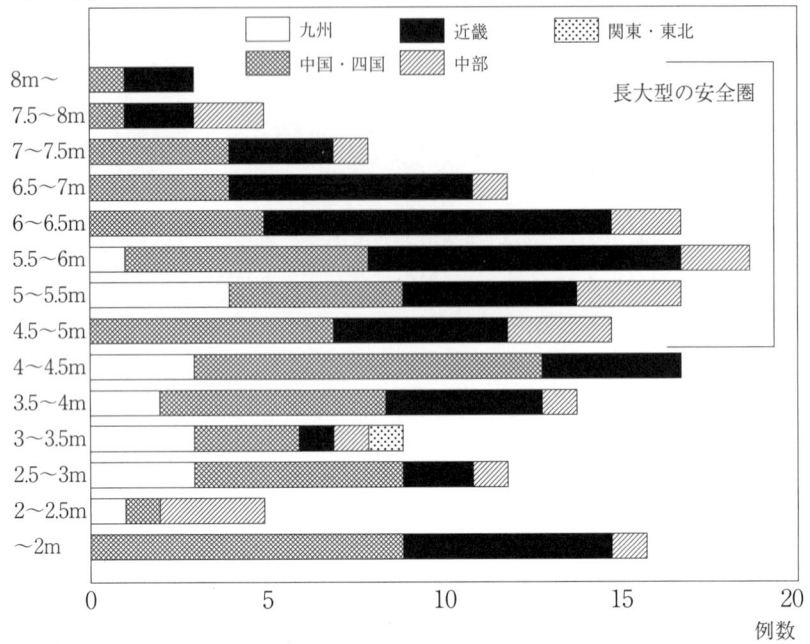

図2　前期前方後円墳の竪穴式石室全長別総数（埋蔵文化財研究会 1995の図10-3を改変）

長大型、短小型に対応するとみられる（図2）。

　長大型の山は内法長4〜4.5mにも小さなピークがあるが、これは東部瀬戸内・中国・四国にやや長さの短い事例が多いことによって押し上げられた形である。そのなかには兵庫県たつの市養久山1号墳（内法長4.1m、長幅比3.9）、徳島県石井町曽我氏神社1号墳第1主体部（4.3m、4.3）など長幅比4.5を下回る短小型石室が含まれるので、いちおうこの範囲はグレーゾーンとしても、内法長4.5mを上回れば長大型の安全圏に含まれるとみざるをえないであろう。

　これを踏まえ、長幅比4.5以上とともに内法長4.5m以上を長大型の判断基準として併用すれば、徳島県東みよし町丹田古墳（内法長4.7m、長幅比3.5）、香川県高松市鶴尾神社4号墳（4.8m、4.4）、熊本県八代市楠木山古墳（4.6m、4.1）、福岡県甘木市神蔵古墳（5.3m、3.5）、長野県千曲市森将軍塚古墳（7.6m、3.7）なども長大型に含まれることになる。

都出は養久山1号墳石室とともに鶴尾神社4号墳の石室を弥生的な石槨と竪穴式石室との間をつなぐ過渡的な事例と評価したのであるが、これは鶴尾神社4号墳石室の長幅比が氏のいう短小型としては最大の4.4であり、かつ石室長が約4.8mに達する「長大な」石室であるからにほかならない。しかし、長幅比4.5以上または内法長4.5m以上を長大型の判断基準とするならば、鶴尾神社4号墳石室の「中間的様相」は解消することになる。

　鶴尾神社4号墳石室を初期の竪穴式石室に先行するものと位置づけ、竪穴式石室の直接的な祖形として積極的に評価する意見は依然としてあるが、鶴尾神社4号墳と初期の竪穴式石室を有する奈良県天理市中山大塚古墳などとの時間的関係は微妙である。むしろ、大久保徹也が棺槨を含めた鶴尾神社4号墳のあり方を「鶴尾型埋葬儀礼様式」として整理し、「典型的な」前方後円墳様式の模倣と位置づけたのは、きわめて穏当な理解であろう（大久保 2000）。また、筆者は以前に、石室上部、壁体、基底部の各部構造の組み合わせの違いに着目して、竪穴式石室の発達段階をⅠ～Ⅲ群に整理したが、鶴尾神社4号墳石室の諸特徴はそのⅠ群に該当する。[3]

　竪穴式石室Ⅰ～Ⅲ群の変化は、長大な刳抜式木棺を内蔵した大型石槨として出現した竪穴式石室が、前期前葉を通じてより完成された姿に発達するプロセスであった。これに関連して、つぎに壁体構築と木棺搬入のタイミングの問題を検討しておきたい。

　小林行雄は、竪穴式石室では粘土棺床の設置、さらには木棺の安置が壁体の構築に先行すると理解した。竪穴式石室は一般に壁体が粘土棺床末端を敷き込んで構築され、壁体の持ち送りによって壁体構築終了後には木棺の搬入が物理的に不可能であることがその理由である。

　その後、壁面にみられる目地の検討を通じて、多くの竪穴式石室で床面から30～50cm前後の高さに壁体構築の休止面が存在することが明らかになってきた。現段階では、粘土棺床の設置→（木棺の安置）→壁体の構築という先後関係と、休止面の存在という2つの事実は、休止面における「儀礼の執行」を想定することで説明される場合が多い。

　しかし、長大な木棺は相当の重量物であって、石室内に搬入する際には一定の作業面を確保する必要がある。休止面が存在する場合には、それが木棺搬入

のための作業面であるケースも想定の余地があるのではなかろうか。

　たとえば、中山大塚古墳石室では基底石から約40～60cmの高さに壁面の目地が通っており、これより下の壁面は垂直もしくはやや開き気味に立ち上がり、上は大きく内湾した後持ち送りながら立ち上がる。目地より上を上段、下を下段と仮に呼ぶことにすると、下段壁面の南北両小口には板石6段分の柱状に積まれた部分があり、下段はこれを基準として一気に積み上げたと推定されている。また、目地の高さは墓壙第1段上面と呼んでいる壁体背後の平坦面とほぼ一致しており、裏込め土の大単位とも対応することから、この面を石室構築の休止面と認めてよい（図3－1の矢印部分。豊岡・卜部ほか 1996）。

　中山大塚古墳の場合、粘土棺床は下段壁面構築後に石室内に敷かれた置き土の上に構築されており、粘土棺床の設置→壁体の構築という一般的な先後関係とは逆である。下段壁面が部位によってはかなり外傾していることからも、この休止面を木棺搬入のための作業面と考えることが最も合理的である。

　神原神社古墳石室では、粘土棺床底面から40～45cmの高さに壁面の目地がある。それより下の下段は土圧等によって内側にとび出す部分もあるが、おおむねわずかに内傾気味に、部位によっては垂直もしくは外傾気味に立ち上がる。これに対して、上段は強く持ち送った後内傾しながら高く立ち上がる。また、粘土棺床の側縁部は下段の下部3～4段分を内側から覆っており、少なくともその部分は壁体構築後に施工されたことが確実である。壁面の状況をみると、下段は見た目の長さ20～25cm、厚さ10cm以内の比較的大きさの揃った板石を、水平に隙間なく丁寧に積んでいるのに対し、上段は石材の大きさが不統一で、積み方も雑である。上段が木棺安置後に外側から積まれたことは明らかであるが、逆に下段は粘土棺床側縁に覆われる下部3～4段分に限らず、その全体が木棺安置前に壁面を見ながら積まれた可能性を指摘できる（図3－2の矢印部分。蓮岡・勝部ほか 2002）。

　さらに小泉大塚古墳でも、壁面は垂直ないし外傾する下段と、内傾する上段とに分けられ（図3－3の矢印部分）、北小口付近では棺床中央から下段上端までの高さは約30cmである。粘土棺床は下段壁面構築後に設けられ、側縁は高さ約20cmが下段壁面を覆っている。下段と上段では隅角の構造にも差があり、上段では隅三角持ち送り状の積み方が顕著である（入倉・小山ほか 1997）。

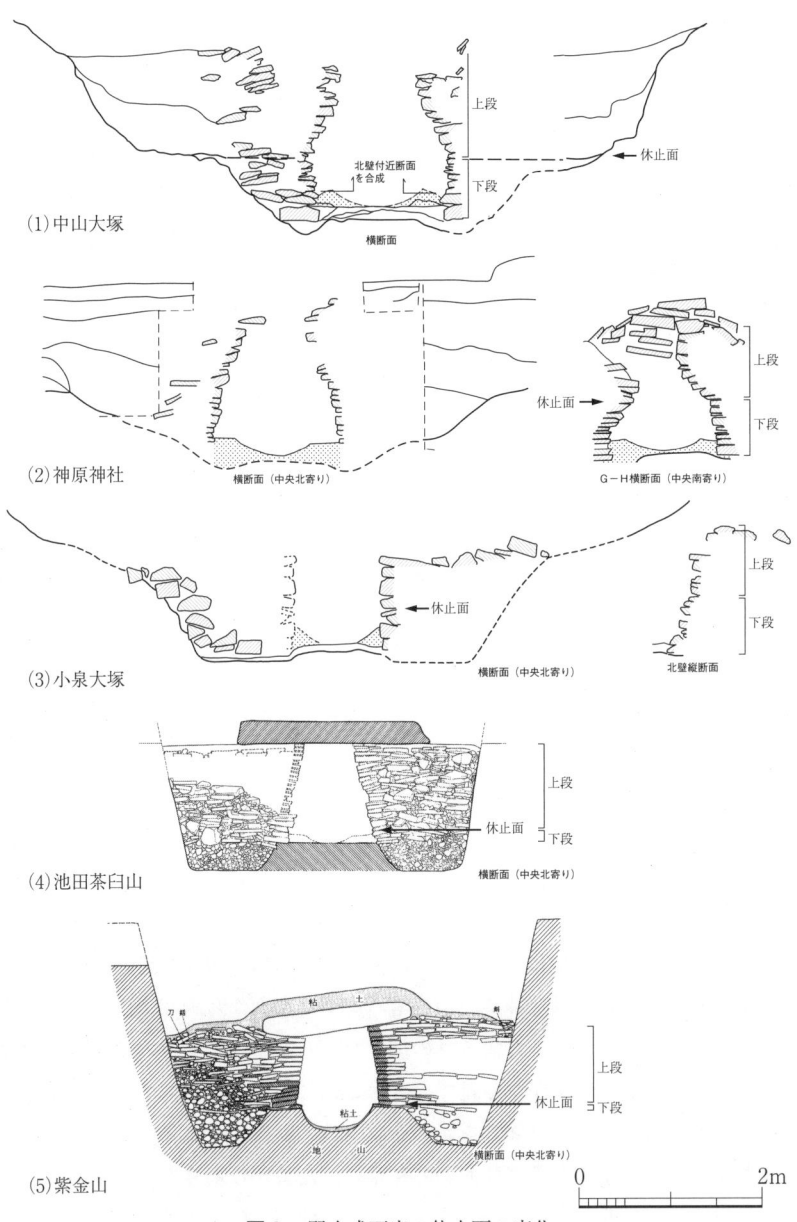

古墳各論 I　竪穴系埋葬施設（含棺）　287

(1) 中山大塚

(2) 神原神社

(3) 小泉大塚

(4) 池田茶臼山

(5) 紫金山

図3　竪穴式石室の休止面の変化

このように、いずれもI群に属する初期の竪穴式石室である中山大塚・神原神社・小泉大塚各石室の状況は基本的に同じであって、壁体下段→粘土棺床→木棺の安置→壁体上段の構築順序が想定できる。I群に属する竪穴式石室の事例は多くはないが、検討に耐えうる3例までが同様の構築順序を示す事実は重要である。

粘土棺床と壁体下部の構築の先後関係から、壁体下部がある程度まで積み上がった時点で棺が搬入されるパターンは、たとえばⅢ群の大阪府柏原市玉手山9号墳などでも想定されてきた。玉手山9号墳では棺搬入に先行して積まれる壁体下部は板石4～5段分であるが、この高さは粘土棺床の側縁上端に一致するように復元されており、木棺を上から石室内に下ろすというイメージとは異なっている（安村・松田 1983）。

ところが、いま検討したI群の3石室における休止面は、棺床底面までの比高差にして、中山大塚古墳では30～50cm程度、神原神社古墳では40～45cm程度、小泉大塚古墳では30cm程度高い位置となる。すなわち、これらの古墳では、木棺の搬入は30～50cm程度まで積み上がった石室内に上から下ろすかたちで行われていることになる。上から槨内に下ろすという木棺の搬入方式は上述のように弥生墳丘墓の棺槨以来の方式であって、I群の竪穴式石室ではその意識が依然として残存していたことを示すものと考えてよいであろう。

同様の状況はⅡ・Ⅲ群の竪穴式石室でも認められる場合がある。Ⅱ群の奈良県黒塚古墳石室では、塊石積みの壁面下段の基底石から1～2段目の上端に休止面があり、そこから前方部側にのみ東西幅約2mの石敷き面が整備されていた。前方部側にのびる墓壙通路は、この石敷き面に近い高さに接続しており、この面が墓壙通路と密接に関係しながら機能した木棺の搬入作業面である可能性が高い。Ⅲ群の奈良県桜井茶臼山古墳石室では床面から約40cmの高さに明瞭な目地が通り、目地より下は大きさの揃った板石を丁寧に積むのに対し、上は石材がやや不揃いで、面がやや雑である。このことは、下位部分が壁面を見ながら積まれたものである可能性を疑わせる事実といえる。

したがって、玉手山9号墳において想定されたようなあり方は、I群における搬入方式の形骸化が進んだ姿と考えてよい。池田茶臼山古墳で観察された休止面も、壁面下部の板石3～4段分で、ほとんど粘土棺床の側縁部上端に等し

い高さと考えられる(図3-4の矢印部分。堅田 1964)。Ⅲ群石室では紫金山古墳石室のように、休止面が壁体基底とほぼ一致する場合の方が一般的であったと考えられ(図3-5の矢印部分。京都大学文学部考古学研究室 1993)、いずれにせよ木棺を上から槨内に下ろすという行為の感覚は、桜井茶臼山古墳のような大型古墳では残存していた可能性があるものの、多くの場合は失われていたと考えられる。

　木槨・石槨では、槨がほぼ完成した段階で、木棺を上から槨内に下ろす方式で搬入していたが、竪穴式石室においてはこの手順が逆転し、棺を先に安置してから石室を構築する方式が採用された、というのが従来の一般的な説明であった。しかし、上記の検討結果は、この変化が手順の逆転というような単純な言葉で割り切れるものではないことを示している。つまり、槨の構築と棺搬入のタイミングがただちに逆転したのではなく、槨の構築における、棺安置以前の工程と、それ以後の工程の比率が短期間ではあっても一定の時間をかけて変化したと考えるべきである。

　竪穴式石室の出現当初は、木棺を上から石室内に下ろすという意識が明確に残存していた。ただ、壁体の持ち送りによって石室上部の開口部を絞り、小さな天井石で閉塞する構築手法上の問題から、棺搬入時の石室壁体は低いものとならざるをえない。やがて竪穴式石室の構築手法により適応した方式として、棺安置以前の工程が最大まで圧縮され、最終的には実態として槨構築と棺搬入のタイミングが逆転するにいたったと考えられるのである。

5　粘土槨の成立

　粘土槨が竪穴式石室の壁体と天井石を粘土に置き換えることで成立したものであることは、棺床構造の共通性などからこれまでも指摘されてきた。近年は、その具体的なメカニズムと粘土槨の成立時期をめぐる議論が活発に行われている。筆者も、竪穴式石室から粘土槨が派生した背景に、石材使用による堅牢性を放棄する一方、防水性を強化する方向性を推し進めた設計思想上の変化を見通したことがある(岡林 2008a)。

　前期中葉に遡る可能性があり、最古の粘土槨として挙げられるのが大阪府富

図4　初期の粘土槨

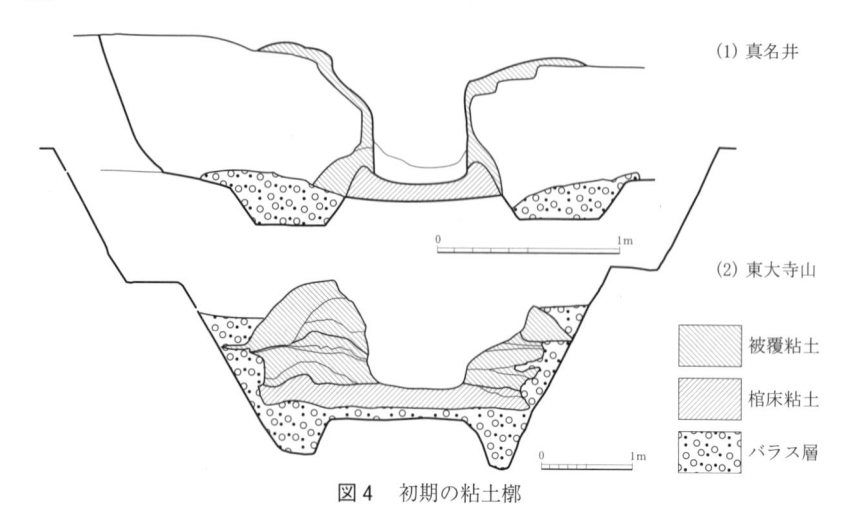

　(1) 真名井
　(2) 東大寺山

　被覆粘土
　棺床粘土
　バラス層

田林市真名井古墳の粘土槨（図4-1）である。この粘土槨は、棺床粘土と被覆粘土からなる一般的な粘土槨の構造とはやや様子を異にしている。北野耕平はその特徴的な構造を「強いていえば粘土棺床・側壁・粘土被覆の三つの部分からなる丈の高い構造」と表現し、「竪穴式石室を築いて棺体を被覆する代りに粘土を使ったという表現に一層適切なものを覚える」と指摘した（藤・井上・北野 1964）。

　この粘土槨に対しては、近年、その後の粘土槨の展開とは分けて孤立的な存在と評価する見解（安村 2003）や、粘土槨の初現ではあるものの「不定型な粘土槨」であって「定型的な粘土槨」の先駆にはならないといった見方（北山 2009）がある一方、その後に展開する粘土槨と同一の組列上に位置づける評価もある（高松 2009）。

　前期後葉の奈良県天理市東大寺山古墳の粘土槨は、大量の粘土を使用して上面を高く盛り上げた初期の粘土槨の典型例である（図4-2）。基底部構造は基台を有する竪穴式石室と共通し、バラスを充填した上に棺床粘土を置く。棺側の粘土は厚く、かつ粘土の大まかな積み上げ単位ごとにあたかも裏込めのごとくバラスを充填し、その最上部は多量の棺外遺物を置くための遺物床となる。さらにそれらを最終的に被覆する粘土は発達した竪穴式石室の粘土被覆と同様に墓壙内全体を覆っている（金関ほか 2010）。

東大寺山古墳の粘土槨が、粘土被覆や壁体背後のバラスによる裏込めが発達した竪穴式石室Ⅲ群の石材部分をそのまま粘土に置き換えたかのような構造であることは明らかであり、これが竪穴式石室Ⅲ群から派生したものであることを説明するに十分であろう。特に棺側の粘土の構築法は、竪穴式石室の壁体構築に通じるものであり、その後の多くの粘土槨ではこのような棺側部分の厚い粘土は省略される。

　同様の視点から真名井古墳の粘土槨を検討してみると、東大寺山古墳とは規模や粘土の使用量がまったく異なる点はともかく、構造的には裏込めにバラスではなく土を使用している点に顕著な違いが認められる。裏込めにバラスを多用せず、土を主体的に使用するとともに、粘土被覆を有することは、地域性や階層性に起因するⅢ群の簡略的存在形態である竪穴式石室Ⅳ群の特徴と共通する。つまり、東大寺山古墳と真名井古墳の粘土槨の違いは、竪穴式石室のⅢ群とⅣ群の違いに対比できるのである。

　このように、竪穴式石室のⅢ群とⅣ群に対応する構造がそのまま初期の粘土槨に反映していることはきわめて興味深い現象であり、真名井古墳の粘土槨がやはり竪穴式石室から派生したものであることを示していよう。むろん、このことは、真名井古墳の粘土槨がⅣ群の特徴を有する特定の竪穴式石室から生み出されたことをそのまま意味するものではない。ここでは、竪穴式石室においてみられたⅢ群とⅣ群の関係と類似した関係が、初期の粘土槨においても存在したことを確認しておきたい。

　真名井古墳の粘土槨では、棺側の粘土は薄く貼り付けられたような状況であったが、京都府城陽市西山1号墳の粘土槨では棺側粘土の積み上げと土による裏込めを交互に繰り返したような状況を示していた。群馬県前橋市天神山古墳の粘土槨はこれらに比べるとはるかに大規模なものであるが、棺側粘土は長辺では厚さ90cm、短辺では厚さ50cm前後に粘土塊をほぼ垂直に積み上げたものとされ、やはり類似した状況を示す事例と考えられる。

　初期の粘土槨は墓壙内いっぱいにつくられるが、その後粘土槨は被覆粘土を亀甲状に高く盛り上げる手法によって構造そのものを縮小し、竪穴式石室に比べてやや簡易な古墳の埋葬施設として広く採用されるようになる。こうした粘土槨の「主流」の出発点は、竪穴式石室の主系統であるⅢ群とのより直接的な

関連でとらえられる、東大寺山古墳のような粘土槨であったと考えることができる。ただしそれとともに、真名井古墳の粘土槨のように、竪穴式石室Ⅳ群に対比されるようないわば傍系の粘土槨も存在したわけである。

6 東アジア世界における古墳の竪穴系埋葬施設

　木槨、竪穴式石室、粘土槨を取り上げて、その研究をめぐる現状と課題に触れてきた。冒頭に述べたように、これらは広い意味で竪穴式石室をその核心とする古墳的棺槨の流れに包括される、同じ系統の埋葬施設である。ただ、その成立、発展、変容に関するより踏み込んだ議論のためには、遺構の外形的な類似性に注目するだけではなく、中国からの影響も含めた棺槨構築についての思想的要請を常に念頭に置き、遺構との関係を整理することが不可欠である。

　魏による冊封を契機とした木槨から石槨への変化を想定した鐘方正樹（2003）の論はその一例であるし、石室内空間の意義を神仙思想との関係で説明しようとした高橋克壽（2010）の近年の試みも、類似した立場を出発点としている。最後に、中国の棺槨が受容され、古墳的棺槨へと変容を遂げたプロセスを、その思想的背景に重点を置きながら素描しておきたい。

　『礼記』檀弓上には、棺槨を完成された埋葬制度とする認識とともに「葬也者蔵也（葬は蔵なり）」で始まる一文があって、衣衾に包まれた遺体を納めるものが木棺、その木棺を納めるものが木槨であり、竪穴墓壙内に設けられた木槨は土中深く埋め戻される、という棺槨の多重構造が端的に記されている。発掘調査によって明らかにされた戦国～前漢期の木槨の基本的特徴も、深い竪穴墓壙、重厚な木槨、粘土や木炭による厚い被覆など、「葬也者蔵也」の理念そのままに「封鎖を強く意図し」「密閉、そして深く埋蔵するという性格」（黄1994）をもつものであったと評価できよう。

　同じく『礼記』檀弓上には、孔子自らの埋葬に対する考え方について、弟子の言として「夫子中都に制し、四寸の棺、五寸の椁なり。斯を以て速かに朽つるを欲せざるを知るなり」と伝えている。すなわち、厚い材を使用した重厚な棺槨を用いる最大の理由は、遺体を可能な限りゆっくりと土に帰すためであり、背景には人の死後霊魂が魂と魄の２つの部分に分離するという霊魂観がある。

形体を支配する魄の幸福を図り、周囲の人々が魄の悪い影響を受けないために、遺体は幾重にも包み隠され、重厚な棺槨に保護されて地中深く葬られる必要があったのである。

　つぎにそうした棺槨における葬礼の手順を『儀礼』士喪礼・既夕礼の記述から要点のみ拾い出すと次のようになる。死の確認後、遺体は衣衾に包まれて納棺される（斂）。その後各種の儀礼を付帯する長い仮安置期間（殯）があり、その間に墓所が選ばれ、墓が準備される。亀卜によって決定された埋葬の吉日に、棺は墓に運ばれ、あらかじめ壙の中に構築された槨に埋葬される（葬）。

　時間の流れの上では、納棺（斂）と埋葬（葬）が分離され、その間に仮安置期間（殯）が設けられる。場所の点でも、納棺・仮安置の場所と埋葬の場所は別であり、仮安置期間中に埋葬の場所を準備する。すなわち、納棺から埋葬までの長期にわたる遺体の維持にたえる完成された容器としての木棺があり、その棺を納めるための埋葬施設である木槨を棺の仮安置と並行して構築することで、礼にもとづく繁雑かつ長期の葬礼を可能としているである。ごく簡単に述べたが、これは棺槨の特性にきわめて適合した葬礼の手順ということができるであろう。

　中国では後漢以降は磚室墓が主流となるが、葬礼の手順自体は木槨墓のそれと大きくは変わらない。ただ、墓室への出入口の発達は、「封鎖を強く意図し」「密閉、そして深く埋蔵するという性格」を変質させていった。いっぽう、楽浪のような辺境地域では３世紀代まで木槨墓が残存し、匈奴、高句麗、韓など漢（魏晋）帝国の周辺諸民族も支配者層を中心に木槨墓を営んでいる。周辺諸民族の棺槨はそれぞれ独自の変容を遂げているが、中国の棺槨の直接的あるいは間接的な影響のもとに成立した墓制にほかならず、日本の弥生時代に出現した木槨も、その延長上に位置づけることができるであろう（岡林 2012）。

　弥生時代の一般的な墳墓の埋葬施設は原則的に槨に相当する施設をもたない一重構造であり、かついずれも埋葬場所に直接設置され、その場で遺体を納棺する方式のものであった。日本における棺槨の出現は、従来の木棺墓に槨が加わることで埋葬施設が多重化した、といったような変化ではなく、前述したようにそれまでの木棺とは一線を画した持ち運び可能な組合式木棺が槨とセットで受容されることによってはじめて実現したということができよう。このこと

を考慮すると、棺槨の採用は葬礼の手順に重大な変化をもたらしたと考えなければならない。すなわち、先に述べたように納棺と埋葬が時間・場所双方において分離される棺槨の特性上、そこに生じた仮安置期間である殯の期間は、首長の葬礼に相応しい儀礼の繁雑化をもたらし、墳墓造営期間の長期化への途を開いたのである。

棺の仮安置・棺の運搬・埋葬の諸段階がすべて納棺後に行われる首長の葬礼においては、必然的に、人々の亡き首長へのさまざまな働きかけは棺を介して行われることになる。葬礼が盛大化し、長期間にわたるほど、葬礼における木棺の重要度は増大し、大型化・堅牢化の方向へ進んだと推察される。そのことが、葬礼のさらなる盛大化、長期化を招くこととなった。棺槨の採用は、首長の葬礼を、一般民衆のそれとは差別化された特殊なものへと押し上げたのである。

巨大かつ堅牢な刳抜式構造をとる古墳時代前期の長大な木棺も、こうした方向性の延長上にあって、首長の棺としての特殊性をより明確に表現したものと評価して差し支えない。さらにそれを納めるための槨である竪穴式石室が、「被葬者の遺体とその木棺の保護を基本とする理念に根ざした、防水性、密閉性、堅牢性を完備した大型石槨」として完成されたことも、中国における棺槨の本質的性格と無関係ではありえない。

中国の周縁部にいた弥生時代後期の倭人にとって、周辺地域の諸民族と同様、朝鮮半島を通じた中国との交渉は国家形成に向けての大きな刺激であった。そうしたなかで受容された棺槨は、木槨から竪穴式石室へと民族的な独自色をつよめながら洗練され、古墳という新たな墓制に組み込まれていったのである。

注
（1）筆者は奈良盆地東南部において政治的センターとしての纒向遺跡が出現し、最古の大型前方後円墳群である纒向諸古墳の造営が始まった段階をもって古墳時代の始まりととらえる立場（寺沢 2000）に賛同する。以下、本稿では前期を初葉、前葉、中葉、後葉、末葉の5小期に区分する。前期初葉は近畿地方の土師器編年による庄内式併行期、前期前葉～末葉は和田晴吾による編年案の1～4期にほぼ相当する（和田 1987）。
（2）槨平面プランの長幅比（長さ／幅）および木槨と木棺（棺を安置するための施

設整備のタイミング)、墓壙と木槨(墓壙埋土＝裏込め)の関係性に注目し、弥生時代～古墳時代初頭の木槨および木槨状施設をA～C類に分類している(岡林 2008b)。
(3) I群は粘土被覆、壁体のバラス多用、基底部のバラス敷のすべてが未整備のもの、II群は粘土被覆とバラス敷が備わるもの、III群はすべてが完備されたもので、このほか粘土被覆を有するにもかかわらず、基底部のバラス敷を欠くといった、I～III群のいずれにも属さないものはIV群とした(岡林 2008a)。

引用・参考文献

入倉徳裕・小山浩和ほか 1997「小泉大塚古墳」『島の山古墳調査概報』学生社
宇垣匡雅 1985「堅穴式石室の研究」『考古学研究』34-1
豊岡卓之・卜部行弘・坂靖ほか 1996『中山大塚古墳』奈良県立橿原考古学研究所
大久保徹也 2000「四国北東部地域における首長層の政治的結集―鶴尾神社4号墳の評価を巡って―」『前方後円墳を考える―研究発表要旨集―』古代学協会四国支部
岡林孝作 2002「木槨・堅穴式石室」『日本考古学協会2002年度橿原大会研究発表資料集』日本考古学協会2002年度橿原大会実行委員会
岡林孝作 2008a「堅穴式石室の成立過程」『橿原考古学研究所論集第十五』八木書店
岡林孝作 2008b「日本列島における木槨の分類と系譜―ホケノ山古墳中心埋葬施設の成立背景をめぐって―」『ホケノ山古墳の研究』、奈良県立橿原考古学研究所
岡林孝作 2012『北東アジアにおける木槨墓の展開に関する総合的研究』奈良県立橿原考古学研究所
岡林孝作・水野敏典・北山峰生ほか 2008『ホケノ山古墳の研究』奈良県立橿原考古学研究所
堅田直 1964『池田市茶臼山古墳の研究』大阪古文化研究会
金関恕ほか 2010『東大寺山古墳の研究』東大寺山古墳研究会・天理大学・天理大学附属天理参考館
鐘方正樹 2003「堅穴式石槨出現の意義」『関西大学考古学研究室開設50周年記念考古学論叢』
北山峰生 2009「前期古墳の埋葬施設」『関西例会160回シンポジウム『前期古墳の変化と画期』発表要旨集』考古学研究会関西例会
京都大学文学部考古学研究室 1993『紫金山古墳と石山古墳』京都大学博物館
黄暁芬 1994「漢墓の変容―槨から室へ―」『史林』77-5
小林行雄 1941「堅穴式石室構造考」『紀元二千六百年記念史学論文集』京都帝国大学文学部(『古墳文化論考』平凡社、1976、所収)
近藤義郎ほか 1992『楯築弥生墳丘墓の研究』楯築刊行会

高久健二 2004「楽浪の木槨墓」『考古学ジャーナル』517
高橋克壽 2010「粘土槨の出現」『坪井清足先生卒寿記念論文集―埋文行政と研究のはざまで―』坪井清足先生の卒寿をお祝いする会
高橋健自 1924『古墳と上代文化』雄山閣
高松雅文 2009「埋葬施設の型式学的研究―粘土槨の編年的研究を中心に―」『財団法人大阪府文化財センター・日本民家集落博物館・大阪府弥生博物館・大阪府近つ飛鳥博物館2007年度共同研究成果報告書』財団法人大阪府文化財センター
田中清美 1997「弥生時代の木槨と系譜」『堅田直先生古希記念論文集』
都出比呂志 1986「竪穴式石室の地域性の研究」昭和60年度科学研究費補助金(一般C)研究成果報告書、大阪大学文学部国史学研究室
寺沢 薫 2000『王権誕生』講談社
蓮岡法暲・勝部 昭・松本岩雄ほか 2002『神原神社古墳』加茂町教育委員会
藤直幹・井上 薫・北野耕平 1964『河内における古墳の調査』大阪大学文学部国史学研究室
埋蔵文化財研究会 1995『前期前方後円墳の再検討』
安村俊史 2003「埋葬施設からみた玉手山古墳群」『玉手山古墳群の研究Ⅲ埋葬施設編』柏原市教育委員会
安村俊史・松田光代 1983『玉手山9号墳』柏原市教育委員会
和田晴吾 1987「古墳時代の時期区分をめぐって」『考古学研究』34-2
和田晴吾 1989「葬制の変遷」『古代史復元6 古墳時代の王と民衆』講談社
渡辺貞幸ほか 1992『山陰地方における弥生墳丘墓の研究』
※紙幅の都合上、引用・参考文献の一部を割愛した。

古墳各論 II
横穴系埋葬施設（含棺）

小林孝秀

1 横穴式石室の研究とその意義

　横穴式石室とは、古墳の墳丘内部に構築された出入口部を有する埋葬施設であり、複数回にわたる遺体埋葬行為（追葬）を可能とする機能や構造をもつ点が最大の特徴である。これは単葬および埋葬後の密閉原理を基本とする従来の竪穴系埋葬施設の構造とは大きく異なる特徴と言え、朝鮮半島からの新来技術・生活文化が急速に普及するなかで、新たに採用された古墳の埋葬施設である。このことは中国・朝鮮半島といった東アジアにおける横穴系諸墓制の潮流とも同調した動きを示す点、その採用や普遍化を契機として葬送観念の転換・変貌、社会構造の変革を促した点に大きな歴史的意義が見出せる。
　また、横穴式石室は古墳構築や葬送行為の中核を成す要素でもあり、こうした埋葬施設を対象とした分析により、古墳のもつ機能面・精神面の追究が可能となると言える。なかでも、この横穴式石室の普及が進行する6世紀代になると、これまでの巨大な墳丘とそれに付随する周溝・葺石・埴輪樹立などの外表施設を視覚的に誇示するといった古墳築造の中核的な要素が徐々に変化し、代わって墳丘内に設けられた埋葬空間である横穴式石室の精緻さを重視する傾向が強まることが知られる。このような古墳築造の意義やその本質をも大きく変容させた埋葬施設である横穴式石室を対象に研究を実施することは、当時における政治的動向や社会構造の解明にも役立つと言えよう。
　本稿では、このような横穴式石室をめぐる研究動向とその視点を整理するなかで、研究の方向性および課題点を提示してみることにする。

2 横穴式石室の系譜と地域性への視座

(1) 地域性の把握と系譜論への着目

　横穴式石室の系譜関係や地域性に着目した先駆的研究として、古くは喜田貞吉による指摘が挙げられる（喜田 1914）。これは喜田の論文「古墳墓の年代に就いて」の追記に書かれたものであるが、そこでは近畿・山陰・九州の横穴式石室について、近畿では「多数が単室」、九州では「数室連続したの（複室：筆者補）が多く」、出雲・伯耆では「1枚石の大きな切石の中央に穴をあけて、それを室の境界にしたの（石棺式石室：筆者補）が多い」（喜田 1914：17頁・追記）とあり、早くから石室構造に地域性が存在する点を指摘するとともに、その特徴を的確に把握し、記述している点が注目できる。さらに、その末文では、「韓地伝来の道筋を示して居るかの感がある」と述べ、こうした石室の地域差・構造的差異が受容時における系譜の違いに起因している可能性についても触れていることが重要であろう。

　喜田が提示した横穴式石室における地域性の把握と系譜的追究という2つの視点はその後、古墳文化における地域性の問題について、畿内の動向と対比するなかで、九州の古墳の実相を論じた樋口隆康の研究にも認められる（樋口 1955）。樋口はその論文中で、九州における横穴式石室の特徴について、分布域および石室平面形・天井構造などから、筑後平野を中心とする長方形プランで天井断面が梯形を呈する石室、熊本平野を中心とする正方形プランで穹窿天井となる石室の2種に大別しており、注目できる。このような九州の横穴式石室を2系統で把握するという視点は、後の「北部九州型」・「肥後型」の認識へと繋がる重要な指摘であったと位置づけられる。また、2系統のうち、前者は高句麗・百済の石室墳、後者は楽浪・帯方の塼槨・木槨との関係性に言及するなど、大陸・半島諸墓制との系譜関係を積極的に取り上げた点は、列島における横穴式石室導入の遡源を探る研究視点としての方向性を提示したと評価できるであろう。

　さて、このような横穴式石室の系譜をめぐる問題や列島各地への伝播・普及の動向を大局的に扱ったのが、白石太一郎の研究である（白石 1965）。白石は

まず、樋口の指摘した九州における2つの系統の横穴式石室とともに、畿内における初期横穴式石室に関する実証的な検討および相互比較を行った点、さらに、大陸・朝鮮半島における横穴系埋葬施設の様相とも対比し、日本列島の横穴式石室の遡源を言及した点が注目できる。その結果、九州における2系統の横穴式石室のうち、北九州が百済漢城期、中九州が百済熊津期の石室にそれぞれ系譜を辿ることができると位置づけたのに対し、畿内の初期横穴式石室の源流は中国における南朝の塼槨墓の直接的な影響によって独自に導入されたと指摘した。こうした見解は、畿内における横穴式石室の導入が九州よりも大幅に遅れて、九州から畿内に伝播したという従来の小林行雄をはじめとする大勢を占めた歴史的理解（小林 1950）に対する再考を促す視点であったと評価でき、九州とは異なる系譜で畿内に横穴式石室が伝播した可能性を論じた点が重要である。

ただし、横穴式石室の遡源をめぐる見解としてはその後、韓国における発掘調査の進展に伴い、九州・畿内の横穴式石室の源流をそれぞれともに、韓国京畿道ソウル特別市の可楽洞古墳群・芳夷洞古墳群中の百済漢城期の石室に求めることができるといった見解が示されるようになる（永島 1979、小田 1980）。他方、畿内の初期横穴式石室と近い時期の石室が中九州（肥後）でも存在することが明らかとなり、両石室の時期差を根拠に畿内と中九州（肥後）の石室が別系譜であるとした点には問題が残り、両者ともに正方形プラン・穹窿状天井といった共通する特徴を有する点、中国南朝塼槨墓とは構造上の飛躍が著しい点などが指摘されるに至っている（土生田 1983）。このように石室系譜の遡求をめぐる問題は依然として残るものの、日本列島の初期横穴式石室の詳細な分析・比較検討を通して、一元的な系譜論に終始せず複数系譜の存在を示唆した白石の研究は以後の横穴式石室研究に大きな影響を与えたと言える。

加えて、白石の研究はこうした初期横穴式石室の系譜論のみに留まらず、その後の畿内における横穴式石室の展開過程とそれに付随する埋葬儀礼の実態にも迫った論究をしている点が重要である。そこでは、「日本の横穴式石室の主流となるのは畿内の系統であり、これは5世紀代には畿内及び紀伊・若狭といった特殊な地域に伝播していたにすぎないが6世紀前半には西は吉備から東は遠江にまで及び、その後半には東北をのぞく本州、四国のほぼ全域にまで普

及するのである」(白石 1965：76頁) と論じ、また別稿では、用材の巨石化に伴う持ち送りの減少、玄室の長大化、羨道部の発達といった畿内における横穴式石室の変遷観の指標を明確化するなど (白石 1966)、白石による一連の研究は、以後、活発な研究対象となる「九州」・「畿内」における横穴式石室の動向比較を通して歴史的理解に結びつける研究手法や「畿内型石室」の定義・史的意義を考究する研究視角の基盤を形成したと位置づけることができる。

(2) 「畿内型石室」をめぐる研究動向

白石の研究以後、横穴式石室の研究は「畿内」と「九州」の二相に大別し、両者の細分・類型化を通した動向把握を行なう研究が主流となり (椙山 1983、森下 1986、山崎 1985など)、「畿内型石室」の史的意義に迫った議論へと発展するようになる。

まず、椙山林継は近畿・九州の横穴式石室の様相把握を行う中で「大和型」・「九州型」に大別したが、特に玄門構造に着眼点を置いたことが注目できる (椙山 1983)。また、森下浩行は平面形や天井構造に加えて、閉塞方法の違い、袖部 (玄門部) の形態差にも着目したうえで、「九州型」と対比する形で「畿内型」の設定とその細分を試み、時期や出自の検討を行なった (森下 1986)。そこでは特に、閉塞方法が畿内型は羨道部に石材を積み上げて閉塞するのに対し、九州型は玄門に板石を立てる閉塞である点、袖部 (玄門) 形態が畿内型は両袖・片袖のように袖部を形成するのに対し、九州型は袖部が内側に突出し、平面形が凸字形を成すとしている。そのうえで、畿内型をA類 (長方形プラン・平天井)、B類 (長方形プラン・穹窿状天井) の2つに細分している。

山崎信二も九州型・畿内型の両者が中・四国地方各地に波及し、変容する諸過程を論じたが、そのなかで玄門立柱 (袖部) の構造を基準とする畿内型石室を設定した (山崎 1985)。そこでは玄門立柱が内側にせり出さず、羨道幅と同じであり、玄門立柱を覆う天井石が羨道部を覆う天井石と同じレベルで水平に並ぶ構造を畿内型石室の特徴とし、Ⅰ～Ⅳ期に区分した変遷観を提示している。

さて、以上のような横穴式石室の分類作業を通した森下・山崎による畿内型石室の設定に対し、土生田純之は森下・山崎の提示した畿内型石室が「5世紀

中葉〜後半に出現して型式変化を遂げながら7世紀代まで築造された畿内地方の石室（当初から複数の系統がある）の大半を畿内型石室に含めた。その上でこれを細分するのである。これらの中には九州の石室と類似するものも含まれているのである」（土生田1994・1998所収：174頁）と指摘し、畿内型の設定基準や定義に疑義を唱えた。そして、初期の石室（森下の畿内型B類、山崎の畿内型I期）が小規模墳を中心に確認できる点、九州の石室にも類似したものが存在する点から、これらを畿内型の範疇には含まないとする。

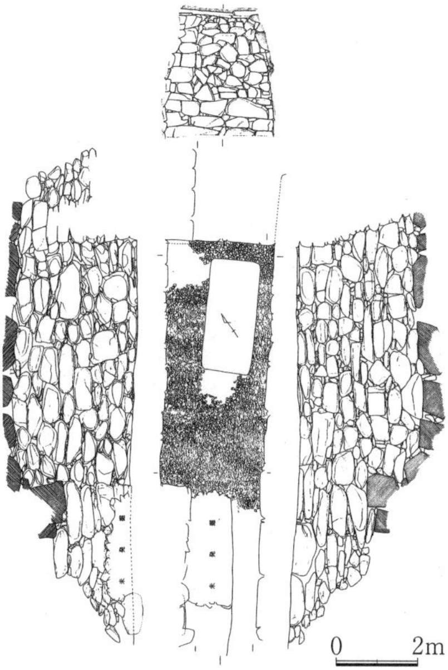

図1　畿内型石室（奈良県・市尾墓山古墳）

すなわち、土生田の提示する畿内型石室とは、5世紀末から6世紀初頭頃に畿内で成立した石室を指しており、奈良県市尾墓山古墳などをはじめとした首長墓を中心に採用される埋葬施設である点、他地域の首長墓への広範な伝播が見られる点、こうした伝播を契機として各地域における在地墓制の転換、横穴式石室の普及・定着を促進させた点を、その特徴として重視している（土生田1991・1994）。加えて、この畿内型石室の展開は畿内政権による各地への進出という政治的側面を示すのみでなく、須恵器の主体部埋納という新しい他界観を基礎とする葬送墓制や死生観の変化を伴い各地に伝播した点に、畿内型石室の強力な浸透力の背景を見出しているのであり、ここにおいて政治性・精神面の両方から畿内型石室の成立と各地への伝播に関する明確な意義づけがされたと評価できる。

なお、和田晴吾は群集墳の動向を検討する中で、群集墳を古式・新式・終末式群集墳および群集墳消滅以後の4段階で捉え、その変化の背景に大和政権による支配の進展や葬制の改革との関係を指摘したが、その中で畿内の横穴式石室の設計尺（高麗尺）が統一され、規格化された段階の石室を畿内型横穴式石

室と呼称し、この石室が採用された群集墳を新式群集墳としている（和田1992）。このことは、中央による支配強化・秩序化を伴い、定型化した横穴式石室が群集墳に展開・普及した点に、畿内型石室の意義を見出している。

　また、畿内型石室の構造を属性分析により、実証的に論じた太田宏明の研究にも留意が必要である（太田 1999・2003）。太田の提示する畿内型石室とは、畿内中枢部の大型石室と共通する用石法の組み合わせをもつ横穴式石室を指し、その結果、それらが面的な分布を示すのは畿内地域にほぼ限定される点、畿内各地域においては地域色が希薄な点、そのほかの多くの地域では用石法の組み合わせが異なる点が指摘され、こうした他地域と異なる情報伝達を可能にしたのが、古墳時代後期の畿内地域における特殊な階層構造であると論じている。

　さらに近年は、畿内型石室および九州系石室の伝播過程の類型化・モデルの提示を積極的に行い、両者が異なる次元に属する分類単位であるということ、そして「畿内型石室が恒常的な人間関係である政治組織を媒体として伝達したのに対し、九州系石室が広域に伝播する際は地域間交流など単発的に行われた互恵的交易によることが多い」（太田 2009：121・122頁）と位置づけるに至っている。このように、横穴式石室の伝播に内包された史的背景を考究・論証した点、明確な伝播モデルの明示を行った点からは、次節で取り上げる九州系石室の伝播・拡散をめぐる研究動向にも、新たな研究視角とそれにもとづく議論の必要性を喚起したと言えるであろう。

　以上、畿内・九州の二相をめぐる研究視角とそこから発展した「畿内型石室」の意義をめぐる研究動向について概観したが、そこでは少なくとも畿内型石室の成立や伝播に現出される歴史的意義の重要性は意見の一致を見るところである。このような畿内型石室のもつ史的性格を念頭に置いたうえで、日本列島各地の動向把握を試みることが、古墳時代後期の実態解明にも繋がると言える。その際、一方の九州系石室の動向にも留意が必要であり、畿内・九州相互における横穴式石室の動向把握および史的性格の比較を行う中で総合的な理解を提示することが望まれる。次節ではこうした視点を念頭に置き、九州系石室の研究のなかでも、特にその伝播・拡散をめぐる研究動向を取り上げることにしたい。

(3) 九州系石室の伝播・拡散と地域間交流の視座

　九州における横穴式石室の研究としては、発掘調査例が増加するなか、先述した樋口や白石による2系統の把握（北九州・中九州）を基礎とする分類・変遷観の検討が進められる一方で、新たに「竪穴系横口式石室」の認識（小田1966など）とその意義をめぐる研究視点が加わるようになる。こうした中で、九州内における石室の類型化とともに、列島各地への伝播に関する動向把握を含めた精力的な検討を行ったのが、柳沢一男の研究である（柳沢 1975・

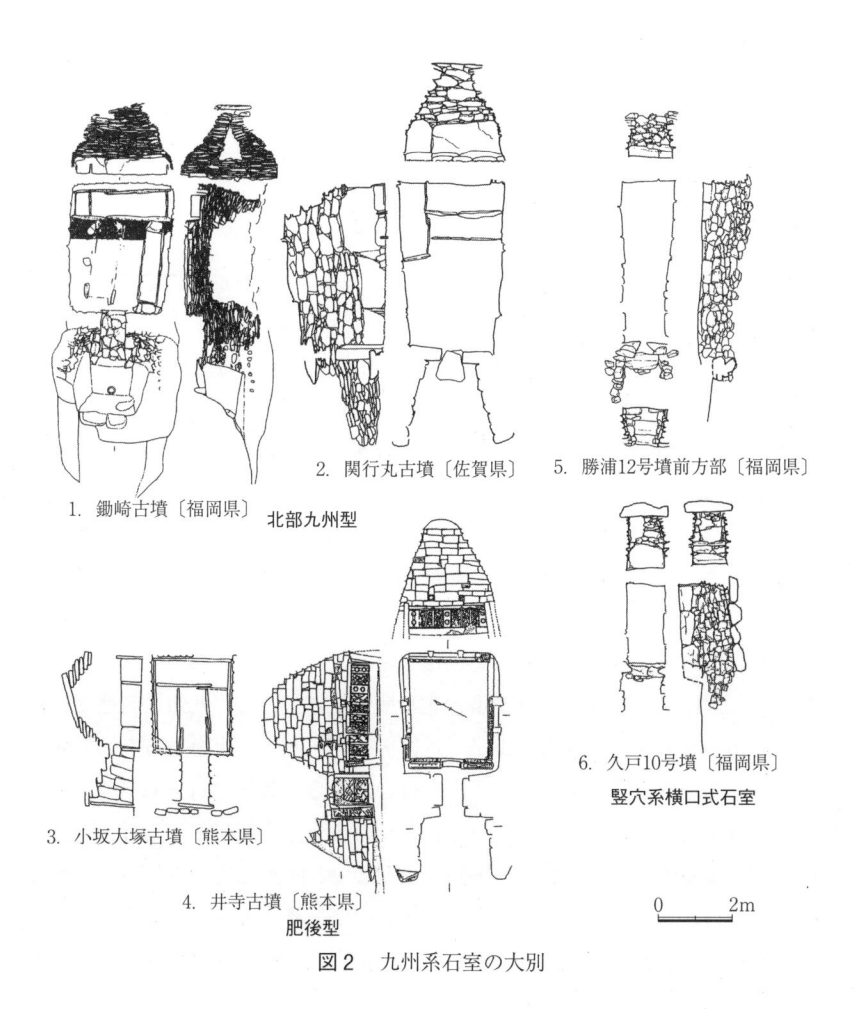

1. 鋤崎古墳〔福岡県〕
2. 関行丸古墳〔佐賀県〕
5. 勝浦12号墳前方部〔福岡県〕

北部九州型

3. 小坂大塚古墳〔熊本県〕
4. 井寺古墳〔熊本県〕

肥後型

6. 久戸10号墳〔福岡県〕

竪穴系横口式石室

図2　九州系石室の大別

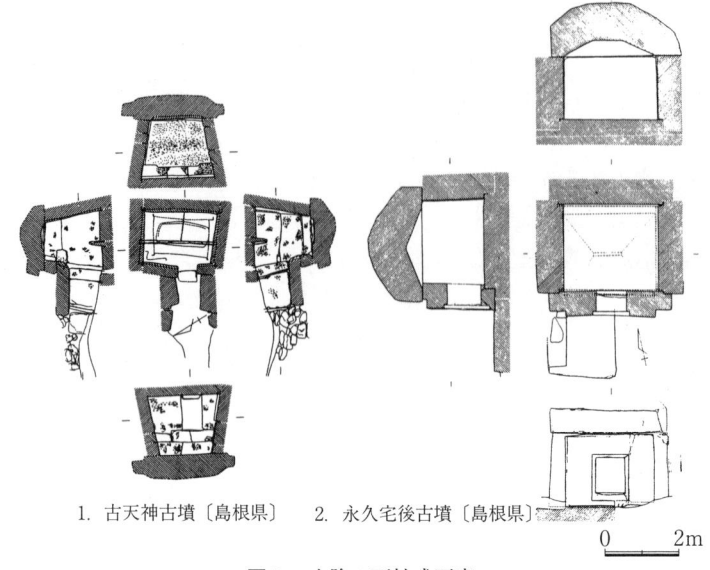

1. 古天神古墳〔島根県〕　2. 永久宅後古墳〔島根県〕

図3　山陰の石棺式石室

1980・1982・1984・1990など)。柳沢は、九州内における横穴式石室を「北部九州型」・「肥後型」・「竪穴系横口式石室」にそれぞれ大別し、明確な分類基準や変遷観を実証的に論じた上で、改めて九州内における横穴式石室の総合的把握を実施した点、さらに列島各地への伝播・拡散をめぐる問題にまで横穴式石室研究の視野を広げ、九州系石室の研究意義やその方向性を提示した点が、高く評価できる。なかでも、こうした九州系石室が各地に伝播・拡散するといった動態をどのように理解するか、列島全体での評価を目指し、諸地域間における時期的把握や比較検討の活発化を促進したと言える。

また、土生田純之も著書『日本横穴式石室の系譜』にて、九州系石室が列島各地に伝播・拡散する事象を、山陰・近畿・中国・四国・東海地方などの諸地域における地域的展開を踏まえた把握を行い、さらに畿内型石室のあり方との比較にも留意したうえで、横穴式石室から見た5、6世紀における日本列島の史的動向を論じている（土生田 1991）。なかでも、東海地方の西三河を対象とした研究では、5世紀後半に北部九州系の石室が受容され、6世紀代にも継続して同じ系統の石室が構築される点、一方で畿内系石室が採用されない点など

を西三河がもつ地域的特質と評価している。そのうえで、周辺地域の動向との対比を試み、畿内系石室の伝播という実態把握を通して、畿内より伊勢・志摩、そして西三河を介さずに直接、渥美半島（東三河）を経由して遠江に至るとう海浜部の「原東海道」経路の指摘に至っている。

このように、九州系石室の動向に留意し、各地域における九州・畿内を淵源とする石室の系譜関係を追究すると同時に、その伝播・定着に内包される史的背景を探るという研究手法は、地域史理解にも有効であるということ、さらに、こうした地域社会の実態把握という視点が逆に、古墳時代後期の実像を見直す一視角にもなりうると考えられる。なかでも、古墳時代を通して強い地域色を保持した山陰地方の動向を見ると、横穴式石室の動向からうかがうことができる地域間交流の実態は注目できる。

山陰では、横穴式石室の受容時から九州系石室の影響を強く受けており、その後、出雲東部を中心に展開する「石棺式石室」の動向に着目すると、九州の横口式家形石棺に起源が求められ、このことから山陰・九州間における密接な地域間交渉の実態をうかがうことができるとされる（山本 1964）。さらに、角田徳幸はこのような九州の横口式家形石棺とともに、その構造の影響を受けて出現した刳り抜き玄門をもつ横穴式石室の動向やその分布域から、出雲東部の石棺式石室の系譜を九州の肥後、特に宇土半島基部に求めることができると指摘するに至っている（角田 1993）。そして、このような6世紀代における石棺式石室の系譜関係が示す地域間交流の実態を重視し、「肥後と出雲の交流は畿内政権の地域支配強化に対し、地域首長相互が連携することによって対処した、その所産である」（角田 1993：92頁）と位置づけており、畿内型石室の動向とは異なる埋葬施設の系譜関係から、古墳時代後期における歴史動向の一側面を提示したと評価することができる。

一方、東日本の動向に着目すると、このような地域間交流の存在を重視した視点として、鈴木一有による東海地方の研究成果が注目できる（鈴木 2000・2001・2003・2007）。鈴木は、遠江における横穴式石室の系譜関係および史的性格や階層構造を踏まえた分類・類型化および変遷観を明示するとともに（鈴木 2000）、こうした変遷観を基礎とした東海地方における横穴式石室の段階的把握および各地域のもつ地域的特性に留意した地域間交流の実態を指摘してい

る。そのなかで、「中央政権を頂点とした地方支配体制は決して列島規模で一律に整えられたのではなく」（鈴木 2001：403頁）、このような「単純な「中心―周縁」観では捉えられない文化事象」（同：404頁）について、横穴式石室をはじめ多角的視野による解釈の必要性を提示している。また別稿では、古墳時代後期における「東海各地域に築かれた古墳の内容は極めて多彩で、在地首長と倭王権との繋がりにも違いがあったことが理解できる。埋葬施設の情報発信という側面に限れば、倭王権の統制力は限定的であったと評価せざるを得ない」（鈴木 2007：279頁）と結論づけている。このような鈴木の一連の研究は、東海における横穴式石室の変遷観や伝播経路・系譜関係を明確化したのみでなく、こうした複雑かつ多彩な地域社会の実態解明が古墳時代の理解へと繋がるという研究の方向性を提示したと高く評価することができる。

加えて、東海における横穴式石室の導入期である5世紀後半のおじょか古墳・中ノ郷古墳・経ヶ峰1号墳が「いずれも北部九州に遡源が辿れる横穴式石室をもつが、石室の形態的特徴はそれぞれ異なり、3古墳の共通性は低い」（鈴木 2007：271頁）と指摘し、これらが各被葬者固有の交流網によって導入されたと考え、さらに海浜部に立地する傾向や経ヶ峰1号墳と中ノ郷古墳には朝鮮半島製の可能性をもつ馬具の副葬品が含まれる点から、海上交易に長けた活動領域をもつ被葬者像を想定するに至っている（鈴木 2007）。こうした点から、当地域における横穴式石室の受容やその情報伝播にあたり、九州系石室の伝播・拡散の示唆する史的意義が、畿内系石室の史的性格とは大きく異なる点に留意し、北部九州やその背後の朝鮮半島との海上交通を基盤とする交流関係を踏まえた評価が必要と言える。

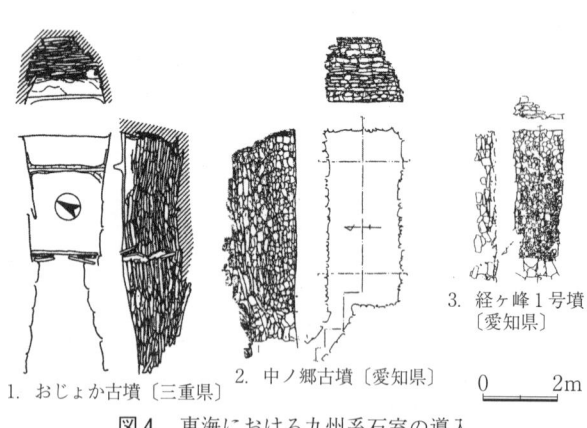

1. おじょか古墳〔三重県〕
2. 中ノ郷古墳〔愛知県〕
3. 経ヶ峰1号墳〔愛知県〕

図4　東海における九州系石室の導入

なお、このような

九州系石室の伝播が示す遠隔地との海上交通の実態や地域間交流の諸相は、関東地方における横穴式石室を検討するうえでも重要である。関東の場合、横穴式石室の導入は6世紀初頭頃であるが、特に常陸では6世紀前半から中葉の時期に茨城県高崎山2号墳のような九州系石室が採用されるなど、畿内とは異なる構造の石室が受容される点が注目できる。さらに6世紀後半になると、上野のように畿内の石室構造やその技術的影響が強まる地域があるのに対し、武蔵の

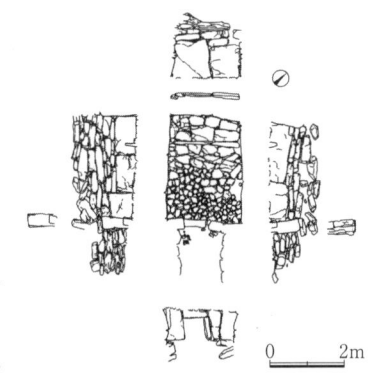

図5　常陸南部の九州系石室（茨城県・高崎山2号墳）

胴張りをもつ複室構造の石室や上総北東部・常陸南部における複室構造を志向する石室など、少なくとも系譜の淵源として九州との関係性が想起されるもの、あるいは下野の刳り抜き玄門をもつ石室のような山陰（特に出雲東部・伯耆西部）と九州（肥後）間における交流網の中に系譜が求められるものなど、畿内系石室の展開とは対照を成す諸動向が複数地域でうかがえる点には留意すべきである（小林 2009）。ただし、その一方でこのような動向と併行する形で各地の有力古墳を中心として片袖石室のような畿内との関係性がうかがえる石室が拠点的に採用される状況も認められるのが、関東の特質と言える。

　このような古墳時代後期の関東における横穴式石室の諸相からは、複雑に錯綜する交流関係を保有する各地域の実態と、それとは対照的に畿内による統制や政治性を伴う東国進出の意図といった両側面が併存する状況を把握することができる。このことは畿内による古代国家形成過程の段階的把握を通した歴史構築や史的理解に対して、逆に中央に対する周縁地域、なかでも東海・関東をはじめとした東日本における多様な人的交流・交易活動の実態を基軸とし、地域社会の実相から古代国家成立直前の歴史的動向やその本質を再考する研究の重要性が見出せると言える。九州系石室の伝播と拡散という研究視点からは、畿内とは異なる交流網や首長間の繋がりを基盤とする地域社会のあり方を論究することができ、特に遠隔地との系譜関係に視座を据えると、隣接地域間における交流のみではなく、長距離間交流をも可能とする在地首長層の活動領域や

1. 冑塚古墳〔埼玉県〕
北武蔵における胴張り
をもつ複室構造石室

2. 兜塚古墳〔栃木県〕
下野における刳り抜き玄門
をもつ石室

3. 不動塚古墳〔千葉県〕

4. 風返稲荷山古墳〔茨城県〕
上総北東部・常陸南部における
複室構造を志向した石室

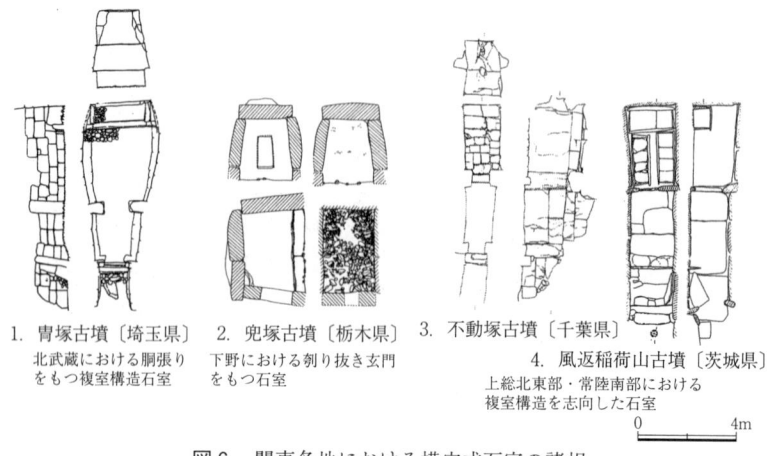

図6　関東各地における横穴式石室の諸相

その権能にも言及した評価が必要となる。他方、片袖石室などの畿内系石室を採用した古墳の評価についても、畿内による地方支配、在地首長およびその保有する交流網の掌握・確保といった政治的側面を重視するのみでなく、畿内に加えてその他の諸地域とも多元的な関わりをもつ在地首長像や地域社会の実相を念頭に置き、歴史的評価を行っていくことが、古墳時代後期の再考にも繋がると言えるであろう。

3　横穴式石室の構築と空間利用の観点から

(1) 石室構造の変化と空間利用の相関性

横穴式石室を平面形態のみの検討に終始せず、立体的構築物であるという認識のもと、考古学的な分析視点を提示した研究として、尾崎喜左雄による先駆的研究が挙げられる（尾崎 1966）。尾崎は著書『横穴式古墳の研究』において、群馬県の横穴式石室を研究対象とし、平面形・立面形・積み方・壁面の構造・使用石材の差異・石材加工度などといった横穴式石室を構成するさまざまな要素の分析を通した型式学的検討や構築技術の時期的推移を論じる研究方法が提示されたと評価できる。こうした研究視点は、その後、日本列島各地における横穴式石室の変遷観や地域的動向を把握するうえで、有効な研究手法となって

いる。

　さらに、近年は尾崎が提示した横穴式石室を立体的構築物として捉える視点について、横穴式石室の調査事例の蓄積や発掘調査精度の向上とも連動する形で、古墳構築時における作業工程の復元や古墳時代における土木技術の観点から、横穴式石室と墳丘構築技術の関係を実証的に検討し、古墳構築技術の推移や地域性の存在を踏まえた史的背景の追究が試みられている（右島ほか 2003、青木 2005など）。

　このような石室を構成する諸属性の徹底的な分類・検討を通した石室構造の技術的推移および墳丘築造と石室構築技術の把握は、特に埋葬施設そのものが古墳築造の中核を成す後・終末期古墳の歴史動向を理解するうえでも重要である。ただし、横穴式石室の最大の機能的特徴が追葬行為を可能とする複数埋葬用の施設であるという点には留意すべきであり、石室内における空間利用の実態やそこで執行された葬送儀礼の内容を追究するなかで、石室構造の特徴やその推移を論じることが不可欠と言える。

　さて、横穴式石室の葬送儀礼に関しては、死者に黄泉国の食物を給する「ヨモツヘグイ」儀礼（小林 1949）、遺体埋葬後の石室閉塞時における「コトドワタシ」儀礼（白石 1975）といったように、すでに早くから横穴式石室出土土器の様相に着目するとともに、そこで執行された儀礼の内容にも迫った検討が行われている。このような葬送儀礼の諸相を重視すると同時に、横穴式石室の最大の機能である追葬行為に関する詳細な分析・検討を実施したのが、森岡秀人の研究である。

　森岡は畿内の資料を基軸として横穴式石室における棺体配置や追葬原理に関する実証的な分析を行い、畿内では追葬が盛行するにしたがい、徐々に閉塞施設とされていた羨道の機能が玄室へと至る通路へと変化し、やがて羨道部そのものも埋葬空間となる「非埋葬空間の埋葬空間化」が進行すると指摘している（森岡 1983）。加えて、こうした閉塞位置の後退に伴い、「最終的には石室入口付近での閉塞と開口部での墓前祭祀の執行となる」（渡邊 1996）という指摘もあり、これらは追葬の増加現象に伴う棺体配置と執行される葬送儀礼の実態やその変化を克明に論じた研究と評価できる。このような石室内における追葬行為と棺体配置のあり方や執行された儀礼の実態解明は、単室構造を志向する畿

内の石室構造の変遷やその伝播を考えるうえでも重要と言える。

一方で九州の場合、6世紀以降には複室構造を志向する横穴式石室が展開・普及するようになるが、複室構造における前室の機能については「前室という空間自体が葬送儀礼が行われ、その結果として土器が副葬される場所として機能していた」（重藤 1999：682頁）と指摘されており、また首長墓における三室構造石室の発生についても「後室の埋葬空間が飽和状態になったため、当初の前室を埋葬空間に換え―非埋葬空間の埋葬空間化―新たに複室構造の前室にあたる供献空間を創出した」（吉村 2000：166頁）と位置づけられている。

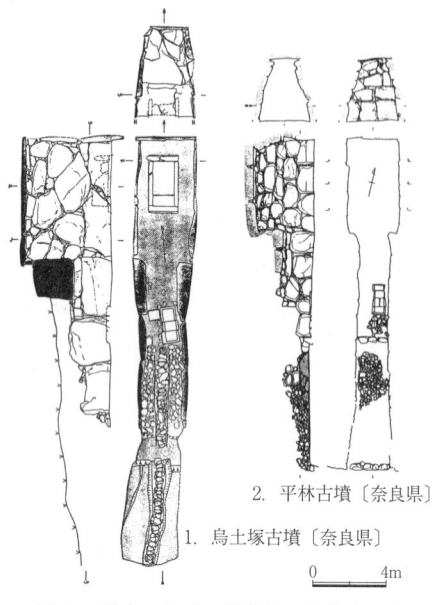

図7　畿内における羨道部の埋葬空間化
1. 烏土塚古墳〔奈良県〕
2. 平林古墳〔奈良県〕

このように、九州では土器副葬（供献）位置から、石室構造と石室内における空間利用の関係性が認められ、追葬の増加を契機とする複室構造の出現・展開の動向を窺うことができる。これは畿内における単室構造の志向とそれに付随する閉塞位置の後退による非埋葬空間の埋葬空間化といった動態とは対照的と言え、両者における埋葬原理や空間利用の差異が列島各地の石室系譜やその史的性格を理解するうえでも重要な手掛かりとなりうると言える。

東日本の場合、6世紀後半になると東海の西三河、関東の北武蔵・下野・常陸南部・上総北東部などの諸地域で連動する形で複室構造が展開するようになるが、使用石材の差異に起因する石室構造の地域性という理解に加えて、複室構造の採用について、埋葬原理や空間利用の側面からも評価を試みる必要があろう。他方、関東のなかでも上野では6世紀後半には巨石巨室構造の横穴式石室が成立するが、その背後には畿内からの技術的影響が考えられており（右島1994）、複室構造は数例を除いて展開しない点には留意すべきである。加えて、

単室構造を志向するとともに、それに起因する現象として首長墓を中心に羨道部を区画する構造が出現する点、群集墳を中心とする土器供献位置の変化（石室内から前庭部へ）と前庭部重視の葬送儀礼に変容する点が指摘できる。いずれも追葬の増加を契機とし、前者は羨道の一部を区画してその一部を埋葬空間や土器供献の場とする計画的な空間利用を意図した構造と考えられ、後者は石室内への土器供献を省略し、土器類の配置が石室内から前庭部へと移行するとともに、上野の石室に見られる特徴的な台形前庭の発達・普及が促進され、葬送儀礼も前庭部重視へと変化する動向が把握できる。これらはいずれも前述した畿内における羨道部の埋葬空間化や石室入口部における閉塞と墓前祭の執行という動向とも符合すると言え、石室構造とともに葬送儀礼の変化およびその方向性からも、畿内との関係性がうかがえるのである（小林 2009）。

　以上、横穴式石室の構造を研究するにあたり、実施された葬送儀礼や空間利用に関する観点とその研究意義を取り上げたが、こうした視点と合わせて石室内の主体を成す遺体を納めた棺の用法やその観念を追究することも重要である。次節では石室構造とその系譜関係を探る一視角として、棺の問題を取り上げることにする。

(2) 横穴式石室と棺をめぐる問題

　横穴式石室の構造的特徴や葬送儀礼の内容とともに、そこに納められた棺の機能や性格の差異に着目した研究として、和田晴吾による重要な指摘がある（和田 1989・1995・2003）。和田は「畿内においては横穴式石室導入以後も隙間のない密閉された棺（「閉ざされた棺」）として家形石棺が発達」するのに対して、「九州の家形石棺は、狭い石室内に置かれた場合は石室化した棺として追葬可能な妻入り横口式となり、後に広い空間の横穴式石室内に配置された場合は、石屋形や屍床へと転化し、遺体を納める容器としての機能を欠落」（和田 1989：117頁）させ、棺は遺体を密閉するものという考えが薄れていった（「開かれた棺」）としている。このような「閉ざされた棺」と「開かれた棺」の差異が、「大きな葬制上の差異であり、それが両地域（畿内と九州：筆者補）の横穴式石室や横穴の基本的な性格の差異にまで反映し、各地の石室や横穴のあり方にも大きな影響を与えた」（和田 1989：117頁）と位置づけている。

さらに、このような棺のもつ性格の違いに留意し、九州における横穴式石室の空間認識を論じた藏冨士寛は、横穴式石室そのものを「棺」として認識していることこそが、九州の特筆すべき特徴であるとする（藏冨士 1997・2009など）。すなわち、横穴式石室の受容に際し、「「棺」そのものを拡大し、「棺」自体が室状をなすことで横穴系埋葬施設として対応」（藏冨士 1997：160頁）したということ、そのため「石室内部に納めた棺では遺体の密封を行わず、逆に玄室等の入口部では、その役目を果たすため構造的な発達を遂げ（門構造）、封鎖も入念（板石閉塞）に行われた」（藏冨士 2009：4頁）と論じている。棺のもつ機能・性格およびその観念が、石室の空間認識や石室構造そのものにも影響すると言え、こうした認識の差異が列島各地における石室構造やその系譜関係を探るうえでも重要な要素となると考えられるであろう。

　他方、畿内では首長墓を中心に用いられた家形石棺とともに、釘付木棺（釘付け式木棺）の存在も注目できる（和田 1995・2003）。家形石棺と同様に釘付木棺も「閉ざされた棺」であるが、和田が指摘するように、こうした釘付木棺は畿内における初期横穴式石室の受容に伴い朝鮮半島から伝わったと考えられ、その後の畿内型石室の展開とともにこの釘付木棺も普及したのに対し、一方の九州では釘付木棺はほとんど発達せず、「開かれた棺」を基本とした屍床・石屋形・石障が成立・展開するといった動向がうかがえると言える。

　このような釘付木棺の存在が示唆する葬制の差異やそこに内包された埋葬観念の違いは、石室構造や空間利用形態とも密接に関わると考えられ、列島各地における石室の系譜関係および倭王権と地域社会との関わりを探るうえでも重要な視点となりうるであろう。少なくとも古墳時代後期の日本列島では、畿内を除いて釘付木棺の使用はそれほど多くはないと捉えられ（杉井編 2009「第Ⅱ部 討論」）、畿内の葬制がもつ特質と認識することもできる。

　なお、関東の場合、石室内における遺存状況の問題は残るものの、上野では他地域に比べ、鉄釘の検出例が比較的、顕著である点には注意を払う必要がある。このことは関東で唯一、家形石棺をもつ石室が存在する地域であるという事実と合わせて（前橋市愛宕塚古墳・太田市今泉口八幡山古墳など）、棺形態に関しても畿内の影響や関係性を踏まえた評価が必要となる。その一方で、上野を除いた関東各地における横穴式石室の様相を見ると、複室を呈する石室内

に屍床仕切石を設置したものなどをはじめ、「開かれた棺」に相当する石室構造が多い傾向がうかがえる。ただし、その中には「開かれた棺」を志向した葬制および石室構造に混在して、鉄釘を出土する事例も存在しており、実態は在地において複雑に錯綜していた可能性がある。しかし、このような動向のなかで、6世紀後半の首長墓である千葉県市川市法皇塚古墳や同香取市城山1号墳などでは片袖石室の採用と同時に、棺として釘付木棺も受容している点が注目でき、背後には畿内勢力との関係性を想定する必要があろう。いずれにしても、石室構造の系譜関係に関する検討に加えて、棺形態の解明も重要な研究視点と言える。

4　まとめにかえて

以上、横穴式石室研究の現状と課題について、主に系譜関係と地域性をめぐる問題、石室構造と空間利用に関する視点から整理を行うなかで、特に東日本をはじめとする地域社会の実態把握を通した古墳時代の理解という視点とその研究意義について論じた。最後に、こうした地域社会における多元的な交流網の実相を解明するうえで、朝鮮半島における横穴式石室の動向および渡来系文物の入手経路やその史的背景を含めた研究視角も重要である。ここでは近年に見られる百済初期石室の発見および倭系石室をめぐる近年の研究動向と課題点について取り上げ、まとめにかえたい。

まず、2003年に忠清南道歴史文化院によって調査された韓国公州水村里古墳群では5基の古墳と金銅製冠帽・飾履、中国製陶磁器など豊富な副葬品が検出されたが、同一古墳群内において土壙木槨墓（1・2号墳）→横口式石室（3号墓）→横穴式石室（4・5号墳）という埋葬施設の一連の変化、横穴系墓制の導入過程を連続的に辿ることができる重要な調査例である（李勲・山本2007）。李勲・山本孝文の見解によると、まず百済では華城馬霞里1号墳や原州法泉里1・4号墳とともに、水村里古墳群の例も含め4世紀後半から5世紀前半にかけて横穴式石室が百済の外郭地域に採用される点、水村里古墳群の被葬者としては在地の支配者層を想定できる点などが指摘されている。

さらに、そこでは水村里古墳群と九州の初現期の横穴式石室である福岡県鋤

崎古墳や老司古墳の石室例との共通性についても触れている。こうした指摘は日本列島における初現期の横穴式石室の系譜を解明するうえで、今後、百済のどの地域に系譜を求めることができるのか、韓国における調査成果に留意し、中国や楽浪などをはじめ百済における横穴式石室の導入背景を踏まえ、研究を深化させることが課題となるであろう。

　また、全羅南道栄山江流域および慶尚南道南西部における九州系石室（倭系石室）の存在やその動向にも留意が必要である。このことは半島の前方後円墳や倭系遺物の問題とも関連し、近年多くの研究者が注目しているが、なかでも柳沢一男や河承哲はそれぞれこれらの類型化を行い、類似する列島の事例を提示し、それぞれ系譜関係の追究を試みている（柳沢 2001・2002・2006、河承哲 2005）。系譜の是非をめぐっては今後も慎重な検討を要するが、こうした半島・列島間における横穴式石室の比較検討を実施することは重要な視点であり、半島における倭系遺物や列島における半島系遺物の検討と合わせた歴史的評価を試みることが望まれる。

　このように横穴式石室の系譜や地域性を分析する際、朝鮮半島諸地域における横穴系埋葬施設の変遷観や地域性にも留意したうえで、日本列島各地の横穴式石室の諸動向を再考することが今後の課題であろう。東アジアの情勢を念頭に置き、横穴式石室の諸動向が示す政治性や地域間の関係性を明確化することを通して、古墳時代の実態解明を目指していくことが重要であろう。

　なお、本稿は拙稿「横穴式石室の系譜と地域性―研究の現状と課題―」（『季刊考古学』第106号、雄山閣）の内容をもとに、大幅な加除改筆を行い、再構成したものである。

参考文献

青木　敬 2005「後・終末期古墳の土木技術と横穴式石室―群集墳築造における畿内と東国―」『東国史論』第20号、群馬考古学研究会

李　勲・山本孝文 2007「公州水村里古墳群に見る百済墓制の変遷と展開」『古文化談叢』第56集　九州古文化研究会

太田宏明 1999「「畿内型石室」の属性分析による社会組織の検討」『考古学研究』第46巻第1号

太田宏明 2003「畿内型石室の変遷と伝播」『日本考古学』第15号、日本考古学協会

太田宏明 2007「横穴式石室における伝播論～横穴式石室伝播過程比較検討方法論の提唱～」『研究集会　近畿の横穴式石室』横穴式石室研究会
太田宏明 2009「九州系石室の伝播・拡散の過程―畿内型石室との比較検討を通じて―」杉井健編『九州系横穴式石室の伝播と拡散』日本考古学協会2007年度熊本大会分科会Ⅰ記録集、北九州中国書店
尾崎喜左雄 1966『横穴式古墳の研究』吉川弘文館
小田富士雄 1966「古墳文化の地域的特色　九州」『日本の考古学』Ⅳ　古墳時代　上、河出書房（後に「総説―古墳時代の九州」として、小田富士雄1979『九州考古学研究　古墳時代編』学生社に所収）
小田富士雄 1980「横穴式石室の導入とその源流」『東アジア世界における日本古代史講座』第4巻　朝鮮三国と倭国、学生社
角田徳幸 1993「石棺式石室の系譜」『島根県考古学会誌』第10集、島根県考古学会
喜田貞吉 1914「古墳墓の年代に就いて」『考古学雑誌』第4巻　第8号
藏冨士寛 1997「石屋形考―平入横口式石棺の出現とその意義―」『先史学・考古学論究』Ⅱ　熊本大学文学部考古学研究室創設25周年記念論文集、龍田考古会
藏冨士寛 2009「九州地域の横穴式石室」杉井健編『九州系横穴式石室の伝播と拡散』日本考古学協会2007年度熊本大会分科会Ⅰ記録集、北九州中国書店
小林行雄 1949「黄泉戸喫」『考古学集刊』第2冊（後に小林行雄1976『古墳文化論考』平凡社に所収）
小林行雄 1950「古墳時代における文化の伝播」『史林』第33巻第3・4号、史学研究会（後に「中期古墳時代文化とその伝播」として、小林行雄1961『古墳時代の研究』青木書店に所収）
小林孝秀 2009「関東における横穴式石室の動向とその特質―九州系石室の伝播をめぐって―」杉井健編『九州系横穴式石室の伝播と拡散』日本考古学協会2007年度熊本大会分科会Ⅰ記録集、北九州中国書店
重藤輝行 1999「北部九州における横穴式石室の展開」『九州における横穴式石室の導入と展開』第2回九州前方後円墳研究会資料集　第Ⅱ分冊、九州前方後円墳研究会
白石太一郎 1965「日本における横穴式石室の系譜―横穴式石室の受容に関する一考察―」『先史学研究』第5号　酒詰仲男博士還暦記念号、同志社大学先史学会
白石太一郎 1966「畿内の後期大型群集墳に関する一試考―河内高安千塚及び平尾山千塚を中心として―」『古代学研究』第42・43合併号、古代学研究会
白石太一郎 1975「ことどわたし考―横穴式石墳の埋葬儀礼をめぐって―」『橿原考古学研究所論集　創立三十五周年記念』吉川弘文館
杉井健編 2009『九州系横穴式石室の伝播と拡散』日本考古学協会2007年度熊本大会分科会Ⅰ記録集、北九州中国書店

椙山林継 1983「古墳時代後期における地域性について―横穴式石室の玄門構造―」國學院大學文学部史学科編『坂本太郎博士頌寿記念　日本史学論集』上巻、吉川弘文館

鈴木一有 2000「遠江における横穴式石室の系譜」『浜松市博物館報』第13号、浜松市博物館

鈴木一有 2001「東海地方における後期古墳の特質」『東海の後期古墳を考える』第8回東海考古学フォーラム三河大会、三河大会実行委員会・三河古墳研究会

鈴木一有 2003「東海東部の横穴式石室にみる地域圏の形成」『静岡県の横穴式石室』静岡県考古学会

鈴木一有 2007「東海の横穴式石室における分布と伝播」『研究集会　近畿の横穴式石室』横穴式石室研究会

永島暉臣慎 1979「横穴式石室の源流をさぐる」『共同研究　日本と朝鮮の古代史』三省堂

河　承哲 2005「伽倻地域 石室의 受容과 展開」『伽倻文化』第18号、伽倻文化研究院

土生田純之 1991『日本横穴式石室の系譜』学生社

土生田純之 1994「畿内型石室の成立と伝播」荒木敏夫編『ヤマト王権と交流の諸相』名著出版（後に土生田純之1998『黄泉国の成立』学生社に所収）

樋口隆康 1955「九州古墳墓の性格」『史林』第38巻第3号、史学研究会

右島和夫 1994『東国古墳時代の研究』学生社

右島和夫・土生田純之・曺永鉉・吉井秀夫 2003『古墳構築の復元的研究』雄山閣

森岡秀人 1983「追葬と棺体配置―後半期横穴式石室の空間利用原理をめぐる二、三の考察―」『関西大学考古学研究室開設参拾周年記念　考古学論叢』関西大学

森下浩行 1986「日本における横穴式石室の出現とその系譜―畿内型と九州型―」『古代学研究』第111号、古代学研究会

柳沢一男 1975「北部九州における初期横穴式石室の展開―平面図形と尺度について―」福岡県考古学研究会編『九州考古学の諸問題』東出版

柳沢一男 1980「肥後型横穴式石室考」『鏡山猛先生古稀記念 古文化論攷』鏡山猛先生古稀記念論文集刊行会

柳沢一男 1982「竪穴系横口式石室再考―初期横穴式石室の系譜―」『森貞次郎博士古稀記念古文化論集』下巻、森貞次郎博士古稀記念論文集刊行会

柳沢一男 1984「福岡市鋤崎古墳の横穴式石室」『考古学ジャーナル』No.238

柳沢一男 1990「横穴式石室からみた地域間動向・近畿と九州」『横穴式石室を考える―近畿の横穴式石室とその系譜―』帝塚山考古学研究所

柳沢一男 2001「全南地方の栄山江型横穴式石室の系譜と前方後円墳」『朝鮮学報』179号、朝鮮学会

柳沢一男 2002「日本における横穴式石室受容の一側面―長鼓峯類型石室をめぐって―」『清溪史学』16・17合輯、韓国精神文化研究院
柳沢一男 2006「5～6世紀の韓半島西南部と九州―九州系埋葬施設を中心に―」『加耶，洛東江에서 栄山江으로』第12回加耶史国際学術会議、金海市
山崎信二 1985『横穴式石室構造の地域別比較研究―中・四国編―』1984年度文部省科学研究費奨励研究A
山本　清 1964「古墳の地域的特色とその交渉―山陰の石棺式石室を中心として―」『山陰文化研究紀要』第5集、島根大学
吉村靖徳 2000「北部九州における三室構造横穴式石室の諸相」『古文化談叢』第45集、九州古文化研究会
渡邊邦雄 1996「横穴式石室の前庭部構造と墓前祭」『ひょうご考古』第2号、兵庫考古研究会
和田晴吾 1989「葬制の変遷」都出比呂志編『古墳時代の王と民衆』古代史復元6、講談社
和田晴吾 1992「群集墳と終末期古墳」『新版 古代の日本』5　近畿Ⅰ、角川書店
和田晴吾 1995「棺と古墳祭祀―『据えつける棺』と『持ちはこぶ棺』―」『立命館文學』第542号、立命館大学文学部人文学会
和田晴吾 2003「棺と古墳祭祀（2）―『閉ざされた棺』と『開かれた棺』―」『立命館大学考古学論集』Ⅲ-2　家根祥多さん追悼論集、立命館大学考古学論集刊行会

古墳各論Ⅲ
墳丘規格・築造法

青木　敬

　墳丘の研究は論点が多岐におよぶ。整美な形態を呈する古墳を築造する場合、まず予定されたかたちを線画にした設計図が存在し、それにもとづいて築造されたと考えられる。その設計図に作図された古墳のかたちには一定の約束事があると予想されるが、その約束事は地域や時代によって微妙に異なっており、それは現在まで残る墳丘をみても明らかである。一般的に巨大かつシンメトリックな立体的構造物である古墳は、綿密な設計と施工管理なしでは築造できない。そのなかで最も員数を要した部分が墳丘の築造であり、土木事業として古墳をみた場合、墳丘の設計・施工が大きな比重を占めることは想像に難くない。設計と施工、この一連の工程を明らかにすることにより、当時の土木技術水準を把握することも可能になるはずである。

　それだけでない。古墳の設計と施工を分けて考えると、その論点は異なっている。設計図に描かれた古墳形状の法則性や規則性の抽出、同じ規則性にもとづいて設計された古墳の分布、古墳設計図の変遷過程など興味ある論点が尽きない。設計図は瓦笵のように遠隔地まで移動する可能性があるため、地域間の政治的関係をうかがうのに適している。いっぽう、施工からの観点も興味深い。施工にともなっていかなる技術が導入されたか、その技術はどのように変化していくか、埋葬施設の変化が墳丘に与えた影響など、追究すべき課題は多い。

　こうした論点を整理すると、墳丘の研究は設計段階の計画を復元する研究と、施工する際の技術的特徴を論じる研究に分けて考えるのがよさそうである。墳丘の研究は、いわば古墳築造当時の設計事務所と工務店の仕事内容の復元である。本稿では、その設計事務所と工務店が行った仕事の復元作業がどこまで進んだか、これまでの研究を整理し、私見も交えながら今後の検討課題を提示する。まずは、古墳の設計図ともいえる墳丘築造規格の検討からはじめる。

1 墳丘築造規格（企画）論とその周辺

研究史抄 墳丘築造規格の研究は、墳丘測量図をもとに墳丘規格や形態を分類し、その系統を追う、いわば古墳の設計図の系譜関係をたどることが主流である。そこから古墳の新古を論じる編年的研究、さらに編年的研究を発展させて当時の政治的関係を復元する手掛かりとする研究などが多い。

研究史を戦前から紐解くと、墳丘築造規格論の登場以前に、前方後円墳の変遷観の確立が先行する。墳丘の変遷観が確立して、はじめて築造規格を論じる素地ができる。森本六爾による各部計測値から算出した指示数の変化から型の変化を把握しようとした先駆的業績を皮切りに（森本 1929）、浜田耕作は前方部の増大に着目した変遷観を提示し（浜田 1936）、さらに、小林行雄は前方部幅と高さの変化からその変遷を論じた（小林 1951）。これら業績の延長線上に墳丘築造規格論は位置づけられる（以下、規格論と略称）。

その規格論は、おもな研究だけでも上田宏範（上田 1950・1969など）、椚国男（椚 1969・1975・1983など）、平田信芳（平田 1972）、梅澤重昭（梅澤 1978）、石部正志・田中英夫・宮川徏・堀田啓一（石部・田中・宮川・堀田 1979など）、堅田直（堅田 1982・1993など）、白石太一郎（白石 1985）、西村淳（西村 1987・1995など）倉林眞砂斗（倉林 1998・2000など）、沼澤豊（沼澤 2001など）

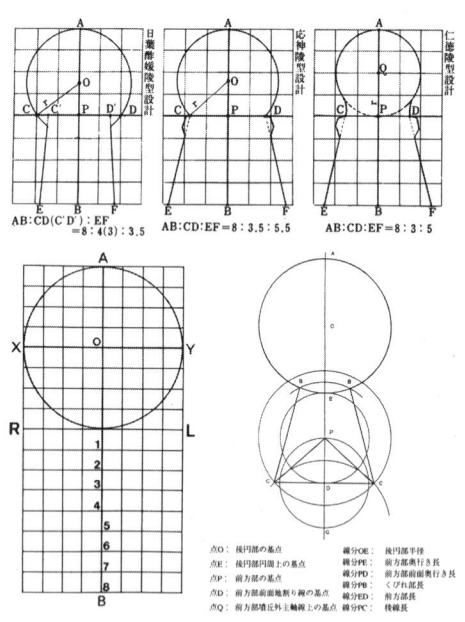

図 1 椚（上）、石部・田中・宮川・堀田（下左）、西村（下右）各氏による前方後円墳作図法（椚 1983、石部・田中・宮川・堀田 1991、西村 1995より）

の各氏らが論じてきた。これら先学の業績を通観すると、墳丘の型式学的研究を志向する上田や白石らの研究と、墳丘の平面作図法としていかなる設計図か推定したその他研究者による作図法的研究に大きく2分できる。また、後円部各段の斜面長の比率変化を重視した研究や（都出 1989）、各段の高さの比率に法則性をみいだそうとする研究（小澤 2006 など）、さらに後円部各段の径の組み合わせに注目し、いくつかの類型をみとめた研究もある（西村 1987・1995、青木敬 2003 など）。

　型式学的研究については、平面形態がいかに変遷したか、前方部中軸線上に設けたP点を基準に前方部前長と後長、さらに後円部径、この3カ所の長さの比率から前方後円墳の型式変化を論じた上田（図2）、平面・立面形態および前方部の高さの変化から峻別した白石の研究が代表的である。白石は、前方部最上面が後円部最上面に比して低かった前期古墳から、ほぼ同じ高さへと変化する中期古墳への流れをみとめ、さらに前

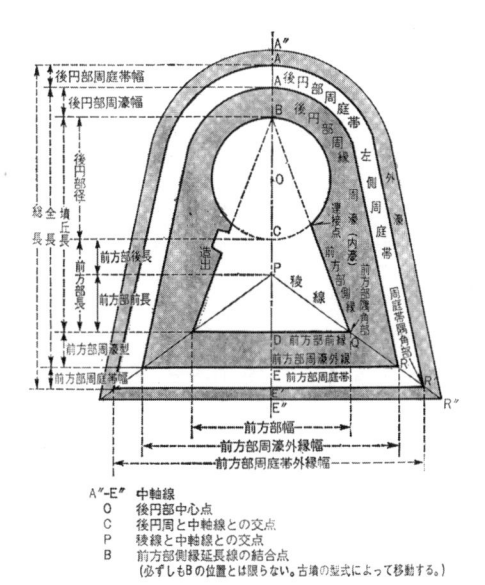

図2　上田による企画法（上田 1969 より）

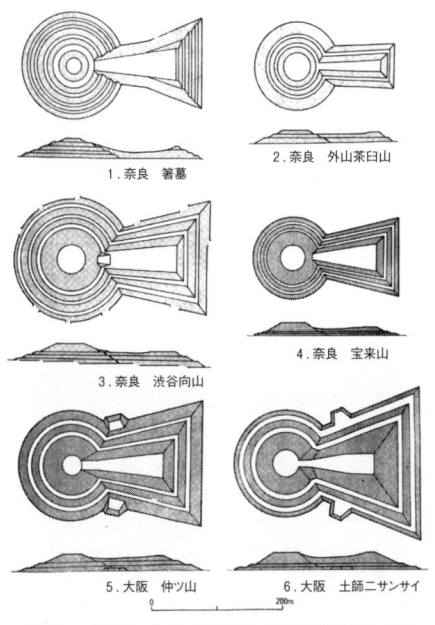

図3　白石による6分類（白石 1985 より）

方部から後円部へと接続させるスロープが付加されることや、時期が下るにつれ広くなるくびれ部の幅などを前方後円墳の変化の指標とし、古い順から箸墓、渋谷向山、宝来山、仲ッ山、土師ニサンザイ、高屋城山の6タイプに分類した（図3）。

　作図法的研究は、正方形のマス目を用いる方法と、円を組み合わせる方法に大別されるが、いずれも墳丘長やくびれ部幅、あるいは後円部径をいくつかに等分した基準長が設計に用いられたと考えている。マス目の一辺の長さにあたる基準長は、墳丘長を8等分した値とする椚、後円部径を8等分した値をとる石部・田中・宮川・堀田など諸説ある。同心円の組み合わせとしては、墳丘中軸線上に後円部径の大きさの円をのせ、その円の組み合わせにより前方後円墳の形態が決定されるとする点では梅澤、堅田、西村とも変わらない。

　古墳は立体的な構造物である。ゆえに平面図だけ作図可能な規格論が、立体的な構造物としての古墳の築造規格としては不十分と白石は指摘する（白石1985）。近年精力的に発表している沼澤の研究は、こうした指摘にこたえた論考のひとつといえる。墳丘設計の方法が墳丘測量図から推定するという現状のなか、千葉市人形塚古墳の墳丘下から検出された布掘り状の設計線は、実際の古墳設計方法がうかがえる貴重な事例である（千葉県教育振興財団ほか 2006、図4）。このほかにも、東京都武蔵府中熊野神社古墳など横穴

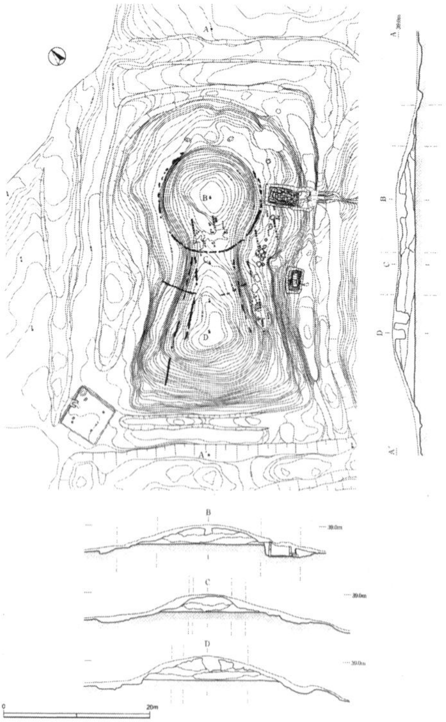

図4　千葉県人形塚古墳の墳丘設計線（千葉県教育振興財団ほか 2006より）

式石室墳で石室奥壁周辺に打ち込まれた杭の痕跡がみられる場合があり、これも墳丘の設計がうかがえる好例である。確認された事例からすると、この杭から墳丘各部までの距離を測るとほぼ等しくなるため、ここが墳丘設計の中心点として設定された可能性が高い。方墳など角をもった墳丘の場合は、中心点から縄を張って隅部や端部などの墳丘要所を点として求め、点間をつなげて輪郭を描出し、円の場合には中心点から縄をコンパスのように回転させて墳丘の輪郭を描いたみるのが妥当だろう。築造予定地を切り盛りして整備し、墳丘の輪郭線を設定することから墳丘築造は開始されたと考えられる。

「企画」か「規格」か　さて当該分野の研究では、築造「企画」あるいは「規格」と2種類の言葉双方が用いられている。『広辞苑』によると、「企画」とは計画することや計画そのものを指す言葉、他方「規格」とはさだめや標準を示す言葉である。いずれの用語が正鵠を得ているのだろうか。

先述した型式学的研究と作図法的研究に二分される墳丘築造規格論だが、端著となった近畿地方における大型前方後円墳の事例をいかに作図したか追求し、さまざまな作図法が案として提示されてきた。個々の事例を作図法的に検討する段階では、各事例毎の作図法の推定に力点が置かれているため、計画を意味する「企画」を使用したことはごく自然な流れであったのだろう。

ところが、こうした作図法の類例が増加し、作図法のパターン化を読みとり、類型化が進むと、議論はさらに次の段階へと進む。それは、近畿地方の大型前方後円墳の形態に類似する事例と、モデルとなった古墳との間で相似関係を検証する手続きである。相似墳が判明すると、そのモデルとなった古墳は標準となる。こうした手続きを経て、古墳に「規格」をみとめることになる。モデルとなる古墳とそれを縮小して模倣した古墳という関係が存在するとみてよいのならば、相似の関係にある古墳を論じる場合は、「規格」の語を用いるのが妥当であろう。研究史的には「企画」が「規格」に先行して使用され、研究の進捗にともない「規格」という用例が増えた。如上の理解に立つと、本来的には個別の類例検討では「企画」、それらを体系化する場合には「規格」と厳密に使い分けるのが本筋かもしれない。ただ、それでは混同のおそれがあり、いたずらに難解にすべきでないとの見地に立つと、本稿では研究の進展にともない頻出するようになった「規格」を用いるのが適当であろう。なお「規」の字は、

ぶんまわしに由来し、規そのものは円を画くものという会意からしても、「規格」がふさわしいと考える。

使用尺度 古墳の設計・施工に用いられた尺度も重要な論点となる。甘粕健により前方後円墳の正確な計測が行われ、その結果、中期前半までの古墳が中国尺（漢尺）で設計されたと推測され、古墳成立の背景もふくめ尺度論は重要な論点となった（甘粕 1965）。その後も中国尺でも晋尺を使用したとする説、身度尺である尋（ヒロ）を使用したとする説、あるいは横穴式石室における高麗尺の導入など多様な議論が展開されてきた。しかしながら、古墳の作図法にせよ尋を含めた使用尺にせよ、設計図や尺の実物が確認されておらず、尺の実長にばらつきがあること、さらに施工誤差をいかに考えるか、さらに度量衡の尺度と土木に使用する尺度はイコールなのか論理的にも限界がある。こうした問題を内包している現状では、各研究とも成立の余地があり、いずれの見解にしたがうか当否を論じる状況にない。現状を総合すると、前方後円墳の設計に用いられたのは1尺20cm代前半の値で、それが中国尺であった可能性が高いとの推測にとどめておく。

終末期古墳では、前方後円墳の時代より詳細に尺度の検討が可能になる。というのも、石室規模にかんする規定を記した史料が存在するためである。いわゆる大化薄葬令だが、記述に該当する古墳の実例についてもこれまで考察が進められてきた（横山 1983、高橋 2009など）。大化薄葬令は、原詔の存在は肯定されるものの、原詔の成立時期については意見が分かれ、大化2年に発詔されたか否か現時点で確証が得られない。ただ、記載された規定と現存する石室の計測値を当てはめて尺度が復元され、そこから導出された推定値はおおむね妥当なものであろう。これまでの検討成果からすれば、7世紀は高麗尺（1尺約35.5cm）などの非唐大尺と唐大尺（1尺約29.64cm）の採用が繰り返され、最終的に藤原宮期（7世紀末～8世紀初頭）で唐大尺に収斂されていくようである。事実、藤原・平城の両都城における条坊道路幅や宮城規模などは唐大尺で造営されたことが判明しており、当該時期の古墳も墳丘規模が唐大尺の完数値で割り切れることから、土木全般の尺度に唐大尺を用いた可能性が高い。平城京出土のものさしは、1尺が29cm代後半となるものが多いこともこうした推定を裏付ける。ただし、墳丘と石室が共通した尺度で設計・施工されたとは

限らない。墳丘は大尺、石室は小尺を用いることなど、使用尺が一古墳につきひとつでない場合も考慮する必要がある。

相似墳の存在 列島最初の巨大前方後円墳（便宜上、墳丘長200m超の前方後円墳を指す）と考えられる箸墓古墳の相似墳（箸墓類型）の分布から、強力な斉一性を想定する見解など（北條 1986、図5）、相似墳の検討も進む。しかし、各地の古墳がそのまま大王墓クラスの前方後円墳と相似関係にあると一元的に解釈することは慎重でなければならない。事実、近畿の大型前方後円墳をモデルと考えて、各地における古墳の形態を論じると、検証が進むにつれ、モデルをそのまま縮小しただけでないことが明らかになってきた。そもそも、汀線以上の墳丘形状で相似形を論じることは、本来の墳丘端部をトレースしたものではなく、議論の根底から不十分な要素をはらんでいる。さらに、墳丘輪郭線は類似するが、段築数などの差異があっても相似墳として認定できるかなど課題は多い。逆説的に言えば、一元的配布論で説明できなくなるにつれ、各地の古墳の独自性を加味すること、そして地域内・地域間における比較・検討が一層重要になってきたことにほかならない。一例として、長野県森将軍塚古墳のように左右非対称の墳丘が、単なる地形的制約によるものなのか、あるいは地域的な形態的特徴として把握するかによって史的評価は大きく異なってくる。

墳丘規格と他の考古資料との総合化も進む。同一製作者集団が製作したとみられる下総型埴輪を樹立した古墳どうしが、墳丘規格に密接な関連があるとした日高慎の指摘は、古墳築造体制を考えるうえで示唆的である（日高 1999）。先述の人形塚古墳では、埴輪を樹立させるためのいわば演出空間として幅広のテラスが設けられ、外表施設に応じて柔軟に古墳が設計されたとみられる。

大王墓クラスの前方後円墳の理解 後円部・前方部の段築数などを系譜分類の

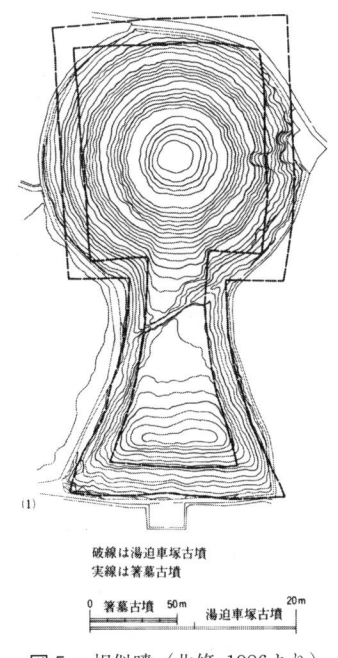

図5　相似墳（北條 1986より）
破線は湯迫車塚古墳
実線は箸墓古墳

要素として重視し、大王墓級の巨大前方後円墳は2系列あると岸本直文は説く（岸本1992・2004など）。岸本の研究は、作図法的研究にとどまらず、近畿地方で規定された規模と形態、各地への拡散過程を論じる規格論として、三角縁神獣鏡の配布論に似た性格を有し、畿内政権論を射程にいれる。澤田秀実の考えも岸本に近いが、さらに系譜的理解を進める（澤田2000）。近年、澤田の見解を追認した岸本は2系統を部分的に変更し（岸本編2005）、二重王権論にまで論及して歴史的解釈に踏みこむ（岸本2008・2010、図6）。他方、澤田や藤原知

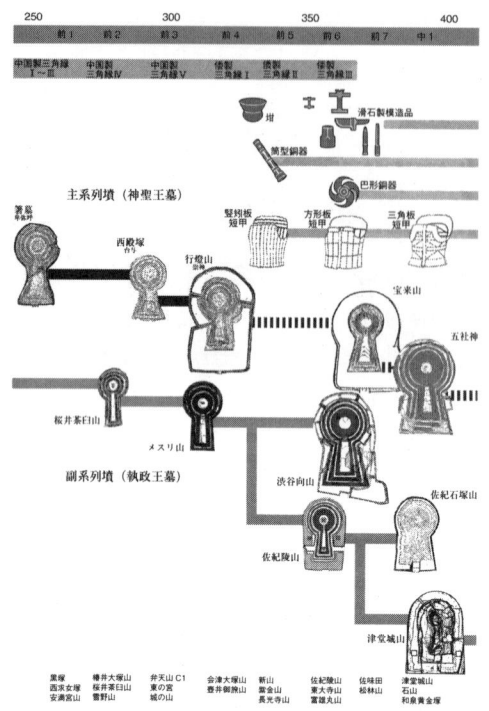

図6　岸本による前方後円墳の2系統（岸本2010より）

広は、古い航空写真から消滅した古墳の墳丘を復元し、基礎資料の拡充と周知化に努める（澤田2002、藤原2008など）。

また近年、墳丘と埋葬施設の所在位置を立体的にとらえ、古墳築造を心性面から理解しようとする研究、あるいは同様な点を技術的観点から理解しようとする研究もあり、多視点からの検討が試みられる（青木敬2007、丹羽2007など）。これまで埋葬施設の位置は、墳丘規格論で等閑視されてきたが、今後は墳丘以外の古墳構成要素も加味し、総合化する必要がある。

墳丘規模が意味するもの　近畿地方を中心として巨大前方後円墳を最上位とし、規模と墳形に応じた序列をみとめる、これが古墳研究の通説的理解であった。列島各地で規模こそ小異があるものの、基本的には規模と墳形によって序列を設定してきた。大王墓クラスの前方後円墳は、中期に墳丘の巨大化により一層

隔絶した規模となる（近藤 1983など）。巨大前方後円墳の墳丘長を検討した岸本は、5歩刻みの細かな規模の基準があるとして、その基準の大小を格差と理解し、整然とした身分階差を想定する（岸本 2004）。はたしてこの細かな差が視覚的にどれほどの効果があるのか疑問は残るが、主として前方後円墳が築造された地域ならば、こうした理解もなお有効である。事実、大王墓の可能性が高い巨大前方後円墳は、各地に築造された同時期の大型前方後円墳を圧倒する規模で築造され、後期でもこの傾向は変わらない。継体大王墓の最有力候補である大阪府今城塚古墳や、欽明大王墓の可能性がある奈良県五条野丸山古墳（見瀬丸山古墳）などの事例をみても首肯できる。

　最近、こうした理解を一歩進め、各地の様相を積極的に評価する研究が出てきた。すなわち、前期古墳における前方後円と前方後方という墳形の違いを重視する意見である。墳形差は階差よりもむしろ集団による造墓原理の違いがあらわれたとする見解や、列島の東西で別の政治連合があったと推定するなど複数の評価がある（白石 2007）。筆者も墳丘規模や盛土量の面からみて、少なくとも東日本では前方後円墳と前方後方墳の間に明確な序列がみとめられないことを指摘した（青木敬 2003）。墳丘も規模・形態・地域性などを勘案すると、前方後円墳体制など古墳観の見直しが射程に入ってくることになる。

　終末期古墳でも墳丘規模の序列が列島規模で一元化したとみなすことは困難であり、地域によってなお差異がみられる。7世紀前半〜中頃の関東地方では、千葉県竜角寺岩屋古墳や栃木県壬生車塚古墳など、同時期の近畿地方における墳丘規模の最大値をも上回る巨大な円墳・方墳が築造されることはその最たる例である。これはすべてではないにしろ、墳丘形態や規模を身分や序列などの表象とした前方後円墳の時代までの墳丘で明示されてきた秩序関係が崩れ、寺院造営などこれまでとは異なる身分表象へと移行したこととも関わるだろう（青木敬 2007）。ところが、中央集権の色合いが強くなる7世紀後半以降、大規模な墳丘を有する古墳の築造はきわめて限定的となり、築造が許された古墳であっても、規模には厳然たる序列関係がみとめられる。飛鳥地域における7世紀後半の終末期古墳を一例にとると、天皇陵クラスでは対角長45m（野口王墓古墳）、ついで径ないし対角長が32mのクラス（束明神古墳、中尾山古墳など）、23mクラス（高松塚古墳・マルコ山古墳）、16mクラス（キトラ古墳）

と順に小規模となり、さらにこれ以下のクラスも存在する。このことから、墳丘規模には細かな規定が存在したと考えられる。墳丘規模が唐尺の完数値で割り切れる事例が多いことを根拠として、決められた墳丘規模を想定する見解もある（河上 1995）。いずれにせよ古墳築造が限定的となり、墳丘規模のクラス分けが厳密に行われていることから、一部の地域をのぞいて墳丘規模の序列は、被葬者の身分差と密に連関すると判断して差し支えあるまい。

2 墳丘築造に関する研究

研究史抄 墳丘築造技術に触れた研究は、戦後になってから規格論とほぼ軌を一にしてみとめられるようになる。古くは田中稔による名古屋市二子山古墳の報告を嚆矢として、大阪府富木車塚古墳、弁天山Ｃ１号墳、浜松市赤門上古墳、茨城県三昧塚古墳など、数は少ないものの墳丘築造技術に触れた報告が散見される。また、横穴式石室墳の場合、第一次墳丘・第二次墳丘と墳丘築造が複次にわたることを明らかにした山口県下関市岩谷古墳の調査、1980年代初頭までの構築法判明事例を紹介した泉森皎の整理、趙哲済による大阪市茶臼山「古墳」における盛土工法の検討（趙 1986）、堺市百舌鳥大塚山古墳にみられる表土積み換え技法を明らかにし、その類例を探索した樋口吉文の研究など（樋口 1997）、個別の検証はより詳細になる。さらに、墳丘に土嚢や土塊列をめぐらせ、これら列間に盛土する技術が明らかになり、鳥取県晩田山古墳群や遠江地域における発掘調査事例、さらに韓半島での発掘調査事例も勘考し、大阪府蔵塚古墳の墳丘築造技術を検討した江浦洋の労作がある（江浦 1998）。

このように既往の研究では、各事例の特徴的な構築技術を丹念に復元したケースが多い。それらを特集記事の中で論じた雑誌や著書も近年になって何冊か刊行され、研究対象としてしだいに重要視されてきた。ただし、それらを総

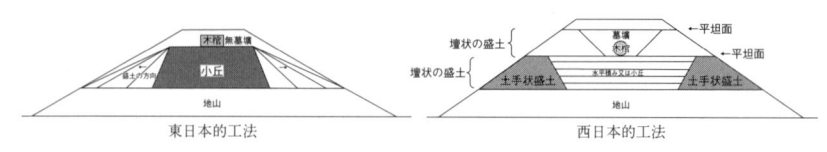

図7　墳丘築造法における東西（筆者作成）

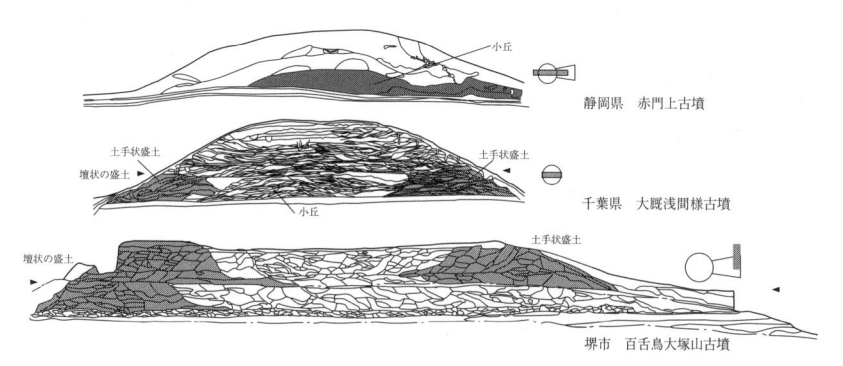

図8　東日本的工法（上）、西日本的工法（下）、両者の融合（中）の事例（筆者作成）

合化して技術系譜を整理した研究は、21世紀をむかえて緒についたところである。筆者は、前期古墳が列島の東西で土手状の盛土を墳丘外周付近にめぐらせ、その土手状盛土で囲われた中に盛土し、それを壇状に積み重ねることで墳丘をなす西日本的工法、墳丘中心部に盛り上げた小丘をさらに外側へ拡張する東日本的工法に墳丘築造技術が大きく2分され（図7）、前期末以降、西日本的工法がいくつかの受容形態をもって東日本へ波及したと説いた（図8）。盛土技術の波及時期やその位置づけがよりミクロな観点から論じられることも増えてきた（白澤2002・2008など）。墳丘築造技術に地域性がみとめられることを論じたことで、墳丘築造方法も研究対象としてクローズアップされはじめ、詳細な検討が相次いで発表されるようになった。土生田純之は、後・終末期古墳の墳丘築造法の解明を積極的に進め、後・終末期古墳に散見される墳丘内石列と石室構築を総合的に検討し、石室の「付加羨道」という概念を提示した（土生田2003）。さらに土生田は、葺石の区画石列（目地）と埴輪列の変換点が一致することを明らかにし、墳丘築造時の作業単位が復元可能と、墳丘研究にさらなる一石を投じた（土生田2005）。

墳丘築造法が判明した代表的事例　以下、近年になって詳細な墳丘築造法が報告された主な事例を列記しておく。

前期古墳では愛媛県朝日谷1号墳、福井県小羽山古墳群、神戸市西求女塚古墳、五色塚古墳、京都府長法寺南原古墳、群馬県成塚向山1号墳、東京都宝莱山古墳、横浜市新羽南古墳、千葉県高部30・32号墳、大厩浅間様古墳などがあ

る。なお、小羽山古墳群では、ほぼ同時期に東西両工法がみとめられ、前期における双方の分布境界域と推定される。

中期古墳では大阪府岡古墳や百舌鳥大塚山古墳など典型的な西日本的工法で築造された事例はもちろんのこと、長野県新井原13号墳、東京都白井塚古墳など、東日本の古墳に西日本的工法の影響を受けた築造法を採用した事例が出現することが注意される。この変化がおこった時期は、正確にいうと前期末頃であり、初現的事例として先に触れた大厩浅間様古墳（『前方後円墳集成』編年4期）があげられる。現状では、近年注意されるようになった土嚢積み技術も中期古墳以降に導入されたとの推定がある。現状で最古の事例は、大阪府津堂城山古墳の外堤部だが、これは土嚢を面的に積み重ねたもので、列状にしたものではない（図9上段）。列島最大規模を誇る堺市大仙古墳（伝仁徳陵）も墳丘崩落状況から土嚢積みが採用されたとの推測もあり（江浦1998）、さらに最近も後期古墳を中心に土嚢積みの事例が増え、東日本から西日本にいたるまで広範に分布する。このことから、土嚢積み技術はひろく採用されていたことが確実であり、堺市土塔など律令期以降の土木構造物にも採用されたことからしても、列島の土木技術に大きなインパクトを与え、その後長く採用されたようである。ただし、土嚢と一見土嚢状にみえる土塊を見分ける

図9　土嚢・土塊積みの事例
津堂城山古墳外堤（上）、グワショウ坊古墳（中）、蔵塚古墳（下）（上からそれぞれ藤井寺市教育委員会、堺市教育委員会、大阪府文化財センター提供）

ことは困難であり、土嚢の有無はプラントオパールなどの土壌分析といった他分野からの検証が必要になってくる。堺市グワショウ坊古墳の調査で確認された土塊は、分析の結果、土嚢袋に入れることなく塊をそのまま積み重ねたとみられる。さらにこの土塊は採土場所にある植物を伐採ないし焼いて除去し、つぎに水を入れて湿潤にしてから土を採取、表土側を逆位にして積み重ねたと推定されている（堺市教育委員会 2009、図 9 中段）。したがって研究の現状からみて如上の手法は、土嚢・土塊積み技術と呼ぶのが適当であろう。また、土嚢を実際に使用したとしても、津堂城山古墳のごとく面的に積み重ねる場合と、列状にめぐらす場合は、技術的に弁別せねばならない。というのも、土嚢ないし土塊を列状に並べた事例は、蔵塚古墳など 6 世紀以降に盛行し、面的に積み重ねる津堂城山古墳より後出する技術とみられるためである（図 9 下段）。土嚢積み技術の源流を韓半島に求めるには、韓国における類例探索はむろんのこと、日韓古墳の交叉年代についてなお一層の検証が必要となってくる。

　後・終末期古墳になると、列島規模で横穴式石室がひろく用いられるが、初期の事例を除き墳丘は、石室の構築と並行して構築されるようになる。墳丘築造の大半が済んだ後に埋葬施設を設ける前期古墳とは大きく異なるため、構築法も当然変化する。奈良県・京都府石のカラト古墳、奈良県平野 2 号墳、市尾墓山古墳、浜松市宇藤坂Ａ6 号墳、岡山県定北古墳、定東塚・西塚古墳、京都府井ノ内稲荷塚古墳、福井県市場古墳、福岡県五郎山古墳など詳細な検討事例がある。なお、後・終末期群集墳の調査事例は多数あるが、宇藤坂Ａ6 古墳群における鈴木一有の検討は重要である（鈴木 1998）。また、群馬県富岡市田篠 1 号墳を俎上に、右島和夫が行った墳丘・石室構築方法の考察は、調査方法と墳丘・石室の観察視点に一石を投じる（右島 2003）。栃木県新郭古墳群における内山敏行の検討は、石室掘形と床面の対応関係を精緻に図化し、かつ石材 1 点ずつの重量を計測するなど、調査記録方法の優れた 1 例である（内山ほか 1998）。京都府五ヶ庄二子塚古墳で確認されて以降、横穴式石室を構築する土台となる部分の構築方法にも注意が払われるようになり、これらの構築技術が分類可能とした研究も発表されている（杉井 2005、青木敬 2005a、寺前 2007など）。それが技術者集団の違いか、あるいは地形的な立地環境に起因するか意見が分かれるところであり、地域性も勘考してさらなる検証が望まれる。

図10 高松塚古墳における搗棒痕跡（左）とムシロ痕跡（右）（奈良文化財研究所提供）

　最近では、大阪府今城塚古墳でも石室基礎部分の構造が判明し、かつ墳丘に土塊が用いられたことなど、最高クラスの前方後円墳に採用された土木技術が次々に明らかになったことは、近年の重要な成果のひとつである。
　終末期古墳では、寺院造営技術を用いることがある。まず版築を用いた墳丘である。版築を詳密に記録化した奈良県明日香村高松塚古墳とキトラ古墳の2基を代表的な調査事例としてあげておく。特に高松塚古墳は、壁画の劣化にともなう石室の解体という負の側面を否定できないものの、解体に付随して類のない精緻な発掘調査と記録を行った事例である。上から順に版築状盛土、上位版築、下位版築という異なる3種の盛土単位、版築の際に搗き固めた無数の搗棒痕跡、搗き固める際に使用されたと推定されるムシロ痕跡、層理面に散布された凝灰岩粉末層、石室構築にともなって使われたとみられる水準杭の痕跡など、墳丘築造にともなう土木技術の実際が多岐にわたって解明できたことは特記される（松村・廣瀬ほか 2009）。
　墳丘築造技術変遷の歴史的評価　つぎに、こうした墳丘構築技術の変遷と画期について歴史的評価を与えてみたい。『前方後円墳集成』編年の4期以降（以下集成編年と略称）、東日本には千葉県水神山古墳など西日本的工法の影響を受けた古墳が出現する。当該事例はいずれも在地の有力者クラスの古墳とみられる。しかし、これら事例の周辺に所在する群集墳をはじめとした小規模な古墳には、こうした技術を導入した形跡は見あたらない。さらに、西日本的工法の影響を受けた古墳が連続しない点も見逃せない。古墳築造という行為が臨時的な所産であることは言をまたないが、墳丘築造を指導する立場にある土木技

術に通暁した技術者の存在が、如上の事象を理解する手掛かりとなる。西日本的工法の代表的特徴のひとつは、壇状にした盛土を積み重ねていくシステマティックな方法にあるが、こうした整然と構築される古墳は、それに通じた技術者の存在が必要不可欠である。となると、東日本各地において首長クラスの造墓の際に、近畿地方から臨時的に技術者が派遣され、在地の土木技術である東日本工法もふまえつつ、西日本的工法というシステマティックな方法を導入して古墳を築いたと解することができる。

　こうした東西双方の技術的融合をみせる東日本の古墳は、すでに触れたように同一首長墓系譜内で連綿と続かない。現状ではあくまで点的な分布であり、濃密な分布をしめす地域は今のところ確認できない。となると、先述した近畿より派遣された技術者は派遣先に定着せず、造墓を終えるとふたたび近畿地方へ戻ったのだろう。ということは、集成編年4期以降、東西技術の融合で築造された古墳が存在する地域は、ヤマト王権との関係がより密接になった結果、技術者の派遣など、協力関係を構築したのであろう。ただし、それは累代的なものではなかったのである。

　他方、土嚢・土塊積み技術を有する古墳は、当該事例周辺にも分布することが多い。中期に古市・百舌鳥古墳群という大王墓群で通有化したとみられる土嚢・土塊積み技術は、その後東日本、四国、九州など列島各地に波及していった。浜松市瓦屋西古墳群をはじめとした遠江の古墳や、鳥取県晩田山古墳群をはじめ、土嚢・土塊積み技術が複数の古墳で採用される点は、東西工法の融合の時とは様相が異なり、近畿地方から来た技術者が一部在地化した可能性を示唆する。ただ、土嚢・土塊積みが採用された古墳は、いずれも前方後円墳をはじめとした有力者墓（首長墓）クラスの古墳であったことは注意される。土嚢・土塊積み技術の波及と展開は、古墳時代後期の時代背景や、首長墓築造とそれ以外の古墳の築造体制の違いなども議論の射程に入れることができそうである。派遣技術者が一部で定着をみせる6世紀、背景には列島各地の政治的・社会的な変容があったのだろう。以上、古墳築造技術は、4・6世紀にそれぞれ画期をみとめることができる。墳丘築造法は、丹念な検証によって時代像を復元できる有力な手がかりともなり、古墳時代像を俯瞰した議論を展開する素材にもなる。

終末期古墳と古代寺院・宮殿 6世紀末以降に盛行する版築は、一種の地盤改良技術であり、飛鳥寺以降の瓦葺き礎石建物など寺院伽藍の主要堂宇の基壇造成に主として用いられた。質が異なる土や砂利などを交互に搗き固める本来的な工法の性格上、城壁や基壇など垂直方向に、かつ地面から直角に構築する場合は堰板が必要となる。キトラ古墳では堰板痕跡が確認されているが、堰板がみとめられない事例のほうが圧倒的に多い。その原因については、堰板を使用したとしても墳丘の整形時にカットした場合、あるいは元来より堰板を用いずに盛土した場合のいずれかが考えられる。どちらが原因か現状では断定できないが、墳丘断面を観察すると、水平に搗き固めずに土饅頭状に盛り上げる事例が多いことからみて、元来堰板が使用されなかった可能性が高い。厳密にいうと、こうした部類は中国でいう版築と呼べないのかもしれないが（曹 2002a など）、少なくとも高松塚古墳やキトラ古墳などの盛土方法は、版築を意識したことは確実である。よって、搗棒を使用して土砂を搗き固める積土技術として版築を位置づけておく。

図11 キトラ古墳の堰板痕跡（明日香村教育委員会提供）

　古墳に援用された寺院造営技術は、版築にとどまらない。一例として、塔などの主要堂宇基壇の下部にある掘込地業が古墳に用いられる場合がある。使用した理由は定かではないが、一種の地盤改良である掘込地業を採用することにより、墳丘築造面と墳丘盛土間の土質の不均衡を解消するための地盤改良、それが機能面からみた採用理由だろう。しかし理由はそれだけではなさそうである。というのも、694年の藤原京遷都以降、寺院のみならず宮殿遺跡においても一部の主要殿舎、とくに門や築地塀を中心に掘込地業を採用する。こうした地業の採用は、事例をみるかぎり必ずしも周囲の地盤環境だけで決定されるのではなく、総地業や壺地業など地業方法によって格式が存在し、門の格式に呼応してそれらが採用された可能性が高い（青木敬 2010）。そのため、脆弱地盤

という理由だけで掘込地業が採用されたのではないことも念頭に置く必要があろう。なお掘込地業が用いられた事例は、奈良県束明神古墳やマルコ山古墳などが代表例である。なお、石室部分の下だけを地業した事例も多数存在するが（青木弘 2009）、これは先述した後期古墳以来続く石室部分の地盤補強を行った技術系譜に連なるものと理解するのが妥当だろう。7世紀の古墳構築技術は、寺院に用いられる先端土木技術を転用したもので、まず古墳に最先端の土木技術を投下する時代はすでに終わっていた。塔基壇との規模を比較し、基壇規模が墳丘規模を上回っていく過程を明らかにした一瀬和夫の検討は、7世紀の古墳の在りかたを考える上でも興味深い（一瀬 1988）。この時期、寺院造営技術と古墳築造技術は、表裏一体ともいえる親近性を有していたのである。

韓半島との関係　遺物のみならず土木技術からみても韓半島と日本列島の関係は密接である。韓国でも墳丘築造法は注意され、最近になって詳細な報告例が相次いでいる。韓国では、石を土囊・土塊積み技術のように積み重ねて列をつくり、その石列間に盛土する区画築造と呼ばれる技術で築造された古墳が数多くある。その区画築造に着目した曺永鉉によって、多くの研究が公にされている（曺 2002b・2006 など）。さらに曺は、日本との構築技術的連関も視野に入れた研究も発表している（曺 2003）。曺の成果をうけて、筆者も韓国における墳丘築造技術、特に前方後円墳の構築法などを検討し、日韓土木技術の相互関係から被葬者論に言及した（青木敬 2005b）。前方後円墳として著名な光州広域市明花洞古墳における盛土方法は、西日本的工法と類似し、ごく少数だが列島の土木技術が点的に韓半島へもたらされた可能性があり、倭人技術者の渡来などを考慮すべきであろう。技術の移動を一方通行にのみ理解するのは、すでに限界に達していると言わざるを得ない。

　終末期古墳における墳丘築造法は、先述した版築など渡来の土木技術と密接な関係にある。三国時代の事例をみると、百済では寺院などの基壇造成に版築が顕現するが、新羅の寺院では礫と土を交互に各層を厚めに積み重ねることが通有であり、基本的に版築を用いない。これは、掘り下げると礫層がすぐ顔をのぞかせるという慶州の地盤的特徴とも大きく関わる問題かもしれない。ただ、列島の事例をみるかぎり、百済の版築技術は先述のように列島でも顕現するが、新羅寺院にみられる技術は少なくとも列島では国分寺造塔まで見出せない（青

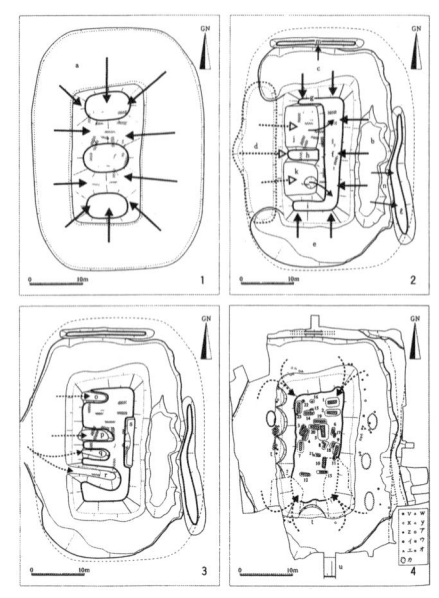

図12 加美遺跡Y1号墳丘墓の墳丘構築過程
（趙 1999より）

木敬 2012）。他方、掘込地業は百済・新羅の寺院建築双方にみとめられ、寺院造営技術として半島内で普遍的な土木技術と評価できる。したがって、韓半島における土木技術では、積土方法が地域を特徴づける要素になりそうである。以上の要素からみて、古墳の版築は、百済の影響を受けた日本列島の古代寺院における造営技術を経由して採用されたと考えるのが妥当であろう。

なお、築造法にとどまらず、墳墓造営の意義に迫る研究視座も提示されている。一例として、墳丘と埋葬施設の構築順序に注目し、1〜6世紀にかけての韓半島の墳墓を墳丘先行型と墳丘後行型に2大別し、その地域性と時間的変化の過程を明らかにした吉井秀夫の優れた研究がある（吉井 2002）。

弥生墓からの影響 前方後円墳の成立は、墳形・埋葬施設・副葬品など西日本各地における弥生墓を構成する諸要素が基層にあったのだろう。では、墳丘墓などの築造技術は、古墳の成立にいかなる影響を与えたのだろうか。

墳丘の盛土方法をみると、弥生時代中期の築造とされる大阪市加美遺跡Y1号墳丘墓は、筆者のいう西日本的工法の原初的な形態が出現しており、弥生時代の河内平野では、古墳築造に連なる土木技術がすでに出現していたようである（図12）。四隅突出形墳丘墓として名高い福井県小羽山26号墓・30号墓などは、土手状盛土が採用されており、古墳に用いられたのと遜色ない墳丘築造技術がすでに採用されている。東日本に目を転じても、弥生時代から続く墳丘墓や方形周溝墓の一例として、千葉県辺田古墳群5号遺構（弥生時代末）、1号遺構（古墳時代前期）、埼玉県中耕遺跡SZ27（古墳時代前期）などは、墳丘

中心から盛土する東日本的工法を採用する。検討できる事例が少ないものの、前期古墳にみとめられる盛土技術は、各地における弥生墓からの伝統を引き継いだものとみてまず間違いない。

ただし、古墳と弥生墳丘墓の間で決定的に異なるのは、墳丘規模と盛土量である。墳丘規模については、これまでも再三論じられてきたが、盛土量についても同様な指摘ができる。というのも、前述した加美遺跡Y1号墓を含め、盛土を有する弥生墓は、周溝掘削における採土を盛る、あるいはその周辺から得た土だけで墳丘に必要な土量が確保できる。しかし古墳はそうはいかない。特に巨大・大型前方後円墳は、周溝掘削で生じた土だけで盛土が足りるはずもなく、大規模な整地を行ったり、周辺から大量の土砂を運搬しなければ、あの巨大な墳丘築造はなしえない。となると、墳丘用の土砂の採取や葺石石材の確保、埴輪の製作、遠方からの石室石材の運搬など、巨大古墳築造に要する労力は、弥生墓とは比較にならないほど増大したとみるのが妥当だろう。よって、古墳築造における人員徴発のシステムは、弥生墓からの大きな飛躍があったと推定できる。墳丘形態や盛土技術、外表施設、埋葬施設など、古墳と直結する要素が弥生墓で出現することは確実である。ただ、古墳の築造を取り巻く諸環境の飛躍的変化、あるいは副葬品の大量副葬などの要素を等閑視してまで弥生墓を古墳と呼ぶのは疑念を禁じえない。

3　墳丘研究の展望と課題

以上、墳丘規格と築造技術の研究を概観し、研究史的整理のうえで若干の考察をくわえた。墳丘規格論は政治的関係の把握に多用され、墳丘築造技術の研究は、土木技術の地域差から技術者集団や技術の系譜関係へ議論が展開しつつある。さらにいうと規格論は、注文者側の視点に立った研究、築造技術論はつくり手側の視点からみた研究とも換言できる。ただ、先に述べたとおり、築造技術の変容から技術者の動向をうかがうだけでなく、さらに発展させて各地の政治的動向を把握することも可能である。墳丘に関する研究といえどもその方向性は異なり、研究目的に応じて峻別する必要がある。

まず墳丘築造規格論は、測量図などいわば基礎的なデータを丹念に増やして

いくことによって成り立つ。古い墳丘測量図は、正確な墳丘規模・段築構造・細かな外表施設など厳密な検討に耐えうる精度でないものも多い。精度の低い測量図で議論すると、墳丘形態をおおよその特徴から把握することしかできず、相似墳などの比較・検討にも影響がおよんでしまう。したがって、精密な測量図の作成など、詳細かつ地道なデータ収集が要求される。それには、検討対象とする古墳について、現有の測量図で規格論などの精緻な議論が可能か見極めが必要となる。当然、墳丘測量図のみならず現地での丹念な観察も必要不可欠である。なお、古墳は立体的な構築物であるため、三次元（3D）計測による測量図も検討に大きな威力を発揮するだろう。こうした精緻な測量図を作成し、測量データと現地観察の所見にもとづいて墳丘規模・規格を把握し、墳丘の変遷過程を論じる基礎が成る。また総合的な古墳論とするには、外表施設の構造、埴輪の生産・供給体制、墳丘における埋葬施設の所在位置など、古墳の諸属性と墳丘規格の比較・検討も欠かせない。

いっぽうで墳丘築造法は、一元的な土木技術で築造されたとするよりも、むしろ在地の技術で築造されることが多く、地域性という観点から古墳を論じるための手がかりになるとの認識が形成されつつある。土木技術を論じる場合は、在地的な要素と伝播してきた要素を峻別し、各地域の技術的特徴を抽出することが求められる。また、土木技術に時期的な変化がみとめられる場合、遺構からみた古墳の変遷を論じることも可能となろう。そして技術変化の背景には有力者どうしの政治的関係を反映した可能性が指摘できる。さらに、技術の伝播といっても日本列島内にとどまらず、韓半島や中国大陸まで含めた東アジア規模での考察を可能とするための事例探索も十分な年代的検討を含めて必要である。もちろん、墳丘築造技術は築造に従事した技術者を復元するだけでない。たとえば、墓壙の有無による生前墓（寿墓）との関わり、さらに埋葬方法や埋葬儀礼との関わりなど、墳丘築造法から派生する諸論点は、古墳築造の本質に迫りうる部分もあるなど多岐にわたる（青木敬 2009）。墳丘から抽出できるさまざまな情報を最大限に引き出し、活用するための視点を開拓することが希求される。

なお本稿は、筆者に課せられた平成24年度科学研究費補助金基盤研究（C）「古代東アジアにおける土木技術系譜の復元的研究」（課題番号：24520882）の

成果の一部を含む。

引用・参考文献

青木　敬　2003『古墳築造の研究』六一書房
青木　敬　2005a「後・終末期古墳の土木技術と横穴式石室」『東国史論』第20号
青木　敬　2005b「韓国の古墳における墳丘築造法」『専修考古学』第11号
青木　敬　2007「古墳における墳丘と石室の相関性」『日本考古学』第23号
青木　敬　2009「古墳築造からみた生前墓」『墓から探る社会』雄山閣
青木　敬　2010「飛鳥・藤原地域における門遺構」『官衙と門』奈良文化財研究所
青木　敬　2011「墳丘構築技術の変遷と展開」『シンポジウム〈もの〉と〈わざ〉』東北・関東前方後円墳研究会
青木　敬　2012「国分寺造塔と土木技術」『土壁』第12号
青木　弘　2009「古墳における掘込地業の分析試論」『遡航』第27号
甘粕　健　1965「前方後円墳の研究」『東洋文化研究所紀要』第37号
石部正志・田中英夫・宮川徙・堀田啓一　1979「畿内大型前方後円墳の築造企画について」『古代学研究』第89号
石部正志・田中英夫・宮川徙・堀田啓一　1991「造山・作山および両宮山古墳の築造企画の検討」『考古学研究』第38巻第3号
泉森　皎　1983「封土の積み方と葺石の敷き方」『季刊考古学』第3号
一瀬和夫　1988「終末期古墳の墳丘」『網干善教先生華甲記念 考古學論集』
上田宏範　1950「前方後円墳築造の計画性」『古代学研究』第2号
上田宏範　1969『前方後円墳』学生社
内山敏行ほか　1998『新郭古墳群・新郭遺跡・下り遺跡』栃木県埋蔵文化財報告第214集
梅澤重昭　1978「毛野の古墳の系譜」『考古学ジャーナル』第150号
江浦　洋　1998「羽曳野市蔵塚古墳の築造技術とその系譜」『大阪文化財研究』第14号
小澤一雅　2006「前方後円墳の段築比に関する数量的分析」『情報処理学会研究報告』2006-CH-71
堅田　直　1982「前方後円墳の墳丘について」『考古学論考』平凡社
堅田　直　1993『古墳』光文社
岸本直文　1992「前方後円墳築造規格の系譜」『考古学研究』第39巻第2号
岸本直文　2004「前方後円墳の墳丘規模」『人文研究 大阪市立大学大学院文学研究科紀要』第55号（第2分冊）
岸本直文（編）2005『前方後円墳の築造規格からみた古墳時代の政治的変動の研究』
岸本直文　2008「前方後円墳の二系列と王権構造」『ヒストリア』第208号
岸本直文　2010「玉手山1号墳と倭王権」『玉手山1号墳の研究』

椚　国男　1969「前方後円墳の設計について」『信濃』第21巻第4号
椚　国男　1975『古墳の設計』築地書館
椚　国男　1983『古代の土木設計』六興出版
倉林眞砂斗　1998「機内中枢の構造把握」『古代学研究』第143号
倉林眞砂斗　2000「前方後円墳秩序の素描」『美作の首長墳』吉備人出版
小泉袈裟勝　1977「東洋尺度史の諸問題」『日本歴史』第351号
小林行雄　1951「古墳時代の葬制（1）」『日本考古学概説』東京創元社
近藤義郎　1983『前方後円墳の時代』岩波書店
堺市教育委員会　2009『百舌鳥古墳群の調査2』
笹生　衛　1987「椎名崎古墳群・人形塚古墳発掘調査概要」『研究連絡誌』第19号、千葉県文化財センター
澤田秀実　2000「墳丘形態からみた美作諸古墳の編年的位置づけ」『美作の首長墳』
澤田秀実　2002「空中写真による玉手山古墳群の復元」『玉手山古墳群の研究』Ⅱ、柏原市教育委員会
白石太一郎　1985『古墳の知識Ⅰ』東京美術
白石太一郎　2007『東国の古墳と古代史』学生社
白澤　崇　2002「墳丘築造からみた静岡県の古墳」『静岡県考古学研究』第34号
白澤　崇　2008「墳丘築造技法の変遷と系譜」『静岡県考古学研究』第40号
城倉正祥　2006「人形塚古墳出土埴輪の分析」『千葉県東南部ニュータウン35』
杉井　健　2005「盛土上に基底石を置く横穴式石室の史的意義」『井ノ内稲荷塚古墳の研究』
鈴木一有　1998『宇藤坂古墳群』浜松市文化協会
髙橋照彦　2009「律令期葬制の成立過程」『日本史研究』第559号
田中　稔　1953「前方後円墳の築造法」『歴史評論』第49号
千葉県教育振興財団ほか　2006『千葉東南部ニュータウン35』
趙　哲済　1986「「茶臼山」古墳の発掘調査」『葦火』第4号
趙　哲済　1999「大阪市加美遺跡、弥生時代中期Y1号墳丘墓の築造過程について」『大阪市文化財協会研究紀要』第2号
曺　永鉉　2002a『韓日封土墳の築成方式に関する研究』福岡大学博士学位申請論文
曺　永鉉（吉井秀夫訳）2003「古墳封土の区画築造に関する研究」『古墳構築の復元的研究』雄山閣
都出比呂志　1989「前方後円墳の誕生」『古代を考える　古墳』吉川弘文館
寺前直人　2007「畿内横穴式石室の基礎構造」『考古学論究』
奈良文化財研究所（編）2008『特別史跡キトラ古墳発掘調査報告』
西村　淳　1987「機内大型前方後円墳の築造企画と尺度」『考古学雑誌』73-1
西村　淳　1995「前方後円墳の築造規格」『情報考古学』1-1
丹羽恵二　2007「墳丘と横穴式石室の相関関係」『研究集会　近畿の横穴式石室』

沼澤　豊　2001「墳丘断面から見た古墳の築造企画」『研究連絡誌』第60号、千葉県文化財センター
土生田純之　2003「横穴式古墳構築過程の復元」『古墳構築の復元的研究』雄山閣
土生田純之　2004「続古墳構築の復元的研究」『専修考古学』第10号
濱田耕作　1936「前方後円墳の諸問題」『考古学雑誌』第26巻第9号
樋口吉文　1997「古墳築造考」『堅田直先生古希記念論文集』
日高　慎　1999「下総型埴輪が樹立された前方後円墳形態」『考古学に学ぶ』
平田信芳　1972「前方後円墳の計測学的研究」『鹿児島史学』第18号
藤原知広　2008「空中写真の検討による真土大塚山古墳の復元」『古代学研究』第180号
北條芳隆　1986「墳丘に表示された前方後円墳の定式とその評価」『考古学研究』第32巻第4号
松村恵司・廣瀬覚ほか　2009「高松塚古墳の石室解体に伴う調査」『日本考古学』第27号
右島和夫　2003「横穴式古墳の構築過程を調査する」『古墳構築の復元的研究』雄山閣
森本六爾　1929「前方後円墳型の推移過程」『川柳村将軍塚の研究』
横山浩一　1983「"大化薄葬令"に規定された墳丘の規模について」『九州文化史研究所紀要』第28号
吉井秀夫　2002「朝鮮三国時代における墓制の地域性と被葬者集団」『考古学研究』第49巻第3号
曺　永鉉　1993「封土墳の盛土方法に関して」『嶺南考古学』第13号（韓国語）
曺　永鉉　2002b「皇南大塚と天馬塚の区画築成について」『嶺南考古学』第31号（韓国語）
曺　永鉉　2006「封土の区画盛土方式」『星州星山洞古墳群』啓明大学校行素博物館（韓国語）
※紙数の都合上、多くの報告書等を割愛せざるを得なかった。記してお詫び申し上げる。

古墳各論Ⅳ
埴　輪

城倉正祥

　古墳の編年が、墳丘規格・埋葬施設・副葬品などから多角的に論じられるべきなのは言うまでもないが、すべての要素が同レベルで比較できるわけではなく、古墳の最も普遍的な外表施設として、埴輪は古墳編年に大きな役割を果たしてきた。実際に、埴輪編年は各時代・各地域においてきわめて高い精度で確立されつつあり、古墳時代研究の基礎を固める成果を上げている。しかし、地域ごとに展開した手工業生産であるがゆえに、埴輪研究には生産集団の系統差、あるいは系列差を踏まえた編年が不可欠である。前後関係を示す単純な埴輪編年表の背後に、古墳と古墳を結ぶ的確な縦糸が存在しているかどうか、そこに現在の埴輪研究が抱えている根源的な課題があると考える。本稿では、系統把握にもとづく埴輪研究の展開、その点に議論を絞って研究史を整理する。

　なお、古墳時代を通じて列島の多くの地域に存在する埴輪は、形や性質も多様で、膨大な研究の蓄積もある。ここですべてを包括した研究史の整理をするのは不可能であるのに加え、多彩な論点や課題の列挙に大きな意味はない。そのため、ここでは円筒埴輪の研究史に集中し、①編年論、②生産論、③工人論の３つの論点に絞り、研究の最前線をまとめると同時に、それらの論点から導き出される課題—系統把握の重要性を確認する。

1　編年論

(1)　編年研究と地域研究の出発点—川西宏幸の全国編年—

　円筒埴輪に見られる製作技法の整理によって、全国編年を確立した川西宏幸の研究（川西 1978）は、本格的な編年研究の出発点となった。川西は円筒埴輪の基本的な製作技法を整理し、外面調整（A～C種ヨコハケとタテハケ）・内面調整（ケズリとナデ・ハケ）・底部調整（倒立による底部の調整）・タガ

(形状と貼付方法)・スカシ孔(形状)・焼成(野焼きと窖窯焼成)の6つの要素に見られる画期の認識によって山城地域の埴輪にⅠ～Ⅴ群を設定した。その成果を踏まえ、畿内周辺の埴輪がいずれもその5期編年に当てはまることを確認し、副葬品の年代観との整合性から、Ⅰ期(4世紀中葉)、Ⅱ期(4世紀後葉)、Ⅲ期(5世紀前葉)、Ⅳ期(5世紀中葉)、Ⅴ期(6世紀)のそれぞれの年代を比定した。そして、瀬戸内・九州・山陰・東海・北陸・関東・東北に5期編年が適用できることを示し、円筒埴輪全国編年を確立した。藤沢敦が的確に評価するように、川西の編年は円筒埴輪の製作技術上の大きな画期を見出した研究であり(藤沢 2002)、新出資料の増加によって細部の認識が変化していくとしても、その枠組みは基本的に有効である。

　また、川西が畿内政権の拡大という文脈から、製作技法の各地への伝播と地域色の成立について全国的な視野で整理している点も注目される(川西 1988)。Ⅰ～Ⅲ期における畿内から地方への直接・間接的影響、Ⅲ～Ⅳ期の窖窯導入の地域差、Ⅴ期における地域色の発現、川西が「円筒埴輪の諸現象」と呼ぶこれらの変動は各地の古墳規模や副葬品の内容とも連動する。このことから川西は、①畿内政権を中核とする広域政治秩序に安定が保たれている段階→②有力豪族が自立の傾向を強め、伝統的な政治秩序に破綻の色がみえた段階→③新しい政治秩序が創出される段階、という大局的な政治変動を指摘する。さらに、諸現象のうちに『日本書紀』などに記載された政治的事件と抵触するものが少なくないことから、文献史学の成果を援用する方法の有効性を主張している点は、今日においてもなお重要な指摘である。

　円筒埴輪の全国編年から古墳時代の政治変動を論じ、大局的な視点を示すことによって逆に地域研究への方向性を拓いた点において川西の研究は画期的だった。

(2)　製作技法の認識とその共有化―第52回究班シンポジウム―

　川西の円筒埴輪に見られる製作技法の整理と全国的な編年によって、各地域における分析が80・90年代に蓄積されるようになる。さまざまな技法の検討や地域編年が進む中で、円筒埴輪の製作技法の研究において大きな画期となったのは、2003年に開催された第52回埋蔵文化財研究集会のシンポジウムである

(森下ほか編 2003)。第Ⅰ部—研究報告、第Ⅱ部—円筒埴輪の製作技法、で構成される要旨集でも、特に円筒埴輪の製作技法を簡潔にまとめた第Ⅱ部は、従来まで個々の事例から議論されてきた製作技法の認識が、研究者に共有化された点において重要な成果だった(森下・廣瀬 2003)。

　円筒埴輪の主要な製作技法に関するシンポジウムの成果だけを見ても、基部の成形と調整(荻野 1984、山内 2003)、淡輪技法(川西 1977、坂・穂積 1989)、倒立技法(小栗 1992)、突帯間隔設定技法(辻川 1999・2003a)、突帯板押圧技法(川西 1978、藤井 2003)、突帯断続ナデ技法(鐘方・中島 1992)、外面調整技法(一瀬 1988・2003)など、今まで個々の事例から議論されてきた諸要素が整理された意義は大きい。突帯間隔設定技法・板押圧技法・断続ナデ技法などの「特徴的」な技法が、(最終的な調整によって痕跡が見えにくくなっているだけで)比較的普遍的な製作技法である点が判明し、底部や外面調整に関しても詳細な観察によって蓋然性の高い技法の復原が進みつつある。埴輪製作における技法認識の共有化は、全国的視野での比較や編年、あるいは後述する生産論・工人論の基礎となる成果である。今後、各時代・各地域におけるより詳細な観察によって、「埴輪製作における普遍的な技法」と「地域や時代特有の技法」の峻別が進めば、より多角的な議論が可能になると思われる。

(3) 畿内における編年研究の進展

　前述した川西の全国編年、あるいは製作技法認識の共有化によって、畿内における円筒埴輪の編年研究が急速に進展している。特に、奈良盆地東南部と大阪の玉手山古墳群・古市古墳群・百舌鳥古墳群における資料の増加、および「埴輪検討会」「玉手山古墳群研究会」などの研究活動が注目される。この点に関しては、十河良和が近年の研究史を丁寧にまとめているので(十河 2008)、ここではその意義について前・中・後期に分けて整理してみる。

　まず、前期の埴輪に関しては大和東南部の発掘資料の増加によって、90年代以降急激に編年研究が進んだ。鐘方正樹が「前期の円筒埴輪に限って言えば、川西編年は既に方法論的にも老朽化しており、その矛盾から発展的に脱却した編年体系の再整備が必要」(鐘方 2003a：2頁)と指摘するなど川西編年の見直しによる細分化が盛んに行われている。しかし、廣瀬が「前期中葉以前の埴

輪は、古墳毎の多様性が著しく系統・系列に沿った編年の整理が容易ではない」とし、「つまるところ、前期の埴輪編年は川西編年Ⅰ・Ⅱ期をベースに、宮山型・都月型・円筒埴輪の併存する最古期を加えた3段階程度の区分にとどまっているのが現状」（廣瀬 2010：1頁）とするように、Ⅰ期の多様性をどの程度まで前後関係として把握できるかは議論の余地がまだ大きい。

　むしろ今争点となっているのは、高橋克壽が大和北部勢力（佐紀古墳群）と結び付けて理解した「斉一的な鰭付円筒埴輪」（高橋 1994）を指標とするⅡ群登場の画期についてである（図1）。Ⅱ群の円筒埴輪については、廣瀬が五色塚古墳の埴輪を位置付ける中で、Ⅰ群の東殿塚古墳から西山古墳を経て定式化する点を明らかにし、ⅡA→ⅡB→ⅡC→ⅡDという底部高の縮小・各段の均一化が進む型式組列を示した（廣瀬 2006）。割付方式とⅡA・ⅡB型式の系譜・前後関係に関する鐘方との論争（鐘方 2007）は収束をみていないが、Ⅱ群埴輪の隔絶を評価する高橋の議論に対して、鐘方・廣瀬がⅠ期からⅢ期への連続性を強調している点は示唆的である。さらに、佐紀古墳群よりも遡ると考えられてきた渋谷向山古墳とその陪塚である上の山古墳の埴輪が廣瀬ⅡB型式に当てはまることが指摘（若杉 2010）され、前期後葉における佐紀古墳群と大和・柳本古墳群の併存が確実である状況からすると、Ⅱ群の登場＝大和北部勢力の台頭という高橋の図式だけでは捉えきれない様相も生まれてきている。同様にⅢ期の始まりという画期を、津堂城山古墳を嚆矢とする古市古墳群の造営開始に対応させようとする議論にも廣瀬は警鐘を鳴らしている（廣瀬 2010）。

　中期に関しては、古市・百舌鳥古墳群における大型墳の埴輪編年が基軸となる。その大枠に関しては、一瀬和夫がB種ヨコハケの細分と黒斑の有無によって変遷を示した（一瀬 1988）。その後、上田睦が底部高の縮小傾向からその変遷を確認している（上田 1996）。さらに、近年では重要な資料報告（加藤 2008・2009など）が進み、古市・百舌鳥古墳群全体の編年作業も行われている（一瀬・十河・河内 2008）。各古墳における法量や技法が比較的均質で規格性の高い埴輪群を特徴とする中期では、巨大古墳のほんの一部分しか見えないという資料的な制約もあり、外面調整や法量の分析など特定要素の通時的な変化を追う作業が主体になっている。今後、同時代に存在し全体像の把握がしやす

古墳各論Ⅳ　埴輪　347

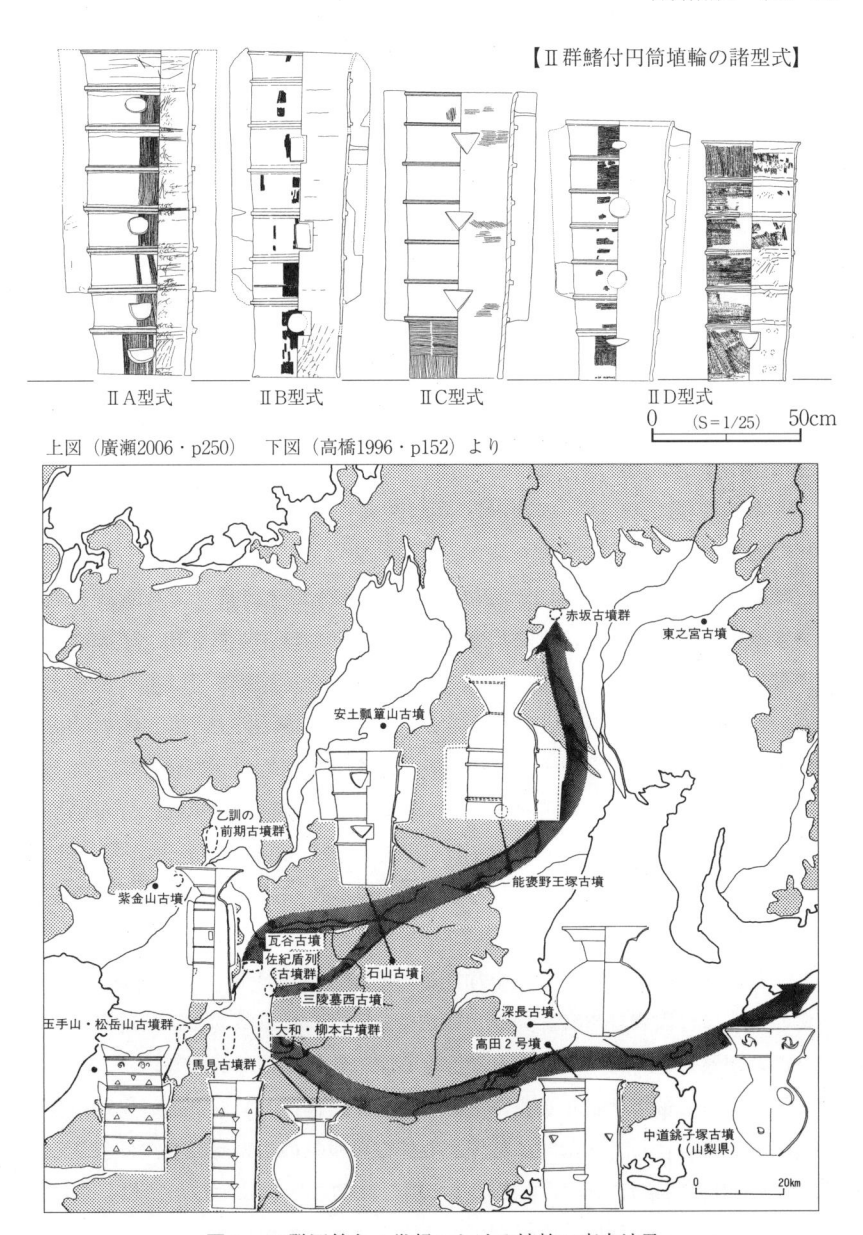

【Ⅱ群鰭付円筒埴輪の諸型式】

ⅡA型式　　ⅡB型式　　ⅡC型式　　ⅡD型式

0　(S=1/25)　50cm

上図（廣瀬2006・p250）　下図（高橋1996・p152）より

図1　Ⅱ群円筒と4世紀における埴輪の東方波及

い中小古墳との比較作業が進めば、編年の精度も高まり、階層的分析も進展すると思われる。

一方、中期から後期にかけての系統差を追う研究の方向性も注目される。摂津三島の太田茶臼山古墳・総持寺古墳群に埴輪を供給した新池遺跡の系譜を誉田御廟山古墳の生産に求め、新池窯を介した今城塚古墳への連続性を指摘した小浜成の研究（小浜 2008）や、新池遺跡から日置荘西町窯跡群系への連続性を指摘する十河の研究（十河 2003）は、特徴的な大型品の系統性に着目したもので、地方への伝播（山田 2008）などの幅広い論点を含む重要な指摘である。また系統性を加味した地域的な整理（田中 2008、東影 2008、和田 2005など）も示され始めており、様相の全体把握が難しい大古墳に比べ地域的な展開を追いやすい中小古墳の分析を通じて当該期の編年が多角的に検証されていくことが期待される。

後期に関しては、河内一浩や鐘方正樹の地域性を踏まえた整理が行われている（河内 2003、鐘方 2003b）。特に、鐘方はタテハケ調整で突帯断続ナデ技法を伴う埴輪をⅤ群とし、雄略陵とされる岡ミサンザイから登場して畿内中枢部に展開したと指摘する。また、Ⅴ群という新しい生産体制に組み込まれなかった在来の埴輪をⅣ群系と呼称する。そして、河内・鐘方ともに古墳時代後期における畿内でのⅣ群系・Ⅴ群系という2系統の埴輪の存在を重視し、土師氏四腹の本拠地（古市・百舌鳥・菅原・秋篠）という畿内中枢部に分布が集中するⅤ群系と畿内周縁部に分布するⅣ群系を対比して編年を行っている。しかし、鐘方が「Ⅴ群埴輪の製作期間がほぼ100年に及ぶにも拘わらず、明確な型式変遷の追及は困難」（鐘方 2003b）と言うように埴輪を樹立する小型墳が増加し、各地域を単位とした生産を背景とする地域性が発現する後期は、中期の埴輪のように外面調整や底部高など特定要素によって広域的な「共通編年」を組むことが難しい。あくまでも系統性を考慮に入れた地域的な整理と系統の共伴関係によって編年を組む必要がある。なお、Ⅳ群系・Ⅴ群系という対比を2条突帯円筒に着目して全国的に整理した鐘方の視野の広い研究も注目されるが（鐘方 1999）、関東地方に関する限り2項対立的な比較は地域の実情に当てはまらない。大枠での地域性の把握はもちろん重要な作業であるが、後期の編年ではより詳細な地域研究の蓄積が必要である。

(4) 編年研究の深化のために

「1　編年論」として川西宏幸の全国編年の確立から、円筒埴輪における技法認識の共有化を経て、畿内を中心とする地域での編年研究の進展を見てきた。円筒埴輪の詳細な観察による技法認識の共有によって、全国的な視野での比較検討が可能になった点が特筆される。それを受けて、埴輪検討会を中心として「畿内共通編年」も提示されるに至っている（埴輪検討会 2003）。鐘方によるⅠ～Ⅴ群の設定（鐘方 1997a・1997b）を基礎とする川西編年の細分化である。この成果は埴輪研究の基礎を固める作業として評価されるが、前述したように畿内においても前期・中期・後期と生産体制には大きな違いがあり、各時期固有の編年の難しさが存在している。Ⅰ期の多様性とⅡ期の革新性をどのように位置づけるか、Ⅲ期・Ⅳ期における巨大古墳の部分的な資料をどのように繋いでいくか、Ⅴ期に発現する地域性をどのような編年的枠組みの中で把握していくか、残された課題は多い。

その中で、全時代を通じて注目される論点が埴輪の系統性（轟 1973）であった。各地域において複雑にそして階層的に展開する埴輪生産だからこそ、集団の系統性の把握と追及が重要になる。埴輪の編年表で言えば、同時代性を示す横軸に加えてもう１つ、系統性という縦軸を繋ぐ作業が必要である。編年表の提示は便利で分かりやすい成果だが、広域的な「共通編年」の確立を急ぐ前に地域の文脈を単位とした丁寧な整理が求められている気がしてならない。

2　生産論

(1) 巨視的な生産体制の把握

川西宏幸の全国編年を受けて、各時代の各地域で埴輪生産に関する多くのケーススタディが蓄積されている。ここでそのすべてを網羅することはできないので、「巨視的整理」「中心と周辺の対比による整理」「地域性の整理」をキーワードにして重要な研究成果を見ていく。

まず、埴輪生産の巨視的な整理に関する論考を概観し、埴輪生産の研究に関する流れを把握しておく。さて、古墳時代を象徴する制度として部民制がよく知られているが、埴輪生産に携わる人々に関しては、古くから文献史学の立場

より論じられてきた。石母田正は、古墳時代における農業と手工業の未分化を指摘すると同時に、手工業者の社会的地位・組織構造にはいくつもの段階がある点、地方的差異が多様である点を指摘した（石母田 1955）。一方、考古学では森本六爾の東京都下沼部の調査成果（森本 1930）や、明治大学の茨城県馬渡の調査成果（大塚・小林 1976）によって、生産遺跡の分析を通じた生産体制の復原研究が進展した。その後、古墳時代における通時的な生産体制の変遷を論じた野上丈助の研究（野上 1976）や、埴輪生産の在り方を貢納型・固定分散型・移動型・集中型に類型化した橋本博文の研究（橋本 1981）によって、石母田の指摘した地方的差異の多様性が明らかになってきたが、列島規模の「中心と周辺」の対比は高橋克壽の研究によって全体像が見え始めてくる。

(2) 中心と周辺の対比—王陵系埴輪の地域波及と展開—

　古墳時代を通じて畿内地方が列島の中枢であり、そこから各地へと多くの要素が伝播した点は、実際はそう単純ではないにしても、古墳時代研究の大きな前提の枠組みとなっている。実際に「中心と周辺」の対比はきわめて重要な分析視角である。高橋克壽は製作技術と規格に注目して畿内と地方の埴輪生産を通時的に比較検討した（高橋 1994）。高橋は、円筒埴輪の成立以後、基本的には臨時であった埴輪生産が4世紀後半の大和北部勢力によって専業化が進められ、5世紀には王権から各地に工人が派遣されるまでになるが、5世紀中頃の窖窯採用以後は各地域内で完結した埴輪生産が押し進められ、地域色が強まるという通時的生産を素描した。そして、6世紀における埴輪の地域性の発現には、各地における拠点的生産地の出現が背景にあると考えた。「中心と周辺」の対比によって全国的な埴輪の展開過程を導き出そうとした点は川西の研究を受け継ぐものであったが、地域における埴輪受容の過程を地域の文脈の中で把握しようとした点に高橋の研究の新しさがあった。

　さらに高橋は「埴輪生産の展開」を、古代文化の特集号のテーマとして発展させる（高橋編 2008）。高橋は、5世紀における古市・百舌鳥古墳群などのB種ヨコハケ調整される大王陵の埴輪群、4世紀後半における斉一的な鰭付円筒埴輪、それ以前では特殊器台、など畿内を中心として発信された埴輪群を「王陵系埴輪」と定義し、その地域への波及と展開を地域の側から論じる視点を示

した。これら「王陵系埴輪」の存在が、そのまま大和政権の支配の浸透という「中央からの目線」で評価されてきた点を克服すべく、北部九州・南九州・吉備・但馬・丹後・若狭・北陸・伊勢・濃尾・遠江・房総・北武蔵・上毛野・東北の各地域における「王陵系埴輪」の展開過程が整理された。

各地域における整理によって、「王陵系埴輪」の受容形態が多様であった点が再確認されたが、4・5世紀に比較的明瞭であった畿内系の要素の発現が、6世紀に見えにくくなる点が列島全域で確認された点が注目される。一方で、継体陵とされる今城塚古墳の人物群のセットが、近年各地で確認され始めている点も興味深い。つまり、後期の各地における生産の固定化によって「中心の要素」と「地域性」の峻別が難しくなっているだけで、後期においても王権と地域を繋ぐネットワークが前中期とは異なる形で発現している可能性がある。中心を見据える地域研究の重要性は今後ますます高まっていくと思われる。

(3) 東日本における埴輪の地域性と生産体制

以上見てきた畿内と地方を対比させてその関係性を考究する視点がある一方で、ある特定地方に注目すればその特徴（地域性）を抽出することも可能である。たとえば、東海地方で盛行する須恵器の技術で作られた埴輪（須恵器系埴輪）や、関東地方で盛行した人物埴輪などはその代表例である。それらの地方では、特に後期における生産拠点の固定化によって地域性が発現してくる点が特徴である。ここでは後期の東日本（東海・関東・東北）の研究事例を中心にその地域性を見てみる。

まず、東海地方を中心に分布する「須恵器系埴輪」について言及する。5世紀、列島における須恵器の生産開始に伴って埴輪にもその技術的影響が認められるようになった。なかでも古い事例は、川西が注目した底部に段を有する一群で、淡輪や紀伊地方を中心に分布する（川西 1977）。この痕跡は、底部にリングをはめた痕跡である点が製作実験で明らかになったが（坂・穂積 1989）、これらは「淡輪系埴輪」と総称され、伊勢や遠江、北陸に伝播したことが知られる（鈴木 2003）。

一方、尾張を中心に分布し、回転によるヨコハケ調整・ケズリやナデによる底部調整・二分割倒立技法、などの須恵器の製作技法を応用した埴輪群を「尾

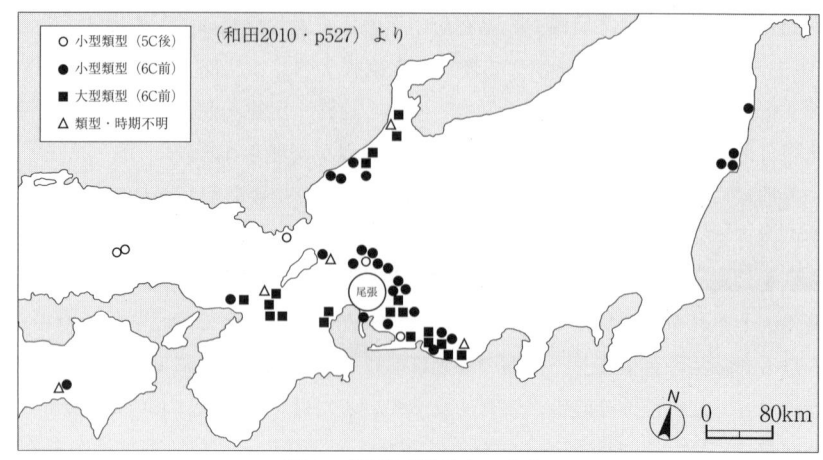

図2 「尾張系埴輪」の分布

張型埴輪」（赤塚 1991）や「尾張系埴輪」（藤井 2006）と呼ぶ。近年では、尾張地域における尾張型埴輪の変遷過程が再検討される（藤井 2006）とともに、技法に関する議論も蓄積され（犬塚 1994、浅田 2007）、その様相が明らかになりつつある。また、尾張型埴輪は畿内（辻川 2003b、梅本 2007、東影 2006）・北陸（樫田 1992）・遠江（鈴木 1994）・東北（東影 2009）など6世紀前半に広域的に展開する点が知られるようになった（図2）。このような尾張型埴輪の展開に関しては、愛知県断夫山古墳の造営に尾張連氏の台頭を読み取り、継体天皇擁立基盤との関連性を指摘する意見が出されている（赤塚 1997）。魅力的な見解だが、和田一之輔が指摘するように、「尾張型埴輪の展開には、尾張地域との関係性の濃淡だけでもかなりの多様性が潜んでいる」（和田 2010）可能性が高い。「尾張型」「猿投型」「尾張系」など混乱している用語や定義の整理、地域内での様相の整理、地域間関係の把握など、今後の研究の進展が期待される。

関東地方においては、古墳時代後期の6世紀において多彩な人物埴輪群像を特徴とする地域性が発現する。5世紀末から活発化する群集墳への埴輪樹立が広がる関東では、6世紀になると各地で爆発的に埴輪が生産された。特に、群馬県の本郷・猿田窯、埼玉県の生出塚・桜山窯、茨城県の馬渡・小幡北山窯などの大規模な生産地が各地で発展し、活発な地域間交流を行いながらも、各地

域を特徴づける製作技法や表現が生まれ、地域性が明確化した。このような「作風」を見定める視点（小林 1958）や系統把握の重要性（轟 1973）を指摘する先行研究を受けて、人物埴輪の共通表現に関する研究（杉山 1976、日高 1994）、人物埴輪の製作技法に関する研究（車崎 1980、山崎 2004a）、特定地域の胎土に注目した研究（志村 2004、中里 2000）、生産地の発掘にもとづく研究（山崎 2004b、城倉 2010）、同工品分析にもとづく研究（犬木 2005、城倉 2009）などが進展し、系統的な関係が整理されつつある。特に後述する同工品論の進展によって、古墳出土埴輪の生産地を特定することが可能になるなど、実証的に系統を把握する基礎的分析が進んでいる。

　東北では、藤沢敦によって系統関係の整理が行われている。藤沢は窖窯焼成以後の東北の埴輪について、富沢窯跡系列・五反田古墳系列・天王壇古墳系列を認識する。さらに、東北地方での埴輪の生産体制を孤立存在型・隣接移動型・定着生産型の3類型に分類する（藤沢 2002）。東北における埴輪生産は畿内からの直接伝播ではなく、他地域を経由した伝播である可能性が高いとされるが、北武蔵に系譜が辿れる原山1号墳の埴輪や、東影が指摘する尾張系埴輪（東影 2009）の存在など実際に系譜が辿れる資料が存在する点が注目される。埴輪の直接・間接伝播の差異や、地域的展開過程の様相を考究できるフィールドとして東北地方は重要である。

(4) 地域研究の重要性

　以上、埴輪生産の展開過程について、「巨視的な整理」「周辺から中心を見る整理」「地域性の整理」に分けて概観した。研究史からも明らかなように、地域における埴輪の受容過程は地域の文脈の中で多様ではあるが、地域を見るミクロな視点と列島全域を見るマクロな視点のフィードバックによって初めて、埴輪生産の歴史性を論じることができると考える。さらに、地域研究においては系統の把握と系譜関係の整理が重要な課題であることが明らかになった。特に窖窯導入後の埴輪生産に関して言えば、各地域を単位として生産が展開し、地域性が発現してくる（図3）ため、系統整理が最も重要な作業となる。

　一方で、窖窯導入以前の埴輪に関しても、たとえば、日本海側で「丹後型円筒埴輪」（佐藤 2000）や「因幡型円筒埴輪」（東方 2010、高橋 2010）などき

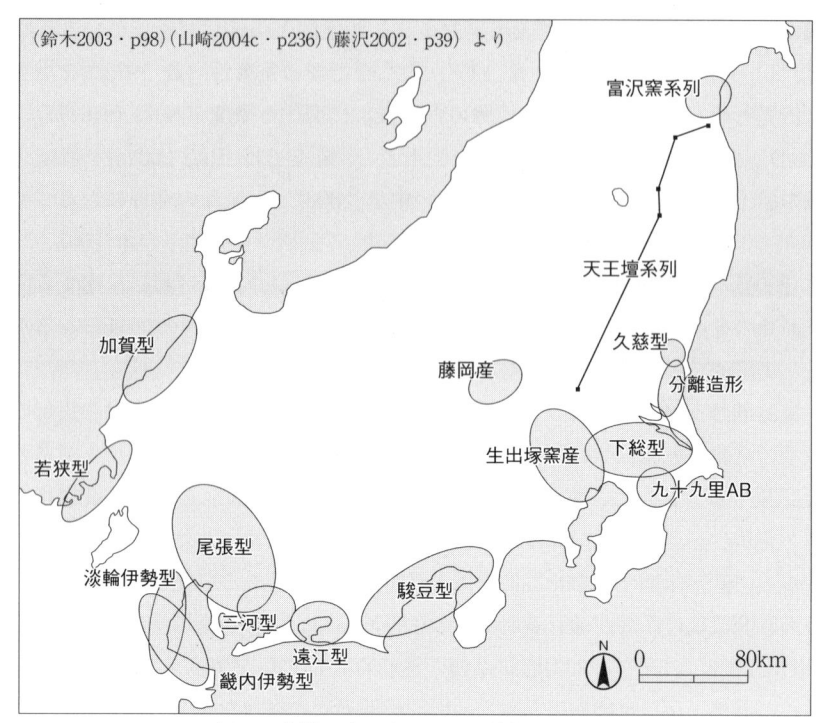

図3　後期の東日本における埴輪の地域性

わめて地域色の強い埴輪の展開が指摘される（図4）など、地域に密着した丁寧な整理が求められている。

3　工人論

(1)　前中期の工人論

　各地域における生産体制を更に詳細に見ていくと、埴輪生産集団内の工人が見えてくる。特に、一古墳あるいは一生産遺跡を単位とした分析でその工人編成の実態に迫ろうとする研究が行われている。ここではそのようなアプローチを工人論と呼ぶことにする。このミクロな分析方法は、吉田恵二や轟俊二郎の研究（吉田 1973、轟 1973）から発展したものだが、ここでは前中期と後期に分けて分析事例を概観する。

【丹後型円筒埴輪】　　（東方2010・p78,79）より

蛭子山1号墳　　作山1号墳　　法王寺古墳　　法王寺古墳　　小銚子山古墳

【因幡型円筒埴輪】

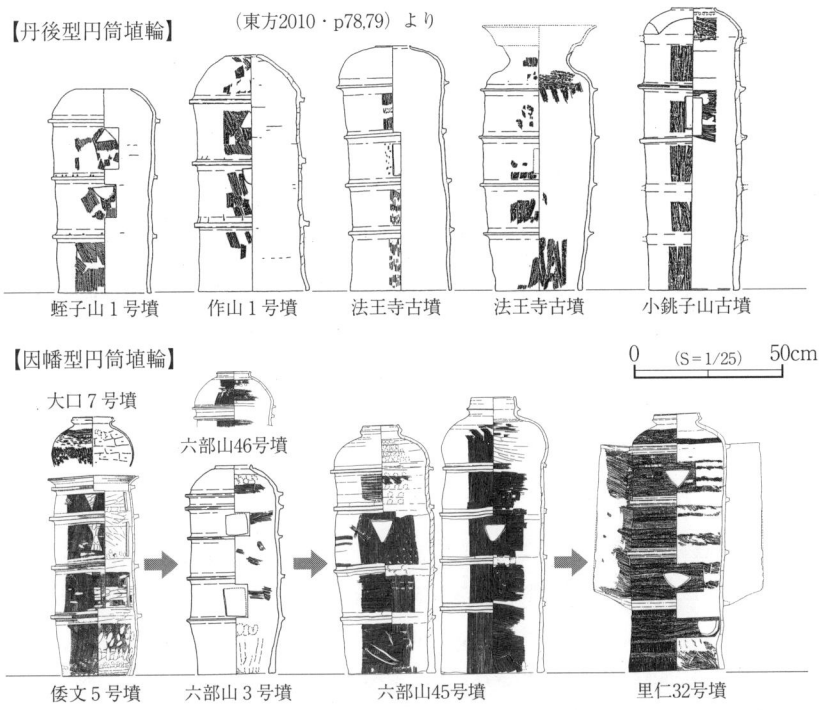

0　　(S=1/25)　　50cm

大口7号墳　　六部山46号墳

倭文5号墳　　六部山3号墳　　六部山45号墳　　里仁32号墳

図4　丹後型と因幡型の円筒埴輪

　前期に関しては、廣瀬覚が精力的に分析を蓄積している。前期後葉の194mの前方後円墳である兵庫県五色塚古墳の分析では、出土埴輪を透孔の形状や組み合わせ、ヘラ記号から13類に分類し、それぞれが数人の工人で製作された点を刷毛目と諸特徴から指摘した。墳丘に樹立された埴輪だけでも2200本と試算されている五色塚古墳では、数人で構成される小グループが数多く編成されることで規格性の高い埴輪を量産していた点が明らかになった（廣瀬 2006）。さらに、大阪府池田茶臼山古墳・山口県柳井茶臼山古墳の分析では、五色塚古墳でいうところの小グループ程度の小規模な生産が行われていた点を明らかにした（廣瀬 2007）。巨大古墳の工人編成を復原した上で、そのうちの小グループにあたる規模の集団が各地域に展開したためにバラエティに富む前期の埴輪が出現したとする廣瀬の指摘は魅力的である（図5）。

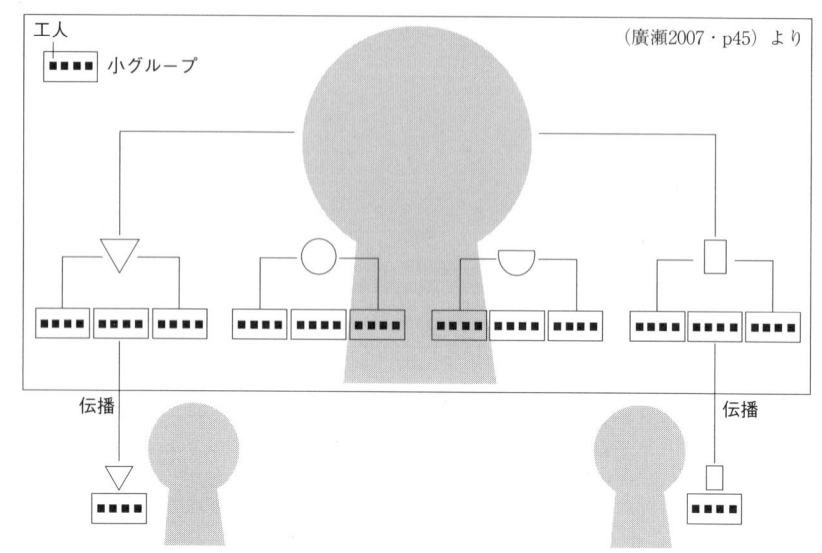

図5　前期巨大古墳の埴輪生産組織（モデル）

　東日本に目を向けると、岐阜県昼飯大塚古墳では、出土埴輪が外面ナデ調整のⅠ群、外面タテハケ調整のⅡ群、外面ヨコハケ調整のⅢ群に分類され、Ⅲ群の埴輪が「畿内系」の埴輪とされる。このような状況は、高橋克壽が群馬県白石稲荷山古墳で指摘する畿内系工人（B種ヨコハケの円筒埴輪・形象埴輪）と在地工人（タテハケの円筒埴輪）の協業に状況が通じるものがある（高橋1994）。さらに、静岡県堂山古墳でもB種ヨコハケの円筒埴輪や器材埴輪（Ⅰ群）が窖窯焼成され、伝統的要素をもつ円筒埴輪（Ⅱ～Ⅳ群）が野焼きされる点が明らかになっている（鈴木2008）。古市古墳群に直接の系譜が辿れる最新の技術で製作されたⅠ群は、畿内中枢部から派遣された工人の生産品、Ⅱ～Ⅳ群は在地工人の生産品とされる。このように、前中期における東日本への埴輪の伝播は、度重なる畿内からのインパクトと在地化した複数系統の要素が融合する過程で、情報が跛行的に更新されながら展開したものと考えられている。
　一方、西日本では九州の宮崎県西都原古墳群で指摘される畿内工人による統制のとれた埴輪生産（高橋1993、犬木2007）や、岡山県造山古墳に見られる畿内からの直接的な影響力など、畿内中枢部との関係に応じて埴輪の展開過程に東日本とは差異があったようである（高橋1994）。このような古墳単位の詳

細な分析研究が進み、多様な工人編成の状況が把握されれば、より大きな視野で埴輪の展開過程を論じることができよう。

(2) 後期の工人論―同工品論の展開―

　古墳時代後期の関東で蓄積されている分析方法で注目されるのが同工品分析である。一古墳出土埴輪という一括性の高い遺物を中心とした同工品分析は、1970年代に始まり（吉田 1973、川西 1973、轟 1973）、刷毛目の分析（横山 1978）と結びつくことで研究が大きく進展した。その方法論は、犬木努の一連の業績（犬木 1995・2005）で整備され、現在では良好な古墳資料を中心に分析が普遍化している。犬木努は、轟俊二郎による下総型埴輪の研究（轟 1973）を受けて、大木台2号墳・小谷1号墳・西の原1号墳・高野山1号墳・高野山4号墳・油作Ⅱ号墳・日天月天塚・城山1号墳の8古墳から出土した埴輪を同工品識別した。さらに、各古墳の同工品類型をまとめることで下総型埴輪におけるⅠ・Ⅱ・Ⅲ群を認識し、Ⅰ→Ⅲ群への型式組列を指摘した（犬木 2005）。同系統の埴輪生産集団の工人編成の問題、分業の問題、あるいは型式変化の問題など犬木が示した方法論による分析で浮かび上がる論点は非常に多様である。また、同系統埴輪の同工品分析という視点は、九十九里の埴輪の分析などにも引き継がれ、分析事例が蓄積されている（城倉 2009）。

　工人編成の問題に関して言えば、石川県矢田野エジリ古墳出土埴輪を分析した樫田誠の研究（樫田 1992）や、千葉県山倉1号墳出土埴輪と生出塚31号窯の埴輪を分析した小橋健司の研究（小橋 2005）が注目される。樫田と小橋は一古墳出土埴輪に見られる各工人の製作量差を、埴輪製作とそれ以外の作業（燃料採集・築窯・焼成）に従事する時間量の差に起因するものと理解し、その生産体制を想定復原した。このような視点は、今後、古墳出土埴輪の分析が生産遺跡の分析と結び付くことで、より具体的な生産体制を論じる成果に繋がるだろう。

(3) 生産遺跡の分析

　古墳出土埴輪の同工品分析事例が蓄積される一方で、古墳出土埴輪の刷毛目の同定によってその生産地を特定する研究も行われている（図6）。千葉県山

図6　刷毛目工具の復原

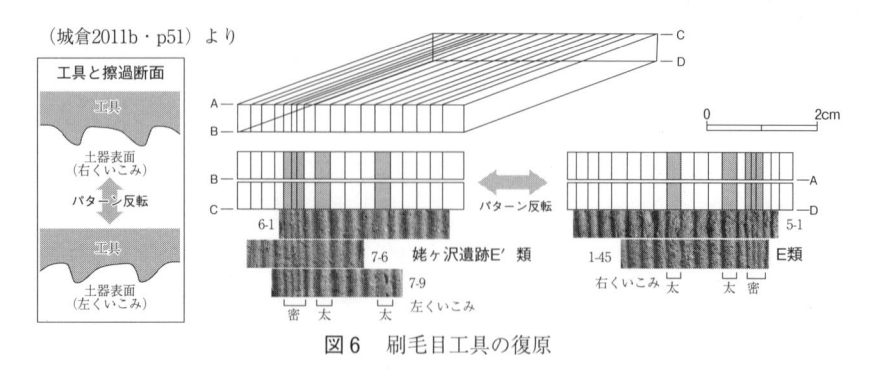

倉1号墳の埴輪が直線距離で約80km離れた埼玉県生出塚遺跡31号窯で生産された点を実証した小橋健司の研究（小橋 2004）や大阪府総持寺古墳群・太田茶臼山古墳と新池遺跡の供給関係を指摘した田中智子の研究（田中 2005）が注目される。

　さらに、特定生産遺跡の分析成果をもとにして、その生産と供給の実態を追求する研究も進んでいる。埼玉県生出塚埴輪窯では、山崎武が出土埴輪の特徴把握から50基近い供給古墳を指摘しているが（山崎 2004b）、その成果を踏まえた上で刷毛目の分析を武器とした供給関係の実証作業が進められている（城倉 2010）。また北武蔵における生産遺跡の分析を基礎として、地域首長墓群である埼玉古墳群出土埴輪の系統を識別し、その編年を確立する研究も行われている（城倉 2011a）。生産遺跡と供給古墳を文字通り結びつけて生産体制の総体を復原する分析（城倉 2011b）は、今後、他地域においても実践されていくものと思われる。

(4)　埴輪工人を追いかける

　埴輪の分析から、それらを製作した工人を特定することはできるのか。それは確実にできる。しかし、製作工具の問題、技法と手法の峻別の問題、分業の問題など議論すべき課題は多い。一方で、大規模墳に供給された複数系統の埴輪を認識する分析は、より普遍的に行われており、さらに、特定地域に広がりを見せる同系統埴輪の識別（地域性の把握）も各地で進んでいる。「類・群・系統・系列」といった重層的な分類とその分類群の統合、すなわち、ミクロな

視点とマクロな視点をフィードバックして分析を進めることで、埴輪工人の実態はより明らかになっていくだろう。

おわりに

本稿では埴輪研究の現状について、①編年論、②生産論、③工人論の3つの論点から整理した。あらためて言うまでもなく埴輪研究には多彩な論点が存在し、多くの課題も山積している。しかし、すべての埴輪研究に通底する課題をと言えば、本稿で度々指摘してきた系統把握の重要性が挙げられよう。

たとえば、古墳の普遍的な外表施設として、古墳研究における埴輪編年の緻密化は最も必要な作業の1つである。その際に重要なのが系統の把握である。「埴輪の系統を識別することなしに、和泉式の次は鬼高式といったような編年を行っても、益する面は限られる」（轟 1973：106頁）という轟俊二郎の指摘は、埴輪研究のみならず考古遺物の研究における本源的な問題に迫るものである。一方で、「下総型人物埴輪の特徴は疑いもなく明白であるが、個々の要素に分解してしまうと、そこには下総的な何も残らない」（轟 1973：77頁）と轟が言うように、系統を把握する作業は容易ではない。古墳や生産地を単位としたミクロな視点、ある一定程度の地域的広がりや広域的ネットワークを分析していくマクロな視点、相互をフィードバックしながら、系統把握に立脚した埴輪研究を多角的に進めていく必要がある。

引用文献
赤塚次郎 1991「尾張型埴輪について」『池下古墳』愛知県埋蔵文化財センター
赤塚次郎 1997「須恵器系埴輪の拡散」『古文化論叢』伊達先生古稀記念論集刊行会
浅田博造 2007「尾張型円筒埴輪の製作手順と規格化現象」『伊藤秋男先生古希記念考古学論文集』
石母田正 1955「古墳時代の社会組織」『日本考古学講座』第5巻、河出書房
一瀬和夫 1988「古市古墳群における大型古墳埴輪集成」『大水川改修にともなう発掘調査概要』Ⅴ　大阪府教育委員会
一瀬和夫 2003「円筒埴輪の外面調整から」『埴輪』第52回埋蔵文化財研究集会　発表要旨集（以下、同発表要旨集は『埴輪』とのみ表記する）
一瀬和夫・十河良和・河内一浩 2008「古市・百舌鳥古墳群の埴輪編年」『近畿地方に

おける大型古墳群の基礎的研究』科研費補助金基盤研究(A)研究成果報告書
犬木　努 1995「下総型埴輪基礎考」『埴輪研究会誌』第 1 号
犬木　努 2005「下総型埴輪再論」『埴輪研究会誌』第 9 号
犬木　努 2007「西都原の埴輪から見えてくるもの―カタチ・技術・工人・組織―」『巨大古墳の時代―九州南部の中期古墳―』西都原考古博物館
犬塚康博 1994「「味美技法」批判」『名古屋市博物館研究紀要』第17巻
上田　睦 1996「円筒埴輪から見た古市・百舌鳥古墳群の構成」『倭の五王の時代』藤井寺の遺跡ガイドブック NO.7
梅本康広 2007「淀川流域の東海系埴輪とその製作動向」『埴輪論叢』第 6 号
大塚初重・小林三郎 1976『茨城県馬渡における埴輪製作址』明治大学文学部研究報告第 6 冊
荻野繁春 1984「円筒埴輪成形技法の一断面」『福井考古学会会誌』第 2 号
小栗明彦 1992「埴輪倒立技法の問題」『史学研究集録』第17号
樫田　誠 1992『矢田野エジリ古墳発掘調査報告書』小松市教育委員会
加藤一郎 2008「大山古墳の円筒埴輪」『近畿地方における大型古墳群の基礎的研究』科研費補助金基盤研究（A）研究成果報告書
加藤一郎 2009「百舌鳥陵墓参考地」『書陵部紀要』第61号
鐘方正樹 1997a「前期古墳の円筒埴輪」『堅田直先生古希記念論文集』
鐘方正樹 1997b「中期古墳の円筒埴輪」『史跡大安寺旧境内Ｉ』奈良市教育委員会
鐘方正樹 1999「２条突帯の円筒埴輪」『埴輪論叢』第 1 号
鐘方正樹 2003a「古墳時代前期における円筒埴輪の研究動向と編年」『埴輪論叢』第 4 号
鐘方正樹 2003b「円筒埴輪の地域性と工人の動向」『埴輪』
鐘方正樹 2007「茨木市将軍山古墳・紫金山古墳の円筒埴輪」『埴輪論叢』第 6 号
鐘方正樹・中島和彦1992「菅原東遺跡埴輪窯跡群をめぐる諸問題」『奈良市埋蔵文化財調査センター紀要』1991
河内一浩 2003「古墳時代後期における円筒形埴輪の研究動向と編年」『埴輪論叢』第 4 号
川西宏幸 1973「埴輪研究の課題」『史林』第56巻第 4 号
川西宏幸 1977「淡輪の首長と埴輪生産」『大坂文化誌』第 2 巻第 4 号
川西宏幸 1978「円筒埴輪総論」『考古学雑誌』第64巻第 2 ・ 4 号
川西宏幸 1988『古墳時代政治史序説』塙書房
車崎正彦 1980「常陸久慈の首長と埴輪工人」『古代探叢』
小橋健司 2004「山倉 1 号墳出土埴輪について」『市原市山倉古墳群』市原市文化財センター
小橋健司 2005「山倉 1 号墳出土埴輪から見た生出塚遺跡」『埴輪研究会誌』第 9 号
小浜　成 2008「誉田御廟山古墳と今城塚古墳」『近畿地方における大型古墳群の基礎

的研究』科研費補助金基盤研究（A）研究成果報告書
小林行雄 1958「埴輪」『世界陶磁全集』1、河出書房
佐藤晃一 2000「埴輪の成立と変遷─丹後型円筒埴輪の分布と背景─」『丹後の弥生王墓と巨大古墳』季刊考古学　別冊10
志村　哲 2004「藤岡産埴輪の供給について」『国立歴史民俗博物館研究報告』第120集
城倉正祥 2009『埴輪生産と地域社会』学生社
城倉正祥 2010「生出塚窯産円筒埴輪の編年と生産の諸段階」『考古学雑誌』第94巻第1号
城倉正祥 2011a「埼玉古墳群の埴輪編年」『埼玉県立史跡の博物館紀要』第5号
城倉正祥 2011b『北武蔵の埴輪生産と埼玉古墳群』奈良文化財研究所　科研費補助金若手研究（B）研究成果報告書
杉山晋作 1976「房総の埴輪」『古代』第59・60号
鈴木一有 2008「遠江における埴輪受容の変質」『古代文化』第60巻第1号
鈴木敏則 1994「遠江の尾張系埴輪」『転機』第5号
鈴木敏則 2003「淡輪系円筒埴輪2003」『埴輪』
十河良和 2003「日置荘西町窯系円筒埴輪の検討」『埴輪』
十河良和 2008「古市・百舌鳥・玉手山古墳群の埴輪研究の歩み」『近畿地方における大型古墳群の基礎的研究』科研費補助金基盤研究（A）研究成果報告書
高橋克壽 1993「西都原171号墳の埴輪」『宮崎県史研究』第7号
高橋克壽 1994「埴輪生産の展開」『考古学研究』第41巻第2号
高橋克壽 1996『歴史発掘9　埴輪の世紀』講談社
高橋克壽 2010「山陰の古墳時代前期埴輪の特質」『遠古登攀』遠山昭登君追悼考古学論集
高橋克壽編 2008「特輯　王陵系埴輪の地域波及と展開」『古代文化』第59巻第4号・第60巻第1号
田中智子 2005「総持寺古墳群をめぐる埴輪生産と供給」『総持寺遺跡』大阪府教委
田中智子 2008「ウワナベ古墳系列の埴輪をめぐる諸問題」『吾々の考古学』和田晴吾先生還暦記念論集刊行会
辻川哲朗 1999「円筒埴輪の突帯間隔設定技法の復元」『埴輪論叢』第1号
辻川哲朗 2003a「突帯」『埴輪』
辻川哲朗 2003b「長浜市垣籠古墳の再検討」『考古学に学ぶ（Ⅱ）』同志社大学
轟　俊二郎 1973『埴輪研究』第1冊
中里正憲 2000「角閃石安山岩を混入する埴輪について」『埴輪研究会誌』第4号
野上丈助 1976「埴輪生産をめぐる諸問題」『考古学雑誌』第61巻第3号
橋本博文 1981「埴輪研究の動静を追って」『歴史公論』第2号
埴輪検討会 2003『埴輪論叢』第4号・第5号
坂　靖・穂積裕昌 1989「淡輪技法の伝播とその問題」『和歌山市　木ノ本釜山（木ノ

本Ⅲ）遺跡』和歌山市教育委員会
東影　悠　2006「近畿地方における尾張型埴輪の様相」『川西市勝福寺古墳発掘調査報告』川西市教育委員会
東影　悠　2008「古墳時代中期から後期における円筒埴輪の規格とその変質」『待兼山遺跡Ⅳ』大阪大学埋蔵文化財調査室
東影　悠　2009「東北地方における須恵器系埴輪の展開」『宮城考古学』第11号
東方仁史　2010「山陰東部における埴輪の導入と展開」『円筒埴輪の導入とその画期』中国四国前方後円墳研究会、第13回研究会発表要旨集
日高　慎　1994「人物埴輪の共通表現とその背景」『筑波大学先史学・考古学』第6号
廣瀬　覚　2006「五色塚古墳と前期後葉の埴輪生産」『史跡五色塚古墳　小壺古墳発掘調査・復元整備報告書』神戸市教育委員会
廣瀬　覚　2007「巨大古墳の埴輪生産組織像」『埴輪論考Ⅰ』大阪大谷大学博物館
廣瀬　覚　2010「近畿における前期古墳の埴輪」『円筒埴輪の導入とその画期』中国四国前方後円墳研究会　第13回研究会発表要旨集
藤井幸司　2003「円筒埴輪製作技術の復原的研究」『埴輪』
藤井康隆　2006「尾張における円筒埴輪の変遷と「猿投型円筒埴輪」」『埴輪研究会誌』第10号
藤沢　敦　2002「東北地方の円筒埴輪」『埴輪研究会誌』第6号
森下章司ほか編　2003『埴輪―円筒埴輪製作技法の観察・認識・分析―』第52回埋蔵文化財研究集会発表要旨集
森下章司・廣瀬　覚　2003「円筒埴輪の製作技法」『埴輪』
森本六爾　1930「埴輪の製作所址及窯址」『考古学』第1巻第4号
山内英樹　2003「円筒埴輪製作工程における基底部調整」『埴輪』
山崎　武　2004a「埼玉県岡部町千光寺1号墳出土埴輪について」『幸魂』北武蔵古代文化研究会
山崎　武　2004b「生出塚埴輪窯の生産と供給について」『市原市山倉古墳群』市原市文化財センター
山崎　武　2004c「生産と流通」『考古資料大観4』小学館
山田俊輔　2008「上毛野における畿内系埴輪の地域波及と展開」『古代文化』第60巻第1号
横山浩一　1978「刷毛目調整工具に関する基礎的実験」『九州文化史研究所紀要』第23号
吉田恵二　1973「埴輪生産の復原」『考古学研究』第19巻第3号
若杉智宏　2010「渋谷向山古墳の埴輪」『玉手山1号墳の研究』大坂市立大学
和田一之輔　2005「摂津猪名川流域における古墳時代後期の埴輪供給関係」『待兼山考古学論集―都出比呂志先生退任記念―』大阪大学考古学研究室
和田一之輔　2010「尾張系埴輪の展開にみる諸相」『待兼山考古学論集Ⅱ』大阪大学考古学研究室

古墳各論Ⅴ
葬送儀礼

日高　慎

　古墳時代の葬送儀礼を考えるとき、「葬送儀礼」という文言が入った考古学からアプローチした論文は数多く存在する。しかし、その中で葬送儀礼の具体的場面や儀礼の内容・所作等にまで突っ込んだものはきわめて少ないと言わざるをえない。つまり、あまり良くわかっていない、あるいは定説を得ていない部分が多いのである。それは、考古学という学問体系の資料的性格・特徴に起因しているといえよう。考古学は物質資料をもとに過去を考えるという研究手法を得意とする学問である。あえて誤解をおそれずに言えば、考古学は目に見えない行為や人びとの心情を明らかにすることが不得意な研究分野である。むしろ、民俗・民族調査の結果から葬送儀礼の具体に迫った研究の方が当然のことながらわかりやすい。ただし、当該分野に対する考古学からの接近もないわけではない。本稿では先学の研究の中で、考古学から葬送儀礼の具体に迫ったものを中心に論述を進めていき、古墳時代の葬送儀礼を考察したい。

1　葬送儀礼の行われる場面について

　土生田純之は古墳構築にあたって、さまざまな場面で儀礼が執り行われたであろうことを示している。古墳の選地に始まり、基礎工事、埋葬など多くの場面で儀礼が行われたと考えたのである。また、実際の発掘調査成果から、それらの場面で儀礼が行われたことを示した。具体的には、「土器を用いたものと焚火の二種、およびこれらの複合形態」があるとした（土生田　1998c：217頁）。
　和田晴吾は墳丘や、内部主体等で行われていたと考えられる古墳祭祀について、前期古墳から後期古墳の墳丘や内部主体構築過程の違いなどを踏まえて詳細に整理した。すなわち、地鎮儀礼、納棺・埋納儀礼、墓上儀礼、墓前儀礼などを古墳構築の各段階と対比させてまとめたのである（和田　1989・2009など）。

また、玉城一枝は古墳構築にあたって、身につけるという使用法でない玉類の出土状況を集成し、墳丘構築以前から墳丘形成後までの玉を使った祭祀について検討を行っている（玉城 1994）。
　先学の卓見に導かれながら、改めて古墳時代人の一生のうち、死に際して行われる儀礼としては以下のような過程・場面が考えられる。
　　０．墳丘築造中―築造の各段階において儀礼を行う⁽¹⁾
　　１．死の確認―死を受け入れずに甦りを図る
　　２．死の決定―死を受け入れ死者から生者への何らかの移行を図る
　　３．死者の埋葬―死者を埋葬することで完全に生者との関係を断つ
　　４．死者の慰撫―埋葬後に追悼儀礼を行う
　古墳という墳丘を持つ墓に埋葬を行うにあたっては、まず墳丘を構築するという作業がある。墳丘の築造がいつ行われたものであるのかという点については、なお不明な部分が多い。すなわち生前に構築していたのか、それとも死後構築したのか、考古学から考究することは難しい。前者の場合であったならば、いわゆる寿墓（寿陵）という思想があったことになる⁽²⁾。さらに、前者の場合は、古墳被葬者そのものが築造に深く関わっていることになり、後者の場合は、生者すなわち後継者などが亡くなった被葬者のために古墳を築造したことになる。筆者は、すべての古墳が寿墓であったかどうかは分からないものの⁽³⁾、多くの古墳が生前に築造をし始めていたのではないかと考えている。そうであるならば、稀に見られる墳丘内で土器などが出土するものは、被葬者の死の前に行われた儀礼の痕跡を示しているとも思われてくるのである⁽⁴⁾。つまり、前述の「１．死の確認」以前に行われた可能性のあるものとして「０．墳丘築造中」の儀礼が存在するのである。
　これらの各段階を具体的に考古学として発掘調査で検証できるのは、墳丘で行われた儀礼ということになろう。墳丘外で行われた儀礼については、遺構の認定や古墳と当該遺構との関係性認識の難しさもあり定かではないが、若干の報告事例もあることから後述したい。上述の０、３、４はいずれも墳丘ないし内部主体で行われるものである。しかし、１と２の段階における儀礼がどこで執り行われたものなのかが問題になってくる。以下、代表的な見解をひもときながら、各時期、各段階での葬送儀礼の具体像を考究してみたい。